U0153138

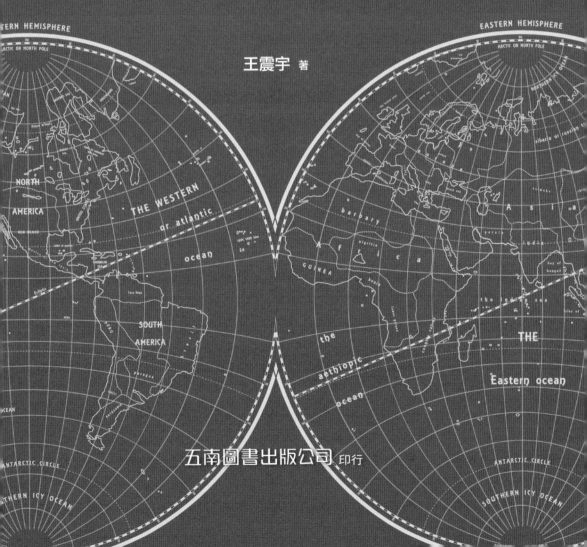

區域貿易協定
理論、發展與實踐

Regional Trade Agreement:
Theory, Development and Practice

王震宇 著

五南圖書出版公司 印行

自 序　　　　　| PREFACE

區域貿易協定——「例外」與「原則」間的交錯軌跡

　　國際經濟法的發展從1944年美國布列頓森林會議開啓談判之後，全球金融、經濟與貿易體系隨之建立，雖然世界貿易組織的正式成立較國際貨幣基金與世界銀行足足晚了近半世紀，但這罈沉浸甕底的酒總是更濃更香。不僅僅是世界貿易組織的談判功能締造出了外交史上前所未見、數量龐大、嚴謹縝密的多邊貿易協定；具備上訴審的爭端解決機構，更使得法律導向而非權力導向的原則，獲得多數會員信任及肯定，維繫國際經貿往來秩序於不墜。

　　有趣的是，1995年當世界貿易組織於瑞士日內瓦風光成立的同時，距離不到八百公里之遙的布魯塞爾會議已開始履行1993年底生效的馬斯垂特條約，建立「歐洲共同體」單一市場結構，成為歐洲區域統合的基石；而遠在大西洋彼岸的「北美自由貿易區」（現已改為美加墨自由貿易協定），更是歡慶生效屆滿一周年的重要時刻。原本在關稅暨貿易總協定第XXIV條的安排，是多邊貿易體系所開啓的一扇「例外之門」，但這樣的「例外」卻隱然成為「原則」，讓區域貿易協定之洽簽如雨後春筍般，於世界各處遍地開花。

　　筆者於2001年在美國華府美利堅大學求學時，有幸能一窺既駁雜又新興、既傳統又現代、既碎裂又統整的國際經貿法律體系。求學過程中，在Padideh Ala'i教授以蘇格拉底式個案教學開啓對國際貿易法的認識，課堂中完整介紹John H. Jackson、William J. Davey及Alan O. Sykes三位大師的巨著「Legal Problems of International Economic Relations」多達一千餘頁的理論與

案例，讓筆者建立對於國際經濟法學知識的穩固基礎；此外，Robert Goldman 教授的國際公法、Kenneth Anderson教授的國際金融財務法、Daniel Bradlow 教授的國際投融資貸款、Simon Lester教授的區域貿易協定、Jerome Levinson 教授的外人直接投資規範、Stewart & Stewart法律事務所許多資深合夥律師的 貿易救濟訴訟實習、以及博士論文指導Paul Williams教授的國際關係與國際法 等紮實豐富的學習中，完成國際法學碩士暨博士學位，也有幸參加母校在美 國率先開設的第一個專攻區域經濟整合的系統性學程。另外，擔任哈佛大學 法學院訪問研究員期間感謝William P. Alford教授的指導，更在訪問期間近身 見識到談判大師Roger D. Fisher教授、Gabriella Blum教授、David W. Kennedy 教授、Duncan Kennedy教授、Robert H. Mnookin教授等國際法專家的風采。 筆者能在全球政經中心的華府美利堅大學，以及屬於學術研究重鎮的哈佛大 學，跟隨眾多熱情專業的教授群學習國際法並以宏觀跨域的角度思考全球議 題，深覺「身在黌宮、心懷天下」，著實是人生中難以忘懷的學習體驗，也 讓筆者對於外交與國際法的學術研究產生濃厚興趣。

　　2002年正逢台灣加入世界貿易組織的重要關鍵、杜哈回合談判也正式揭 開序幕、區域貿易協定的簽署更是蔚為風潮，一時之間，國際上多邊與區域 貿易談判場域的熱絡鼎沸、外交上對於新時代秩序的合縱連橫、以經貿整合 作為推動國際和平的主旋律縈繞不絕。尤其筆者在華府更能親身感受各國談 判代表絡繹於途、各式學術論壇頭角崢嶸、各種理論實務座談此起彼落，此 番光景猶如蘇軾《赤壁賦》筆下的「驚濤拍岸，捲起千堆雪。江山如畫，一 時多少豪傑」可堪形容。美國挾著強大的政治力量，以「全球反恐」的歷史 敘事，連同歐盟、拉美及亞洲國家的積極參與，將多邊與區域貿易談判推向 時代高峰，「反恐安全」與「經濟整合」的兩大潮流匯聚成沛然莫之能禦的 態勢，改寫了全球政經版圖。

　　「區域貿易協定：理論、發展與實踐」是整理筆者過去十年間陸續於國內重要的法律期刊發表之學術論文，將其集結成冊。本書各章內容係筆者有延續的系列性探討區域貿易協定在世界貿易組織架構下的地位、多邊暨區域談判重要內容、國際實踐、國際法與國內法的爭議、各國對於洽簽經貿協定所面臨的談判資訊揭露、透明化及國會審議等程序，以及區域貿易協定下貿易救濟條款等重要議題。在國際經濟法所關注與探討的諸多議題中，區域貿易協定之發展始終是筆者長期投入研究的領域。十年間的國際情勢變化萬千，但不變的是筆者對於許多經貿外交前輩、學界師長，以及同道好友的誠摯感謝。母校臺北大學法律學系始終提供筆者一個獨立自由的研究環境、中華民國國際法學會更讓筆者能於各項國際研討會與論壇中參與歷練、科技部專題研究計畫的長期支持，使思考許久的想法得以轉化為學術成果、經濟部及外交部提供許多政策實務的問題研究，更讓筆者有機會走出校園的象牙塔，反思純粹學術理論的實務應用價值。

　　當筆者撰寫本序時，難以置信當前的世局竟與過去十載的自由貿易發展完全背道而馳，徹底摧毀、顛覆、解構了過去屬於理想主義國際法學者的確信。不僅美國川普政府的貿易保護主義烈焰高張、中美貿易糾紛一發不可收拾、英國脫歐歹戲拖棚般地對歐盟整合極盡嘲諷、新冠病毒疫情下各國採取堅壁清野的貿易限制與人員封鎖措施，「後疫情」的黑暗時代更顯山雨欲來風滿樓。本書的付梓或許足勘紀錄筆者的學思歷程以及上一個十年的光景，正如同楊慎《臨江仙》所描述：「青山依舊在，幾度夕陽紅」。令人感嘆：世局如夢，一尊還酹江月！

 謹識

2020年4月於三峽

目錄 | CONTENTS

自 序 i

導 論 1

　壹、國際經濟法研究之起源：布列頓森林體系 2

　貳、國際經濟法之研究取徑 3

　參、國際經濟法之外交實踐 13

　肆、國際經濟法研究之熱門議題：區域經濟整合 24

　伍、本書內容與架構 34

第一章　貿易爭端解決 41

　壹、從「權力」到「規則」的轉向 42

　貳、多邊架構下貿易爭端解決機制程序 43

　參、區域貿易協定與WTO間爭端解決機制之競合關係 54

　肆、區域貿易協定下之爭端解決機制 58

　伍、結論 66

第二章　貿易協定透明化機制 69

　壹、「多邊貿易談判」與「區域經濟整合」共存的世界 70

　貳、區域經濟整合之發展及衍生問題 72

　參、區域貿易協定透明化機制之沿革 79

　肆、WTO關於區域貿易協定透明化機制 96

　伍、區域貿易協定透明化機制對我國之影響 111

第三章　貿易協定談判過程之資訊揭露 119

　壹、貿易協定談判之透明化、公眾溝通、資訊揭露 120

　貳、美國貿易協定談判資訊揭露之法律實務 121

　參、新加坡貿易協定談判資訊揭露之法律實務 141

　　肆、澳大利亞貿易協定談判資訊揭露之法律實務 157
　　伍、比較法上觀察與建議 187

第四章　貿易協定之締結與適用 **201**

　　壹、從最高行政法院96年度判字第1986號判決談起......................202
　　貳、國際條約及協定之立法轉換程序......................204
　　參、國際條約及協定之批准程序......................217
　　肆、國際條約及協定締結程序之透明化與保密義務......................225
　　伍、國際條約及協定之解釋與適用 228
　　陸、結論......................233

第五章　貿易協定下反傾銷及平衡措施條款 **237**

　　壹、區域貿易協定下之貿易救濟......................238
　　貳、區域貿易協定下反傾銷及平衡措施條款法理分析......................241
　　參、我國對外簽署區域貿易協定之立場與實踐......................278
　　肆、結論......................291

第六章　貿易協定下防衛措施條款 **293**

　　壹、區域貿易協定下進口救濟......................294
　　貳、防衛措施基本規範架構與內容 298
　　參、WTO防衛協定之法理分析......................306
　　肆、區域貿易協定下防衛措施條款之比較研究......................319
　　伍、結論......................351

參考文獻 **355**

索引 **383**

導　論

壹、國際經濟法研究之起源：布列頓森林體系

　　1944 年，當第二次世界大戰接近尾聲時，世界各國領袖（尤其是同盟國）齊聚於美國新罕布夏州的布列頓森林（Bretton Woods, New Hampshire）討論如何治理與重建戰後之國際經濟體系，此會議主要係討論如何維持國際貨幣與金融之穩定，又稱爲布列頓森林會議（Bretton Woods Conference），共計有 44 個國家的代表與會。此次會議堪稱人類史上最大之國際經濟會議。與會代表一致同意簽署協定建立國際貨幣基金（International Monetary Fund，簡稱 IMF）、世界銀行（World Bank），以及通過國際貿易組織（International Trade Organization，簡稱 ITO），以此三項有關於貨幣、金融、貿易之組織或協定來挽救戰後之國際經濟體系，此三項維繫戰後國際經濟之支柱，合稱爲布列頓森林體系（Bretton Woods System），但很可惜，ITO 最終並未成立。[1]

　　在布列頓森林會議中，與會各國代表一致認爲，1930 年代的經濟大恐慌及極端的法西斯主義（fascism），都可導源於當時國際經濟體系之崩壞與國際孤立主義之盛行。因此，爲避免二次世界大戰後，世人再次重蹈覆轍，與會各國領袖同意建立一個強勢的國際經濟體系，以加強國際間之經貿合作，協助各國進行戰後重建工作。[2] 會議中重要的結論便是確立國際間資金與貨物之自由流通（free movement of capital and goods）、將黃金價格與美元掛鉤（一般稱美元——黃金本位制），以及規定各國以美元作爲主要的外匯準備（foreign exchange reserve），其他國家的貨幣與美元保持一個固定兌換的比

---

[1] 關於布列頓森林會議（Bretton Woods Conference）之探討，參見 Miklós Szabó-Pelsóczi, Fifty Years After Bretton Woods, 7-11 (1996)。

[2] 關於此點，參見 John H. Jackson, The World Trading Systems: Law and Policy of International Economic Relations, 31-35 (1997)。

例，因此任二個國家間之貨幣的兌換比例因而也是固定，此即爲固定匯率制度（fixed-exchange rate system），以穩定匯價。雖然在 1971 年美國宣布停止以美元兌換黃金，許多西方國家亦宣布放棄固定匯率而改行浮動匯率制度（free floating exchange rate system），布列頓森林體系之幾項重要原則相繼改變，但是 IMF 與世界銀行對戰後國際經濟的復甦功不可沒，間接也促成了歐洲的整合工程。[3]另外，GATT 雖然緩和了締約國間之貿易糾紛，但始終是一個屬於臨時性協定的性質，而非原本預期可成立的國際貿易組織（ITO）。各國在體認 GATT 之不足後，歷經數十餘年之談判，終於在最長回合的烏拉圭回合談判（Uruguay Round）中簽署了「建立世界貿易組織協定」（Agreement Establishing the World Trade Organization），並積極展開下一階段的杜哈回合談判（Doha Round）。在布列頓森林會議之後，國際經貿版圖有了巨大的變化，也使得這半世紀以來國際經濟法學（International Economic Law，簡稱 IEL）迅速發展，成爲國際法中一個重要的研究領域。[4]

貳、國際經濟法之研究取徑

「當代國際經濟法研究」（Contemporary Issues Concerning Research in International Economic Law）之主要內容係針對國際經濟法學之研究方法（research methodology），以及就國際上發展中之重要議題以實證（empirical）方法、經濟分析、學科整合（interdisciplinary）或批判方法（critical

---

[3] 關於固定匯率、浮動匯率之原理，參見熊秉元、胡春田、巫和懋、霍德明合著，經濟學 2000：跨世紀新趨勢（下冊），雙葉書廊，2005 年，頁 318-321。

[4] 關於 IEL 於國際法學之發展歷史與過程，參見 John H. Jackson, William J. Davey & Alan O. Sykes Jr., Legal Problems of International Economic Relations: Cases, Materials, and Text, 193-199 (2002)。

method）等不同面向加以開展，本章將逐一簡要介紹：

一、國際經濟法作為社會科學之基礎理論研究

所有的學術研究或知識傳遞（包括 IEL 及其他科學研究領域）都是由一連串的理論（theory）與實證（empiricism）等元素所組成，理論與實證研究的良窳取決於對基礎資料的取得，以及分析方法的選擇。IEL 在本質上係屬於社會科學領域中關於公共政策選擇的學科，因此傳統的法學方法或比較法學分析並不能完全掌握 IEL 的動態發展。至少應關照歷史學（國際關係與外交史）、政治學（國際政治理論）、經濟學（國際經濟學）等方面學科，而以一種跨學門或集體性之綜合研究方法來研究 IEL。[5] 然而，即使有綜合性研究方法的認知，從事 IEL 研究的學者不免還是要提出一個基礎的問題：IEL 理論與研究方法究係為何？

要回答這個問題並不容易，事實上，迄今為止，國際間並沒有任何對於 IEL 的理論與研究方法有共識的文獻產生，正因為沒有一致性的共識，使得 IEL 作為學術研究的學科，更增添其不確定性。如前所述，因為國際間遲遲無法建立一套 IEL 的學術標準，使得各國在公共政策的選擇上亦難以達成共識。因此，找出 IEL 學術研究的範疇以及理論與研究方法的架構，成為當代國際法研究上一個刻不容緩的議題。美國佛萊契爾法律外交學院（Fletcher School of Law and Diplomacy）的 Joel P. Trachtman 教授歸納整理出以下幾項當代常見的重要 IEL 研究方法：

（一）法釋義學研究（doctrinal description）

從 IEL 國際律師以及國際經濟組織中的高級法務專員角度來看前述的基

5　關於 WTO 之研究方法論，參見洪德欽，WTO 法律與政策專題研究，學林文化，2005 年，頁 10-15。

礎問題，可能得到的答案是：我們根本不需要任何 IEL 的理論與研究方法，因爲法律就是法律（the law is the law）。事實上，這樣的回答並不陌生，它其實反映了一個現象：不論是英美法體系或者大陸法體系下所教育或訓練出來的學生及律師，他們唯一需要的研究方法，就是如何找到法源基礎（或案例）及如何解釋法律（或適用案例），他們所關心的不過是如何找到支持其論點的判解，以及如何朝有利於己的方向去解釋。[6]因此，這些執業律師並不會探討 IEL 的應然面，反而是僅止於 IEL 的實然面，以及如何在談判或訴訟中精確的適用既有的 IEL 規範體系。國際公約或多邊貿易協定中的法條本身，是進行法律實證研究中的主要成分，不僅可以測試出各種假設案例下 IEL 對國際社會的影響力，更可以瞭解 IEL 機構的組織行爲。這些實證分析研究對注重法釋義學的國際律師同樣具有很大的幫助，例如：貧窮國家利用貿易爭端解決機制的次數較富有國家多或少？最終結果是勝訴多抑或敗訴多？

（二）習慣法下的合致性（common-law based search for consistency）

　　英美法學者常運用「合致性」（consistency）原則的分析方法來研究 IEL 的問題。這種研究方法強調區分必要事實（necessary facts）、非必要事實（unnecessary facts），以及假設事實（hypothetical facts），作爲判斷相類似之情形是否適用判決拘束原則（ratio decidendi），甚至將此運用於對己有利之解釋或加以適用，[7]繼而達成法律價值上一致性原則的要求。但其實這樣的方

6　Joel P. Trachtman 教授於會議中所作之評論中提到：「...... the only thing that the practicing lawyers like me needed were tools of finding out the law and arguing about what the law is: tools of finding the law and interpreting the law. For practicing lawyers who need not often argue about what the law *should be*, but are more concerned with what the law *is*, theory and methodology are unimportant ......」（評論主題爲「International Law Research: A Taxonomy」）

7　關於英美法上之判決拘束原則，參見 William L. Reynolds, Judicial Process in a Nutshell, 71-106 (1991)。

法有其侷限性，因為在國際上對於某一法律價值判斷標準的一致性，對另一個地區或國家而言便不具有此一致性原則存在，更何況價值判斷不能作為科學上嚴謹的研究方法。以 WTO 曾出現過的著名爭端解決案為例，在 *Japan – Taxes on Alcoholic Beverages*[8]一案中，上訴機構對於檢視日本政府課徵酒稅的政策是否對美國進口之相類似產品（like product）產生歧視判斷時，採用了對內國法規的「目的──效果」（aim and effect test）測試標準，亦即非以一致性原則來概括認定所有會員都須遵守一致性的關稅措施，而應以個案審查方式探究其「立法目的」與「預期效果」間是否造成歧視之結果來予以檢視。而這樣的測試標準成為 IEL 中一個重要的研究方法。[9]

（三）法律實證主義（legal realist movement）

在美國法律實證主義興起之後，隨之而來的三種研究方法亦廣泛運用到 IEL 的研究上，此三種方法分別是：批判性法學（critical legal studies）、公共選擇理論（public choice）以及實證結果主義（empirical consequentialism）。

1. 批判性法學：此派學說從政治學與社會學的角度來檢視法律之正當性，且不時挑戰既有的價值規範體系。因此，嚴格說起來批判性法學的立足點為對現有制度之審查與監測，並沒有一套完整的研究方法。甚而言之，純粹批判法學派甚至否定任何一種固定的研究方法。[10] 在應用至 IEL 時，批判法學可視為一種理論形成之前導（pre-theorizing）。蓋因批判法學勇於挑戰並衝

8　Japan – Taxes on Alcoholic Beverages 一案，參見 WTO Appellate Body Report adopted by the DSB on 11 November 1996 (WT/DS8, 10 & 11/AB/R)。

9　關於「目的──效果」（Aim and Effect Test）測試標準的討論，參見 Amelia Porges & Joel P. Trachtman, *Robert Hudec and Domestic Regulation: The Resurrection of Aim and Effects*, 37 J. World Trade, 783, 783-800 (2003)。

10　關於法律批判學派的介紹，可參考 Martti Koskeniemmi, *Letter to the Editors of the Symposium*, 93 Am. J. Int'l L., 351 (1999)。

撞現有之價值體系，進而使得新的理論得以滋長。同時，批判法學派樂於擺脫
既有之典範，而為新的理論模式開出一條通道。總之，批判法學派並不能解
釋何種新的理論對國際社會是有利的，相反地，他們會不斷以永久的革命者
（permanent revolutionary）自居，而對 IEL 的所有現狀毫不留情地進行批判。

2. 公共選擇理論：此派學者將社會科學研究方法用以分析政府行為，
並且假設個人在理性的情況下都會追求利益極大化之行為原則（rational
preference-maximizing behavior），亦可適用於當個人從事政府公部門服務時
的行為模式，甚至是政府與國家的理性選擇。應用於 IEL 上最簡單的例子便是
以此公共選擇的分析方法解釋各國政府所採取不同程度之貿易保護主義（trade
protectionism）。這類公共選擇理論（theory of public choice），在經濟學上
是普遍運用的分析方法，但是在 IEL 中則是一項有別於傳統法學方法的新嘗
試。[11]

3. 實證結果主義：此學派通常圍繞著一個核心的問題：制定某項法規範
會如何地影響相關政策的執行結果？舉 IEL 為例：是否一國政府與其他貿易夥
伴簽署一項自由貿易協定（Free Trade Agreement，簡稱 FTA）後，二個國家的
整體進出口貿易產值都會達到正面的效果？當一個國家除了「簽署自由貿易協
定」這項自變數外，沒有其他的變數會影響該國「總體進出口貿易」，則實證
結果主義分析方法只要比較在簽署前與簽署後的貿易數值，就可以很輕易地求
得二者間之關係。然而，社會科學的研究常常牽涉到複雜的變數，尤其處理國
際問題更是如此，實證結果主義學派應避免落入過於簡化的陷阱，使得這類的
實證分析方法偏離真實的世界。[12]

- - - - - - - - - - - - -

[11] 關於公共選擇理論（theory of public choice），參見張清溪、許嘉棟、劉鶯釧、吳聰敏合著，
經濟學，翰蘆圖書，1998 年，頁 199-201。

[12] 關於美國法律實證主義應用於研究國際法與國際政經問題，參見 Robert J. Beck, Anthony

綜上所述，IEL 理論與研究方法仍處於一個變動的狀態，不論是何種理論學派都有其優點與侷限。因此，全盤性的綜合研究雖然不易，但卻也是目前較爲周延的研究方法。

二、超國界垂直縱深研究

若將內國的經濟法（economic law）與超國界的國際法（international law）視爲光譜的兩端，則 IEL 很難以傳統法學研究方法來界定爲單純的經濟法或國際法。IEL 學者從而提出，IEL 的研究是否係屬於內國經濟法的延伸？其次，IEL 是否係屬於傳統國際法中的一個分支，抑或其可視爲獨立於國際法之外的一個學科？以上便是在垂直縱深的研究部分與會學者所熱烈討論的議題，茲將會議結論作以下整理。

首先就第一項議題而言，IEL 具有經濟法之本質。經濟法研究的範圍涵蓋所有關於建立經濟體系（economic system）以及其運作模式之法律規範，包括如何交易、如何生產、如何分配，以及由誰從上述之活動中獲得經濟利益等之規則。經濟體系可被視爲許多不同經濟體之組成與結合，而經濟法係規範這些經濟組織之行爲與互動。一般來說，經濟法之研究範圍可區分爲內國性（national）、區域性（regional），以及全球性（global）三個層次的經濟體系。[13] 詳言之，每一個國家或地區都有獨立的經濟體系，又稱爲內國的經濟體（domestic economic system）；區域性的經濟體最著名的例子便是歐盟（European Union），其單一市場涵蓋共同的貨幣、關稅，以及貿易政

Clark Arend & Robert D. Vander Lugt eds., International Rules: Approaches from International Law and International Relations, 56-59 (1996)。

[13] 關於此點，參見 Errol Mendes & Ozay Mehmet, Global Governance, Economy and Law: Waiting for Justice, 12-15 (2003)。

策；全球性的經濟體系在涉及國際政治與公法領域部分，例如世界貿易組織
（WTO）；而關於私法部分則是跨國的企業與集團。區分三個層次的經濟體
對於理解 IEL 的研究方法有其重要性。[14] 舉例而言，全球性的經濟組織運作模
式（例如布列頓森林體系中的 IMF、World Bank、WTO 等國際經濟組織）並
不會出現在內國的經濟體系中，因此內國也不會有相對應之涉外經濟法規出
現。同時，在內國或區域的經濟體中被視爲可自由流通之貨物、服務或人力，
可能會在全球經濟體系中被視爲保護主義（protection-ism）。

　　因此，經濟法隨著不同層次之經濟體系而有不同之變化，對於各層次經濟
組織的權利義務與相互間之法律規範也不盡相同，然而，不管任何層次的經濟
法之研究方法，都在於討論法律對於經濟體系之影響力與規範實益。[15] 由上可
知，IEL 可簡單定義爲研究國際法如何影響國際經濟體系之法律分科，其研究
目的爲分析如何建立與維繫國際經濟體系之相關法律規範。[16] 易言之，IEL 亦
可稱之爲研究國際經濟之法律（the law of international economy），雖然 IEL
之規模以全球性的超國界法律爲範圍，但其研究方法與傳統經濟法所注重的議
題，如法律規範如何影響經濟體系、經濟活動以及經濟所得與分配等理論並無
他致。[17]

　　其次，就第二項議題而言，IEL 具有國際法之本質，無法脫離傳統國際法
之研究範疇而獨立。國際法係國家在其相互交往中，認爲有法律上拘束力之習
慣（custom）或條約（treaty）規則的總體名稱，雖然國際法的規則主要是規

- - - - - - - - - - - - - - - -

[14] 關於此點，參見 John H. Jackson, Global Economics and International Economic Law, 1 J. Int'l. Econ. L. 1, 1-2 (1998)。

[15] 參閱 Karl Meessen, Economic Law in Globalizing Markets, 20 (2004)。

[16] 關於 IEL 之基礎研究理論，參見 Jackson, *supra* note 4, at 1-44。

[17] 關於經濟法之研究，參閱陳櫻琴，經濟法之理論與新趨勢，翰蘆圖書，2000 年（增訂版）。

範國家間之關係，但晚近由於國際組織（包含國際經濟組織）之大量出現，以及個人在國際法地位上之日漸重要（如國際人權保護、戰爭罪之究責等），國際法之主體亦延伸擴張至國家以外的國際組織與個人，[18] 即便如此，對於國際法之制定與形成，卻無法脫離國家或國際組織之行為與意志。

由上可知，國際法之內容係規範國家間之關係，或各類國際法主體間（國家、國際組織、個人）之互動以及彼此間之行為態樣與權利義務關係。值得注意者，並非所有國際法主體間之行為都可以適用於傳統國際法的規範，亦即國家或國際組織亦可能受到國際法以外之法律體系所規範，例如：國際契約之私法上關於涉及國家與跨國企業間之法律行為、國家對於外國企業之課稅、或國家對於進口產品之關稅及技術性貿易限制規範等等。延續上述對於國際法之分析，可以得知 IEL 研究之目的與範圍係規範在國際法架構下對於「國際法主體間之經濟行為」（economic conducts of international law subjects）以及彼此間之「經濟關係」（economic relations）。[19] 從另一個角度觀之，IEL 的研究範圍僅止於各主體在國際法規範架構下，所衍生之經濟行為與經濟關係的法律問題，因此，若現今仍無國際法規範之各類經濟活動，則不在 IEL 之研究範圍之列。IEL 作為國際法之分支，其研究方法雖然涉及其他社會科學領域之範圍，但其研究內容則應限縮於「國際法規範下之經濟問題」（economic problems under the international law）。

綜合以上分析，國際經濟法之垂直縱深研究應嚴格以法律研究方法之觀點來界定 IEL 之範圍，而其內涵有二：其一是規範國際經濟之法律（the law of international economy）；其二是國際法規範下之經濟問題（economic problems

---

[18] 關於國際法之定義，參閱丘宏達，現代國際法，三民書局，2006 年（修訂二版），頁 3-7。
[19] 參見 Jackson, *supra* note 4, at 193-198。

under the international law）。在進行 IEL 的研究時，應先依序確立以下三個步驟：1. 行為主體是否符合國際法上之要求；2. 該行為或其法律關係是否含有經濟性質；3. 該含有經濟性質之法律行為是否已受國際法之規範。

三、跨領域水平整合研究

在水平整合的研究方面，從 IEL 之歷史演變觀之，若欲精確掌握本學科之實質內涵與脈絡，則不得不經由學科整合（Inter-disciplinary Research）之研究方法來完成。申言之，IEL 不僅是單一學科，其各項原理原則之建立更深受國際法學（international law）、國際經濟學（international economics），以及國際政治理論（theory of international relations）等面向之影響，而此三門重要學科之匯集與交錯，成為 IEL 之核心研究範圍。在國際問題的研究中，不論是國際法學者、國際政治學者或國際經濟學者，其所面對者都是同一個世界中發生的事件，但想法與觀點卻大相逕庭。這種意見分歧的現象不僅是各該學科的教育與訓練使然，更是不同研究方法所導出的結果。當代的國際問題益加錯綜複雜，令各國政府治絲而棼。這更使得布列頓森林會議在重建國際經濟體系的談判上樹立起一個成功指標，隨之而興的歐洲整合（European Integration），更可說是人類歷史上結合法律、政治、經濟等三個層面的空前成就。

由此可知，IEL 的跨學科研究不得不討論最重要的國際經濟學、國際法學，以及國際關係理論等三者之交錯與融合。[20]

- - - - - - - - - - - - -

[20] 關於此點，參見 Jackson, *supra* note 16, at 10. Jackson 在文章當中近一步闡述："Of course, 'economics' is important and useful, especially for understanding the policy motivations of many of the international and national rules on the subject. In addition to economics, of course, other subjects are highly relevant. Political Science (and its intersection with economics found generally in the 'public choice' literature) is very important, as are many other disciplines, such as cultural history and anthropology, geography etc."。

（一）在國際法學與國際政治理論之交錯方面，現實主義（Realism）與自由主義（Liberalism）之爭辯一直是國際關係理論學家所關注之議題，然而，現實主義乃至於其後之新現實主義（Neo-Realism）都不承認國際法或國際組織之規範可以控制國際局勢演變，他們深信國家之間仍須靠外交、經濟等硬實力（Hard Power）並依據各國之國家利益來實行外交結盟；自由主義則相信國際間相互依賴日深，非經由國際合作與國際法之規範，無法促進人類社會之福祉。[21] 因此，IEL 發展之廣度、速度與深度，端視國際間對現實主義或自由主義理論之奉行程度如何，越多現實主義則越難達成 IEL 的共識，越多自由主義則越容易成就 IEL 之發展。

（二）在國際經濟學與國際法學領域之交錯部分，國際經濟學上之諸多理論如自由貿易（theory free trade）、關稅同盟（customs union）、進出口補貼（export and import subsidies）、關稅與非關稅貿易措施（tariff and non-tariff barriers）、市場進入（market access）、反傾銷與平衡稅（Anti-dumping & Countervailing Duties, CVDs）計算基礎、數量限制（quantitative restrictions）與進口配額（import quotas）等國際貿易政策之措施，均視為國家對內制定貿易法規，以及對外貿易談判時之基準。[22] 因此，舉凡國家運用行政權或立法權，對於貿易與經濟活動加以管制之情形，均屬於 IEL 之範疇。

（三）在國際經濟學與國際政治學理論之交錯部分，即目前相當流行之國際政治經濟學理論（theory of international political economics）。[23] 國際政治經

---

[21] 關於此點，參見 Andrew Moravcsik, Liberalism and International Relations Theory, 32 (1992)。

[22] 關於國際貿易理論與政策之介紹，參見林灼榮、施雅琴合著，國際貿易：理論、政策、實證，新陸書局，2004 年，頁 315-404。

[23] 關於政治經濟學理論，參見 Robert Gilpin & Jean M. Gilpin, The Political Economy of International Relations, 343 (1987)。

濟理論係以國際間建立國際組織以促進合作與共榮為出發點，強調各國間之相
互依存關係，並以建構主義（institutionalism）為理論基礎。[24]

如上所述，IEL 之研究，不僅僅在於多邊貿易協定之一致性規範，甚至於
區域貿易協定（Regional Trade Agreements，簡稱 RTA）中之個別性規範亦須
受到重視。因此，一個新的 IEL 研究方法，以垂直面觀之，包含其與國際公法
與經濟法之關聯，並就多邊經貿協定、區域經貿協定、雙邊自由貿易協定等多
重國際經貿協定架構以穩定其法律效果之貫徹；而以水平面觀之，則包含國際
法學、國際經濟學與國際政治理論之交錯運用，更可以讓 IEL 之研究有效的解
決當代國際問題。

參、國際經濟法之外交實踐

在關於「當代國際經濟法學實踐」（Contemporary Issues in the Practice
of IEL）主要包含公部門、私部門、區域性、政府間組織（intergovernmental
organizations, IGO）以及非政府組織（nongovernmental organizations, NGO）等
為研究對象，茲整理分述如下：

一、國際貨幣基金會之審查機制與成員國內國管轄權衝突

當 1944 年世界各國代表齊聚於美國的布列頓森林，而討論出成立 IMF 協
議時，該協議中的許多法律條款都是混淆不清，以至於近六十年來的實踐中產
生了許多國際的問題。IMF 成立之後建立起對於國際貨幣之二大支柱，其一
為確立美元為中心貨幣之地位，並將美元直接與黃金價格掛鉤；其二為要求

---

[24] 關於此點，參見 Anne-Marie Slaughter, *International law and International Relations Theory: A Dual Agenda*, 87 Am. J. Int'l L., 205, 205 (1993)。

各國實行固定匯率，凡各國之貨幣與黃金或美元之法定匯率，未經 IMF 之同意不得隨意變更。除此之外，IMF 亦可將由會員國所貢獻之儲備貨幣（reserve currency）貸款給任何一個成員國之中央銀行。[25] 在這套運作機制之下，產生了一個重要的問題：成員國是否可以毫無限制的在其認為必要（necessary）之狀況下獲得 IMF 的貸款或進行外幣交易？抑或 IMF 之管理部門（通常指執行主席，Executive Director）可否就其職權對申請貸款或貨幣交易之成員國提出審查要求，甚至對其申請設下法定條件？

依據 IMF 協定第 5 條第 3 項 (b) 款第 (ii) 目之規定：「會員得向 IMF 購買另一會員國之貨幣，且說明（represent）該會員國購買外幣之需要（need）係用以調節該國貨幣平衡，或調整其國家之儲備金。」[26] 同條第 3 項 (c) 款亦規定：「IMF 應就會員國所提出購買貨幣之申請予以審查，並檢驗其目的是否符合 IMF 協定之原理原則規範，以及其所衍生出的國際貨幣政策。」[27]

由此可知，IMF 似有權做最後之裁決。在 1950 年代的實踐上，只要會員國提出申請要求，並符合協定中五條的諸項規範，即完成協定所設定的條件。然而，IMF 仍有權在有合理理由（good reasons）之情況下對於會員申請案進行否決，例如：申請案並非迫切的需要（presently need）、購買或貸款之貨幣並非其有需求之貨幣，或其申請案之用途及目的與 MF 協定之條款規定不一致

----

[25] 參見熊秉元，前揭註 3，頁 318-321。

[26] 參見 IMF Articles of Agreement, Article V, Section 3 (b)(ii): A member shall be entitled to purchase the currencies of other members from the Fund ...... (if it) represents that it has a need to make the purchase because of its balance of payments or it reserve position or developments in its reserves。

[27] *Id.*, Article V, Section 3 (c): The Fund shall examine a request for a purchase to determine whether the proposed purchase would be consistent with the provisions of this Agreement and the polities adopted under them, provided that requests for reserve tranche purchases shall not be subject to challenge.

等等。

　　其次，在 1950 年代，IMF 對其會員國進行金融貸款或協助時，關於國際經濟組織與主權國家之間的內政「管轄權」（Jurisdiction）問題常構成一些障礙。詳言之，IMF 在進行援助時，可要求會員國將財政預算赤字控制在國民生產毛額（GDP）的 5% 之內，但 IMF 不可以對該會員國如何運用貸款或援助進行指導或建議，諸如：減少退休優惠金制度、增加農業補貼、進行國家基礎建設、公營企業民營化等等。上述諸多政策均屬於一國之內政範圍，且為該國政府之內國管轄權所及，從另外一個角度來看，若對成員國提供太過具體之條件或建議，便超出了 IMF 關於「促進外匯穩定交易，維持成員國之間有秩序的匯兌關係，避免競爭性貶值」[28] 之成立宗旨。

　　1976 年牙買加會議（Jamaica Meeting）舉行後，IMF 協定作了一番修正，其中關於第 5 條第 3 項的部分，確立了 IMF 得對所有申請援助或貸款之成員國設置「有條件式」的許可制度，但該條件仍然不能踰越上述內國管轄權的原則。[29] 簡言之，該成員國必須通過以下二項條件之檢驗：1. 總體經濟變數

----

[28] *Id.*, Article I (iii): "To promote exchange stability, to maintain orderly exchange arrangements among members, and to avoid competitive exchange depreciation."

[29] *Id.*, Article V (3)(b) and (c). In 1979 the Executive Directors issued Guidelines on Conditionally calling for phasing and performance clauses beyond the first credit tranche, but stating: "In helping members to devise adjustment programs, the Fund will pay due regard to the domestic social and political objectives, including the causes of their balance of payments problems. Performance criteria will normally be confined to (i) macroeconomic variables; (ii) those necessary to implement specific provisions of the (article of the agreement) or polities adopted under them." Performance criteria may relate to other variables only in exceptional cases when they are essential for the effectiveness of the member's program because of their macroeconomic impact ...... *See* Ex. Bd. Decision No. 6056-(79/38), March 2, 1979, paras. 4 & 9, *Selected Decisions*, 25th Issue 228, repealed by Guidelines on Conditionally, Decision No. 12864-(02/102), September 25, 2002, *Selected Decisions*, 30th Issue 243.

（macroeconomic variables）；2. 符合某項 IMF 協定中之條款或政策目標之必要性（necessary to implement specific provisions of the agreement or polities）。

從實踐上來看，1970 年代的有條件式許可制度對國際金融體系產生二個重要的影響。其一是 IMF 的借貸國（或尋求 IMF 協助或支援的成員國）都是總體經濟表現較差的發展中國家（developing countries），因此，在 1990 年代前蘇聯解體以及東歐共產國家瓦解而加入 IMF 之前，戰後南北半球貧富差距擴大的問題更加一發不可收拾。其二是許多國家（尤其是拉丁美洲國家）在熟悉 IMF 的遊戲規則後，即使有「總體經濟變數」的檢驗，IMF 的儲備金仍貸給一些新興的石油生產或製造國，而這些國家願意支付更高的利息，條件是 IMF 不過問該筆貸款之使用用途。於是，拿到貸款的國家便再以高利轉貸給其他發展中或第三世界國家。當然，這造成了在 1982 年首先由墨西哥開始的一連串的拉丁美洲經濟風暴，受害的國家包括巴西、委內瑞拉以及阿根廷等。

在一系列的失敗之後，經過長時間的談判與協商，直到 2002 年，IMF 公布一份新的指導方針（guideline），其中最重要的部分便是將個別申請案件之「計畫目標」（program goals）列入條件當中。易言之，獲得補助或貸款之成員國，必須將 IMF 所提供之資源用於穩定且合理的經濟財務政策，並對於政策選擇、設計、執行等過程中，嚴格遵守 IMF 的規範，以確保每項計畫的成功機率。[30]

綜上所述，IMF 一方面要確保每項貸款或援助計畫都能有效執行，同時

----

[30] Guidelines on Conditionally, Decision No. 12864-(02/102), September 25, 2002, *Selected Decisions*, 30th Issue 243, para. 3: "'In responding to members' requests to use Fund resources and in setting program-related conditions, the Fund will be guides by the principle that the member has primary responsibility for the selection, design, and implementation of its economic and financial policies. The Fund will encourage members to seek to broaden and deepen the base of support for sound polities in order to enhance the likelihood of successful implementation."

一方面亦不觸及各成員國敏感的內國管轄權問題,二者之間取其平衡是未來持續努力的方向。參與此次研討會的學者提供了幾項 IMF 協定未來修正的方向以調和潛在的衝突。第一,增加外部控制的標準:IMF 對於成員國申請案件中之審查標準,若多利用對成員國「外部控制」的檢驗機制,如外匯管制、出口補貼、進口限制等設下標準,而不要以純粹「內部控制」的行政規則或特定國家之法律原則來檢驗,則比較不會受到成員國關於主權問題的挑戰;第二,避免過度干預(excessively intrusive):若過多的干涉與限制條件,會引起成員國的反彈,諸如要求提出申請案的成員國開放外國直接投資(Foreign Direct Investment,簡稱 FDI)、立法承認集體訴訟(class action)、更改內國之會計準則等等。第三,尋求國際間共識(international consensus):越多的國際間共識,越能減少對於主權國家的潛在衝突。例如:國際間對於銀行資本適足率與風險控管之共識、對環境與永續發展之共識、對最高工時與最低工資之共識等等。

二、世界銀行成立檢查小組上訴審查機制之可能性

1944 年之布列頓森林會議簽訂了「國際復興開發銀行協定」(Articles of Agreement of the International Bank of Reconstruction and Development,簡稱 IBRD),此一機構也簡稱「世界銀行」(The World Bank),於 1946 年開始營業,隔年 11 月成為聯合國專門機構之一,總部設於美國華盛頓特區。世界銀行的成立宗旨主要係通過提供和組織長期貸款和投資,解決成員國於二次大戰後恢復與發展資金之需要,其主要業務係貸放款給中低度的開發中國家。1956 年世界銀行與成員國政府協商後成立國際金融公司(International Finance Corporation,簡稱 IFC),為世界銀行之附屬機構,其目的為向發展中國家的私營企業貸放款或以入股方式進行投資,促進其國內之經濟發展。隨後,各國

政府又在 1960 年於美國華盛頓成立國際開發協會（International Development Association，簡稱 IDA），此協會亦爲世界銀行之附屬機構，同時也成爲聯合國之附屬機關，IDA 之宗旨爲促進未開發或開發中國家成員之經濟發展，對這些國家之公共建設與基礎發展計畫，提供比國際復興開發銀行條件更爲靈活寬鬆之長期貸款。

　　國際復興開發銀行、國際金融公司、國際開發協會等三大機構合起來，開始被國際間稱爲「世界銀行集團」（The World Bank Group）。[31] 不僅如此，1965 年世界銀行執行董事會通過「解決國家與他國國民間投資爭端公約」（Convention on the Settlement of Investment Dispute between States and Nationals of Other States），並成立了解決國際投資爭端中心（International Center for the Settlement of Investment Disputes，簡稱 ICSID），作爲解決國家與他國國民間投資爭端之國際性專門機構，此中心亦爲世界銀行集團的第四個成員。最後，在 1985 年各成員國政府又通過「建立多邊投資保障局公約」（Convention on Establishing the Multilateral Investment Guarantee Agency），雖然此機構爲獨立之國際法人，但其亦歸屬於世界銀行集團的第五個成員組織。

　　從上述的歷史發展可以知道，世界銀行集團的主要功能係爲促進未開發或開發中國家之經濟發展，而將成員國（尤其是開發程度較高國家）匯集之資金以提供貸放款與援助投資等業務。在這幾十年的實踐中，仍不免會產生一些法律上的爭議問題，其中最重要的問題便是世界銀行審查機制的爭議。雖然 1993 年世界銀行成立了檢查小組（World Bank Inspection Penal，簡稱 WBIP），但其性質類似內國行政法（administrative law）與行政訴訟之性質，均爲內部審查機制，且沒有上訴機關之設置。

---

[31] 關於世界銀行集團之簡介，參閱丘宏達，前揭註 18，頁 941-944。

在當代 IEL 的實踐當中，WTO 爭端解決機制係法律性質最強，同時最能保障國際組織規範（或稱多邊貿易協定）公平性之訴訟機構，因此，對於 WBIP 的未來發展，以及在世界銀行集團中成立具司法性質的上訴機構成為一個重要的課題。世界銀行集團運作原則（operation manual）係強調其負有促進申請貸款成員國經濟發展的政策目標與行動程序，但這些原則卻寫在世界銀行的內部法律文件（internal document）當中，而非經過由所有成員國談判及諮商後簽署之多邊協定。因此，即使世界銀行有權決定是否執行某項由成員國所提出的貸款（loan）、承作放款（grant loan）、保證（guarantee）、避險保值（hedging）等特殊專案計畫，但成員國對於這些核准程序的許可標準都無從參與討論，更沒有覆議的程序。依據 WBIP 之規定，該檢查小組得受理私人團體（private party）所提出之申請調查案件。詳言之，當事人若因世界銀行資助計畫（World Bank-fund Project）所受損害、或有損害之虞時，得向 WBIP 提出調查程序，以檢視該計畫是否已違反世界銀行之運作政策與程序（operational policies and procedures）[32]。就結果而論，WBIP 提供了私人團體對國際組織的法律上訴訟權（legal right of action），並成功地跳脫以國家與國際組織等主體為中心的國際公法傳統，讓國際行政法（international administrative law）存在私人團體對於國際組織（世界銀行）之行為（資助計畫）提出訴訟的機會。[33]

就 WBIP 之實踐而言，至今已受理 40 多件調查案的申請，其中有些案件仍在進行調查程序，就公布的資料顯示，世界銀行的執行董事會（Executive

---

[32] 關於 WBIP 之申請程序與資格，參閱 http://siteresources.worldbank.org/EXTINSPEC-TIONPANEL/Resources/BrochureEnglish6.pdf（最後瀏覽日 09/14/07）。

[33] 關於此點，參見 Daniel D. Bradlow, *A Test Case for World Bank*, 11 Am. U. J. Int'l L. & Pol., 247, 247 (1996). "The inspection penal is the first forum in which private parties can seek to hold international organizations directly accountable for their actions."。

Board）否決了三項由 WBIP 所建議應調查的案件。[34] 由此觀之，WBIP 雖然得受理由私人團體申請之調查案件，但最終之決定權仍在於世界銀行的執行董事會。因此，許多學者專家便建議未來成立 WBIP 之上訴審查機制（appellate body）[35] 的可能性，藉以對執行董事會所作之行政裁量進行上訴審查的程序。茲將會議之結論整理如下：1. WBIP 未來上訴審之成立應定位於法律審而非事實審，亦即僅對世界銀行執行董事所作成之行政裁量或其決定，是否越權、濫權、違法或不當行為（如受賄、威脅、失職）等進行法律審查，而將事實審全權交由 WBIP 審理；2. WBIP 未來上訴審之判決（legal opinion）將成為國際公法上的新類別，尤其這些判決對於國際組織的行政程序與裁量形成國際習慣（international customs）有顯著的貢獻；3. WBIP 未來上訴審可以就國際間反貪腐（anti-corruption）之行動，尤其是國際組織的高級行政官員之貪腐問題作出實質的改善；[36] 4. WBIP 未來上訴審之成立可使得世界銀行之內部行政程序（internal operation process）更加標準化、法制化以及透明化。

---

[34] 關於此點，參見 Daniel D. Bradlow, Private Complainants and International Organizations: A Comparative Study of the Independent Inspection Mechanisms in International Financial Institutions, 36 Geo. J. Int'l L., 403, 463 (2005)。

[35] 此構想之提出係參考世界貿易組織（WTO）所成立爭端解決小組（Dispute Settlement Body, DSB）以及其上訴機構（Appellate Body）之成功經驗，而將 WBIP 中比較偏向於國際行政法之調查轉換為具二級二審之司法審查機制。

[36] 聯合國反貪腐公約（United Nations Convention Against Corruption）於 2003 年通過並由會員國簽署，於 2003 年 12 月正式生效。此公約為聯合國歷史上通過的第一個用於指導國際反貪污腐敗的法律文件，對預防貪腐、界定貪腐犯罪、反貪腐國際合作、非法資產追繳等問題進行了法律上的規範，並確立了打擊貪腐的措施，奠定了各國就打擊貪腐犯罪開展國際合作的多邊法律基礎。並在預防性措施、刑事定罪、引渡合作等方面形成了一套完整的制度，特別是在對貪腐資金的返還問題上，開創了一種新的合作模式，第一次在國際法律文書中確立了「被貪污的公款必須返還」的原則，對各國加強國內的反腐行動、提高反腐成效、促進反腐國際合作具有重要意義。參閱 http://www.unodc.org/unodc/en/crime_convention_cor ruption. html（最後瀏覽日 09/14/07）。

三、WTO亟待解決發展中國家面對貿易爭端解決機制的困境

在烏拉圭回合談判後,各國就爭端解決規則與程序達成了一致性之協定,簽署了名爲「爭端解決規則暨程序瞭解書」(Under-standing on Rules and Procedures Governing the Settlement of Disputes)。[37] 在此瞭解書之規定下,WTO 成立了爭端解決機構(Dispute Settlement Body,簡稱 DSB),負責爭端解決事宜,這是第一次在國際組織之內部實行分權制,建立一套相對的獨立司法制度。因此,WTO 的秘書處(Secretariat,行政權)、WTO 部長級會議(Ministerial Conference,立法權)、爭端解決機構(DSB,司法權),成爲三足鼎立之分權機構,WTO 遂成爲晚近最爲成功的國際組織,有「經貿聯合國」之稱。[38] 值得注意者,WTO的爭端解決機制對所有會員而言,係屬於具有排他性的唯一之爭端解決處理程序,會員應依循瞭解書所規定之規則與程序,解決彼此間之貿易爭端,不得尋求其他的國際爭端解決方式,此見諸該瞭解書第23條第1項規定自明。[39] 此爭端解決機構設立了在國際組織內絕無僅有的上訴機構(Appellate Body),其職責爲專門就由爭端解決小組於一審時所作出之裁決報告,若經當事會員敗訴之一方提起上訴,則進行有關系爭案例之「法

----

[37] 參見 Understanding on Rules and Procedures Governing the Settlement of Disputes, http://www. wto.org/english/docs_e/legal_e/28-dsu.pdf(最後瀏覽日 09/14/07)。

[38] 近年來亦有不少學者在分析 WTO 法理時,將此三權分立之機構設計比擬爲憲法化的國際經濟組織,並探討其成爲國際經濟憲法之爭辯。參見 Deborah Z. Cass, The Constitutionalization of the World Trade Organization: Legitimacy, Democracy, and Community in the International Trading System, 3-57 (2005)。

[39] 參見前揭註 37,Article 23 (1): "When Members seek the redress of a violation of obligations or other nullification or impairment of benefits under the covered agreements or an impediment to the attainment of any objective of the covered agreements, they shall have recourse to, and abide by, the rules and procedures of this Understanding."

律審」，亦即不再有推翻一審時小組報告所作事實認定之機會。[40] 當事國對於上訴機構所作之報告不得再上訴，亦即其報告爲最終之認定。

雖然 WTO 爭端解決機制之設計被認爲是相當成功的國際組織之司法機構，然而，自 1995 年成立 WTO 後至今的十餘年間，DSB 在實踐上卻產生了一個嚴重的問題：低度開發國家（Least Developed Countries，簡稱 LDCs）[41] 或國民每人年均所得（per capita GNI）較低的開發中國家根本無法有效的參與 WTO 的爭端解決機制程序。事實上，依據實證的統計結果，WTO 會員中只有一個低度開發國家（孟加拉）以及三個低收入國家（印度、尼加拉瓜、巴基斯坦）實際有參與 DSB 之機會，其餘被聯合國列爲低度開發國家的 31 個 WTO 會員國都沒有在 DSB 程序中成爲被告或原告的機會。統計結果透露出一些不尋常的訊息：

（一）許多貧窮國家在加入 WTO 時，僅對於市場開放作出有限制的承諾，並且引用許多例外條款，來與其他國家談判，達成特殊及差別待遇（special and different treatment, SDT）的承諾條件，例如中國大陸在申請入會時，即有實施特別的條款。

（二）WTO 爭端解決訴訟在經濟上所費不貲，更何況，案件勝訴後之市

---

[40] 關於 WTO 爭端解決體系之運作模式，參見羅昌發，國際貿易法，元照出版有限公司，1999 年，頁 819-876。洪德欽，前揭註 5，頁 293-378。

[41] 依聯合國 2005 年之標準──國民所得低（每人國民生產毛額小於 900 美元）、人力資源貧乏（健康、營養及教育等之綜合指標）、經濟高度脆弱（農業生產及出口之不穩定性、多元化不足及小型經濟等之綜合指標）及人口少於 7,500 萬人。2004 年全球符合前述規定之低度開發國家計 50 國，其中爲 WTO 會員者則有安哥拉、孟加拉、貝南、布吉納法索、蒲隆地、柬埔寨、中非、查德、剛果、吉布地、甘比亞、幾內亞、幾內亞比索、海地、賴索托、馬達加斯加、馬拉威、馬爾地夫、馬利、茅利塔尼亞、莫三比克、緬甸、尼泊爾、尼日、盧安達、塞內加爾、獅子山、索羅門群島、坦尚尼亞、多哥、烏干達、尚比亞等 32 國。參見聯合國官方網站 http://www.un.org/special-rep/ohrlls/ldc/list.htm（最後瀏覽日 09/14/07）。

場開放雖有小幅度的增加，但是對於外國出口產業之整體利益仍嫌太小，不足以補償因提起 WTO 爭端解決訴訟程序之花費。因此，若非該國潛在市場與商機夠大，否則，沒有會員國會在乎這些貧窮國家的市場開放程度到底如何，以及是否違反 WTO 之多邊貿易協定。

　　（三）雖然貧窮國家可以援引 SDT 的承諾條件，而減輕市場開放之義務，但是即使該國決定完全遵守 WTO 之規範，並對可能產生之貿易糾紛採取行動，事實上也不可能實踐。如上所述，在現實環境下，多數國家不會將低度開發國家列為被告，因為在政治與經濟的效益上都不足引起提交訴訟之動機；另外，低度開發國家正因為貧窮，無法支付訴訟經費，因此也很難成為原告控告他國。

　　由上可知，對貧窮國家來說，加入 WTO 與否都無法改變自身國家的經濟條件。如上所述，貧窮國家未加入 WTO 而採取的貿易保護措施，與加入後適用特別條款排除一般自由貿易原則，就外部經濟效果來看，似乎沒有太大差別，當然更無法享受 WTO 自由貿易所帶來之外部經濟效益。在目前 IEL 的實踐中，較令貧窮國家以其國家利益為中心，而參與 WTO 的活動便是「貿易政策審查機制」（Trade Policy Review Mechanism, TPRM）。雖然全球貿易大國，如美國或歐盟每二年便需要接受 WTO 之貿易政策審查，但是低度開發國家或發展中國家，有些卻僅需在加入 WTO 之十年後接受審查即可。各國可以利用 WTO 對低度開發國家進行貿易政策審查時，提出建議書供 WTO 秘書處參考，作為貧窮國家改進之方針。在貿易爭端解決小組的運作模式沒有太大改變的情況下，TPRM 對各國來說，或許是目前與貧窮國家最經濟有效的一種對話方式。

肆、國際經濟法研究之熱門議題：區域經濟整合

一、貿易自由化與貿易保護之交錯

　　自二次大戰以來，國際貿易一直是推動世界經濟整合與社會進步不可或缺之動力。在貿易自由化之驅使下，多邊貿易談判不僅讓歐洲經濟從戰爭中重新建立，同時，國際經濟體系之建立，對於追求民族獨立與現代化之亞、非、拉美以及中東國家，不啻提供一項經濟發展模式，建立國際彼此間之經濟相互依存，使得數以億計之人民脫離貧困。另外，對於新興或甫獨立之開發中國家而言，雖然在形式上「免除國家債務」及「加強外援」二項措施能有效減緩此類國家之經濟負債，然而，實際上「貿易自由化」對於提升經濟之成效更為顯著，不但可減少貧困，更可為社會提供經濟資源以滿足其最緊迫之需求。[42]

　　雖然貿易自由化可帶動經濟成長，但不論經濟發展程度高低，國家經常基於國內之政經環境而採取貿易保護手段。究其原因，貿易保護主義係指為保護本國產業免受國外競爭壓力，而對進口產品提高關稅、限制進口或其他減少進口數量之經濟政策。保護本國產品方面，實行進口管制將使國內市場免受外國產品競爭，並向本國產品提供各種優惠或補貼性措施以增強其國際競爭力。限制進口方面，主要係指政府採取關稅措施，課徵高額進口關稅以阻止外國商品大量進口至國內市場，或以非關稅貿易障礙，包括採取進口許可證制、進口配額、技術性貿易障礙等一系列非關稅措施來限制外國商品自由進口。[43] 上述貿易保護政策之目的，在於維護本國產業避免受國外競爭、減少國外進口以增加

- - - - - - - - - - - -

[42] Susanta S. Das, "Evolution and Political Economy of Trade Protectionism: Antidumping and Safeguard Measures," IIMB Management Review, Vol. 17, No. 4, 51, 51-65 (December 2005).

[43] Edward L. Hudgins ed., *Freedom to Trade: Refuting the New Protectionism* (Washington, DC: Center for Trade Policy Studies, CATO Institute, 1997).

貿易順差。因此，短期而言，執行貿易保護政策可增加政府關稅收入，並減少國內失業率。但長期而言，此政策會使國內產業競爭力下降，造成國內產業需依賴政府扶持或補貼才能持續經營，最終造成國內產業只能侷限在國內市場發展，而國內產品因出口外銷受限而無法擴大產量，對於降低國內長期失業率並無助益。因此，貿易保護主義可謂國家爲應付國家內外特殊情勢所採取之「中短期具有特殊目的之經貿政策」，實施貿易保護時期之長短，並無一定標準，常受到該國經濟結構、收支平衡、政經社會情勢等諸多變數影響。

　　從國際實踐觀之，「貿易保護主義」與「貿易自由化」有一體兩面之關係。一般而言，發展中國家通常屬於較晚發展資本主義市場經濟之地區，故該等國家於經濟轉型過程中，往往透過貿易保護主義政策之採行，以保護其國內產業免於受到較早發展之資本主義國家產品外銷競爭衝擊，例如亞洲四小龍在二次大戰後之發展，均在有限度採取貿易保護主義之情況下，完成經濟建設與產業轉型。相反地，已開發國家則多提倡自由貿易與市場開放，因此，歐美國家多將貿易保護主義視爲應付國家經濟蕭條或金融危機時之臨時措施，而非以此爲長久之貿易政策。[44] 當資本主義越發達且全球景氣上揚時，多數貿易發達國家皆會宣揚貿易自由主義以刺激出口外銷，而拒絕採用貿易保護主義；相反地，當失業率不斷攀升，且景氣下降時，貿易保護主義又會再度受到各國政府的青睞。[45]

- - - - - - - - - - - - -

[44] William E. Gaskin & Robert McKenna, "*Protectionism's Flaws,*" *Washington Times* (December 11, 2006), at A21, available at http://www.washingtontimes.com/news/2006/dec/10/20061210-102200-9544r/ (last visited on December 23, 2011).

[45] Gordon Brown, "*How to Embrace Change,*" Newsweek, Vol. 147, No. 24, 64 (June 12, 2006).

二、貿易自由化之趨勢

　　全球化之變遷迅速，其對區域、國家政府及個人所造成根本性之影響使許多人深感憂慮。每個國家都必須找到對該國最有利之產業經濟發展政策，並且解決因經濟結構變化而產生的失業問題，並進一步緩衝經濟轉型所帶來之衝擊。然而，面對國內經濟轉型之壓力，採取「貿易保護主義」遂成為最簡單、快速且有效之手段。談到貿易保護主義，最明顯失敗之案例，就是 1930 年美國所通過 Smoot-Hawley 關稅法（Tariff Act）。[46] 由於當時面臨經濟大蕭條，美國率先將多種進口產品關稅大幅提高，對 3,000 多項進口商品課以 60% 高關稅，藉以保護美國市場。美國此一做法使其他國家陸續跟進，紛紛採取報復性關稅，形成全球性的關稅貿易障礙，導致國際貿易活動大幅萎縮，自 1932 年止，全球貿易總值剩下不到 1929 年的一半。1934 年世界貿易總額，更下降到僅占 1929 年的三分之一，該次全球貿易保護主義的興起，造成幾千萬人失業，加劇經濟大蕭條。當時每個國家都試圖將自己與外部危機隔絕開來，結果反而加劇了危機在全球蔓延的速度和烈度，最終演變為破壞性巨大的世界性經濟長期衰退，連帶使國際政治關係趨於緊張，進而埋下第二次世界大戰爆發之經濟遠因。[47]

　　至第二次世界大戰後所出現的國際經濟合作談判有可稱為「多邊貿易談判」（multilateral trade negotiation），或稱為「多邊主義」（multilateralism），係指國際社會就貿易關係之往來上，基於相互依存合作、

- - - - - - - - - - - - -

[46] Smoot-Hawley Tariff Act, available at http://future.state.gov/when/timeline/1921timeline/ smoot_tariff.html (last visited on December 23, 2011).

[47] Douglas A. Irwin, "*Historical Aspects of U.S. Trade Policy*," *NBER Reporter* (Summer 2006), at 16-19, available at https://www.nber.org/reporter/summ er06/irwin.html (last visited on December 23, 2011).

重視平等之權利義務、遵守非歧視原則（Non-discrimination principle），[48] 同時，各國參與國際貿易之機會不因國家之大小或貿易總額占世界貿易之比例多寡而有不同之待遇，並強調自由、平等、開放之貿易政策。這些原則成為當代全球化之基調，為世界多數國家所接受，並載於重要之國際經濟法文件中。[49] GATT 前言所揭示之宗旨即為多邊貿易架構之最佳詮釋，23 個創始會員於簽署該文件時一致同意「為提高生活水準，保證充分就業與豐裕而穩定成長之實質所得及有效需求，促進世界資源之充分利用及增加貨品之生產與交易，應共同致力於增進相互間之貿易與經濟關係……訂立互惠互利協定，以大幅削減關稅及其他貿易障礙，並取消歧視待遇，俾達成前述目標」。[50] 由於 GATT 之簽署，使得多邊貿易談判之腳步未曾停歇，從 1947 年至 1994 年間，各國共進行了八回合的貿易談判，經由不斷地妥協逐步達成貿易自由化之目標，並確保 GATT 之條款均能有效實踐。[51] 至 1995 年烏拉圭回合談判時，各國政府為確保已簽署之多邊貿易協定能被各會員有效地遵守，旋建立 WTO 以貫徹 GATT 之精神，並提供國際社會一個穩定之多邊貿易談判架構。除了維持 GATT 對於「促進世界資源之充分利用及增加貨品之生產與交易」之目標外，WTO 於前言中更加入了「永續發展」（substantive development）之理念，在充分發展經濟之餘，會員並「需使世界資源依照永續發展之目的做最適當之運用，以尋求維護與保育環境，及提高其保護之方法，俾符合不同經濟發展程度者之需求與

---

[48] Walter Goode, Dictionary of Trade Policy Terms 237 (4th ed., Cambridge U. Press, 2003).

[49] 羅昌發，國際貿易法，元照出版有限公司，2010 年，頁 7-9。

[50] Preamble of General Agreement on Tariffs and Trade, Oct. 30, 1947, 61 Stat. A-11, 55 U.N.T.S. 194.

[51] Gray Sampson, *"Regional Trading Arrangements and the Multilateral Trading System,"* in Regional Trade Blocs, Multilateralism, and the GATT: Complementary Paths to Free Trade? 13, 13-14 (Till Geiger & Dennis Kennedy eds., Pinter Press, 1996).

關切」。[52] 綜上所述，世界上大部分國家均參與 WTO 之多邊貿易談判，並高度重視此一重要國際經濟組織所建構出的國際貿易法律體系。

三、貿易保護主義之措施

從過去歷史上經驗可知，當全球經濟衰退、或發生萎靡蕭條之跡象時，貿易保護主義就漸漸產生，尤其在全球或區域金融危機後，各國在一定程度上加深或擴大貿易保護措施之情況恐怕無法避免。在面對國內政治壓力時，不論已開發國家或發展中國家之政府，最迅速之反應方式，便是實施保護本國紡織、汽車、農業、科技等國內產業（Domestic Industry）之措施，使之免受來自於國外進口產品之競爭。在某些國家，農民或傳統產業即使人數少，但仍受到政策性保護，多數係因爲這些族群在地方或全國性選舉中具有很大影響力。由此可知，貿易保護主義一向爲各國政府所採用之手段，既滿足特殊群體之需求，也成爲一般大衆反抗全球化之基本立場。就國際貿易理論而言，貿易保護措施只能優惠少數特定產業，但卻以犧牲國家整體比較利益爲代價。長期而言，實施貿易保護之國家將面臨諸多系統性風險，包括經濟增長速度較慢、失業率增加及通貨膨脹。[53] 因此，從上述分析可發現，貿易保護主義具有雙面性質，從正面角度而言，貿易保護措施之功用，可藉以有效扶植國內的幼稚產業或重點發展產業，使開發中國家得以對抗已開發國家之國際競爭力；但從負面角度而言，貿易保護措施之風險，在於它增加國家經濟成本（對貧困國家而言尤其如此），削弱國內產業之競爭力。倘若開發中國家能在經濟成長後減少貿易保護

---

[52] Preamble of Marrakesh Agreement Establishing the World Trade Organization, Apr. 15, 1994, 1867 U.N.T.S. 154, 33 I.L.M. 1144 (1994).

[53] Murray N. Rothbard, "*Protectionism and the Destruction of Prosperity*" (Auburn, AL: Mises Institute, 1986), available at http://www.mises.org/rothbard/protectio nism.pdf (last visited on December 23, 2011).

主義，並積極推行貿易自由化措施，則將使外國投資加速增長，商品與服務出口迅速擴張。[54] 綜上所述，儘管採取自由貿易存在諸多經濟實益，但從貿易保護主義之政治根源與歷史觀之，貿易保護主義在未來仍將對全球經濟發展造成深遠影響，並可能違反多邊貿易體系所建構之自由貿易規則。

　　貿易保護之興起經常伴隨在全球金融風暴之後，舉例而言，2008 年 9 月美國次級房貸引起之金融風暴，起因於美國經濟高度自由化導致信用貸款浮濫引發危機，次貸風暴嚴重傷害美國總體經濟結構，該國之金融保險業者首先開始向政府增資求援，緊接著，受連帶影響之歐洲金融保險業亦要求向政府紓困（Bail-Out），各國中央銀行相繼進入降息循環競賽以利政府發行公債籌募資金，英國政府甚至將破產銀行收歸國有以安定民心。[55] 在金融保險業之後，美國與法國的汽車業者亦開始向政府請求紓困而獲准，美、法二國保護國內汽車產業之措施遂引起國際社會質疑，使得各國政府群起效尤，更變本加厲地研擬各種補貼措施以提振內需消費。同一時期，各國銀行面臨越來越大的政治壓力，要求其縮減海外業務，維持對國內消費者和企業之貸款，導致國際資本流動大幅下降。在面臨金融危機時，各國為扶持國內產業，極有可能採取進口限制措施，此時，以出口導向之國家（如日本、韓國、台灣）則不免受到貿易保護主義帶來之負面影響。儘管各國深知貿易保護措施可能產生貿易扭曲之結

- - - - - - - - - - - - -

[54] Russell D. Roberts, *The Choice: A Fable of Free Trade and Protectionism* (3rd ed., Upper Saddle River, NJ: Prentice Hall, 2006).

[55] 從 2007 年至 2009 年間，英國政府付出數以十億英鎊計巨資，挽救陷入困境的銀行，避免銀行體系崩潰。Northern Rock 已經國有化，而政府目前也持有蘇格蘭皇家銀行（RBS）及萊斯銀行集團之大量股份。*See* Mauro F. Guillén, "*The Global Economic & Financial Crisis: A Timeline,*" The Lauder Institute of Wharton, University of Pennsylvania (2009), available at http://lauder.wharton.upenn.edu/pages/pdf/Chronology_Economic_Financial_Crisis.pdf (last visited on December 23, 2011).

果，但持續發酵之經濟衰退，迫使各國政府在內部社會壓力下，一步步向保護主義靠攏，只是強度與實施方式不盡相同。簡言之，每個國家在提振經濟的同時，都會優先考慮該國人民之就業權利與本國產業利益，而貿易保護主義自然就會順應時勢而抬頭。[56]

自金融海嘯橫掃全球經濟以來，各國紛紛提出各項提振經濟之政策與計畫，以穩定金融秩序，挽救業績快速下滑產業，減緩失業衝擊。然而，相繼出現的倒閉與失業潮，仍令各國政府傾向採取貿易保護主義。2008 年起全球貿易保護主義有再起之現象，蓋各國政府均面臨全球經濟衰退之惡果，不得不增加諸多貿易保護措施，競相保護本國重要產業。例如印度及俄羅斯等國即採取提高部分商品進口關稅、緊縮進口許可、提高檢疫標準等方式，慢慢築起貿易障礙。然而，多數國家之做法與影響力都遠不及歐美國家，倘若歐美國家轉向封閉的貿易保護政策，則不僅阻礙全球貿易自由化進程，更將促使各國跟進，最終掀起貿易大戰；尤其，目前正值各國大力推動內需刺激方案時刻，倘若各國都關上貿易大門，全球經濟效率將因成本大增而下降，財政擴張效益打折扣，經濟復甦之路也將更漫長。[57]

四、區域經濟整合之歷史背景與發展

（一）區域經濟整合半世紀以來的三波發展史

從歷史發展角度觀之，當代區域經濟整合約可分為前後三波浪潮（waves），分別是 1960 年代至 1970 年代之第一波萌芽期、1980 年代至 1990

----

[56] John W. Miller, "*Protectionist Measures Expected to Rise*," Wall Street Journal (September 15, 2009), at A5.

[57] Murray N. Rothbard, *Protectionism and the Destruction of Prosperity*, Monograph first published by the Mises Institute (1986), available at http://mises.org/rothbard/protection-ism.pdf (last visited on December 23, 2011).

年代之興盛期，及二十一世紀後之轉變期。第一波區域經濟整合浪潮係從
1960 年代開始，世界上各個區域之國家在討論全球經濟整合外，同時亦尋求
區域間之經濟整合以促進國家個別發展。在這股浪潮下，幾乎包含所有已開發
或開發中國家都紛紛建立起區域貿易集團。此間重要之區域貿易組織或協定如
下：1957 年歐洲經濟共同體（EEC）成立、1960 年拉丁美洲國家成立拉丁美
洲自由貿易區（LAFTA）、同年中美洲國家成立中美洲共同市場（CACM）、
1969 年南美洲一些較低度開發之國家簽署安地斯協定（Andean Pact）、1973
年加勒比海地區亦成立加勒比海經濟體暨共同市場（CARICOM）、1975 年歐
洲經濟共同體與非洲、加勒比海及太平洋沿岸國家（ACP）共同簽署洛梅協定
（Lomé Convention）以達成彼此間之優惠關稅。雖然在這波區域經濟整合之
浪潮中，許多國家都參與其中，並且高舉提升經濟發展之目標作為談判動力，
但若從結果而論，除 EEC 獲得預期成果外，其餘絕大多數之區域化經濟整合
運動，因各國仍採取保護措施而成效不彰。然而，即便是 EEC，在 1970 年代
亦受制於歐洲大陸長期經濟衰退而緩慢停滯，原本計畫從 EEC 逐步朝向建立
共同市場之倡議，在 1970 年代並沒有長足的進展。

　　第二波區域經濟整合之浪潮於 1980 年代展開。1992 年 EEC 正式由經濟
共同體走向單一市場（single market），歐洲各國並於 1986 年簽署歐洲單一市
場法案（Single European Act），繼而於 1991 年簽署馬斯垂克條約（Treaty of
Maastricht），正式將經濟共同體、貨幣聯盟，以及政治聯盟三者結合，組成
歐洲聯盟（EU）。在拉丁美洲部分，為促進 LAFTA 更進一步之整合，拉丁
美洲整合協會（Latin American Integration Association）於 1980 年取而代之，
同時，南錐共同市場（MERCOSUR）亦成為該區域最重要之貿易集團。在北
美洲部分，1989 年美國首先與加拿大簽訂美加自由貿易協定（CUSFTA），
至 1993 年更因加入墨西哥而簽署北美自由貿易協定（NAFTA）。這段時期，

亞洲太平洋沿岸地區亦開始建立區域整合機制，其中最著名者便是亞太經濟合作會議（APEC）。另外，1992 年東南亞國家亦積極成立東南亞國家協會（ASEAN），建立起東南亞經濟合作機制，比起稍早成立之亞太經濟合作會議，東協無論在實質整合或集體行動上均較為嚴謹。許多國家更發現，當區域經濟整合成功時，龐大之貿易集團可擁有比單一國家在多邊貿易談判桌更為有利之籌碼，此即為造就第二波區域整合浪潮成功之主因。

　　第三波區域經濟整合浪潮於二十一世紀開始發展。1994 年烏拉圭回合談判建立 WTO 多邊貿易體制，區域經濟整合一方面與 WTO 間之關係益形密切，但另一方面區域整合之動機卻也參雜不少非經濟因素。歐洲國家於 2001 年起開始討論制憲工程，並於 2004 年通過歐盟憲法，但新草擬之歐盟憲法並未獲得歐盟國家之全數認同，因而使得歐盟憲法遲遲未能生效，進一步政治整合進程嚴重受挫，2007 年歐盟各國通過里斯本條約（Treaty of Lisbon）修正歐盟憲法草案，改採替代措施；2011 年年底在希臘債務危機下，歐盟各國堅定將經濟整合擴展至財政紀律，深化各國財政政策之統一性。在美洲方面，區域經濟整合之推動，主要係由美國倡議美洲自由貿易區（FTAA）之建立。九一一事件後，美國積極將反恐行動與經濟整合二項目標合併，許多南美洲國家群起反對參雜政治因素之經濟整合，於是在其後的美洲峰會中未能達成有效之結論，美洲之區域經濟整合亦陷於停頓。而在 2011 年美國退出伊拉克戰場後，旋即於 2011 年將經貿談判焦點放於亞洲，大力推動「跨太平洋夥伴協定」（TPP）。然而，川普總統上任後，卻令美國退出主導談判逾十年的 TPP，也使得剩下的 11 個成員重新審議後將此巨型 FTA 更名為「跨太平洋全面進步協定」（CPTPP），並於 2018 年正式生效。與上述歐美地區相較，亞洲之經濟整合進程在第三波浪潮中成效卓著。東協成立後不斷與東亞其他國家進行自由貿易談判，東協於 2008 年提出東協憲章與東協經濟共同體藍圖，將進一步深

化東南亞國家在政治與經濟上之整合與影響力。另一方面，東協加三等之自由貿易區於 2015 年正式生效，以東協加三之約 19 億人口，GDP 總值 5.8 兆美元之區域經濟規模，將成為世界上最大的貿易體。

（二）區域經濟在WTO架構下的蓬勃發展

　　區域經濟整合之複雜性與涉及議題之廣泛性已如前述，而現有之國際關係理論或經濟理論亦無法完全掌握區域整合運動之全貌，此乃因世界各地之區域經濟整合有太多差異性之因素牽涉其中，加上該區域之政治、經濟、語言、文化、宗教、歷史等背景亦存在深切之關聯性，此與探討全球化之進程有完全不同之結果。事實上，對多數國家而言，透過有限制之區域經濟整合優惠貿易條件安排，會比完全不設限之開放自由貿易市場更能保障內國產業，使其免於在競爭力未成熟時即被外國企業所擊垮。一旦內國產業具備一定規模與競爭力後，則更可以在國際上與跨國市場之寡占企業競爭。由區域經濟整合之過程看來，經濟學上將之分為四部分，以整合程度由淺至深分別為：自由貿易區、關稅同盟、共同市場，以及經濟共同體等。

　　WTO 法律體系完整，符合 WTO 規範之區域經濟整合係透過 GATT 第 XXIV 條中所規範之自由貿易區與關稅同盟為限。簡言之，自由貿易區之形成，對內採行區域內零關稅之措施，對外則保有獨立之關稅自主權。關稅同盟則除對內採行自由貿易外，區域成員對外統一採行共同關稅。就 WTO 法律規範觀之，會員在談判 RTA 時，均應符合透明化原則，並遵守 GATT 第 XXIV 條之規範程序。事實上，WTO 多邊貿易協定之精神係以最惠國待遇、國民待遇等非歧視原則為主要理念，然而，RTA 所形成之集團內成員享有比集團外成員更優惠之貿易條件，原係違反 WTO 之基本原則，但在多邊貿易談判時，所有成員均同意以例外許可之方式讓各成員得與其他貿易夥伴簽訂更優惠之貿易協定，以利自由貿易之發展。因此，自 WTO 於 1995 年成立後，透過 GATT

第 XXIV 條、GATS 第 V 條及授權條款之規定，以區域經濟整合為目的之自由貿易協定及關稅同盟數量逐年倍增，對於多邊貿易法律體系造成重大影響。蓋傳統 FTA 諮商談判所注重之議題，主要是關稅削減及市場進入限制解除等所謂「邊境上」的障礙。但是，隨著各國關稅稅率的不斷降低、服務業市場的持續開放，這些傳統議題的重要性也逐步下降；取而代之的，是經濟合作、智慧財產權保護、檢驗檢疫、競爭政策、政府採購、電子商務，乃至於環境永續、勞工標準等所謂「邊境內」的議題。最近如美國、歐盟與澳洲等先進國家的 FTA 中，這些新興議題已占有很高的比重，為數眾多又各具特色的區域貿易協定更形成錯綜複雜的「義大利麵碗效應」，同時，也成為國際經濟法之熱門議題。

伍、本書內容與架構

本書各章內容係整理筆者過去自 2007 年至 2017 年十年間所陸續於期刊發表之論文，有延續性的系列性探討區域貿易協定（RTA）在 WTO 架構下的重要議題、RTA 整體的架構與國際實踐、RTA 在國際法與國內法的爭議問題、各國對於洽簽 RTA 所面臨的外交談判資訊揭露、透明化、國會審議等程序，以及 RTA 在貿易救濟條款中的制度設計等。

導論之書寫，乃部分改寫引用於 2007 年 6 月出版之《國際經濟法學之現狀與未來》，原文刊載於中華國際法與超國界法評論第 3 卷第 1 期。本文在發表於期刊前，寫作初衷係參加完美國國際法學會國際經濟法小組 2006 年舉辦之「國際經濟法學之現狀與未來」年會暨學術研討會，所整理而成之學術紀實。本文之撰寫除獲國科會（現科技部）補助參加國際學術會議外，更重要的意義是會議舉行地點在美國新罕布夏州的「布列頓森林」（Bretton

Woods）──一個對於長期研究國際經濟法、總體經濟理論、國際貿易學理論的學者而言，久聞其名又耳熟能詳的傳奇聖地，1944 年各國領袖就是在這片人煙稀少的「森林」中，開啟了二次世界大戰後的國際經濟、金融、貿易體系。本導論以「國際經濟法研究之起源：布列頓森林體系」作為本書開頭，將國際經濟法之研究取徑與外交實踐加以介紹，並切入主題「區域經濟整合」，開啟本書後續章節之內容，從全球化下貿易自由化與貿易保護之交錯，以及區域經濟整合之歷史背景與發展二大主軸發端，先以宏觀的歷史視野及關照角度作為研究背景鋪陳，再接續進入本書各章重點問題分析。

　　第一章「貿易爭端解決」，原文係 2011 年 6 月出版之《「規則導向」取代「權力導向」──國際貿易爭端解決機制之運作分析》，刊載於中華國際法與超國界法評論，第 7 卷第 1 期。文章初稿係發表於 2010 年 3 月由國立台北大學法律學院主辦之「違約與救濟」研討會。本章分析國際貿易領域之爭端解決，無論是在多邊貿易架構或區域貿易協定中，均朝向以建立「規則為基礎」之法律機制，取代以「權力為基礎」之國際外交談判。本章從分析 WTO 架構下之爭端解決機制為開端，藉以比較不同層次之貿易爭端解決機制，首先分析WTO 架構下會員單一且排他之爭端解決機制關於案件審查程序與相關規範。其次，在區域貿易協定之實踐中，以二個較為著名之區域貿易爭端解決機制之運作（北美及東協）及其與 WTO 爭端解決之關係加以探討。原本該文中所引用之「北美自由貿易協定」（NAFTA）由於已在 2018 年修正部分條款並改名為「美墨加自由貿易協定」（USMCA），本書一併進行修正。本章所論及有關貿易爭端解決機制之設計，係貿易談判中核心條款之一，對國內產業或國民影響甚鉅，在我國開展與重要貿易夥伴的貿易談判前，針對爭端解決機制所涉及之重要議題應有明確之立場。

　　第二章「貿易協定透明化機制」，為國科會（現科技部）96 年專題研究計

畫「自由貿易協定法律架構之研究」之部分研究成果，初稿以「WTO 架構下之區域經濟整合規範──以 GATT 第 XXIV 條法律分析爲中心」爲題，發表於 2008 年 10 月由國立台北大學法律學院主辦之「平等原則之理論與實踐──李岱教授八秩晉七祝壽論文研討會」，並經大幅修改後，增加 2006 年至 2011 年 WTO 關於區域貿易協定透明化機制最新發展改寫而成。原文刊載於 2012 年 4 月出版之東海大學法學研究第 36 期，題爲《析論區域貿易協定透明化機制在世界貿易組織之進展》。本章論及全球化與區域整合之發展幾乎以同步之方式進行，世界上不斷增加的區域貿易協定，對多邊貿易體系產生重要影響，而這些影響並不全然對多邊貿易談判之進展皆爲有利，同時對於區域內之成員亦非全然有利。從 WTO 法律體系觀之，RTA 與多邊貿易架構可同時並存，不論 RTA 以何種形式出現，都具有「相互優惠」之本質。從 GATT 年代起便訂有 RTA 之通知義務，但實行成效不彰；烏拉圭回合談判後，雖將 RTA 之審查交由區域貿易協定委員會執行，不過仍是無法解決效率低落的問題。杜哈回合談判啓動後，2006 年 WTO 秘書處公布一項新的 RTA 透明化機制（Transparency Mechanism），會員通過以暫時施行之方式運作，期望在杜哈回合談判結束時，會員間能達成共識建立一部新的有關 RTA 透明化機制的多邊貿易協定。本章內容涵蓋 RTA 之發展及衍生問題、透明化機制之沿革、WTO 下設委員會綜合性審查程序、並詳述 RTA 透明化機制之運作模式與體系架構，並以我國在新的透明化機制下之通報實務所面臨之問題，提出因應建議。

　　第三章「貿易協定談判過程之資訊揭露」爲初次發表。本章內容出自於筆者受行政院大陸委員會委託之「主要國家對外經貿談判相關資訊揭露之比較與發展」研究計畫部分研究成果整理。由於本章的探討內容僅節錄在比較法上觀察美國、新加坡，以及澳大利亞的貿易協定透明化、公眾參與及資訊揭露法制與實務，故在該研究報告書中的其餘各章節（例如：由張惠東教授撰寫的日本

法介紹、河凡植教授撰寫的韓國法分析，以及筆者撰寫有關兩岸協議之建議等內容），則皆未收納入本章。本章主要分析 WTO 自 1995 年成立以來，會員間透過簽署優惠性貿易協定達成更進一步貿易自由化之貿易策略已成常態，近年來，在巨型自由貿易協定不斷出現的情況下（如 CPTPP、RCEP、TTIP），許多國家均面臨到「談判內容保密性」與「資訊揭露公開性」之兩難，而民主國家行政部門面臨國會及公眾溝通的工作也越來越重要。我國除面臨區域經濟整合的嚴峻挑戰外，更應參考主要貿易夥伴，如美國、新加坡、澳大利亞等國家對外經貿談判資訊揭露與國會及公眾參與之現況做法，以及洽簽貿易協定之藍圖路徑等國家經貿戰略形成的公民參與機制加以引介，作為我國未來相關做法上的借鏡。

　　第四章「貿易協定之締結與適用」係由已發表之二篇期刊論文加以整理改寫而成，分別為：原刊載於月旦法學雜誌第 195 期之《WTO 與區域貿易協定之締結與適用 —— 從最高行政法院 96 年度判字第 1986 號判決談起》，於 2011 年 8 月出版；以及原刊載於月旦法學雜誌第 252 期之《對外締約程序邁向法制化之新頁 —— 簡評條約締結法》，於 2016 年 6 月出版。前篇論文之初稿係 2010 年 12 月應政治大學公企中心之邀請，參加經濟部貿易調查委員會主辦之「兩岸經濟合作論壇學術研討會」上發表。筆者憶及當年撰文時對於從司法院大法官會議第 329 號解釋所開展出的我國條約締結問題、立法轉換模式、一元論及二元論之爭辯等，原屬於國際公法上傳統關於「國際法與國內法關係」的命題，加上當時兩岸經濟合作協議（ECFA）之簽訂、後續台星經濟夥伴協定，以及台紐經濟合作協定之談判開展，將「貿易協定之締結程序」作為核心議題，反思「條約及協定處理準則」之位階、層次、內容之不足與批判，並提出進一步修正之必要。四年後，在外交部條約法律司及相關同仁二十餘年的努力不懈下，終於將「條約締結法」於 2015 年通過立法正式公布施行，

取代行之已久的準則，在我國的條約法立法史上寫下新頁。雖然該次立法明顯係針對「貿易協定」談判而來，但法律位階上排除兩岸書面協議之適用，亦即 ECFA 及後續經貿協議皆不適用；同時，台星經濟夥伴協定及台紐經濟合作協定也都通過立法審查經總統公布生效。2015 年施行的「條約締結法」反而是無用武之地，後篇論文即在以上的背景下書寫，文中提及的資訊揭露與保密義務權衡、將議題廣泛複雜的貿易協定締結法單獨立法倡議，以及行政與立法對於條約及協定審議與查照之權力分配等，至今仍可有更為細緻修正的努力空間。本章之書寫歷經從「條約及協定處理準則」到「條約締結法」二個不同的新舊法時期，叩問司法院大法官會議第 329 號解釋公布二十餘年許多已了及未了之餘留爭議。

　　第五章「貿易協定下反傾銷及平衡措施條款」，係探討「不公平貿易行為」（unfair trade practice）下之「貿易救濟」（trade remedy）。本章內容曾於 2012 年 3 月刊載於台北大學法學論叢第 81 期，原文題為《區域貿易協定下反傾銷及平衡措施條款之實證研究》，係獲國科會（現科技部）98 年專題研究計畫「區域貿易協定下貿易救濟制度之比較研究──兼論對我國貿易救濟法制之啟示」之研究成果。本文初稿以「自由貿易協定中貿易救濟條款之比較分析──以反傾銷措施為例」為題，係應政大公企中心邀請於 2010 年 11 月參加由經濟部貿易調查委員會委託其主辦之「WTO 貿易救濟實務」學術研討會上宣讀發表，並於會後增修改寫而成。本章內容以區域貿易協定（RTA）之談判與簽署係當代國際經濟法之重要趨勢，不僅貿易大國熱衷於憑藉區域經濟整合加強其國際政治與經濟之影響力，多數已開發或發展中國家亦將簽署各類型自由貿易協定（FTA）列為該國之重要貿易政策。RTA 成員在談判時，一方面既須遵守 GATT 第 XXIV 條之規範，一方面又須符合對非簽約成員之「不歧視原則」等雙重要求，因此，各國常於 RTA 中放入反傾銷條款以調和在 RTA 成員

中關於 WTO 承諾、RTA 互惠，以及保有國內產業救濟途徑等三重關係。針對外國進口產品之不公平貿易行為而採取救濟措施，一向是國際貿易法上重要的議題。由於各國貿易發展程度不同，對於談判雙邊或多邊 RTA 反傾銷及平衡措施條款時，出現多元規範態樣。本章聚焦於 RTA 下反傾銷及平衡措施條款之設計與法理，同時進一步以法律實證研究方法，探討未來我國如與其他貿易夥伴簽署 FTA 時，反傾銷措施是否應廢除、或應否須加以限制、或僅須遵循 WTO 之相關規範即可。本章針對與我國進出口貿易額度較高之貿易夥伴（包括中國大陸、美國、日本、南韓、歐盟、澳大利亞、新加坡等）進行實證研究，針對各該國家或地區所與他國簽署之 FTA 中相關反傾銷及平衡措施之內容作一比較分析。最後，就提供談判立場之參考依據及建議。

　　第六章「貿易協定下防衛措施條款」乃延續第五章之論述，進一步探討「公平貿易行為」（fair trade practice）下之「貿易救濟」（trade remedy），而防衛措施又可稱之為「進口救濟」（import relief）。本章內容曾於 2014 年 12 月刊載於台北大學法學論叢第 92 期，題為《WTO 及區域貿易協定下防衛措施之實證研究》，係獲國科會（現科技部）99 年專題研究計畫「防衛措施之理論與案例研究——以世界貿易組織與區域貿易協定之法實證分析為中心」部分研究成果，初稿曾於 2012 年由國立台北大學法律學院舉辦之「六十週年院慶暨第一屆飛鳶法學國際學術研討會」上宣讀發表，並於會後大幅增修改寫。本章內容接續第五章對於反傾銷及平衡措施之論述，將貿易救濟的最後手段「防衛措施」在多邊與區域貿易協定中的實踐加以分析。蓋防衛措施為 WTO 會員履行多邊貿易協定之例外規範，在使用範圍、時機、期間及程度上均需符合一定條件，依 GATT 第 XIX 條與 WTO 防衛協定之規範，會員採行該措施之時機，僅限於防止或補救嚴重損害或促進產業調整之必要程度，並應選擇達成該目標之最適當方法。各國採用防衛措施時，大致上均遵循 WTO 架構之

規範，繼而衍生出一般性防衛措施或特殊產業之特別防衛措施；同時，由於 GATT 第 XXIV 條並未明確禁止 RTA 下設置防衛條款，故各會員應可考量彼此間之貿易依存關係，而採取多元模式處理區域（雙邊）之防衛措施條款。在理論與實踐上，本文對於防衛措施之實證研究範圍，涵蓋 WTO 及 RTA 等不同層面之議題，聚焦於防衛措施之法理與規範內涵，並進一步以法律實證研究方法，比較分析我國重要貿易夥伴對外簽署之 RTA 下相關防衛措施之內容，並於文末對於防衛措施條款之實證觀察與分析提供法律與政策性建議。

CHAPTER

1

貿易争端解決

壹、從「權力」到「規則」的轉向

世界貿易組織（World Trade Organization，簡稱 WTO）自 1995 年成立後，至 2011 年 4 月間，WTO 下轄之爭端解決小組（Dispute Settlement Body，簡稱 DSB），共受理 424 件爭端解決案件，[1] 其中包括諸多在關稅暨貿易總協定（General Agreement on Tariffs and Trade，簡稱 GATT）時期所無法解決之爭議。DSB 之所以受到會員間之普遍認同，原因在於烏拉圭回合談判中，最終通過之爭端解決規則暨程序瞭解書（Understanding on Rules and Procedures Governing the Settlement of Disputes，簡稱 DSU）建構起「單一」且「排他」之爭端解決程序，以確保 WTO 會員均遵守烏拉圭回合談判所簽署之多項多邊貿易協定。由於貿易救濟爭端解決案件數量與日俱增，迫使國際間之貿易談判更注重爭端解決機制之公平性及程序性條款，以建立有效之諮商（consultation）、談判（negotiation）及解決（resolution）之體系，應付未來可能產生之貿易糾紛。除上述 WTO 之多邊貿易爭端解決體系外，許多區域貿易協定（Regional Trade Agreement，簡稱 RTA）或會員之內國法院與行政機構，亦成功扮演起解決跨國貿易救濟爭端案件之角色。[2] 雖然 DSB 成功地解決許多會員間之貿易爭端案件，不可諱言，RTA 下之爭端解決機制應如何與 GATT/WTO 架構相容並存、或甚而分庭抗禮？又 WTO 會員間如何處理不同層次爭端解決機制之競合與衝突，且符合國際法上穩定性與公平性之要求？凡此種種，均成為當代國際經濟法爭論不休之議題。[3]

----

[1] WTO 編號第 424 號案件為 United States of America —— Anti-Dumping Measures on Imports of Stainless Steel Sheet and Strip in Coils from Italy (Complainant: European Union)，成案日期為 2011 年 4 月 1 日。

[2] 如美國貿易調查委員會、加拿大國際貿易法庭等。

[3] 針對 WTO 多邊貿易架構與 RTA 區域經濟整合下貿易爭端解決機制之競合與衝突，有主張

在國際貿易領域之爭端解決，無論是在多邊貿易架構或區域經濟整合，均逐漸朝向以建立「規則爲基礎」之法律機制，取代以「權力爲基礎」之國際外交談判。本章從分析 WTO 架構下之爭端解決機制爲開端，藉以比較不同層次（多邊貿易體系與區域貿易架構）之貿易爭端解決機制，並以較爲著名且與我國貿易關係往來密切之區域經濟整合規範態樣爲探討中心。本章首先分析 WTO 多邊貿易協定體系下，單一且排他之爭端解決機制（DSB）的案件審查程序與相關規範。其次，在區域經濟整合架構下，將依次分析較爲著名之區域貿易爭端解決機制及其與 DSB 間之關係，本章暫以自由貿易區之模式爲探討對象，至於關稅同盟或經濟共同體區域內之爭端解決機制，如歐盟，則不在討論之列，合先敘明。在區域自由貿易協定中，本章以美加墨自由貿易協定（United States-Mexico-Canada Agreement，簡稱 USMCA）第十九章及第二十章，由於該協定法律架構完整，常成爲世界各國洽談自由貿易協定（Free Trade Agreement，簡稱 FTA）時，設計以「規則導向」之重要參考；[4] 其次分析東南亞國協（Association of Southeast Asian Nations，簡稱 ASEAN）中之貿易爭端解決機制，其特色爲融合發展中國家間、或發展中國家與已開發國家間處理貿易爭端之機制。

貳、多邊架構下貿易爭端解決機制程序

當不同國家間產生摩擦與糾紛時，許多和平解決國際爭端之程序提供當事

RTA 之體系會妨礙 WTO 架構之運作；但亦有主張 RTA 之雙邊或區域經濟整合體系，更能有效地解決特定貿易夥伴之爭端案件。

[4] 2018 年 11 月 30 日，美國、加拿大、墨西哥三國簽署修正版之 USMCA 以取代原本從 1994 年即存在 24 年的北美自由貿易協定（North America Free Trade Area, NAFTA），在爭端解決章的部分，USMCA 與 NAFTA 相同。

國公平救濟之機會。總體而言，此類爭端解決模式可分為二類：第一類稱為「權力為基礎」之模式（power-based system），此乃依據當事國間之國際政經實力，或稱相對權力（relative power）為衡量基準，透過談判或協議達成爭端之解決。第二類稱為「規範為基礎」之模式（rule-based system），此係依據當事國於產生爭端前已同意之法規範要件與效果為前提，透過談判或裁決達成爭端之解決。[5] 詳言之，國際社會間對於以「權力」或以「規範」為基礎所發展出二種截然不同之爭端解決模式，主要原因在於各國對於國際組織或多邊架構所持不同之理論基礎，亦即二種理論解釋了不同國家間對於外交（國際關係）理論所持之迥異立場。因此，理解此二種理論之根本差異，有助於發展與推動和平解決爭端模式之實踐。[6]

首先，在以「權力為基礎」之理論推導下，各國深信其政府應透過國家權力以追求該國最大利益，同時，為完成累積資源財富及擴充國際政經影響力（國際權力）之雙重目標，各國政府本能地持續維持該國已占有之資源與權力，不願意將所謂國家資源或利益與他國分享。在此種權力為基礎之爭端解決模式設計下，當事國之權力基礎不一致，多邊談判之結果往往取決於相對權力之優勢，對全球或區域有影響力之大國經常主導甚至成為議題或爭端解決之最終裁決者。然而，在以「規範為基礎」之系統下，不論是單一國家或國際組織，必須遵守國際規範（廣義國際法）或當事國已同意與批准之特定多邊架構規章，當事國同意上述規範對於爭端解決機制已產生法律拘束之效果。因此，一國之相對權力、國家政經實力，或資源優勢等均在所不問。在此種規範為基礎之爭端解決模式設計下，法規範適用之一致性、穩定性與公平性成為解決紛

---

5 John H. Jackson, *The World Trading System* 85 (1989).

6 John H. Barton, "Two Ideas of International Organization", 82 Mich. L. Rev. 1520, 1520 (1984).

爭最根本之要求，[7]大國與小國間之地位不因政經實力而有所差別。當代國際和平解決爭端之模式，已漸漸採用以「規範爲基礎」之模式替代以「權力爲基礎」之設計，尤其在國際經貿領域之爭端解決，已透過 WTO 多邊談判機制成功地創造出以「規範爲基礎」之典範。

一、國際經濟關係「法治主義」之發展

長達十年之烏拉圭回合談判最終爲國際社會開創前所未有之局面，GATT 會員透過多邊架構完成二項國際經濟組織之變革，其一是建立相當於聯合國規模之國際經濟組織——WTO；[8]其二是建立絕無僅有，具備二個審級之司法部門設計——爭端解決機制「上訴機構」（WTO Appellate Body，簡稱 AB）。[9] WTO 之多邊貿易架構亦可視爲傘狀組織（umbrella organization），其法規範體系乃由許多貿易協定所集合而成。AB 則爲 WTO 最終司法裁決機構，專門審查爭端解決小組（DSB）在第一審中對於 GATT 以及其他多邊貿易協定所作成之解釋與裁決，AB 有權維持原判或推翻 DSB 之見解，[10]因此，有學者以「超級法庭」（Super Court）來形容 AB 之功能。在 WTO 爭端解決機制（Dispute Settlement Mechanism，簡稱 DSM）之設計下，AB 之裁決或當事國未選擇上訴之 DSB 裁決，除非 WTO 所有會員（包括爭端案件中之勝訴會員）均無異議一致投票（vote unanimously）推翻，否則應對所有 WTO 會員產生強制拘束之法效果。易言之，在此制度設計下，幾乎所有 WTO 爭端解決案

---

[7] Justin Byrne, "NAFTA Dispute Resolution: Implementing True Rule-Based Diplomacy through Direct Access", 35 Tex. Int'l L. J. 415, 417 (2000).

[8] Miquel Montana Mora, "A GATT with Teeth: Law Wins over Politics in the Resolution of International Trade Disputes" 31 Colum. J. Transnat'l L. 103, 141-159 (1993).

[9] Understanding on Rules and Procedures Governing the Settlement of Disputes (DSU), 1994.

[10] *Id.*, Art. 17(13).

件之最終裁決，均被視為多邊貿易架構法規範之一部分而自動生效，雖然每件個案裁決之直接效力僅及於爭端當事國，但其裁決理由均對 WTO 各項協定產生補充解釋之效果。[11] 由於 WTO 之 DSM 穩定與公平受各會員信賴，使得所有會員之政府必須修正或廢止與 WTO 多邊架構不一致之法令或政策，否則將面對 DSM 敗訴進而被其他會員貿易制裁之風險。[12] 由於 WTO 爭端解決機制之成立，使得國際間掀起了一股新的國際經濟關係「法治主義」（legalism）之討論，[13] 此番關於 WTO 之法律詮釋之爭辯，已非單純國際經濟法上之學術研究，多邊貿易法律規範所產生之影響，毫無疑問地涉及全球貿易數百億元之財產以及數萬名就業機會。

二、WTO爭端解決機制之程序規範

WTO 於 1995 年初成立，DSM 制度大幅改善 GATT 年代之爭端解決程序已如前段所述，以下幾點則為 DSM 實踐之顯著之變革：

（一）DSB 為專門之爭端解決機構——DSB 所受理之爭端解決案件，除 1947 年 GATT 條文為核心之傳統貨物貿易協定外，並包括烏拉圭回合談判後一系列與貿易有關之所有多邊架構貿易協定，諸如：智慧財產權、服務貿易、

----

[11] John H. Jackson, "Managing the Trading System: The World Trade Organization and the Post-Uruguay Round GATT Agenda", in *Managing The World Economy: Fifty Years after Bretton Woods* 131, 141 (Peter B. Kenen ed., 1994).

[12] DSU, *supra* note 9, Art. 22(2). 依 DSU 第 22 條第 2 項規定：「若有關之會員未能使與內括協定不一致之措施符合內括協定或未能於依第 21 條第 3 項所規定之合理期間內遵行建議及裁決時，該會員應其他會員之請求，應於合理期間屆滿前，與提起爭端解決程序之任一當事方進行諮商，以尋求雙方可以接受之補償。若雙方在合理期間屆滿後二十日內未能就補償事宜獲致協議，提起爭端解決程序之任一當事國得要求 DSB 授權，暫停內括協定有關減讓或其他義務對相關會員之適用。」

[13] John H. Jackson, "The Crumbling Institutions of the Liberal Trade System", 12 J. World Trade Law 93, 98 (1978).

WTO 設立及 DSU 規則本身所產生的爭端等；[14]

（二）DSB 係依據DSU所建立之「單一」且「排他」之專屬管轄機制——依DSU 第23 條第1 項之規定，[15] 使WTO 架構下之所有多邊貿易規範得以統一由 DSB 及 AB 審查，徹底消除爭端當事國產生「場所選擇」（forum-shopping）及「規範選擇」（norm-shopping）之潛在可能；[16]

（三）DSB 採負面共識決（negative consensus）——爲提高爭端解決案件之效率，在烏拉圭回合談判開始後，所有會員於 1989 年通過「促進 GATT 爭端解決規則與程序」（Improvement to the GATT Dispute Settlement Rules and Procedures）決議（亦稱爲蒙特婁規則，Montreal Rules），正式將裁決案件的方式改爲「負面共識決」，即除非全體會員皆予反對，否則裁決案自動通過。從此建立起爭端解決機制的自動性（automaticity），任何單一會員皆無法阻礙爭端解決機制對貿易爭端案件所作出之裁決，此項維持法規範穩定性之改革，對往後 WTO 司法審查程序之公正，至關重要；

（四）DSM 建立二審制度——在 GATT 年代，爭端解決程序僅有專家小組報告一審機制，而敗訴會員並無申訴機會，因此 DSU 設立 AB，從此爭端解決機制由一審制改爲二審制。在專家小組作出裁決報告後，倘當事國不服，可提出上訴狀。惟應注意者，AB 僅能對專家小組報告進行「法律審」，而無

---

[14] Patricia Kalla, "The GATT Dispute Settlement Procedure in the 1980s: Where Do We Go from Here?" 5 Dick. J. Int'l L. 82, 92 (1986).

[15] DSU, *supra* note 9, Art. 23(1). 依 DSU 第 23 條第 1 項規定：「會員對內括協定義務之違反，或基於內括協定得享有之利益受剝奪或損害，或內括協定之任何目標之達成受阻礙，欲尋求救濟時，應援用及遵照本瞭解書之規則及程序。」

[16] 過去 GATT 與東京回合下的八個協定各有獨立的爭端處理程序，以至於發生「場所選擇」（forum shopping）與「規範選擇」（norm shopping）的混亂情形。WTO 的爭端解決機制則將 WTO 內括協定（covered Agreements）的爭端解決全部予以統一。

權推翻或變更專家小組報告中有關事實認定之部分，此設計為國際組織中對爭端當事國之程序保障最為進步之舉措。

除上功能性措施外，DSU 在加速爭端解決程序之效率上，亦於第 20 條中嚴格限定爭端程序之時間表[17]以及將 DSB 之裁決賦予法定效果。在 DSU 第 12 條至第 15 條有關 DSB 之成立、證據之採證，以及裁決理由之格式等規定與 GATT 年代之規範相似。[18]然而，與 GATT 不同者，DSU 第 16 條第 4 項規定：DSB 作出裁決後，除非當事國正式要求上訴至 AB，或 DSB 之裁決遭到所有 WTO 會員之負面共識決推翻，否則該裁決應自動生效。易言之，DSB 之裁決有效拘束所有 WTO 會員。[19]至於 DSU 第 17 條中規定設置常設上訴機構（AB）乃為 WTO 所獨創，較之其他國際組織之爭端解決機制設計，更增添 DSB 司法審查之特色。依該條第 1 項規定，AB 係一常設單位，由七人組成國際貿易法上訴機構，每件爭端解決案件均由三位法官組成合議庭審理，[20]專門針對由 WTO 爭端解決小組所作成之一審裁決進行法律審，以檢視 DSB 在系爭案件中所用援引之協定或條約規範是否適用有誤。依同條第 2 項規定，AB 法官由 DSB 所聘任，任期四年，得連任一次，[21]且該上訴審法官之任用，依第

----

[17] DSU, *supra* note 9, Art. 20. 依 DSU 第 20 條規定：「除爭端當事國另有合意外，自 DSB 成立小組之日起至其通過小組或上訴報告之日止，原則上，若無上訴，其期間不得超過九個月；若有上訴，則不得超過十二個月。當小組或上訴機構已依第 12 條第 9 項或第 17 條第 5 項延長提交報告期間，則上述期間應另計延長期間。」

[18] *Id.*, Arts. 12-15.

[19] *Id.*, Art. 16(4). 依 DSU 第 16 條第 4 項規定：「在向會員分送小組報告後六十日內，除爭端當事方一方正式通知 DSB 其決定上訴或 DSB 以共識決議不予通過小組報告外，DSB 應於其會議通過該報告。若有當事方一方已通知其上訴之決定，應俟完成上訴程序後，DSB 始得採認小組報告。採認程序不得損及會員對小組報告表示意見之權利。」

[20] *Id.*, Art. 17(1).

[21] *Id.*, Art. 17(2).

3 項規定，須具備「由一般公認具備法律、國際貿易及內括協定事務專長之權威人士組成，該等成員應與任何政府無關」。[22] 每件上訴案，應限於 DSB 報告之法律爭議及 DSB 所爲之法律解釋爭議。[23]

其次，除非 DSB 於 AB 報告提交會員三十日內，以負面共識決推翻此一報告，AB 報告應經由 DSB 通過且當事國應無條件接受。[24] DSU 第 21 條第 3 項更進一步規定，相關會員（尤其敗訴之會員）應通知 DSB 其執行 DSB 所作之建議及裁決之意願。DSB 依同條第 6 項之規定，負責監督所通過之建議或裁決之執行，並敦促被裁定違反 WTO 規則之當事會員必須採行救濟措施。[25] 倘相關會員無法立即遵行該建議或裁決時，系爭會員應有一段合理期間（a reasonable period of time）執行，依同條第 3 項第 (c) 款規定，此合理期間爲通過該建議及裁決之日後九十日內，由具有拘束力之仲裁所決定之期間。在仲裁時，執行小組或上訴機構建議之合理期間，自通過小組或上訴機構報告之日起不得超過十五個月爲仲裁人之準則，實際期間之長短得視特殊情形而定。[26] 同條第 5 項規定，對爲遵守該建議或裁決而採行之措施是否存在或符合內括協定有爭論時，則此爭端應藉爭端解決程序尋求救濟，並應盡可能由原先之 DSB 審理。DSB 應於受理案件之日後九十日內傳送其報告。[27]

DSU 第 22 條第 2 項規定，若有關之會員未能使與內括協定不一致之措施符合內括協定或未能於依第 21 條第 3 項所規定之合理期間內遵行建議及裁決時，該會員因他會員之請求，應於合理期間屆滿前，與提起爭端解決程

----

[22] *Id.*, Art. 17(3).

[23] *Id.*, Art. 17(6).

[24] *Id.*, Art. 17(14).

[25] *Id.*, Art. 21(6).

[26] *Id.*, Art. 21(3)(c).

[27] *Id.*, Art. 21(5).

序之任一當事國進行諮商，以尋求雙方可以接受之補償（mutually acceptable compensation）。[28] 若雙方在合理期間屆滿後二十日內未能獲致滿意之補償，提起爭端解決程序之任一當事會員得要求 DSB 授權，暫停內括協定有關減讓或其他義務對相關會員之適用。[29] DSB 所授權減讓或其他義務暫停之程度，應與受損害之程度相當（equivalent to the level of the nullification and impairment）。[30] 由以上可知，WTO 之爭端解決程序提供所有會員一個司法審查機制（adjudication mechanism），既可以法律書面裁定來解決會員間之爭端，同時亦允許會員在 DSB 之建議或裁決未能於合理期間內執行情況下，實施暫時性之貿易制裁（trade sanction），包括要求補償、暫停減讓或其他義務。

WTO 之 DSM 除提供會員間一個公平之司法審查機制，同時對於和平解決國際爭端而言亦功不可沒，透過 WTO 多邊貿易架構之談判與簽署，各會員承諾不再以國家單方行為（unilateral action）解決國際貿易紛爭，減少國際衝突之可能性，更進一步使得貿易法治主義蓬勃發展。易言之，DSM 對於多邊貿易架構之穩定與強化扮演決定性之角色。依 DSU 第 23 條第 1 項規定，「會員對內括協定義務之違反，或基於內括協定得享有之利益受剝奪或損害，或內括協定之任何目標之達成受阻礙，欲尋求救濟時，應援用及遵照 DSU」，第 2 項第 (a) 款中強調：「會員不得逕自決定違反之行為已經發生、利益已受剝奪或損害、或內括協定之任何目標之達成已受阻礙，若會員依據 DSU 處理爭端解決者，不在此限。」然而，會員所作決定應與由 DSB 通過之小組或 AB 之報告或依 DSU 所為之仲裁判斷之認定相符。[31] 同條項第 (b) 款要求會員

---

[28] *Id.*, Art. 22(2), first sentence.

[29] *Id.*, Art. 22(2), second sentence.

[30] *Id.*, Art. 22(4).

[31] *Id.*, Art. 23(2)(a).

「必須遵行第 21 條所規定之程序，以決定相關會員履行建議及裁決之合理期間」。[32] 由上開規定可知，會員不可片面經由其內國之立法、司法或行政機構之爭端解決程序，武斷地裁決其他會員違反 WTO 多邊貿易規範。更進一步言之，WTO 會員亦保證遵守 DSU 之所有程序性規範，只有在得到 DSB 之最終裁決及授權之情況下，會員才可暫停減讓義務或甚至採取貿易制裁行動。DSU 第 23 條在程序法上無疑確立 WTO 爭端解決程序中 DSB 與 AB 之「強制專屬管轄權」，而在實體案件之準據法上，亦透過第 3 條第 2 項及第 19 條第 2 項規定：「小組及 AB 之認定及建議，不得增減內括協定所規定之權利及義務。」限縮 DSB 與 AB 之適用法律與裁決之範圍。[33]

綜合上述，DSM 提供 WTO 一個單一、專屬、排他之司法審查機構，依 DSU 之文意解釋，AB 擁有最終之裁決與解釋權，其審查結果足以裁定涉案會員是否採取不適合之政策而違反 WTO 多邊貿易規範。然而，此制度之設計並非全然完美無缺，倘若 AB 之裁決本身有誤或違反 DSU 而對涉案會員「增減內括協定所規定之權利義務」時，並無任何補救措施，此權力不對稱（AB 與其他 WTO 部門）之設計，適足以引發組織危機。「歸零法則」案件之纏鬥不休造成 WTO 組織內部立法與準司法力量之鬥爭，即是一例明證。杜哈回合談判是否能解決此一問題，似在未定之天。

三、WTO爭端解決機制之審查基準

WTO 爭端解決機制之「審查基準」（standard of review）係指 DSB 以嚴格之客觀標準評估涉案會員所實施之貿易政策或法令，是否與 WTO 多邊貿易架構之權利義務一致？在 WTO 爭端解決小組評斷事實證據、解釋 WTO 條款

---

[32] *Id.*, Art. 23(2)(b).
[33] *Id.*, Art. 19(2).

中權利義務時，是否應參考提起控訴會員之主張？同時，DSB 是否應在不同類型之案件中採取不同之審查基準？[34] 倘若 DSB 認定系爭案件之事實評斷與 WTO 條款解釋存有差異，小組進一步須確認差異在多少範圍內可謂適當？同時，是否在不同條款間可能有不同等級之差異存在（尤其是否應區分事實之議題或法律議題）？以上疑問均爲 DSB 審查基準適用上之難題。

在 WTO 爭端解決程序中，DSU 第 11 條與第 5 條乃與小組審查基準（standard of review）相關之條文。首先，DSU 第 11 條明確規範爭端解決小組在個案審查中一般適用之審查基準。該條規定：「小組之功能，係協助 DSB 履行其依本瞭解書及內括協定所應負之責任。準此，小組應對 DSB 提出案件作客觀評估，包括案件事實與相關內括協定之適用性及一致性之客觀評估，協助 DSB 依內括協定作建議或裁決之其他調查。小組應定期與爭端當事國諮商，俾讓雙方有足夠機會尋求找出相互滿意之解決。」[35] 依據上述第 11 條規定，小組應如何決定何爲事實問題（factual issues）或何爲法律問題（legal issues）？顯然 DSU 第 11 條中所要求「客觀評估」（objective assessment）之文字過於簡略，容易受到涉案雙方所提出論點，或 DSB 中法官本身主觀因素之影響。然而，在 WTO 反傾銷協定（Antidumping Agreement，簡稱 AD 協定）中之審查基準有較 DSU 第 11 條更明確之規範。AD 協定第 17.6 條規定於審查案件時，應：「(1) 就事件事實之認定，小組應決定主管機關對事實的認定是否適當。以及其對事實之評定是否公正且客觀。如其對事實之認定適當，且其評定爲公正並且客觀，則縱小組得到另一不同的結論，其原評定不得被推翻；(2) 小組解釋協定之相關條款時，應依據國際法關於解釋之習慣法則。如小組

----

[34] 參考 WTO 反傾銷協定，Agreement on Implementation of Article VI of the General Agreement on Tariffs and Trade 1994 (AD Agreement), Art. 17.6。

[35] DSU, *supra* note 9, Art. 11.

認爲某一條款有數種解釋之可能，只要主管機關之措施符合其中之一，小組即應認爲其係符合協定。」易言之，上開條文建立了 DSB 在個案審查時之客觀評斷標準應包含三項：「涉案之主管機關對事實認定是否適當」、「涉案之主管機關對事實之評定是否公正且客觀（unbiased and objective）」、「涉案之主管機關對內括協定之解釋是否符合任一國際習慣法則所接受（permissible）之解釋範圍」。

　　比較以上二者之規範可知，AD 協定第 17.6 條之審查標準比 DSU 第 11 條更嚴格。詳言之，在 DSU 中，小組對於事實與相關內括協定之適用性及一致性進行客觀評估後，對於最終建議與裁定有較大之裁量權，不受涉案會員主張之影響。[36] 但在審查反傾銷案件而適用 AD 協定時，DSB 則必須評斷涉案主管機關之行政作爲（認定事實適當性、評定事實之公正客觀性、解釋內括協定適用之合理性），倘若無法明確認定該涉案主管機關之措施顯有違反內括協定，則不得推翻該措施。因此，當 DSB 對於事實與法律之認定與涉案主管機關不同時，可得到二種結論：

　　（一）在一般案件中，DSB 可以將客觀評估後之認定結果直接作爲審查基準；

　　（二）在反傾銷案件中，DSB 必須評價涉案主管機關之行政行爲作爲審查基準。最後，基於透明化之要求，依據 DSU 第 12 條第 7 項規定：「小組應向 DSB 書面報告提出調查結果。在此情形下，小組報告應闡明所認定之事實，相關條文之適用性、及其所作任何調查與建議之基本理由。」[37]

---

[36] Pierre Pescatore, "Drafting and Analyzing Decisions on Dispute Settlement", in *Handbook of WTO/GATT Dispute Settlement* 3, 24, at 38 (Pierre Pescatore et al. eds., 1997).

[37] DSU, *supra* note 9, Art. 12.7.

參、區域貿易協定與WTO間爭端解決機制之競合關係

1950 年末期至 1960 年代許多國家紛紛建立區域性之貿易協定，然而，在此期間所談判之區域貿易協定，多數皆因未達成原始貿易自由化與關稅減讓之目的而告失敗，由於此階段區域經濟整合不盡理想，各國政府反而回過頭來加快自二次大戰後開始啟動之多邊貿易談判。而當多邊貿易談判陷入僵局時，區域間之貿易對話則又開始重回熱絡。[38] 歐洲之經濟整合在二次大戰後開啟了序幕，亞洲、非洲、美洲之區域化進程更是如雨後春筍般林立。而除歐洲大陸之整合運動外，這一批所謂「舊區域主義」之共同特色是所有的貿易談判均存在於發展中國家之間，但由於高度之貿易保護主義，以及強調內需市場優先之貿易條件，使得這波區域經濟整合最終歸於失敗。詳言之，各國雖然成功地將談判議題確立，並對於區域集團內之更優惠貿易條件達成共識，同時也朝向產業分工專業化與促進經濟快速成長之目標前進，但實際上之貿易轉向效果（trade diversion）卻遠遠超過於潛在的或已完成之貿易創造效果（actual or potential trade creation），使得在完成初步之經濟整合後，國家整體經濟利益卻未帶來預期之成長。[39]

許多發展中國家在遭遇區域經濟整合失敗之打擊後，轉而大力支持多邊貿易協定之各項回合談判，並從中享受 GATT 與 WTO 法律架構下所保障的非歧視與自由開放之關稅與貿易條件。其次，「新區域主義」（New Regionalism）係於 1970 年代後與全球化同時期展開之區域經濟整合進程，就

----

[38] Edward D. Mansfield & Helen V. Milner, "The Political Economy of Regionalism: An Overview in The Political Economy of Regionalism: New Direction", in *World Politics* 1, 2-3 (John G. Ruggie ed., 1997).

[39] Peter Robson, The Economics Of International Integration 274 (4th ed. 1998).

其談判內容而言，係超越單純以傳統之關稅減讓爲主要目標，而加入其他新興或專門之議題，如：投資保障、競爭政策、智慧財產權、環境與勞工標準等內容。[40] 發展中國家於此階段仍然扮演著重要之角色，而由於在多邊貿易談判中各國政府所建立之信心，使得這些國家在進行區域貿易談判時，願意釋放更多善意進行較爲廣泛之區域經濟整合，同時也成功地完成不少區域或雙邊協定之簽署。[41]

然而，各地不斷增加之區域經濟整合，對多邊貿易架構產生各種不同類型之影響，而這些影響並不全然對多邊貿易談判之進展皆爲有利，同時對於區域集團內之國家亦非全然有利。因此，深化之區域經濟整合將爲各區域集團成員國帶來較好或較壞的發展，無法同一而論。因此，從實證結果觀之，「深化」（deeper）經濟整合，並不能確保一國之總體經貿環境變得「更佳」（better）或「更有效率」（more efficient）。[42]

一、GATT第XXIV條：「例外」反成爲「原則」

GATT 第 XXIV 條對於區域貿易協定之規範並未達到應有或預期之效果。對於未來如何讓多邊貿易架構更有效因應日益增加之區域經濟整合趨勢，而非放任其造成全球貿易自由化之倒退，實在是杜哈回合談判一項艱難的挑戰。倘若欲將多邊貿易體系與區域經濟整合二股潮流合併，或至少達成良性互動，以下即爲 GATT 第 XXIV 條在 RTA 問題上欲振乏力的困境：

其一，GATT 許多條文均已過時，即使 1944 年後針對 WTO 成立前之適

---

[40] Boonekamp Clemens, "Regional Trade Integration under Transformation" (Programme and Presentations for the Seminar on Regionalism and the WTO, Apr. 26, 2002).

[41] 最好的例子爲拉丁美洲國家，不但建立區域性之自由貿易區，同時亦與北美洲國家洽談美洲自由貿易協定（FTAA）。

[42] Robert Z. Lawrence, Regionalism, Multilateralism, and Deeper Integration 33 (1996).

用情況有作部分修正，但仍嫌不足。尤其在國際經濟變化快速之年代，區域經濟整合之進展更在 1995 年 WTO 成立以後，以意想不到之速度迅速發展，僅以 GATT 第 XXIV 條之單一條文作為多邊貿易體系下最基礎之規範，已無法滿足當初立法之原意與政策目標。在杜哈回合之談判進程中，WTO 會員應已開始著手草擬未來可能之多邊協定，亦即「關於區域經濟整合之協定」（Agreement on Regional Economic Integration），並將現有之實質與程序性規定納入該協定，如此一來，不但能使欲進行區域經濟整合之 WTO 成員，在談判期間即明確遵行多邊貿易架構之基本規範，同時亦可使 CRTA 在進行對區域貿易協定審查時，有明確之審查標準與程序，成雙向透明化之理想，最終達成有效因應許多新成立之區域貿易協定，並調和全球化與區域經濟整合間關係之理想目標。

其二，WTO 爭端解決機制之相關規範中，未加入明確且強力之第三方監督條款，亦即允許區域集團外之 WTO 會員得就區域貿易協定之違背多邊貿易法律架構之情形，提出該區域貿易協定無效或違反 WTO 規則之控訴。[43] 也因為僅有 RTA 成員間才可以向 WTO 提告，降低 DSB 檢視 RTA 之可能性。

其三，WTO 多邊貿易體系應積極運用區域貿易談判所帶來之潛在成果，而非僅消極進行審查與防堵。許多複雜敏感之議題，例如：農業貿易、競爭政策、勞工標準、環境保護議題等均可藉重區域經濟整合談判成功之寶貴經驗，解決多邊貿易談判所遭遇之瓶頸。

二、WTO爭端解決機制處理涉及RTA之議題

1994 年 GATT 第 24 條釋義瞭解書第 12 段規定：「依 DSU 所解釋及

---

[43] Jackson, *supra* note 5, at 109.

適用之 GATT 1994 第 22 條（consultation）及第 23 條（Nullification and Impairment）之有關規定，亦得適用於任何因援用第 24 條有關關稅同盟、自由貿易區或未來將形成關稅同盟或自由貿易區之過渡協定等條文所衍生之任何事件。」[44] 易言之，依 DSU 之法理觀之，倘若 DSB 決議認定涉案 RTA 違反 GATT 第 24 條之規定，則該 RTA 之會員必須依 DSB 之建議或裁決，就涉案 RTA 進行改正措施，倘若未於期限內改正，則 DSU 第 22 條有關補償或減讓暫停（compensation and suspension of concessions）之程序將自動生效（directly applicable）。[45] 雖然 DSU 可解決 WTO 不同會員間之貿易爭端，但若以此推論 DSU 亦可有效解決爭端案件中涉及 FTA 之議題，則其效果並不樂觀。其中原因有以下數端：

（一）由於 RTA 之發展迅速且變化較大，因此，解決涉及 RTA 之案件時之處理方式，與處理單一會員間之方式可能存在明顯差異。當案件涉及 RTA 時，涉案成員間儘量避免以「權力展現」（muscle flexing）來解決問題。相反地，不同之 RTA 成員間更可接受較為嚴謹、以規範為基礎之機制，以達成區域穩定且公平之要求。

（二）DSU 第 22 條第 2 項中訂有補償與減讓暫停之內容，提供涉案會員尋求合理之救濟。[46] 然而，此項設計在涉及 RTA 內容違反 WTO 協定時，恐有

- - - - - - - - - - - -

[44] Understanding on the Interpretation of Article XXIV of the General Agreement on Tariffs and Trade 1994, para. 12.

[45] Frederick M. Abbott, "Integration Without Institutions: The NAFTA Mutation of the EC Model and the Future of the GATT Regime", 40 Am. J. Comp. L. 917, 947 (1992).

[46] DSU, *supra* note 9, Art. 22(2). 依 DSU 第 22 條第 2 項規定，「若有關之會員未能使與內括協定不一致之措施符合內括協定或未能於依第 21 條第 3 項所規定之合理期間內遵行建議及裁決時，該會員應其他會員之請求，應於合理期間屆滿前，與提起爭端解決程序之任一當事方進行諮商，以尋求雙方可以接受之補償。若雙方在合理期間屆滿後二十日內未能就補償事宜獲致協議，提起爭端解決程序之任一當事國得要求 DSB 授權，暫停內括協定有關減讓或其

實踐上之困難。試想，倘若 EU 成功勝訴，並依據 DSB 之裁決或建議，而對涉案之 NAFTA 或其他 RTA 之所有成員採取暫停減讓或其他義務以進行貿易報復時，此舉非但可能引起 EU 內部之爭論，同時此種以牙還牙報復（tit-for-tat retaliation）之先例，亦可能使全球貿易體系損失慘重。[47]

因此，許多 WTO 會員認為杜哈回合談判應正視 RTA 之義大利麵碗效應（spaghetti bowl effect）可能擴散至爭端解決案件中，使得快速成長之 RTA 受到 DSB 審查或檢視之機會大增。由於 RTA 之範圍從小至二國間之雙邊 FTA，至多國間之貿易集團（如歐盟、南錐共同體或東協貿易區等），若涉案 RTA 之區域貿易集團成員眾多，則可能直接影響全球經貿活動，甚至危及 WTO 之組織穩定。因此，欲解決此問題，未來除修正 GATT 第 XXIV 條外，於 WTO 秘書處中設計專門針對 RTA 之監控機制（monitoring system）或可防微杜漸，讓 RTA 在類似貿易政策審查機制（TPRM）之定期檢驗中，預先得到評估與矯正，避免 RTA 最終成為 DSM 潛在之案件標的。[48]

肆、區域貿易協定下之爭端解決機制

討論區域貿易協定下爭端解決機制時，學者通常以分析多邊貿易協定架構之方法作為比較，而最常被提及之二種制度設計為「權力為基礎」或「規範為基礎」之模式。[49] 從國際實踐上來看，自由貿易協定（Free Trade Agreement，

他義務對相關會員之適用。」

[47] Ernst-Ulrich Petersmann, "International and European Foreign Trade Law: GATT Dispute Settlement Proceedings Against The EEC," 22 Common Mkt. L. Rev. 441, 473 (1985).

[48] Gary Clyde Hufbauer & Jeffery J. Schott, *Western Hemisphere Economic Integration* 159, 174 (1994).

[49] Brett A. Albren, "The Continued Need for A Narrowly-Tailored, Rule-Based Dispute Resolution Mechanism in Future Free Trade Agreements," 20 Suffolk Transnat'l L. Rev. 85, 105-107 (1996).

簡稱 FTA）之成員通常會採取以「規範為基礎」之模式，此乃因規範之制定可為 FTA 成員提供較為公平客觀、穩定一致、且較無主觀偏見之爭端解決機制。[50] 此種以規範為基礎所設計之爭端解決機制，在經濟整合層次較高之組織（如關稅同盟或單一市場等）中更為明顯，而通常在此緊密之經濟共同體中，區域貿易爭端解決機制傾向於以專一且排他之方式設計。易言之，在關稅同盟（customs union）或經濟共同體（economic community）關於爭端解決之制度設計下，該組織常要求其成員必須將爭端案件送交區域爭端解決機制（regional forum），並排除其他一般性全球貿易爭端解決機制（如 WTO）之管轄。然而，較鬆散之經濟整合（如 FTA）中，大多數均允許成員得自由選擇其貿易爭端應於 FTA 架構下進行，或直接送交 WTO 多邊貿易架構中解決。更有甚者，有些 FTA 設計更為獨特之爭端解決模式，如 NAFTA 規定，若被控訴國要求，則應將特殊類型之案件提交 NAFTA 之區域爭端解決機制。不過，此類 FTA 中通常設下禁止條款，成員國不得再將同一案件提交其他不同之爭端解決機制。[51]

一、美加墨自由貿易協定下爭端解決機制

美加墨自由貿易協定（USMCA）之前身北美自由貿易協定（NAFTA），自 1994 年 1 月 1 日起正式生效，[52] 該協定以建立美國、加拿大、墨西哥等三國之自由貿易區（Free Trade Area）為宗旨，此 FTA 欲促進三國間之自由貿易，取消彼此間大部分之貿易與投資障礙，諸如：關稅、配額、國民優惠或

- - - - - - - - - - - - - - - -

50 *Id.*, at 105-106.

51 Joost Pauwelyn, "Going Global, Regional, or Both? Dispute Settlement in the Southern African Development Community (SADC) and Overlaps with the WTO and Other Jurisdictions," 13 Minn. J. Global Trade 231, 285-286 (Summer, 2004).

52 The North American Free Trade Agreement (NAFTA), Dec. 17, 1992, 32 I.L.M. 605 (1993).

其他國內所有權或經營之要件。USMCA 第一章「協定目的」（objectives）[53]
中明定應建立解決爭端之有效程序（effective procedure for the resolution of
disputes）。USMCA 的基本立場為，希望各會員國能藉由 USMCA 中各種委
員會（committee）及工作小組（working groups）有效地解決爭端。當會員
國無法自行透過談判協商解決時，可利用 USMCA 之爭端解決機制。然而，
USMCA 中主要之爭端議題僅侷限於傳統國家與國家間（state-to-state）之貿
易糾紛，易言之，USMCA 著眼於消除會員間貨品交易之關稅與非關稅貿易障
礙，以及建立彼此間有關服務貿易與投資之優惠條件。USMCA 之特色在於
沒有積極尋求水平整合成員國彼此之貿易法規，亦沒有意圖建立超國家組織
（supranational authority），也不以追求自由貿易區更進一步經濟整合為目標。
在 NAFTA 實施二十四年來乃至於現今的 USMCA 新協定談判，始終維持當初
僅有協定沒有組織之體系，因此，基於缺乏超國家（或區域）組織之設計下，
很難在 USMCA 架構內建立有效且穩定之衝突管理（conflict management）或
爭端解決（dispute resolution）機制。USMCA 成員國除可能在該協定中選擇進
行爭端解決外，亦有可能將爭端提交 WTO 小組。[54]

（一）USMCA第十一章有關投資之爭端解決

依 USMCA 第 1115 條之規定，USMCA 第十一章之規範目的在於：「為
確保第二十章（組織規範與爭端解決程序）中相關之權利義務不受侵害，本章
節乃建立有關投資之爭端解決機制，並依據國際互惠原則，及在公正法庭前之

---

[53] NAFTA, Art. 102(1)(e): "create effective procedures for the implementation and applic-ation of this agreement, for its joint administration and for the resolution of disputes."

[54] 如加拿大與墨西哥分別控告美國違反有關原產地規則協定之案件。DS386-United States of America——Certain Country of Origin Labelling Requirements (Complainant: Mexico); DS384-United States of America——Certain Country of Origin Labelling (Cool) Requirements (Complainant: Canada).

正當程序，確保締約國投資人之平等待遇。」[55] 上開規範適用於投資之實體，作爲提供投資人投資保障之基礎（第 1101 條至第 1114 條），同時亦規定締約國與投資人之爭端解決（第 1115 條至第 1138 條）。另外，依據 USMCA 第 1121.1 條之規定，當投資人依本章節之爭端解決程序提起仲裁時，「應放棄（waiver）於其他會員國境內之行政法庭、司法機關、或於國際間爭端解決程序提告或繼續訴訟之權利」。[56] 而依本章節所成立之仲裁庭作成最終裁定後，勝訴之投資人（或會員國政府），得依 USMCA 第 1136 條之規定，將仲裁裁定提交相關會員國之法院要求強制執行。[57]

（二）USMCA第十九章有關審查基準、反傾銷與平衡稅之爭端解決

USMCA 第十九章之爭端解決機制（Dispute Settlement Mecha-nism，簡稱 DSM）成爲國際間相當著名之 FTA 下爭端解決模式，除雙邊審查小組（binational review panels）之創新制度設計外，美國與加拿大二國經常以此機制解決彼此貿易爭端。對 USMCA 會員國而言，雙邊審查小組之程序機制係提供另一項選擇，即其可在內國司法審查機制及 USMCA 雙邊審查小組二者間擇一適用。以美國爲例，反傾銷案件的爭端當事人可選擇由國際貿易法庭（U.S Court of International Trade，簡稱 CIT）或由雙邊審查小組對美國商務部（U.S Department of Commerce）之最終裁決爲司法審查；以加拿大而言，則可以從

- - - - - - - - - - - - -

[55] NAFTA, Art. 1115: "Without prejudice to the rights and obligations of the Parties under Chapter Twenty (Institutional Arrangements and Dispute Settlement Procedures), this Section establishes a mechanism for the settlement of investment disputes that assures both equal treatment among investors of the Parties in accordance with the principle of international reciprocity and due process before an impartial tribunal."

[56] NAFTA, Art. 1121.1: "waiver their 'right to initiate or continue before any administrative tribunal or court under the law of any Party, or [any] other dispute settlement procedures."

[57] NAFTA, Art. 1136.

國際貿易法庭或雙邊審查小組二者擇一。依據 USMCA 第 1904 條第 3 項之規定，「雙邊審查小組應適用 USMCA 附件第 1911 條之審查基準，以及各會員國法院審查貿易調查主管機關時，所適用之審查基準與一般法律原則（general legal principles）」。[58] 詳言之，當各會員國之貿易調查主管機關所作成之決定須受司法機關審查時，該會員國之法院必須根據法定之審查基準進行審理。加拿大、美國及墨西哥之內國法均設有不同之司法審查基準，依 USMCA 附件第 1911 條條文所列舉之各會員國審查基準，包含：加拿大聯邦法院法（Federal Court Act）第 18.1（四）節及其修正規定；美國 1930 年貿易法案（Tariff Act of 1930）第 516 A(b)(1)(B) 條、第 516 A(b)(1)(A) 條、第 751(b) 條及其相關之修正規定；墨西哥聯邦財政法規（Federal Fiscal Code; "Codigo Fiscal de la Federacion"）第 238 條及其相關修正規定。然而，倘若 USMCA 雙邊審查小組適用不同國家之審查標準時，亦會作成不同之認定結果，[59] 在實務上反而造成許多爭議，雙邊審查小組若無法正確解釋或適用各國之審查基準，對於爭端案件之解決反而毫無幫助。[60]

（三）USMCA第二十章有關組織安排與爭端解決程序

USMCA 第二十章規定只有締約國可成為爭端解決程序之適格主體，亦即只有加拿大、美國及墨西哥三國政府可成為 USMCA 爭端解決案件之原被告，

---

[58] NAFTA, Art. 1904(3): "The panel shall apply the standard of review ...... and the general legal principles that a court of the importing Party otherwise would apply to a review of a determination of the competent investigating authority."

[59] John M. Mercury, "Chapter 19 of the United States-Canada Free Trade Agreement 1989-95: A Check on Administered Protection?", 15 Nw. J. Int'l L. & Bus. 525, 525 (1995).

[60] Charles M. Gastle & Jean G. Castel, "Should the North American Free Trade Agreement Dispute Settlement Mechanism in Anti-dumping and Countervailing Duty Cases be Reformed in the Light of Softwood Lumber III?", 26 Law & Pol'y Int'l Bus. 823, 829 (1995).

此設計與 WTO 爭端解決機制之規定一致。因此，所有依據 USMCA 第二十章所提起之爭端解決案件，僅限於三個締約國政府，任何公司企業或私人（公民）均不得直接參與（direct access）爭端解決程序，而此章各條款細目則係源自於以「規範爲基礎」（rule-based）之思維所制定。在第二十章之爭端解決程序中，第一步係依據第 2006 條之規定，要求涉案締約國先進行諮商程序（consultations）；若諮商程序失敗時，第二步再依第 2007 條規定，將案件移交由相當於締約國部長層級官員代表所組成之委員會（commission），進行下一步之協商（conciliation）及調解（mediation）程序，在此程序中，委員會得邀請專家、組成工作小組或建立諮詢小組等做法，試圖進行調解或提出建議。最後，倘若委員會所作之努力仍無法化解貿易糾紛，則控訴國可依第 2008 條之程序請求 USMCA 組成仲裁庭（arbitral penal）以解決該爭端案件。因此，依 USMCA 第 2004 條之規定，除第十九章有關於反傾銷與平衡稅之案件適用特別之程序外，締約國任何其他有關於適用或解釋本協定（USMCA）之爭議，均應依本章之爭端解決程序辦理。最後，USMCA 第 2005 條第 6 項規定，締約國若依 NAFTA 第 2007 條程序送交委員會，或依 GATT 相關規定送交 WTO 爭端解決機制時，由於二者產生場所選擇（forum selected）之衝突，締約國只能擇一進行程序，而排除另外一項之爭端解決程序。然而，同條第 3項與第 4 項規定，倘若該爭端解決案件涉及第 104 條（關於環境與生態保存協定）、第七章 B 節（食品衛生檢驗與動植物檢疫措施）、第九章（有關標準措施）等規範，被告國得以書面要求單獨適用 USMCA 之程序規範。[61]

- - - - - - - - - - - -

[61] Glen T. Schleyer, "Power to the People: Allowing Private Parties to Raise Claims Before the WTO Dispute Resolution System", 65 Fordham L. Rev. 2275, 2296 (1997).

二、東協區域貿易協定下之爭端解決機制

經由南亞區域合作協會（South Asian Association for Regional Cooperation，簡稱 SAARC）之七個會員談判所建立之南亞自由貿易區協定（South Asian Free Trade Area，簡稱 SAFTA），於 2006 年 1 月正式生效。[62] 該協定之宗旨係藉由自由貿易區內之貿易成長以促進會員間之經濟合作，並使南亞區域能吸引更多外人直接投資（Foreign Direct Investment，簡稱 FDI）。[63] 更有甚者，基於認知南亞區域內二個重要會員——印度與巴基斯坦長期之邊界爭議，上開協定之主要貢獻係以緊密之經濟連結（economic ties），降低二國邊境衝突以及促進南亞區域之整體社會文化（socio-cultural）及政治關係之和平與穩定發展。[64] 而在 SAFTA 簽署之同年（2004 年），東南亞國協加強爭端解決機制議定書（ASEAN Protocol on Enhanced Dispute Settlement Mechanism，簡稱 ASEAN-DSM）參考 SAFTA 有關爭端解決條款，建立以「規範為基礎」之爭端解決模式。[65] 在 2004 年舉辦之第十屆東協高峰會中，ASEAN-DSM 已被東協自由貿易區（ASEAN Free Trade Area，簡稱 AFTA）協定之所有成員批准通過，[66] 該議定書不但取代過去東協組織所適用之 DSM，並更進一步強化程序之細節，讓所有會員國得依 ASEAN-DSM 附件一中所列舉之 46 項 AFTA 及其他相關協定

---

[62] Agreement on South Asian Free Trade Area (SAFTA), Art. 22, Jan. 6, 2004.

[63] World Bank Global Economic Prospects 2005: Trade, Regionalism and Development 42 (2005), available at http://siteresources.worldbank.org/INTGEP2005/Resources/gep2005.pdf (last visited on April 2, 2011).

[64] *Id.*, at 36-38.

[65] Rodolfo C. Severino, ASEAN, The ASEAN Way and the Rule of Law, Address at the International Law Conference on ASEAN Legal Systems and Regional Integration (Sept. 3, 2001).

[66] Protocol on Dispute Settlement Mechanism pmbl., Nov. 20, 1996.

主張其權利與義務。[67]

　　依 ASEAN-DSM 第 1 條第 1 款規定，所有基於已存在或未來之 AFTA 協定而產生之爭端，均爲本機制之適用範圍。[68] 在 ASEAN-DSM 架構下，高級經濟官員會議（Senior Economic Officials Meeting，簡稱 SEOM）及 ASEAN 秘書處（Secretariat），係爲負責監督手端解決程序進行之二個重要機構。[69] 依 ASEAN-DSM 第 2 條至第 9 條之規定，當會員國窮盡（exhausting）所有替代性爭端解決方式（Alternative Dispute Resolution，簡稱 ADR），諸如：諮商、斡旋、調解等程序後，卻仍未能解決該紛爭，則會員國應將該爭端案件移交 SEOM，由其設置爭端解決小組，並由該小組認定是否涉案會員國違反 ASEAN 諸項協定下之義務，而 SEOM 則負責審查、執行並監督小組之最終認定。[70] ASEAN-DSM 同時涵蓋更廣泛之條款，規範爭端解決小組之功能與角色（第 7 條）、作成裁決與建議之時限與相關程序（第 8 條）、由 ASEAN 經濟部長會議（ASEAN Economic Ministers，簡稱 AEM）所建立上訴機構（ASEAN-AB）之完整第二審審查程序（第 12 條），以及補償與暫停減讓之程序（第 16 條）。[71] 另外，ASEAN-DSM 提供會員國較爲彈性之爭端解決案件之管轄權選擇，[72] 易言之，爲避免潛在之 FTA 管轄衝突問題，ASEAN-DSM 第

- - - - - - - - - - - -

[67] ASEAN Protocol, Art. 21 (preserving the DSM for all disputes arising before November 29, 2004); Prime Minister Lt-Gen Soe Win Attends 10th ASEAN Summits of Heads of State/Government of ASEAN and Japan, ROK, India and Australia-New Zealand, New Light of Myanmar (Myan.), Dec. 4, 2004, available at http://www.ibiblio.org/obl/docs/NLM2004-12-04.pdf (last visited on April 2, 2011).

[68] *Id.*, ASEAN Protocol, Art. 1.

[69] *Id.*, Arts. 2 & 19.

[70] *Id.*, Arts. 2-9.

[71] *Id.*, Arts. 5-9, 12-16.

[72] *Id.*, Art. 1(3).

1 條第 3 項、第 3 條、第 4 條均明確規定，在依 ASEAN-DSM 之程序建立正式爭端解決措施前，會員國得將該爭端案件送交其認為合適之其他爭端解決機制，易言之，在進入 ASEAN-DSM 之程序前，會員國可選擇將爭端案件送交 WTO-DSM、ASEAN-DSM 或其他任何可進行爭端解決或其替代性之機制。[73]

最後，ASEAN-DSM 為爭端解決小組設下詳盡之審查基準，以作為小組製作裁決與建議之參考。同時，與以往 DSM 作一比較，ASEAN-DSM 樹立更獨特之「上訴審查模式」，並由 AEM 主導上訴審查之程序，[74] 包含聘任具有高度專業資格及實務經驗之專家學者成為 AB 之法官，為求 DSM 之公正可靠。而 AB 所審查之範圍係為「法律審」，易言之，僅限於第一審爭端解決小組之裁決或建議顯有違反 ASEAN 或錯誤解釋或適用等法律問題。

伍、結論

近代國際經濟關係中，對於可能產生的貿易爭端解決機制，已由權力為基礎之導向，轉為以規則為基礎之導向。順應此發展之下，WTO 多邊貿易體系建立之 DSB 越來越受會員重視。不少 WTO 會員在洽談 RTA 時，將貿易「法治主義」之精神置入區域爭端解決機制中，使得晚近 RTA 之「規則導向」之法條設計更為細緻。雖然 DSB 成功地解決許多會員間之貿易爭端案件，不可諱言，RTA 下之爭端解決機制應如何與 GATT/WTO 架構相容並存，或甚而分庭抗禮？又 WTO 會員間如何處理不同層次爭端解決機制之競合與衝突，且符合國際法上穩定性與公平性之要求？凡此種種，均成為當代國際經濟法爭論不

---

[73] *Id.*, Arts. 1(3), 3, 4.

[74] Nobuo Kiriyama, "Institutional Evolution in Economic Integration: A Contribution to Comparative Institutional Analysis for International Economic Organization", 19 U. Pa. J. Int'l Econ. L. 53, 67-68 (1998).

休之議題。

　　本章分析 USNCA 與 ASEAN 之爭端解決機制法律架構，從該二地區之重要實踐經驗可得出一些結論，RTA 下之爭端解決機制通常以彈性方式處理場所選擇之問題，亦即留給會員國選擇在 WTO 與 RTA 之爭端解決機制間二者擇一進行，避免雙重審理問題。其次，WTO 與其他 RTA 均在「審查基準」上訂定符合國際法對於「穩定性」與「公平性」之要求，並對於諸如反傾銷與平衡稅等之特殊貿易救濟等涉案之議題，採取更嚴謹之審查基準。

　　最後，有關貿易爭端解決機制之設計，係 RTA 談判中核心條款之一，亦對成員國國內產業或其國民影響甚鉅，RTA 是否能積極發揮促進區域貿易轉向與貿易創造之功能，完善的爭端解決機制乃不可或缺之要素。雖然本文之重點在於分析比較 WTO 多邊架構，以及 USMCA 與 ASEAN 等區域架構下之爭端解決機制，而非著墨於雙邊自由貿易協定之爭端解決條款。但國際貿易談判實務中，雙邊爭端解決機制之設計往往較諸於多邊或區域貿易協定彈性更大。我國近年來貿易政策的重點係以與重要貿易夥伴簽署 FTA 為目標，其中最重要者，當屬與中國大陸談判之 ECFA 後續爭端解決協議，以及可能與印度、印尼、歐盟、美國、日本等所洽談之 FTA 或投資保障協定。易言之，我國現階段「洽簽雙邊自由貿易協定」之可能性較「參加區域自由貿易協定」為高，然而，以「規則導向」取代「權力導向」的區域爭端解決模式，亦可對雙邊談判帶來豐富之參考價值。

貿易協定透明化機制

壹、「多邊貿易談判」與「區域經濟整合」共存的世界

　　全球化與區域整合之發展於二次大戰後幾乎同時開展，國際社會所關注之重要議題，主要集中在分析區域經濟整合對於多邊貿易架構所帶來之效應。事實上，世界各地不斷增加之區域經濟整合浪潮，對多邊貿易架構產生各種不同程度之影響，而這些影響並不全然對多邊貿易談判之進展皆為有利，同時對於區域內之成員亦非全然有利。即使各國對於「洽簽區域貿易協定（Regional Trade Agreement，簡稱 RTA）是否必然為該國帶來正面經貿利益」之命題仍存有疑問，但「多邊貿易談判」與「區域經濟整合」兩股勢力仍舊蓬勃發展。[1] 從世界貿易組織（World Trade Organization，簡稱 WTO）法律體系觀之，1947 年關稅暨貿易總協定（General Agreement on Tariff and Trade，簡稱 GATT）第 XXIV 條（貨品貿易）、1994 年服務貿易總協定（General Agreement on Trade in Service，簡稱 GATS）第 V 條（服務貿易）及授權條款（開發中國家適用）等三項規定，可視為 WTO 與 RTA 間之橋樑，使 RTA 成為 GATT 基礎原則——「最惠國待遇」（Most-Favored-Nation，簡稱 MFN）之例外。上述規範除允許 RTA 與多邊貿易架構可同時並存外，並提供 WTO 會員在談判 RTA 時，應遵循其各項要求。

　　烏拉圭回合談判時，各國已開始討論 RTA 之議題，及至 WTO 發表杜哈宣言，各會員對於 RTA 之關注較以往更甚。依該宣言第 29 段規定：「多邊貿易協定之後續談判，應致力於強化與補充 RTA 所適用之 WTO 現行相關實體與程序條文。」[2] 時至今日，對於如何規範 RTA，以及如何強化 RTA 透明化機

---

[1]　Colin B. Picker, Regional Trade Agreements v. The WTO: A Proposal for Reform of Article XXIV to Counter this Institutional Threat, 26 U. Pa. J. Int'l Econ. L., 267, 271-272 (2005).

[2]　Doha Ministerial Declaration, WTO Doc. WT/MIN(01)/DEC/1, adopted on 14 November 2001.

制之問題，WTO 規則談判小組（Negotiating Group on Rules，簡稱 NGR）仍不斷試圖凝聚會員之共識。在 WTO 之具體實踐上，所謂 RTA 包含三種不同程度之區域經濟整合型態，分別爲：自由貿易區（free-trade area）、關稅同盟（customs unions），以及其前之過度性協議（interim agreement）。不論 RTA以何種形式出現，都具有「相互優惠」之本質，因此，諸如北美自由貿易協定（NAFTA）、東南亞國協自由貿易區（ASEAN-FTA）、兩岸經濟合作架構協議（ECFA）等，均被視爲 WTO 架構下之 RTA。但例如普遍性關稅優惠措施（Generalized System of Preferences，簡稱 GSP），以及其他片面優惠待遇協定，因不具互惠性質，而不被視爲 RTA。

洽簽 RTA 幾乎已成爲 WTO 會員必要之貿易政策，[3] 事實上，爲數眾多的RTA 已對現行多邊貿易體系產生很大衝擊。從 GATT 年代起便訂有 RTA 之通知義務，但實行成效不彰；鳥拉圭回合談判後，雖將 RTA 之審查交由區域貿易協定委員會（Committee on Regional Trade Agreement，簡稱 CRTA）執行，不過仍是無法解決效率低落的問題。杜哈回合談判啓動後，2006 年 WTO 秘書處公布一項新的 RTA 透明化機制（Transparency Mechanism，簡稱 RTA-TM），會員通過以暫時施行之方式運作。RTA-TM 欲藉強化通報程序以提升透明度，並確保會員在洽簽 RTA 時仍不致違反 WTO 多邊貿易規範架構與承諾，尤其是預防會員利用 GATT 第 XXIV 條、GATS 第 V 條及授權條款等例外條款，簽成僅涵蓋少數產品或服務部門之貿易協定，此種投機性質的 RTA 將對

---

3 關於 RTA 之最新發展情況，參考 WTO 網站，http://www.wto.org/english/tratop_e/region_e/
region_e.htm.(last visited on July 28, 2011)。同時，亦可參考 Roberto V. Fiorentino, Luis Verdeja
& Christelle Toqueboeuf, The Changing Landscape of Regional Trade Agreements: 2006 update,
WTO Discussion Paper, no. 12. (Geneva, WTO 2007), available at http://www.wto.org/english/
res_e/reser_e/discussion_papers_e.htm。

WTO 多邊貿易架構帶來不小的傷害。為使此一 TM 措施成為正式法律程序，杜哈回合談判時，將 RTA-TM 列入 NGR 議程討論，期望在杜哈回合談判結束時，會員能達成共識並建立一部新的有關 RTA-TM 的多邊貿易協定。[4]

　　本章第一部分為前言，簡介 RTA 之背景與發展現況，並簡述 WTO 法律架構對 RTA 之發展規範進程。第二部分討論 RTA 之發展及衍生問題，首先觀察多邊貿易談判與 RTA 並存與持續對立之情況，並提出區域經濟整合對成員國之影響評估方法，藉以分析 WTO 會員在參與洽簽 RTA 之過程中，所應評估自由貿易區所帶來之經濟效益。第三部分析論 RTA-TM 之沿革——CRTA 之綜合性審查程序（流程），包含 RTA 之組成形式、實體要件、程序要件等內容。第四部分詳述 RTA-TM 之運作模式與體系架構，對於 TM 之談判歷程、運作模式、特殊性質，以及 TM 在爭端解決機制之地位等內容逐一分析。第五部分為 RTA-TM 對我國之影響，分析討論我國在歷次談判中重要問題之立場，以及我國實踐透明化機制之經驗。最後，本章總結以我國在新的 TM 制度下所面臨之問題提出因應與政策建議。

貳、區域經濟整合之發展及衍生問題

　　觀諸過去六十年來國際經濟發展之歷史，全球化與區域主義將二次大戰後之國際社會帶入與以往完全不同之景象。此兩股力量深深影響著當代國際關係與國際組織之發展，並且改變了自十九世紀以來之政治、經濟、法律、文化之圖象。[5] 在全球化發展過程中，國際社會為避免重蹈二次世界大戰之覆轍，一

---

[4] Jo-Ann Crawford, A New Transparency Mechanism for Regional Trade Agreements, 11 Singapore Year Book of International Law (S.Y.B.I.L.) 133, 140 (2007).

[5] Graham Dunkey, Free Trade Adventure: The WTO, the Uruguay Round and Globalism – A Critique, 130, Melbourne U. Press, 1997.

方面透過建立聯合國集體安全架構，以擔負起維持國際和平之任務，另一方面，亦透過布列頓森林體系之運作，建構起國際經濟整合之平台，在國際金融、貨幣、貿易等三方面扮演著戰後重建之重要角色。於此同時，在區域經濟整合方面，區域整合浪潮雖與全球化之時間重疊，但並非全然有互相排斥之情況發生。因此，在這兩股大趨勢下，各國即使陷於談判停滯期，亦無輕易毀棄戰後重建之國際經貿體系，而世界上除零星之軍事衝突外，並未發生大規模之區域型戰爭。故全球化與區域經濟整合之發展，並非相互排斥對立，反而是相輔相成，互為依存。[6]

一、多邊貿易談判與區域經濟整合之並存與對立

就國際經濟法而言，多邊貿易談判無疑是全球化之重要推手。多邊貿易談判亦可稱為多邊主義（Multilateralism），[7]此種國際關係模式乃指國際社會就貿易關係之往來上，基於相互依存合作、重視平等之權利義務、遵守非歧視原則（non-discrimination principle），同時，各國參與國際貿易之機會不因國家之大小、貿易總額占世界貿易之比例多寡而有不同之待遇，並強調自由、平等、開放之貿易政策。這些原則成為當代全球化之基調，為世界多數國家所接受，並載於 GATT 及 WTO 之法律文件當中。GATT 前言所揭示之宗旨即為全球化之最佳詮釋，23 個創始會員國於簽署該文件時均同意「為提高生活水準，保證充分就業與豐裕而穩定成長之實質所得及有效需求，促進世界資源之充分利用及增加貨品之生產與交易，應共同致力於增進相互間之貿易與經濟關係……訂立互惠互利協定，以大幅削減關稅及其他貿易障礙，並取消歧視待

----

[6] 關於全球化與區域經濟整合之發展，參考王震宇，全球化與區域經濟整合下之兩岸經貿關係，中華國際法與超國界法評論，第 4 卷第 1 期，2008 年 6 月，頁 160-187。

[7] Walter Goode, Dictionary of Trade Policy Terms, 237, Cambridge U. Press (4th ed. 2003).

遇，俾達成前述目標」。[8] 由於 GATT 之誕生，使得多邊貿易談判之腳步從未停歇，從 1947 年至 1994 年間，各國共進行了八回合的貿易談判，經由不斷地妥協，逐步達成貿易自由化之目標，並確保 GATT 之條款均能有效實踐。[9] 然而，事務性之談判回合並不能滿足各國之需求，因此，如何建立一個持續性之國際經濟組織一直都是各國努力之方向。早在布列頓森林會議時，各國領袖就提出成立國際貿易組織（International Trade Organization，簡稱 ITO）之構想，但由於各國始終未能對關稅減讓達成共識因而作罷。直至 1995 年烏拉圭回合談判時，各國政府為提升多邊談判之品質，並確保已簽署之多邊貿易協定能被各會員有效地遵守，旋建立 WTO 以貫徹 GATT 之精神，並提供國際社會一個穩定之多邊貿易談判架構。[10] 除了維持 GATT 對於「促進世界資源之充分利用及增加貨品之生產與交易」之目標外，WTO 於前言中更加入了「永續發展」（substantive development）之理念，在充分發展經濟之餘，會員國並「需使世界資源依照永續發展之目的做最適當之運用，以尋求維護與保育環境及提高其保護之方法，俾符合不同經濟發展程度者之需求與關切」。[11]

　　相對於多邊貿易談判之發展，另一股力量則是區域主義（Regionalism），或稱區域貿易集團（Regional Trade Bloc）興起之現象。[12] 區域主義係指各國政府就貿易自由化之推行過程中，以區域貿易夥伴為合作之對象，通常透過

---

[8] Preamble of General Agreement on Tariffs and Trade (GATT), Oct. 30, 1947, 55 U.N.T.S. 194.

[9] Gray Sampson, Regional Trading Arrangements and the Multilateral Trading System in Regional Trade Blocs, Multilateralism, and the GATT: Complementary Paths to Free Trade? 13-14 (Till Geiger & Dennis Kennedy eds., Pinter Press 1996).

[10] 黃立、李貴英、林彩瑜，WTO 國際貿易法論，元照出版有限公司，2009 年，頁 33-36。

[11] Preamble of Marrakesh Agreement Establishing the World Trade Organization (WTO Agreement), Apr. 15, 1994, 1867 U.N.T.S. 154, 33 I.L.M. 1144. WTO Agreement.

[12] Nejdet Delener, Strategic Planning and Multinational Trading Blocs, 22 (Quorum Bk. 1999).

組成自由貿易區（free-trade areas）或關稅同盟（customs unions）形式為之。然而，所謂區域主義並不僅侷限於地理上之行政區域，相反地，非地理上之聯繫亦可構成區域性貿易合作，例如雙邊自由貿易協定（bilateral free trade agreement）、片面貿易協定（unilateral free trade agreement）[13]、複邊貿易協定（plurilateral free trade agreement）[14] 等，均屬於廣義之區域主義下各種不同類型之貿易協定。事實上，區域化之本質係違反「自由貿易開放」與「非歧視原則」，在區域經濟整合架構下，對於集團內成員相互間通常比與非集團成員間享有更優惠之貿易條件。當代著名之區域貿易集團如歐盟（EU）、北美地區之美加墨自由貿易區（USMCA，前身為北美自由貿易區 NAFTA），以及東南亞國協（ASEAN）等。由國際上之實踐觀之，越多 RTA 之簽署，代表越強大之區域化力量，此不僅改變世界各區域間之貿易型態，同時也影響多邊貿易談判之發展。近年來，世界各國對於在 WTO 多邊貿易架構下規範區域經濟整合之聲浪此起彼落，足以證明區域化之力量已與全球化鼎足而立。[15]

　　綜上所述，世界上大部分國家均參與 WTO 之多邊貿易談判，並高度重視此一重要國際經濟組織所建構出的國際貿易法律體系。於此同時，各國亦基於自身國家利益之考量，與其重要之貿易夥伴進行區域經濟整合之談判，藉以建立彼此之間更緊密的自由貿易環境，並尋求比多邊貿易體系更加優惠之貿易條件。

- - - - - - - - - - - - -

[13] Bernard M. Hoekman & Michel M. Kostecki, The Political Economy of the World Trading System: The WTO and Beyond, 75, Oxford U. Press (2nd ed. 2001).

[14] *Id.,* at 83.

[15] Robert Z. Lawrence, Regionalism, Multilateralism, and Deeper Integration, 10-21, The Brookings Institution, 1996.

二、區域經濟整合對成員國之經濟影響評估

　　區域經濟整合可能對一國之總體經濟造成有利與不利之情形視各區域之發展而有所不同，持樂觀態度之觀點主要有下列數端：其一，區域性談判與對話較易對各國之關切議題達成共識。在多邊貿易談判中，往往動輒超過一百個國家以上加入談判，因此不容易在短時間內滿足所有國家之利益，各國也難以估算其邊際效益，區域性之貿易談判恰好提供了較具優勢的談判環境，也比較容易讓參與談判的國家得以達到預期目標。[16] 其二，區域性談判與對話較易針對複雜性與敏感性高的議題有所突破。例如：農業市場開放問題、競爭政策、勞工與環保標準等議題，一般均認為區域經濟整合較容易在數量較少的國家間達成共識。其三，區域性談判與對話可促進或增強多邊貿易體系之建立。以目前區域經濟整合現狀觀之，RTA 在一定之程度上均合理地符合多邊貿易架構之規範，且大抵而言，區域集團內之成員對於經濟整合抱持正面之態度。[17] 最後，區域性談判與對話能帶給區域集團成員較多之經濟利益，[18] 尤其以發展中國家為甚。蓋發展中國家通常在多邊貿易談判場合中主導議題之力量較小，因此，在區域經濟整合之情形下，反而為此等國家爭取到更多之發言機會以及更優惠之貿易條件，並將區域談判所獲致之成果帶入多邊貿易體系當中，減少多邊貿易談判之阻礙。[19]

　　然而，持悲觀主義看法者並不贊同上述之理論，認為過多的 RTA 足以危

---

[16] Antoni Estevadeordal, Traditional Market Access Issues in RTAs: An Unfinished Agenda in The Americas' Background Paper for the Seminar: Regionalism and the WTO, Apr. 26, 2002, Programme and Presentations for the Seminar on Regionalism and the WTO.

[17] Robson, *supra* note 17, at 269.

[18] Mansfield & Milner, *supra* note 16, at 4-5.

[19] Vincent Cable & David Henderson eds., Trade Blocs? The Future of Regional Integration, 12, Royal Inst. of Int'l. Affairs, 1994.

害 WTO 多邊貿易談判的發展，並提出以下幾項主要論點予以反駁：其一，區域經濟整合之本質係違反多邊貿易體系中之非歧視原則。蓋 RTA 通常係尋求成員彼此間建立比多邊貿易架構最惠國待遇原則更加優惠之貿易條件，使得區域集團外之國家欲與區域集團內國家進行貿易往來時，承受較多之貿易障礙。[20] 其二，RTA 中所列之條款，不符合多邊貿易體系中之其他要件的風險較高。毫無疑問地，區域貿易談判有可能觸及許多多邊貿易架構尚未涵蓋之領域（如人權、競爭政策、電子商務等），此現象有可能帶給 WTO 成員在適用法律協定上之困擾、曲解 WTO 未規範或規範不全之議題，以及有可能產生許多不確定之法律問題。然而，上述這些新興貿易議題由於並未在 WTO 多邊法律架構中形成共識，因此成員間遇有此類爭議時，即無法運用 WTO 多邊談判之功能或爭端解決機制有效處理該個別案件。[21] 其三，有論者擔心許多在國際政治與外交上較為強勢之大國，將控制區域貿易談判之議題與進度，因而使得力量較小之國家喪失其國家自主權，尤有甚者，犧牲該國之利益以換取整個區域集團之利益。最後，區域性談判與對話有可能減少各國政府在多邊貿易談判之動機，以及吝於做出關稅減讓或市場開放之承諾。[22] 基於此觀點，各國領袖不會致力於將其關心之議題帶到多邊貿易談判場合，相反地，各國轉而將關注之議題放入區域經濟整合之談判進程當中，因為區域貿易談判會為集團之成員帶來更好的解決模式。[23]

---

[20] WTO Secretariat, Trade Policy Review Division: Regional Trade Agreements Section, Scope of RTAs, available at http://www.wto.org/english/tratop_e/region_e/scope_rta_e.htm (last visited on February 28, 2011).

[21] David A. Gantz, Regional Trade Agreements: Law, Policy and Practice, 20-22, Carolina Academic Press, 2009.

[22] Cable & Henderson, *supra* note 24, at 12-13.

[23] 陳櫻琴、邱政宗，WTO 與貿易法，五南圖書出版有限公司，2005 年，頁 311-316。

WTO 會員對於區域經濟整合將必然帶來經貿利益之結論仍有疑慮，學理上亦很難獲得一個標準答案，不過，當代全球化與區域整合兩股力量卻仍然以不同之方向齊頭並進。一方面杜哈部長級宣言（Doha Minstrel Declaration）[24] 增加了許多較爲棘手之議題，如：農業市場開放、發展議題、競爭政策等，即使多邊談判進度較爲緩慢且緊繃，但 WTO 成員間似乎已存有共識，儘量以內部變革（intra renovating）而非以外部革命（extra revolution）之方式完成此一回合之艱鉅談判。[25] 另一方面，WTO 會員從未暫緩區域貿易自由化談判之進度。當一國參與越多之區域或雙邊貿易談判時，越容易使該國之貿易政策趨於複雜，而使該國對內或對外之貿易政策產生衝突。[26] 雖然參與區域經濟整合可能爲國家帶來優劣與否之影響無法事前精確估算，但有幾項指標仍可爲各國政府作爲評估之標準：

（一）區域經濟整合形成後，區域集團內部貿易額（intra-regional trade）之成長是否比該國之一般貿易額成長快速？

（二）區域經濟整合是否成功地爲區域集團內成員帶來貿易移轉之效果？

（三）區域經濟整合是否刺激或帶動區域內之經濟成長或增加集團內成員之福祉？

（四）區域經濟整合之形成過程中，是否爲非區域貿易集團成員之第三國帶來負面之影響？

基於上述四項指標，每一國之政府在擬定對外貿易政策時，均會考量該國

---

[24] WTO Secretariat, Doha Ministerial Brief Notes: Regional Trade Agreements, Regionalism and the Multilateral Trading System, at http://www.wto.org/english/thewto_e/minist_e/min01_e/brief_e/brief20_e.htm (last visited on February 28, 2011).

[25] Sungjoon Cho, Beyond Doha Promises- Administrative Barriers as an Obstruction to Development, 25 Berkeley J. Int'l L., 395, 423-424 (2007).

[26] Clemens, *supra* note 18, at 12.

是否專注於多邊貿易談判？或區域經濟整合？或兩者齊頭並進？[27]

參、區域貿易協定透明化機制之沿革

　　雖然多邊貿易法律架構與區域經濟整合看似兩條發展方向不同的平行線，但在多邊貿易規範體系下，早在 1947 年 GATT 簽署時，即要求成員國若欲成立區域經濟整合時，需符合 GATT 第 XXIV 條各款之規定。因此，GATT 第 XXIV 條成為多邊貿易法律架構與區域經濟整合間之橋樑，此條係屬多邊貿易協定中重要之最惠國待遇原則（Most-Favored-Nation，簡稱 MFN）之例外規定，除允許 RTA 與多邊貿易架構同時並存外，並提供每一成員在談判 RTA 時，有參考原則可資遵循。在實踐上，GATT 第 XXIV 條中納入三種區域經濟整合之形式，分別為自由貿易區（free-trade area）、關稅同盟（customs unions），以及其前之過度性協議（interim agreement）。[28]

　　1995 年 WTO 成立後，為使烏拉圭回合談判中所建立之多邊貿易規範得以合法審查（或稱為法制化）如雨後春筍般建立之 RTA，WTO 總理事會同意在組織架構中設置 CRTA，開放給所有 WTO 會員及觀察員參與，主要功能為審查 RTA 之內容，以及檢驗各項 RTA 之執行結果是否違反多邊貿易體系規範，更有甚者，CRTA 期望能提供 WTO 會員一個意見交流討論的論壇（forum），讓關切各項 RTA 進展之會員有機會提出質疑與澄清。[29] 就 CRTA 之執行成效觀之，自 1996 年成立 CRTA 至 2001 年杜哈發展回合議程（Doha Development Agenda）開始的五年間，CRTA 曾召開三十次左右會議，完成將近 69 部 RTA

- - - - - - - - - - - -

[27] Cable & Henderson, *supra* note 24, at 15-18.

[28] GATT Art. XXIV.

[29] See WTO, General Council, Committee on Regional Trade Agreements- Decision of 6 February 1996, WTO Doc. WT/L/127, 7 February 1996, for the terms of reference of the Committee.

之審查。另一方面，CRTA 也讓 WTO 會員針對 RTA 之各項相關議題提出各自立場，經由長期辯論之過程，整理出一份關於 RTA 之「體制性議題摘要」（synopsis of systemic issues），內容主要將 RTA 所涉及多邊貿易規範法律條文提出解釋，以求各會員建立基本共識，此份文件最終由 WTO 秘書處整理後發布。[30] 此時期之 CRTA 雖擔負有針對 RTA 進行綜合性審查之責任，但執行方式卻由組成 RTA 之會員自行通報，並藉由開放式論壇進行審查，並無任何強制力，前述 CRTA 所整理之體制性議題摘要，僅屬於一份提供 WTO 會員建議性質之文件。

一、區域貿易協定本質：最惠國待遇原則之例外

　　GATT 第 I 條中所揭示之最惠國待遇（MFN）係多邊貿易架構中最基本之原則，同時也是 WTO 會員進行區域經濟整合談判時，必須審慎面對之條款。[31] 蓋 MFN 原則一般被認為係 GATT 多邊貿易架構中最核心之政策（Central Policy），其基本精神係假設當每一個國家均有效地遵守 MFN 原則，則所有國家將同樣地享受 MFN 所帶來更公平、有效且無歧視地分配全球資源之長遠利益。MFN 原則之重要成就，在於為有意願參加多邊貿易談判之各國提供一個奠基於非歧視原則的全球性自由貿易架構，並確保所有參與者皆能享受多邊貿易架構所保障之平等權益。[32] 然而，即使 WTO 成員均同意遵守 MFN 之原則所揭櫫之理想目標，但 MFN 原則實際上卻允許 RTA 之例外情況發生，使得原

---

[30] WTO, Committee on Regional Trade Agreements, Synopsis of "Systemic" Issues Related to Regional Trade Agreements- Note by the Secretariat, WTO Doc. WT/REG/W/37, 2 March 2000.

[31] John H. Jackson, The Jurisprudence of GATT & the WTO: Insights on Treaty Law and Economic Relations 99-101, Cambridge U. Press, 2000.

[32] John H. Jackson, William J. Davey & Alan O. Sykes, Jr., Legal Problems of International Economic Relations: Cases, Materials, and Text, 416, West Group (4th ed. 2002).

本 GATT 第 I 條所列之最惠國待遇之義務反而被例外條款所排除。[33] 蓋因 RTA
之產生,勢必會衝擊現有多邊貿易體系,而產生區域集團之間,或區域集團與
個別國家間之對抗。

因此,既然 MFN 原則廣泛被 WTO 成員接受,且奉為多邊貿易法律體系
之重要支柱,為何在國際經濟法上又會開啟一道區域經濟整合之門,作為允許
WTO 成員談判 RTA 時足以引用之例外條款?事實上,在多邊貿易協定架構談
判之初,對於允許 RTA 成立之立法目標一直被各國廣泛地討論。然而,在多
邊貿易體系架構下納入區域貿易安排之理由,係基於各國均有強烈地尋求區域
貿易夥伴而進行貿易結盟之企圖,並藉由 RTA 之簽署或區域性組織之建立,
而享受區域集團內部各成員國間達成自由貿易之成果。[34] 同時,由國際政治經
濟學角度觀之,區域集團內成員由於撤銷原本存在之貿易障礙,使得對某些
產業較具競爭優勢(或具備比較利益)之成員國,得以將較多之產品或服務銷
往其他成員國,使得貿易總量增加,繼而容易產生貿易創造(Trade Creation)
之效果。[35] 另一方面,區域集團內部之成員國亦可以透過簽署 RTA,使得在自
由貿易區內享受比多邊貿易協定更加優惠之貿易條件,而淘汰或減弱許多區域
外擁有比較利益國家之競爭機會,繼而造成貿易轉向(Trade Diversion)之效
果。[36] 然而,經濟整合未必對區域外之國家有絕對不利之影響。蓋倘若此區域
經濟整合採取較為開放之貿易政策(open trade policy),亦即一般所謂之「開

---

[33] John H. Jackson, Equality and Discrimination in International Economic Law: The General Agreement on Tariffs and Trade in The British Yearbook of World Affairs, London Inst. of World Affairs, 1983.

[34] John H. Jackson, The World Trading System: Law and Policy of International Relations, 101, MIT Press (2nd ed. 1997).

[35] 劉碧珍、陳添枝、翁永和,國際貿易理論與政策,雙葉書廊,2005 年,二版,頁 383。

[36] 同前註,頁 384。

放性區域主義」（open regionalism），使其對外之貿易障礙並不提高，甚至降低，則該區域經濟整合亦有可能對外產生增加貿易之效果，故經濟整合對區域內或區域外之國家之總體經濟影響如何，端視該區域經濟整合之內涵與對外政策而定。[37]

其次，多邊貿易法律體系下允許 RTA 存在之情形已如上述，倘若放任各國毫無限制之談判區域性貿易優惠條件，則不啻為 WTO 架構帶來嚴重影響，因此，為避免 GATT 第 I 條所揭示之 MFN 原則遭各國忽略，GATT 第 XXIV 條遂成為一道防火牆，不但銜接多邊貿易架構之 MFN 重要支柱，亦使得各會員國在談判 RTA 時，不致違反當初在多邊貿易協定下對全體會員國所做出之承諾。從組織面觀之，1995 年 WTO 成立後，總理事會即於次年組成下轄之 CRTA，專司審查各別區域經濟整合進程及檢驗其中條款是否符合多邊貿易協定下之各項義務規範。CRTA 同時亦評估各該 RTA 或組織是否對多邊貿易架構造成負面影響，及其與現階段回合之多邊貿易談判的關聯性。[38] 從法制面觀之，GATT 第 XXIV 條共計十二款中，主要係規範區域經濟整合應符合之形式與實體要件，並列出各區域集團須向 WTO 通知之程序性規定。雖然 GATT 第 XXIV 條並未有相對應之懲罰性條款，屬於軟法（soft law）之規範，對 WTO 會員而言僅具有宣示性效果，但此條仍不失為多邊貿易架構中與區域經濟整合間之重要聯繫。[39] 由上可知，CRTA 與 GATT 第 XXIV 條共同組成了一道多邊貿易架構下之防火牆，其立法之目標即在於管理日漸增加之 RTA，並防止技

----

[37] 羅昌發，國際貿易法，元照出版有限公司，2010 年，頁 35-37。

[38] WTO Secretariat, Understanding the WTO: Cross-Cutting and New Issues - Regionalism: Friends or Rivals?, see http://www.wto.org/english/thewto_e/whatis_e/tif_e/bey1_e.htm (last visited on February 28, 2011).

[39] Peter Van Den Bossche, The Law and Policy of the World Trade Organization: Text, Cases and Materials, 650-667 (2005).

術複雜且多樣化之各類區域經濟整合對多邊貿易體系造成負面之影響。

二、WTO對於區域貿易協定綜合性審查之流程

　　關於 RTA 之綜合性審查程序，首先須由組成 RTA 之成員向貨品貿易理事會（Council for Trade in Goods，簡稱 CTG）或服務貿易理事會（Council for Trade in Services，簡稱 CTS）通報，並交由 CRTA 召開審查程序，但若依據授權條款（enabling clause）建立之 RTA，則交由貿易暨發展委員會（Committee for Trade and Development）處理。而為使得審查程序順利進行，RTA 組成會員須填具經由 WTO 全體會員達成共識而制作之基本表格（Standard Format for Information on RTA），[40] 並提供該 RTA 之內容摘要。在 CRTA 之會期進行中，RTA 成員可向其他 WTO 會員簡介 RTA，並對來自於會員之口頭質疑提出回應，至於其他未能解決之疑問，則以雙方交換書面文件為主，倘若一次會期無法完成審查，CRTA 會訂時間表將該 RTA 審查放入下一個會期，該程序一直要到 WTO 會員同意整個審查程序已完成為止。一般來說，上述審查程序通常至少須經過二次 CRTA 之會期質詢，而某些 RTA 甚至須進行多回合會期始能完成，因此，RTA 從通報 WTO 到整個審查程序完成通常需要好幾年時間。一旦審查程序完成後，WTO 秘書處將草擬一份審查報告書。CRTA 之綜合性審查流程可簡單整理如下表 2-1 所示。

- - - - - - - - - - - - - -

[40] WTO Committee on Regional Trade Agreements (CRTA), Standard Format for Information on Regional Trade Agreements- Note by the Chairman, WTO Doc. WT/REG/W/6, 15 August 1996, and WTO, Committee on Regional Trade Agreements, Standard Format for Information on Economic Integration Agreements on Services- Note by the Chairman, WTO Doc. WT/REG/W/14, 6 May 1997.

表 2-1　CRTA 綜合性審查流程表

步驟	綜合性審查程序	詳細內容
1	RTA 通知義務	1. 貨品貿易理事會（RTA 依據 GATT 第 XXIV 條洽簽） 2. 服務貿易理事會（RTA 依據 GATS 第 V 條洽簽） 3. 貿易與發展委員會（RTA 依據授權條款洽簽） 4. 如 RTA 需要接受審查，上述單位將之移轉給 CRTA
2	CRTA 開啓綜合性審查	1. RTA 成員依正式格式填具 RTA 之相關基本資訊 2. 送交 CRTA 後，以 WTO 正式文件發布所有會員周知
3	CRTA 一般性例會	1. 在 CRTA 會議中，由 RTA 成員與其他 WTO 會員口頭交換質疑與答詢 2. CRTA 將該 RTA 審查會議之細節，以 WTO 正式文件發布所有會員周知 3. 通常一部 RTA 都要經過至少 2 次 CRTA 之會期
4	CRTA 例會修會期間（2 會期中間之時段）	1. 通常由 RTA 成員與其他 WTO 會員口頭交換書面之質疑與答覆 2. CRTA 亦將上述文書往來，以 WTO 正式文件發布所有會員周知
5	CRTA 開放式的非正式會議	1. 不定期召開 2. 一旦 CRTA 認爲審查程序已完成則將結果送交 WTO 秘書處 3. WTO 秘書處草擬正式 RTA 審查報告，作爲與全體 WTO 會員諮商之預備程序
6	WTO 大會通過	1. 倘若 CRTA 報告經 WTO 大會通過後，將交由相關委員會，以 WTO 正式文件發布 2. 倘若 CRTA 報告未經 WTO 大會通過，則交由 CRTA 繼續進行審查與諮商

資料來源：作者研究整理。

三、區域貿易協定之組成形式

（一）自由貿易區與關稅同盟

　　WTO 會員尋求區域貿易夥伴之需求已如前述，而在 GATT 第 XXIV 條第 4 項亦明確指出會員成立區域經濟整合組織之目的：「各締約國願意經由自發之共同協議，發展各國間更密切結合之經濟關係，以加強自由貿易。『關稅同

盟」或『自由貿易區』之目的在促成區域間貿易，而非對各該區域與其他各締約國之貿易增加障礙。」[41] 另外，第 XXIV 條第 5 項規定，關於多邊貿易協定所例外允許成立區域經濟整合設立之形式（type of formation）共有三種，亦即「關稅同盟」（customs unions）、「自由貿易區」（free-trade area）及「過度性協議」（interim agreements）。

GATT 第 XXIV 條第 8 項第 (a) 款「關稅同盟」係指以單一關稅領域代替二個或二個以上之關稅領域：(1) 除依本協定第 XI 條、第 XII 條、第 XIII 條、第 XIV 條、第 XV 條及第 XX 條規定外，原則上對同盟內之各關稅領域間絕大部分貿易，或自上述各關稅領域所生產之產品進行貿易，取消其關稅及限制商事之法令；(2) 除依本條第 9 項規定外，同盟之每一當事國對其以外之各關稅領域，原則上適用同一之關稅及商事法令。詳言之，關稅同盟係結合二個或二個以上之個別經濟體（individual economies）或個別關稅區域（separate customs territories），並移除同盟內部國家間所有關稅或其他貿易障礙，並進一步採取共同對外關稅（common external tariff）。[42]

另外，同項第 (b) 款「自由貿易區」係指二個或二個以上之關稅領域，除依本協定第 XI 條、第 XII 條、第 XIII 條、第 XIV 條、第 XV 條及第 XX 條規定者外，原則上對各關稅領域間絕大部分貿易，或其所生產之商品取消相互間關稅及限制商事之法令。[43] 詳言之，自由貿易區係指二個或二個以上之個別關稅區域，對內取消彼此間之關稅以及其他非關稅貿易障礙，對外則仍保有其對於進口貨品既存之關稅，此類貿易協定可稱為「互惠之自由貿易區」（reciprocal free-trade areas）。另外，有些國家或地區在形成自由貿易區時，

---

[41] GATT Art. XXIV: 4.

[42] GATT Art. XXIV: 8(a).

[43] GATT Art. XXIV: 8(b).

已開發國家給予開發中國家特別之優惠，在一定程度上免除其降低關稅之義務，同時卻允許開發中國家之貨品得自由進入已開發國家之市場，此類貿易協定則可稱爲「非互惠之自由貿易區」（non-reciprocal free-trade areas）。[44]

綜上所述，「關稅同盟」與「自由貿易區」最大之區別在於，關稅同盟不僅要求區域內成員取消所有內部關稅（all internal tariffs），以及取消所有非關稅貿易障礙（Non-tariff barriers，簡稱 NTBs），同時區域內成員亦建立起共同對外關稅（Common External Tariff）。然而，「自由貿易區」則僅要求區域內成員取消大部分關稅（most tariffs barriers）與非關稅貿易障礙，但對區域外之國家而言，區域內之成員國仍保有其關稅自主權，及個別國家之商業或貿易政策。[45]

（二）過度性協議

關於「過度性協定」（interim agreements），雖然該協定之範圍較具有彈性，但究其本質，仍然必須係在合理期間內（reasonable time）有建立自由貿易區或關稅同盟之「必要」。依 GATT 第 XXIV 條第 5 項規定：「本協定不得禁止各締約國間……訂立必要之『過渡協定』以設立關稅同盟或自由貿易區，本項……所指之過渡協定，包括在適當期間以內設立此項關稅同盟或自由貿易區之計畫及預定進度表。」[46] 因此，從 GATT 文義上觀之，該協定排除「非以成立自由貿易區或關稅同盟爲目的」之其他形式或種類的雙邊、區域或過渡性質之協定，例如：片面最惠國協定、非以成立自由貿易區或關稅同盟之互惠協

---

[44] Meredith Kolsky Lewis, The Free Trade Agreement Paradox, 21 New Zealand Universities Law Review (NZ. U. L. Rev.) 554, 571-574 (2005).

[45] Petros C. Mavroidis, George A. Bermann & Mark Wu, The Law of the World Trade Organization (WTO): Documents, Cases & Analysis 154-157, West Group, 2010.

[46] GATT Art. XXIV: 5.

定、單純之貿易合作或投資保障協定等。[47] 詳言之，GATT 第 XXIV 條第 5 項條文中所言「必要之『過渡協定』以設立關稅同盟或自由貿易區」係專指為成立上述二項區域貿易組織所必須採取之手段措施，且該區域性組織或協定之談判國，必須將此過渡性協定之計畫及預定進度表通知 WTO 秘書處，雖然 WTO 秘書處中設有 CRAT 專門審查各種區域性貿易協定是否符合多邊貿易規範，但實際上卻僅有極少數之 RTA 被認定違反 WTO 之各項原則或義務。[48]

四、區域貿易協定之實體要件

（一）對區域內貿易之要求

RTA 之範圍必須涵蓋絕大部分貿易（substantial all the trade），依 GATT 第 XXIV 條第 8 項第 (a) 款及第 (b) 款均規定，不論成立關稅同盟或自由貿易區，原則上對區域內之各關稅領域間絕大部分貿易或其所生產之產品，取消其關稅及限制商事之法令。[49] 但「絕大部分貿易」之法律用語並不明確，通常係指關稅同盟或自由貿易區內之貿易自由化程度及其範圍，區域內貿易自由化之比例雖可作為一般性之判斷標準，但實際上仍需依個案情形予以判斷。詳言之，在判斷關稅同盟或自由貿易區是否已涵蓋「絕大部分貿易」時，可藉由對該區域內貿易自由化之「質性分析」（qualitative analysis）與「量度分析」（quantitative analysis）二項指標來判斷。質性分析中檢視區域內之貿易自由化必須「不排除主要產業」（no exclusion of major sectors），亦即區域外之第三國常質疑許多 RTA 中，明顯排除主要產業之貿易，例如農產品貿易是

---

[47] WTO Secretariat: Committee on Regional Trade Agreements (CRTA), Mapping of Regional Trade Agreements, WT/REG/W/41 (WTO, Oct. 11, 2000).

[48] 洪德欽，WTO 法律與政策專題研究，新學林，2005 年，頁 281-283。

[49] GATT Art. XXIV: 8(b).

否被排除於 RTA 之外是常被檢驗之依據。此外，量度分析通常係檢視區域內貿易額占總貿易額之百分比，通常 RTA 所涵蓋區域內之貿易額之比例，應達到總貿易額 80% 或 85% 以上。[50] 就實務上而言，許多國家在談判區域經濟整合時，主張 GATT 第 XIV 條中所規範者係要求區域內成員國將「彼此間絕大部分貿易」（Substantial all the trade between the parties）之障礙取消，而非要求各國將「絕大部分產品或絕大部分成員間之貿易」（Trade in substantially all products or members）之障礙取消，有些國家更近一步解釋 GATT 第 XXIV 條之內容，並非妨礙一國在整體區域貿易整合能夠滿足第 XXIV 條之條件下，計畫性地排除區域內經濟活動之某些產業。[51]

1998 年印度控告土耳其紡織品與服裝進口限制一案（簡稱土耳其進口限制案）[52]，係 WTO 成立以來，直接涉及 GATT 第 XXIV 條之第一樁貿易爭端案件，涉及土耳其對產自印度等國之紡織品與服裝採取數量限制措施。此案除與 GATT 第 XI 條（普遍取消數量限制）和第 XIII 條（數量限制之非歧視管理）有關之外，並涉及第 XXIV 條有關 RTA 之問題。[53] 在土耳其與歐盟進行區域經濟整合之措施中，土耳其依歐盟之要求於 1996 年起對產自印度等國之紡織品與服裝之進口施加數量限制（quantitative restriction）措施。印度主張土耳其限制其紡織品與服裝進口之措施，明顯違背 GATT 第 XI 條與第 XIII 條等不得採取數量限制歧視之規定；土耳其則主張若除去此新的數量限制措施，土耳其向

---

[50] 王震宇，自由貿易協定法律規範之研究——以中國大陸與香港之 CEPA 為中心，中華國際法與超國界法評論，第 5 卷第 2 期，2009 年 12 月，頁 396-397。

[51] Raj Bhala, International Trade Law: Theory and Practice, 625, Lexis Publisher (2nd ed. 2001).

[52] WTO Appellate Body Report: Turkey-Restrictions on Imports of Textile and Clothing Products, AB-1999-5, WT/DS34/AB/R, Oct. 22, 1999, adopted Nov. 19, 1999.

[53] 關於本案之分析，亦可參考葉錦鴻、陳昭仁，GATT 第 24 條實體規範之研究，成大法學，第 17 期，2009 年 6 月，頁 200-201。

歐盟出口總量占 40% 之紡織品及服裝，將被歐盟排除在雙方建立之關稅聯盟之外，亦即「歐盟──土耳其關稅聯盟」將不符合 GATT 第 XXIV 條第 8 項第 (a) 款中所規定「關稅聯盟應涵蓋絕大部分貿易」之要件。爭端解決小組解釋 GATT 第 XXIV 條第 8 項第 (a) 款 (i) 所謂「對同盟內之各關稅領域間絕大部分貿易，或……各關稅領域所生產之產品進行貿易，取消其關稅及限制商事之法令」係建立區域經濟整合之「內部要求」，反觀第 8 項第 (a) 款 (ii) 所謂「同盟之每一當事國對其以外之各關稅領域，原則上適用同一之關稅及商事法令」係指關稅同盟對非區域集團之第三國的「外部要求」。[54] 上訴小組更近一步闡釋，不論是第 (a) 款第 (i) 目中所稱之同盟內「絕大部分貿易」（substantially all the trade），或第 (a) 款第 (ii) 目中所稱之對同盟外第三國採取「同一」（substantially the same）對外關稅，此二者均賦予關稅聯盟內成員在建立共同商業政策（common commercial policy）時，得採取「有限度之彈性」（limited degree of flexibility）。因此，不論是爭端解決小組或上訴小組均認為，履行 GATT 第 XXIV 條第 8 項第 (a) 款第 (i) 目及第 (ii) 目之規定時，並沒有要求土耳其實施紡織品及服裝進口數量限制之義務，土耳其亦不得以此為理由而違背 GATT 其他條款之規定，故土耳其以 GATT 第 XXIV 條之抗辯最終被爭端解決小組與上訴小組所否決，其所實施之數量限制也最終被確認為違反了 GATT 第 XI 條與第 XIII 條。

由上可知，GATT 第 XXIV 條第 8 項第 (a) 款及第 (b) 款之規定，係基於相信 RTA 取消區域內絕大部分貿易障礙所帶來之利益，不論在質性分析或量度分析上，均應遠超過違反 MFN 原則所帶導致之不利益，故允許此一例外存在。但此條文並未賦予會員國得以之抗辯所有 WTO 協定中所承諾之義務，因

---

[54] GATT Art. XXIV: 8(a)(i), GATT Art. XXIV: 8(a)(ii), *supra* note 47.

此，由於本條中「絕大部分貿易」之規範並不明確，WTO 會員在適用上較易產生困擾。[55]

（二）對區域外貿易之要求

在組成區域經濟整合之過程中，不論是自由貿易區或關稅同盟均不得阻礙多邊貿易體系之發展，於 GATT 第 XXIV 條第 4 項規定：「各締約國願意經由自發之共同協議，發展各國間更密切結合之經濟關係，以加強自由貿易。『關稅同盟』或『自由貿易區』之目的在促成區域間貿易，而非增加對各該區域與其他各締約國之貿易障礙。」[56] 由此可知，在 WTO 多邊貿易法律架構下欲談判區域經貿協定之會員，必須遵守在區域經濟整合後所給予非區域內成員之關稅或貿易限制，不得高於整合之前之承諾，否則即對第三國產生歧視性之結果。

在關稅同盟形式中，成員間彼此不僅要消除區域內之貿易障礙，並且對由第三國進口至同盟區之產品，必須建立起對外共同之關稅政策。對於上述關稅同盟之共同關稅政策對集團外之第三國可能造成之影響，GATT 第 XXIV 條第 5 項第 (a) 款規定，關稅同盟對非區域內之成員而言，其關稅或其他貿易限制在整體上不得高於未成立關稅同盟或自由貿易區前之關稅或其他貿易限制措施。易言之，本款對欲成立關稅同盟之 WTO 會員設下一項要求，亦即同盟建立後對外之共同關稅措施仍然必須遵守 MFN 之精神，且不得對未參與關稅同盟之其他 WTO 會員造成更高之貿易限制。[57] 在土耳其進口限制案中，上訴小組認為對於所謂以關稅為主之貿易限制而言，GATT 1994 第 XXIV 條瞭解書中第二段要求，對於以關稅為主之稅率或其他收費衡量基準，應依關稅同盟所提

[55] Chang-Fa Lo, WTO-Plus in Free Trade Agreements, 21, Angle Publishing Co., Ltd., 2010.
[56] GATT Art. XXIV: 4. *supra* note 46.
[57] GATT Art. XXIV: 5(a).

供以往具有代表性期間，以 WTO 原產地規則下之關稅類別為基礎（tariff-line basis）之總價值與總量（values and quantities）之進口統計數據，並基於加權平均關稅稅率與實收關稅之總體評估為標準（overall assessment of weighted average tariff rates and of customs duties collected）。[58] GATT 第 XXIV 條第 5 項第 (b) 款亦有類似對於自由貿易區之規定，但由於自由貿易區並不實施共同關稅政策，因此對於評量成立自由貿易區前後之關稅變化，仍係以各國所各自制定之對外關稅為衡量標準。[59] 事實上，上訴小組在本案中更進一步提出，GATT 第 XXIV 條第 5 項第 (a) 款並未要求 WTO 會員在成立新的關稅同盟時，必須建立與多邊貿易體系相容之特別措施，同時，GATT 中亦未要求 CRTA 必須針對關稅同盟是否具有與 GATT 相容之特別措施加以審查，因此，CRTA 進行 RTA 之綜合性審查時，僅要求 RTA 成員提供足夠之資訊供 WTO 所有會員諮詢，而不會針對該關稅同盟是否符合 WTO 規範之一致性原則進行實體法律審查。[60] 除非有會員對於該 RTA 之實體內容有疑慮，而提交爭端解決小組裁決，否則，對於區域內貿易之要求只是形式上的資訊揭露而已。

五、程序要件

（一）過渡期間、計畫與進度表

通常在區域經濟整合之過程中，關稅同盟或自由貿易區均非一夕之間可談判完成，通常需經過一段長時間之諮商，透過雙邊或 RTA 之締約國逐步談判並調整內國法令，故 WTO 多邊貿易協定允許該經濟整合應在合理期限內完

---

[58] Understanding on the Interpretation of Article XXIV of the General Agreement on Tariffs and Trade 1994, para. 2.

[59] GATT Art. XXIV: 5(b).

[60] James H. Mathis, Regional Trade Agreements in the GATT/WTO: Article XXIV and the International Trade Requirement 203, T.M.C. Asser Press, 2002.

成。GATT 第 XXIV 條第 5 項第 (c) 款係有關區域經濟整合過渡期間之規定，關於本項第 (a)、(b) 兩款所指之過渡協定，包括在合理期間內以設立「關稅同盟」或「自由貿易區」為最終目的之計畫及預定進度表。[61] 然而，本款較具爭議之法律用語有二，其一係如何定義「合理期間」（reasonable length of time）？其二係何謂「計畫與預訂進度表」（plan and schedule）？[62] 在各國區域經濟整合談判之實踐上，上述不確定之法律概念，曾使會員國在適用本項要件時帶來相當大的爭議與疑慮。於 GATT 1994 第 XXIV 條瞭解書中第 3 段即明白修正此模糊之概念，該段指出 GATT 第 XXIV 條第 5 項第 (c) 款規定之組成自由貿易區或關稅同盟之「合理期間」，係只有在例外之情況（exceptional cases）下始允許超過十年，倘若過渡協議締約國認為十年之期間仍嫌不足，則其必須向 WTO 秘書處貨物貿易理事會（Council for Trade in Goods，簡稱 CTG）就其需要較長時間之理由，提出完整之說明。然而，關於「計畫與預訂進度表」之格式或應列入之事項，WTO 相關規定中則無明確之要求。[63]

（二）通知義務

1996 年 WTO 總理事會成立 CRTA，授權該委員會得審查各 WTO 會員所提出有關 RTA 之通知，藉以評估該協定對於多邊貿易體系所造成之影響，並以此達成透明化之要求。RTA 應視其所涵蓋之內容範圍，分別通知貨品貿易

- - - - - - - - - - - - - - - - -

[61] GATT Art. XXIV: 5(c). 其英文原文為："any interim agreement referred to in subparagraphs (*a*) and (*b*) shall include a plan and schedule for the formation of such a customs union or of such a free-trade area within a reasonable length of time."

[62] Bhala, *supra* note 56, at 624.

[63] Understanding on the Interpretation of Article XXIV of the General Agreement on Tariffs and Trade 1994, para. 3. 其英文原文為："The 'reasonable length of time' referred to in paragraph 5(c) of Article XXIV should exceed 10 years only in exceptional cases. In cases where Members parties to an interim agreement believe that 10 years would be insufficient they shall provide a full explanation to the Council for Trade in Goods of the need for a longer period."

理事會（CTG）、服務貿易理事會（CTS）及其他相關機構（如貿易暨發展委員會），並由上述各理事會轉交 CRTA 辦理審查。GATT 第 XXIV 條第 7 項第 (a) 款規定，任一締約方於決定加入「關稅同盟」或「自由貿易區」或前述之過渡協定，應立即通知「全體締約方」（當時係指 GATT 全體締約方，WTO 成立後即指 WTO 之秘書處），並應提報有關該關稅同盟或自由貿易區之資料，俾使「全體締約方」得對適當之締約國提出報告及建議。[64] 於此同時，在同項第 (b) 款中指出，「全體締約方」於接受並研究過渡協定之當事國依本條第 5 項及前項第 1 款規定所提交之計畫、進度表及相關資料後，如認為於過渡協定當事國所定之合理期間內，不克組成「關稅同盟」或設立「自由貿易區」，或認為該期間並不恰當，應將建議通知各 RTA 成員，在未依上述建議研擬修正前，各 RTA 成員不得維持或執行該協定。[65] 最後，第 (c) 款規定，本條第 5 項第 (c) 款所指計畫或預定進度表之任何重要變更應告知「全體締約方」，如此項變更足以延遲或危及「關稅同盟」之組成或「自由貿易區」之設立，「全體締約方」得要求 RTA 成員共同諮商。[66]

針對上述議題，2002 年 NGR 要求 WTO 秘書處依杜哈部長級會議宣言（Doha Ministerial Declaration）第 29 段所揭櫫「各國同意致力推動 WTO 貿易協定現有可適用於 RTA 規範之完善，並務求其相關規則程序更加明確化，且各項談判應顧及 RTA 所涉及有關發展之議題（developmental aspects）」[67] 之原則草擬一份可供會員討論之文件，稱為「關於區域貿易協定相關議題概

- - - - - - - - - - - -

[64] GATT Art. XXIV: 7(a).

[65] GATT Art. XXIV: 7(b).

[66] GATT Art. XXIV: 7(c).

[67] WTO Secretariat, Ministerial Declaration of 14 November 2001, WT/MIN(01)/DEC/1, 41 I.L.M. 746 (2002).

要」（Compendium of Issues Related to regional trade agreements）。[68] 在此文件中，提出主要有七點注意事項，係關於 WTO 會員對成立 RTA 所應盡之通知義務與相關規範釋疑，包括：1. 對於 RTA 之透明化要求（Transparency Requirements）；2. 多邊貿易架構對 RTA 之監理機制（Surveillance Mechanisms）；3. RTA 與 WTO 協定其他條款間之關係；4. WTO 協定中對 RTA 之規範；5. GATT 第 XXIV 條條文之相關解釋；6. GATS 第 V 條條文之相關解釋；7. 多邊貿易架構與 RTA 間之互動。

由上可知，經由 WTO 成立之後的一連串對 RTA 規範之討論與談判，近年來對於 GATT 第 XXIV 條之實體與程序性問題之質疑與爭議已減緩不少。然而，目前 GATT 第 XXIV 條實體與程序性規定適用上最大困難，仍在於各 RTA 之實踐情況不一，由於 WTO 秘書處所提出之改革文件並未實際納入多邊貿易規範架構中，僅是一份具有建議性質之指導方針，並未實際對會員產生法律上之強制拘束力。關於 RTA 之多邊貿易規範方案仍未獲得多數 WTO 會員通過並達成共識之理由，主要是各會員國擔心方案中之透明化要求，以及其他程序規範將限制其談判自由貿易協定之彈性與自由度，並阻礙區域經貿整合談判之進展。[69]

六、綜合性審查之爭議與侷限

GATT 第 XXIV 條對於 RTA 之規範未達到應有或預期之效果，尤其 GATT 第 XXIV 條存在許多不確定的法律概念，例如，該如何評價 RTA 內容已涵蓋

----

[68] WTO Secretariat, Negotiating Group on Rules, TN/RL/W/8/Rev.1 (WTO, Aug. 1, 2002), available at http://docs online.wto.org/DDFDocuments/t/tn/rl/W8R1.doc (last visited on February 28, 2011).

[69] Joel P. Trachtman, International Trade: regionalism in Research Handbook in International Economic Law 151-177 (Andrew T. Guzman & Alan O. Sykes eds., Edward Elgar, 2007).

「絕大部分貿易」（substantially all the trade），以及何謂「其他限制性商業規範」（other restrictive regulations of commerce），這些問題在烏拉圭回合談判成立 WTO 時並未獲得解決，使得 CRTA 之實體審查便一直存在上述法律爭議。自 1998 年至 2001 年間，為了處理大約 12 部 RTA 之同意案，WTO 會員陷入冗長的正式與非正式討論，由於 WTO 會員對於形式或審查報告有不同意見而未獲多數同意，使得許多討論最後都以僵局作收。[70] 因此，如何讓多邊貿易架構更有效因應日益增加之 RTA 趨勢，而非放任其造成全球貿易自由化之倒退，對於接續的杜哈回合談判而言，實在是一項艱難挑戰。2001 年杜哈回合談判開啟時，多數的 WTO 會員均體認，解決 CRTA 所面臨之僵局是刻不容緩的工作。因此，WTO 會員同意將 RTA 之規範，移交由 NGR 負責。經過一系列正式與非正式的會議後，在 CRTA 中被提到的諸多體制性問題均獲得解決，WTO 秘書處更整理出一份「RTA 相關議題概要」（Compendium of Issues Related to Regional Trade Agreements）[71] 供全體會員參考。然而，秘書處所提供之文件對 WTO 會員而言，僅具有參考性價值，多邊貿易體系與區域經濟整合二股力量仍然不斷拉扯，在杜哈回合談判尚未結束前，未來仍有許多可努力之談判方向：

其一，GATT 第 XXIV 條條文規範已老舊過時：在當代國際經濟變化快速之情況下，RTA 之數量更在 1995 年 WTO 成立以後，以意想不到之速度發展，倘若僅以 GATT 第 XXIV 條（或 GATS 第 V 條、授權條款等亦然）單

---

[70] Chi Carmody, Metrics and the Measurement of International Trade: Some Thoughts on the Early Operation of the WTO RTA Transparency Mechanism, 28 St. Louis U. Pub. L. Rev. 273, 273-274 (2008).

[71] WTO, Negotiating Group on Rules, Compendium of Issues Related to Regional Trade Agreements-Background Note by the Secretariat- Revision, WTO Doc. TN/RL/W/8/Rev.1, 1 August 2002.

一條文作爲 RTA 之基礎規範，已無法滿足當初立法之原意與政策目標。在杜哈回合之談判進程中，WTO 會員已開始著手草擬一部有關 RTA 規範之新協定——即「關於區域經濟整合之協定」（Agreement on Regional Economic Integration），並將現有之實質與程序性規定納入該協定，此舉不但使計畫進行區域經濟整合之 WTO 成員，在談判初期即可明確遵行多邊貿易架構之基本規範，同時亦使 CRTA 在進行對 RTA 審查時，有更明確之審查標準與程序，達到雙向透明化之理想。

其二，WTO 爭端解決機制之相關規範中，應加入明確且強力之第三國監督條款，亦即允許區域集團外之 WTO 會員得就 RTA 違背多邊貿易法律架構之情形，提出該 RTA 無效或損害賠償之控訴。[72]

其三，WTO 多邊貿易體系應積極運用區域貿易談判所帶來之潛在成果，而非僅消極進行審查與防堵。許多複雜敏感之議題，例如：農業貿易、競爭政策、勞工標準、環境保護議題等均可藉重區域經濟整合談判成功之寶貴經驗，解決多邊貿易談判所遭遇之瓶頸。

肆、WTO關於區域貿易協定透明化機制

區域經濟整合之浪潮自 1990 年代後便不曾稍減，[73] WTO 建立初期所設計的 CRTA 通報系統，顯然無法應付大量形成的 RTA。經過多次 CRTA 之例會，以及 WTO 會員間不斷地辯論，2006 年 12 月 14 日 WTO 總理事會以共識決一致通過了 RTA-TM。[74] RTA-TM 之設計不但增加新的程序性規定，同時更清楚

---

[72] Jackson, *supra* note 36, at 109.

[73] WTO, Committee on Regional Trade Agreements (CRTA), available at http://www.wto.org/english/ tratop_e/ region_e/region_e.htm. (last visited on February 28, 2011).

[74] WTO General Council, Transparency Mechanism for regional trade agreements, WT/L/671 (Dec.

界定 WTO 會員之責任與強化 RTA 通知義務。依杜哈回合第四次部長級宣言之第 47 段規定，所有獲得早期共識之協定草案，在成為杜哈回合貿易談判最終文件之前，可先以臨時性措施之方式實行，因此，未來在杜哈回合完成後，TM 將以永久之機制或協定取代現行之做法。WTO 會員以臨時性措施 TM 來規範 RTA 的透明化，可藉由具體實踐經驗來檢視幾項重要問題，諸如：為何會員洽簽 RTA 時必須遵守 TM？TM 之制度設計有何特殊功能？[75] TM 制度之基本假設是希望透過資訊公開之要求，以建立完整的 RTA 資料庫，並藉由該資料庫作為比較各 RTA 內容之基礎，以及作為會員檢視各該 RTA 內容是否符合 GATT 第 XXIV 條（或 GATS 第 V 條）之標準，達到透明化之最終目標。

一、透明化機制之談判歷程

自杜哈回合談判開啟以來，NGR 同時就體制性議題與程序性議題進行談判。除了在正式會議中進行優先議題之諮商外，並在非正式會議中針對有關 RTA-TM，開放所有會員共同協商。會議中多數 WTO 會員均對現行 RTA 監督機制效率之低落提出嚴厲批評。[76] 首先，在過去 CRTA 運作的五年中，洽簽 RTA 之 WTO 會員所提供各 RTA 的標準型式與統計資訊均無法統一：有些會員積極提供關於 RTA 降稅之詳細資料，並大力支持 RTA 之審查程序，但有些會員表達無意願或拒不提供。其次，一部 RTA 除本文外，通常有大量的附件、議定書，或貿易自由化及原產地減讓表，但 WTO 會員對於上述資料之取得有限，亦無足夠資源進行分析。在缺乏實際有關資訊之情況下，使得整個

- - - - - - - - - - - -

18), 2006.

[75] WTO General Council, Transparency Mechanism for Regional Trade Agreements, WT/L/671 (Dec. 18 2006), available at http://www.wto.org (last visited on February 28, 2011).

[76] Crawford, *supra* note 4, at 134-135.

RTA 審查程序流為形式，WTO 會員對 RTA 成員所提出的諸多問題幾乎都無法得到答案，更無法評估該 RTA 之內容是否與 WTO 規則一致。[77] NGR 在 2002 年 7 月接受智利所提出的一份建議書，並以此份文件作為討論 RTA-TM 之藍本。該份報告中強調 RTA 透明化的三個重點命題——何時（when）應通報？應通報至何處（where）？以及通報內容為何（what）？[78] 就 RTA 應何時通報至 WTO 而言，從實證經驗上顯示，RTA 通報延遲的情況相當明顯，亦即往往該優惠性貿易協定已開始適用時，WTO 才接到通知，故 WTO 會員應重視通報時點與設定期限。其次，第二個問題顯示，在 CRTA 之實踐上，RTA 依據其性質必須分別向貨品貿易理事會、服務貿易理事會，以及貿易與發展委員會等不同單位通報，由於涉及不同層級部門之運作，使得審查程序更加費時，是否應將事權（接收通報之機構）統一，值得會員深思。最後，關於通知內容為何，涉及統計資訊實質內容是否充分，但會員究竟應提供哪些貿易資料，以及依據國際商品統一分類制度（Harmonized System，簡稱 HS）提供到何種程度，使能達到協助其他會員進行 RTA 審查之目的，尤須進一步討論。[79]

　　事實上，WTO 會員對於達到 RTA 透明化之目標，原則希望在強化對於各 RTA 內容瞭解的同時，盡可能不觸及修改多邊貿易協定法律。自智利報告被提出討論後，RTA-TM 之談判於為開展，而到 2003 年 9 月在墨西哥坎昆部長級會議時，RTA 透明化的談判更加白熱化。雖然坎昆會議整體談判失敗，使得透明化議題不得不短暫停滯，然而，到了 2005 年 12 月香港部長級會議時，

- - - - - - - - - - - - -

[77] Zakir Hafez, Weak Discipline: GATT Article XXIV and the Emerging WTO Jurisprudence on RTAs, 79 N.D. L. Rev. 879, 903-905 (2003).

[78] WTO, Negotiating Group on Rules, Submission on Regional Trade Agreements- Chile, WTO Doc. TN/RL/W/16, 10 July 2002.

[79] Id.

談判則又重新開啓，同時，WTO 會員更進一步對於完成 RTA-TM 之談判目標，設定 2006 年 4 月 30 日爲截止日。雖然 WTO 會員試圖將不同的意見簡化，並在 2006 年前半年獲得不少結論，但到 4 月底之截止日時，仍未能完成所有目標。直到 2006 年 7 月時，WTO 會員終於達成以下幾項共識結論：1. 所有的 RTA 未來都應履行透明化程序；2. RTA 依據 GATT 第 XXIV 條及 GATS 第 V 條所作的通報，一律歸由 CRTA 負責，而透過授權條款簽署之 RTA，則交由貿易暨發展委員會（CTD）審查。隨後，2006 年 12 月 14 日 WTO 總理事會以共識決通過了 RTA-TM，成爲取代過去功能不彰的 CRTA 綜合性審查程序。[80]

二、透明化機制之運作模式

WTO 總理事會於 2006 年通過 RTA-TM 運作程序，共分三大步驟：第一，RTA 談判前，成員應早期通報（early announcement）WTO；第二，RTA 完成談判後，在該協定生效前，應通知（notification）WTO，將協定全文、附件及議定書送交 WTO 秘書處；第三，通知後 10 週內（開發中國家爲 20 週內），RTA 簽署國需提供 TM 附件所列之資料（如降稅期程、簽署國關稅及貿易資料），WTO 秘書處根據以上資料，提交 CRTA 或 CTD 進行審查，並製作事實報告（factual presentation）。

（一）早期通報

早期通報機制之目的係希望提供一個實用取向而不複雜的通報系統，主要是以新聞稿的型式（press-release type）將 RTA 的基本資訊與可能涵蓋內容對外發布。TM 第 A 節部分規定 RTA 之早期通報機制，範圍涵蓋正在進行

---

[80] Roberto V. Fiorentino, Jo-Ann Crawford & Christelle Toqueboeuf, The Landscape of Regional Trade Agreements and WTO Surveillance in Multilateralizing Regionalism, 28-76 (Richard Baldwin & Patrick Low eds., Cambridge U. Press, 2009).

談判中或已簽署之 RTA。依 TM 第 A 節第 1 段 (a) 款規定，WTO 會員只要參與或開啓以建立 RTA 爲最終目標之談判，應「盡可能」（endeavour）通報 WTO。[81] 同段(b)款則規定，一旦RTA已完成簽署，會員有「義務」（obliged）提供相關資訊，如：正式名稱、範圍與簽名日期、任何有關 RTA 生效日期之計畫表（timetable）、臨時適用措施、聯繫資訊（如網址）或其他相關非機密性之資訊。[82] 上述資訊均在 WTO 網站公開揭露並定期交給所有會員，作爲會員間溝通諮商之參考資料。[83] 由上開條文可知，TM 第 A 節第 1 段 (a) 款與 (b) 款之差異在於早期通報之義務要求不同，倘若 RTA 成員有意願以簽署 RTA 爲最終目標之談判開啓時，(a) 款僅要求 RTA 成員「盡可能」通報 WTO，此處宜解釋爲「儘早」或「儘快」之意，用語上僅有建議之效果。然而，若 RTA 成員間就 RTA 已完成簽署，則適用 (b) 款規定，即使該 RTA 尚未經國內批准程序或未生效，RTA 成員均有「義務」提供相關資訊。TM 制度實行後，自 2007 年起已陸續有許多 RTA 透過早期通報程序提交資訊給 WTO。[84]

（二）公開揭露及通知義務

WTO 會員簽署 RTA 後，負有通報其他所有會員之義務。在 GATT 第 XXIV 條第 7 款 (a) 項及 GATS 第 V 條第 7 款 (a) 項均規定，「會員應迅速地（promptly）通報 WTO 其參與 RTA」，[85] 同時，授權條款第 4 段 (b) 項亦要求

---

[81] TM para. 1(a).

[82] TM para. 1(b).

[83] WTO, "Regional Trade Agreements- Early announcements made to WTO under the RTA Transparency Mechanism" 10 Jul. 2007, available at http://www.wto.org/english/tratop_e/region_e/early_announc_e.htm.

[84] Youri Devuyst and Asja Serdarevic, The World Trade Organization and Regional Trade Agreements: Bridging the Constitutional Credibility Gap, 18 Duke J. Com. Int'l L., 1, 50-52 (2007).

[85] GATT Art. XXIV: 7(a) and GATS Art. V: 7(a), *supra* note 69.

參與 RTA 之開發中國家，應通報 WTO。[86] 不過，對 WTO 會員而言，雖然相關之多邊貿易協定中有載明 RTA 之公開揭露與通知義務，且 TM 經 WTO 總理事會通過，但此通知義務似乎尚未成爲強制規範，違反透明化義務時既無制訂懲罰條款，也無法成爲爭端解決機制之法律爭點，因而淡化了 RTA-TM 之功效。[87] 從過去 WTO 會員之實踐觀之，雖然 GATT 第 XXIV 條建議會員應在 RTA 生效前通知 WTO，但往往 WTO 接收到通知時，RTA 早已生效，有些甚至已生效數月或整年。同時，WTO 亦無其他補救措施，第三方（非 RTA 之成員）即使知悉有未通報的 RTA 正進行談判簽署或已生效存在，該會員亦無任何立場代爲通報或舉發。TM 在第 3 段中特別針對此情形，將通知義務之時點限縮解釋爲「越早越好，不得晚於 RTA 成員正在進行批准程序，或任何一方已決定開始實施 RTA 之相關內容，且應在 RTA 成員間實施優惠待遇之前通知 WTO」。[88] 由上述分析可知，由於 TM 要求 RTA 成員必須在優惠性待遇實施之前通知 WTO，因此理論上所有會員都將在 RTA 實施之前知悉，使 RTA 的整個簽署生效過程更爲透明化。

（三）事實報告

基於過去成效不彰的經驗，WTO 會員漸漸體認到對於 RTA 進行實質審查，或集體評估 RTA 內容是否符合 WTO 多邊貿易規範是不切實際的做法。因此，會員轉而以較爲軟性之透明化目標代替實質審查要求。爲了協助會員達到 RTA 之透明化要求，TM 第 7 段 (b) 項規定，WTO 秘書處應依其職權並

----

[86] Enabling Clause, Differential and more favourable treatment reciprocity and fuller participation of developing countries, Decision of 28 November 1979 (L/4903), para. 4(a)."

[87] Padideh Ala'i, The Multilateral Trading System and Transparency in Trends in World Trade Policy: Essays in Honor of Sylvia Ostry, 105-132 (Alan S. Alexandro. ed., Carolina Academic Press, 2007).

[88] TM para. 3.

徵詢 RTA 成員之意見，不論該 RTA 是否已依 GATT 第 XXIV 條、GATS 第 V 條或授權條款進行通報，全部 RTA 都必須準備一份「事實報告」（factual presentation），內容記載 RTA 之摘要，類似簡單的針對 RTA 之貿易政策審查報告（mini Trade Policy Review），不過，該摘要僅以提供訊息爲主要目的，而不涉及對 RTA 之法律價值判斷。爲落實事實報告之準備，RTA 成員必須依據 TM 附件所列舉之內容，提供足夠資料。

首先，倘若 RTA 內容涵蓋貨品貿易時，TM 要求事實報告應包括：1. 每個 RTA 成員在優惠貿易措施生效當年之關稅減讓幅度；2. 若 RTA 規定分期達成目標，則應列出所有優惠性關稅適用之期限；3. RTA 生效當年及其前一年所適用之最惠國待遇（MFN）關稅稅率；4. RTA 通報 WTO 起算之前三年進口統計資料；5. 其他貿易相關資訊，如：關稅配額（tariff-rate quotas）、季節性限制、非從價課稅之產品換算爲等值之從價稅（ad valorem equivalents for non-ad valorem duties）等。不論 RTA 係依據 GATT 第 XXIV 條或授權條款洽簽，上述對於 RTA 資料提供之要求均一體適用。其次，倘若 RTA 內容涵蓋服務貿易時，TM 要求事實報告應包括：1. 貿易或國際收支平衡統計資料（balance of payments statistics）；2. 國內生產總值（Gross Domestic Product，簡稱 GDP）或生產統計資料；3. 外人直接投資（Foreign Direct Investment，簡稱 FDI）或自然人移動之相關統計資料等。TM 中規範通知後的 10 週內爲提供資料之期限，若爲開發中國家間所簽署之 RTA，則將期限放寬爲 20 週。同時，TM 第 19 段則規定 WTO 秘書處應提供開發中國家之會員，尤其是最低度開發國家（least-developed countries）必要之技術協助，使該等會員能順利提交相關資料。[89] 在 TM 之規定下，藉由將會員提交之 RTA 資料標準化的過程，可使 WTO

---

[89] TM para. 19.

秘書處發布之事實報告內容趨於一致，並將各 RTA 所涵蓋之關稅暨貿易自由化的內容，整體呈現給所有會員知悉。依 TM 第 22 段規定，在 2006 年 12 月前，所有未經 CRTA 完成綜合性審查程序之 RTA，都必須準備事實報告，依當時情況約有 60 部 RTA 須適用新的 TM 程序。[90] 最後，在新的透明化程序下，每部 RTA 原則上均安排一次會議作為溝通平台，同時在事實報告作成後到 TM 會議進行前，RTA 成員可與其他 WTO 會員間先以書面方式詢答。依據 TM 第 6 段之規定，WTO 全體會員對於已通報 RTA 進行考量之程序，應在通報後一年內完成，以避免過程延宕。上述程序中的所有書面資料，都應儘速以 WTO 官方語言（英文、法文或西班牙文）作成，並公告於 WTO 網站。[91]

表 2-2　TM **事實報告準備時程表**

	通報RTA	CRTA	CTD
1	依 TM 附件一所載之項目提交貿易與關稅表等資訊	10 週 *	20 週
2	製成後的事實報告草稿寄交 RTA 成員確認	6 週	6 週
3	RTA 成員提出共同意見	4 週	4 週
4	將共同意見匯整放入事實報告	2 週	2 週
5	依 WTO 三種官方語言製作事實報告	3 週	3 週
6	會員提交書面問題	4 週	4 週
7	RTA 成員提交書面回覆	4 週	4 週
8	匯整所有書面問題與回覆意見	CRTA 會議前 3 天	CTD 會議前 3 天
9	整體時程所費時間	35 週	45 週

* 若為開發中國家間所簽署之 RTA，時限放寬為 20 週（資料來源：WTO 秘書處）。
資料來源：作者研究整理。

---

[90] TM para. 22(b).

[91] TM para. 6.

（四）事後通報（Subsequent Notification and Reporting）

依 TM 第 14 段之規定，在 RTA 內容修改而影響其執行時，會員有義務於修正後儘快通報 WTO。[92] 另一方面，在執行期程結束時，會員須繳交一份有關貿易自由化承諾現況的書面報告，相關透明化資訊都將在 WTO 網站公告。TM 以新的措施使所有 RTA 除洽簽時須通報外，於修正時亦同。事實上，TM 確實有效取代 GATT 時期對於 RTA 成效不彰的定期報告。在 GATT 時期對 RTA 的定期報告為二年一次（Biennial reports），但該報告經常延遲，或甚至付之闕如，因此，會員無法獲得 RTA 更新資訊。

TM 第 18 條規定由 CRTA 及 CTD 二單位執行 RTA-TM。WTO 秘書長亦可在取得不同成員所提供之資料時，協助其準備事實報告，並確保不同型態 RTA 之事實報告內容可趨於一致。TM 第 10 條則建立起一道介於事實報告與爭端解決機制間之防火牆，使 TM 之報告性質與 WTO 貿易政策審查機制（Trade Policy Review Mechanism，簡稱 TPRM）相似。[93] WTO 秘書處負責整理所有已通報且完成事實報告之 RTA，並製作該 RTA 之事實摘要與資訊，以利提供給所有會員。TM 第 20 條甚至要求 WTO 秘書處建立與維持一個時常更新的 RTA 網路資料庫，內容包含關稅及與貿易有關之資訊，最終目的是使這些資訊公開，並使所有會員（甚至是個人）皆能輕易取得。

三、透明化機制之實踐

WTO 各會員對於 RTA 之透明化實施經驗的看法相當分歧，雖然歐盟代表認為 TM 之實施相當成功，但 CRTA 之主席以及其他會員則對於此制度感到不

---

[92] TM para. 14.

[93] Petros Mavroidis, Survellance Schemes: The GATT's New Trade Policy Review Mechanism, 13 Mich. J. Int'l. L., 374, 374-414 (1992).

安。[94] TM 第 7(a) 條明確要求 WTO 秘書處有責任準備事實報告，但同時 RTA 會員亦有義務就秘書處準備之報告提出必要的資訊、解釋或意見書，從實踐結果來看，會員總是無法迅速的提出相關資訊。CRTA 於 2007 年所作成的草案指出，「在 WTO 通過 TM 之前，CRTA 已完成對 67 部 RTA 之事實審查，其中 46 部為貨品貿易領域，21 部為服務貿易領域」。[95] 然而，TM 實施後，RTA 之透明化程序依舊進度緩慢且不斷發生狀況。有些會員無法在期限內繳交必要資料，更有甚者，部分會員即使如期通報 WTO，但製作格式不備或內容欠缺，仍然是無法滿足 TM 之要求。例如，1. 在歐洲自由貿易區與突尼西亞（EFTA-Tunisia）之貨品貿易協定中，WTO 秘書處將事實報告草稿寄給 RTA 成員時，冰島與突尼西亞間之貿易資料仍不完整，秘書處要求突尼西亞立即針對該事實報告中缺漏的部分予以補正；2. 在印度與新加坡（India-Singapore）之貨品及服務貿易協定中，WTO 秘書處雖已將事實報告草稿製作完成，但對於其中印度之關稅資料有疑慮，並等待印度主管機關回覆；3. 在日本與墨西哥（Japan-Mexico）之貨品及服務貿易協定中，WTO 秘書處雖然接到雙方通報的資料，但檢查資料後發現，日本遺漏許多關稅與貿易之資料；4. 在巴拿馬與薩爾瓦多（Panama-El Salvador）之貨品及服務貿易協定中，WTO 秘書處所得到的資料有所矛盾，要求 RTA 成員進一步澄清與說明；5. 在土耳其與突尼西亞（Turkey-Tunisia）之貨品貿易協定中，WTO 秘書處一直無法取得突尼西亞關稅逐年減讓之詳細資料。[96]

- - - - - - - - - - - -

[94] WTO, Committee on Regional Trade Agreements (CRTA), Note on the Meeting of 29 November 2007, WT/REG/M/48 (Jan. 9, 2008).

[95] WTO, Committee on Regional Trade Agreements (CRTA), Report (2007) of the Committee on Regional Trade Agreements to the General Council, Dec. 3, 2007, WT/REG/18.

[96] Note on the Meeting of 29 November 2007, *supra* note 99, at 8.

由上述幾部 RTA 通報與製作事實報告之實際情況，可歸納出 TM 運作制度上的幾點問題：1. RTA 成員回覆問題經常超過 WTO 秘書處所設定之期限，RTA 成員可藉由拒絕或疏於回覆問題，使整個 TM 程序延遲而無任何法律上制裁；2. 針對 RTA 貨品貿易協定與服務貿易協定，即使事實報告中部分內容有可能重疊，但仍有必要分別進行報告，對於二者之義務以及事實應有所區別，不應混爲一談；3. TM 程序無法解決 WTO 與非 WTO 簽署 RTA 時的透明化義務問題，同時，TM 亦無法要求若干 RTA 中涉及超越 WTO 多邊貿易協定範圍之新興貿易議題，諸如：投資、環境保護、人權等；4. TM 程序中並未解釋或定義如何「審查」（review）RTA？因此，TM 是否只應被視爲簡單之透明化程序，亦或可演變爲具備一部分監督或促其修正之功能，至今仍無確切答案。經由上述分析，很難看出 WTO 實施 TM 後可加快 RTA 之簽署，亦很難看出是否可對 WTO 體系帶來實益。從種種實踐的證據顯示，TM 可促進 RTA 之透明化及強化 RTA 成員之通知義務，但並未眞正要求所有 RTA 均獲得 WTO 秘書處或會員之背書。[97]

四、透明化機制與爭端解決之關聯

TM 第 3 段及第 4 段要求 RTA 成員必須將 RTA 通報 WTO，並且明確指出該 RTA 之法律依據（如 GATT 第 XXIV 條、GATS 第 V 條或授權條款）。從 WTO 爭端解決之訴訟角度觀之，上開條文引發一項爭議：在爭端解決案件中，是否可以援引尚未完成通報程序的 RTA 作爲法律基礎？亦即若原告方提起違反作爲法律主張時（如因實行 RTA 而使內國措施違反 WTO），被告以 GATT 第 XXIV 條（或 GATS 第 V 條、授權條款）之抗辯是否須以已通報之

---

[97] Matthias Helble, Ben Shepherd & John S. Wilson, Transparency and Regional Integration in the Asia Pacific, 32 World Economy, 479, 479-508 (Vol. 3, 2009).

RTA 作為前提條件？

　　首先，依 WTO 上訴機構在土耳其紡織品限制（*Turkey - Textiles*）一案之結論指出，欲以 RTA 違反 GATT 第 XXIV 條作為法律主張時，應符合該條文所設定之要件。易言之，不論是自由貿易協定（FTA）、關稅同盟或其前之過渡性協定，均須符合 GATT 第 XXIV 條第 5 項至第 8 項之內容。尤其 GATT 第 XXIV 條第 7 項設有通知義務：「任一締約方於決定加入『關稅同盟』或『自由貿易區』或其前之過渡協定，應即通知『大會』，並應提報有關該同盟或貿易區之資料，俾使『大會』得對其所認適當之締約方提出報告及建議。」[98] 因此，只有依上開條款通知 WTO 之 RTA 始符合規定意旨，任何尚未通知或違反 GATT 第 XXIV 條第 7 項通知義務規定之 RTA，均應被認為仍未通過「WTO 一致性」（RTA 是否未違反 WTO 多邊貿易規範）之檢驗，而不能在爭端解決案件中被援引為正當的法律依據。依此法理，RTA 成員依 GATS 第 V 條簽署之服務貿易部門之優惠性協定，或存在於開發中國家之授權條款，[99] 也同樣必須在符合與 GATT 第 XXIV 條第 7 項類似之通知義務規範後，始取得其爭端解決訴訟上之正當性。在 2006 年 TM 實施後，WTO 更進一步強化 RTA 之通知義務（包括早期通報、通知義務、事後通報等程序），因此，倘若新的 RTA 不能滿足 TM 程序中的各項透明化要求時，即屬於尚不具正當性（justification）之措施，爭端解決案件之被告方自不可援引該 RTA 成為爭端解決中之抗辯依據。由上述分析可知，在爭端解決案件中，RTA 成員不可援引未依 TM 程序通報 WTO（non-notification）之協定作為訴訟中的法律依據。

　　其次，RTA 成員在通知 WTO 以及援引不同條文為法律依據基礎時，同樣

---

[98] GATT Art. XXIV: 7, *supra* note 69.

[99] GATS Art. V, Enabling Clause.

產生疑義。WTO 在對 RTA 進行 TM 程序時，第一步會依成員通報時所援引之條文作分類（GATT、GATS 或授權條款），再依各法條所規定之個別標準進行相關程序。然而，在某些情況下，通報 RTA 之成員與其他 WTO 會員間，對於該 RTA 通知義務所應適用之法條認知不同，繼而產生爭議。由於 GATT 與 GATS 清楚分開對於貨品貿易與服務貿易之規範態樣，因此，發生爭議的情況絕大多數出現在授權條款與前二者的競合問題上。舉例而言，1992 年南方共同市場（MERCOSUR）之成員依據授權條款通報 WTO，並獲得其他開發中國家之普遍支持，但當時已開發國家（如美國）卻認為，MERCOSUR 應被視為建立關稅同盟前之過渡性協定（interim agreement），並應遵守 GATT 第 XXIV 條之規範。[100] 最後，在各方協商下，MERCOSUR 成員同時依 GATT 第 XXIV 條與授權條款通報貨品貿易理事會（CTG）及貿易暨發展委員會（CTD），經由不同機構進行審查。[101] 然而，從爭端解決之角度觀之，若同一部 RTA 同時依授權條款與 GATT（或 GATS）通報時，則會產生法條競合的問題。由於授權條款第 2 段 (c) 款規定，「開發中國家所簽署之優惠性貿易協定應互相減少（mutual reduction）或終止（elimination）區域間之貿易障礙」，[102] 但沒有如 GATT 第 XXIV 條中所要求 RTA 應涵蓋「絕大部分貿易」。因此，RTA 涉及

----

[100] GATT, Council – 14 July 1992, Minutes of Meeting, held in the Centre William Rappard, C/M/258.

[101] C. O'Neal Taylor, Of Free Trade Agreements and Models, 19 Ind. Int'l & Comp. L. Rev., 569, 570 (2009).

[102] Enabling Clause, *supra* note 91, para. 2(c) "Regional or global arrangements entered into amongst less-developed contracting parties for the mutual reduction or elimination of tariffs and, in accordance with criteria or conditions which may be prescribed by the CONTRACTING PARTIES, for the mutual reduction or elimination of non-tariff measures, on products imported from one another."

爭端解決時，檢驗 RTA 是否符合 WTO 之一致性標準，必須先找出該 RTA 究係依據授權條款或依 GATT 第 XXIV 條（GATS 第 V 條），或競合之規定洽簽。倘若發生法條競合時（亦即 RTA 成員同時依不同規範通報），則 RTA 有可能選擇援引較低標準之授權條款，而規避較高標準之 GATT 或 GATS 規範，讓 RTA 成員有選擇法條（rule shopping）之可能性。由於目前 TM 程序無明確定義的情況下，RTA 成員應可選擇依其立場擇一通報或同時通報，為使 RTA 之通報內容及依據法條與未來可能在爭端解決案件中一致，WTO 應要求 RTA 成員在爭端解決中，只能援引當初通報 RTA-TM 的條款，而若有法律競合時，則應依個案性質，優先適用較高標準之 GATT 與 GATS。

最後，在 2006 年 WTO 實施新的透明化程序後，依 TM 第 10 段之規定，「WTO 秘書處所作成之事實報告不得引用作爲爭端解決程序中之依據，同時亦不能增加會員新的權利或義務」。[103] 此處所謂不得援引條款（non-invocation clause）係指 WTO 會員不得援引秘書處所作成之事實報告作爲爭端解決程序中，針對 RTA 或 RTA 相關措施之指控，亦不得作爲法律主張之主要事實證據（factual evidence）。然而，此「不得援引」條款規定之原旨，係保護 RTA 在談判或洽簽期間，僅須負擔透明化義務，而排除其成爲爭端解決爭點的可能。即便 TM 已作如此規定，WTO 會員對於完全公開 RTA 資訊仍然感到不安及充滿疑慮。[104]

五、透明化機制之多邊化進展

TM 自 2006 年起實行至今，並未正式經杜哈回合通過成爲最終法律文件，

---

[103] TM para. 10.

[104] WTO, Committee on Regional Trade Agreements (CRTA), Note on the Meeting of May 2007, WT/REG/M/46 (June 12, 2007).

因此仍有修正的空間，目前難以評斷其成敗。然而，從最初實踐經驗來看，似乎仍有不少技術性問題猶待克服。從 WTO 報告中可知，RTA 成員對於統計資料之延遲通報、通報資料內容欠缺或形式不備、或對於 WTO 秘書處及其他會員詢問之拒絕答覆或拖延等問題層出不窮。[105] 此現象大大影響了新的 TM 程序原本被寄予厚望之功能——強化 RTA 透明化之速度，並改善 CRTA 原本低效率的綜合性審查。

然而，事實證明，許多 RTA 在無法充分滿足 TM 之要求下，整體程序仍然相當耗時，此現象並非因為會員為開發中國家或已開發國家之故。有些 RTA 會將關稅減讓表的詳細降稅時程公布於網站上，但有些 RTA 尚須成員間進一步之互惠承諾使能準備相關降稅資訊。基於過去 WTO 實行貿易政策審查機制（TPRM）之經驗，許多 WTO 會員擔心 TM 可能只是 WTO 規範體系中一個無效率的附屬品（ineffectual appendage）。[106]

總之，TM 若能實行成功之關鍵不外乎滿足以下幾項要件：1. 會員有意願遵守通報義務以及在期限內提供 WTO 所要求的所有 RTA 相關資訊；2. WTO 秘書處有能力處理大量累積的 RTA 透明化案件，使其盡可能在短期內逐步減少，可讓 WTO 會員將注意力集中於新通報的 RTA；3. WTO 會員有意願參與 RTA 的考量程序，並體認優惠性貿易協定的透明化，可對整體多邊貿易體系造成影響；4. WTO 會員倘若對於多邊貿易協定的優惠措施，在杜哈回合中進行越廣泛（新興議題）且越深入（既有架構）之討論，並最終獲得共識，此結

- - - - - - - - - - - - -

[105] WTO, Committee on Regional Trade Agreements (CRTA), Draft Report (2007) of the Committee on Regional Trade Agreements to the General Council, P 16, WT/REG/W/51 (Nov. 14, 2007).

[106] Julien Chaisse & Debashis Chakraborty, Implementing WTO Rules Through Negotiations and Sanctions: The Role of the Trade Policy Review Mechanism and Dispute Settlement System, 28 U. Pa. J. Int'l Econ. L., 153 (2007).

果有助於 WTO 會員在 RTA 談判中更精於各項議題的掌握。[107] TM 屬於 WTO 體系中的新名詞，其主要功能是將 RTA 之待遇予以透明化及與 WTO 多邊貿易法律一致。雖然 TM 制度已實行將近五年，WTO 會員間不論是否正在洽簽 RTA，都在不斷從做中學（learning by doing），藉由不斷的實踐經驗思考 RTA 透明化對多邊體系之影響，以及將臨時性之 TM 措施，成為杜哈回合談判中的新協定。

伍、區域貿易協定透明化機制對我國之影響

WTO 會員一直持續對 RTA-TM 議題進行熱烈討論。NGR 將談判議題大致區分成實質性議題以及程序性議題兩大類，並透過正式及非正式會議方式進行討論。其中實質性議題大多在正式會議中討論，主要探討 RTA 的體制性問題（systematic issues），如：RTA 與發展、涵蓋範圍、絕大部分貿易（substantial all the trade）、多邊貿易架構與 RTA 之優先性、對第三國造成之影響等。在程序性議題方面，則是以多次非正式諮商方式來進行，協商重點為 RTA-TM 草案，並將共識寫成法律文件，意在形成未來的一部多邊貿易協定。在 RTA-TM 談判諮商的過程中，曾出現過以下二項重大議題：1. 授權條款是否應適用於 RTA-TM；2. RTA-TM 之審查機構是否應合併使其單一化，避免「雙重審查」。NGR 將上述二項議題交給會員充分討論，我國亦積極參與 NGR 之正式與非正式諮商會議，茲將我國在透明化機制談判中之立場，以及實踐經驗分析如後。

---

[107] William A. Kerr, Trade Agreements: The Important Role of Transparency, 9 J. Int'l. L. & Trade Pol. 1-11, (Vol. 1, 2008).

一、我國在透明化機制談判中之立場

RTA-TM 之實施目的是為解決目前 RTA 不受控制的局面，例如：CRTA 無法確實執行是否符合 WTO 規範之評估、多數會員對於簽署 RTA 之通知義務顯得意態闌珊，以及 RTA 雖已通知 WTO，但資訊不足或格式不一，既而導致整個程序流於形式，無法有效監督之缺點。依此邏輯所建立之透明化機制，以強化「事前通報」與「事後審查」雙軌並行的方式，並針對許多透明化程序之細節規定予以統一規範，似可減少過去成效不彰之窘境。

在諮商初期，CRTA 即面臨來自於部分開發中會員之挑戰，第一個被提出討論的爭議問題為「授權條款 RTA 是否應適用於新的 RTA-TM」。反對者包括印度、巴西、中國大陸、菲律賓、巴貝多等在內之會員，它們認為新的 TM 規範增加開發中會員不必要的負擔，例如：由 CRTA 審查開發中會員間之 RTA，諸多事前或事後通知義務、時程安排，以及資料提供等，將增加開發中會員許多新的義務與負擔。由於開發中會員間 RTA 係依據授權條款簽署，而該條款目的即在於給予開發中會員特殊及差別待遇（special and different treatment），因此，上述會員反對將新的 TM 規範納入開發中會員，並進一步主張，未來開發中會員間之 RTA 應只須向 CTD 通報即可。我國對於此議題之態度，採取與開發中會員不同之立場，贊成授權條款應納入 RTA-TM 規範。事實上，依授權條款簽署之 RTA 若適用新的 RTA-TM 規則，將對全體會員權利與義務有正面影響，且若新透明化機制對開發中會員依授權條款簽署之 RTA，造成過多之新增負擔，可以藉由修正 TM 程序之條文補強之，例如放寬通報期限、給予技術協助（如翻譯或貿易統計資料提供）等，並不影響開發中會員在授權條款的權益。我國此一立場與加拿大、紐西蘭、歐盟、美國、日本、南韓、香港、阿根廷、哥倫比亞等會員一致。最後，由於反對之會員未

能確切提出，開發中會員依授權條款簽署之 RTA 適用新 TM 規則，究竟產生多大的新增義務或負擔，因此，會員達成共識，授權條款 RTA 應適用於新的RTA-TM，但任何適用授權條款 RTA 之透明化規則將以不影響開發中會員特殊權益為原則，並在諸多程序性規定中可適度調整與放寬 TM 規範。此一議題在2006 年公布的 TM 草案後，已暫獲解決。

另一個引起爭議的問題，係在 2006 年草案版本公布後，於 2011 年 2 月4 日由美國所提出之議案，建議未來所有 RTA 應交由 WTO 單一委員會處理，以避免「雙重審查」（dual notifications）的問題。依 TM 草案條文之設計，CRTA 依 GATT 第 XXIV 條以及 GATS 第 V 條分別審查 RTA 中涉及貨品貿易及服務貿易之議題，而 CTD 則依授權條款審查開發中會員相互簽署之RTA。倘若開發中會員相互簽署 RTA 時，依 TM 規定，必須通報二個不同的WTO 委員會（依其性質通報 CRTA 及 CTD），繼而產生「雙重通報」（dual notifications）的問題。美國提案反對此種通報方式，進而建議 TM 應修改為未來各會員所簽署之 RTA 應僅向 CRTA 單一委員會通報即可，如此方符合效率原則，亦不至於損害 WTO 成員原有之權利，美國此項提案獲得歐盟、日本、澳大利亞、紐西蘭、薩爾瓦多，以及哥斯大黎加等會員支持。不過，包括埃及、阿根廷、中國大陸、波利維亞、巴西在內之多數開發中會員則反對此項提案，因為過去開發中會員所簽署之 RTA 係交由 CTD 依授權條款進行審查，且授權條款給予開發中會員許多特別優惠，倘若未來所有 RTA 均只由 CRTA 審查，無疑剝奪 CTD 審查開發中國家間簽署之 RTA 的權限，並將 CTD 之功能破壞殆盡。印度即對美國之提案提出質疑，並指出沒有積極證據顯示二個委員會同時審查 RTA 時，會對開發中會員帶來不利益，即使要實行單一化審查程序，CTD 也比 CRTA 更有經驗與能力審查關於開發中會員之授權條款 RTA。

更何況，依 TM 設計之審查程序，通常只會對 RTA 作細微調整（minor

adjustment）之建議，並非如美國顧慮會對 RTA 造成根本性改變（fundamental change）。因此，印度提案應讓 CTD 可同時依 GATT 第 XXIV 條及授權條款審查 RTA。此提案獲得埃及、斯里蘭卡、中國大陸，以及波利維亞之支持。我國則提出不同於上述正反之主張認為應採折衷維持現狀之方式。既然 NGR 對於前二提案並沒能取得共識，則應維持原本 TM 之設計，將 RTA 之審查交由 CTD 以及 CRTA 二個委員會負責，維持「雙重通報」制度，此提案獲得加拿大、南韓、瑞士、智利、挪威、泰國、越南，以及秘魯之支持。最後，在會員未達成一致共識之情況下，2011 年 4 月 21 日由 NGR 主席提出之草案版本中，以二案並陳之方式提交 WTO 秘書處。[108] WTO 會員未來在討論 RTA-TM 條文時，應再針對執行 RTA 審查之機構究竟為「全部由 CRTA 審查」，或「由 CRTA 及 CTD 進行雙重審查」等二個選項擇一作出最終決定。

二、我國實踐透明化機制之經驗

我國雖自 2002 年起即為 WTO 正式會員，但卻由於外交侷限之特殊因素，使得幾部已簽署之 FTA 僅限於我國中南美洲之邦交國，至於與我國往來較為密切之貿易夥伴，如：美國、歐盟、日本、東南亞國家等，則遲遲未能展開雙邊 FTA 之研究與諮商。RTA-TM 於 2006 年開始實行後，我國應依 TM 程序向 WTO 通報已生效之 FTA，而在通報過程中曾引起「應以何種名義通報」之討論。我國與巴拿馬、瓜地馬拉、尼加拉瓜、薩爾瓦多暨宏都拉斯等會員簽署 FTA 時，在雙邊正式協定文件上，均使用「中華民國」（Republic of China）之名稱，行政院亦以此名稱送立法院審查，但我國加入 WTO 時，是以「台、澎、金、馬個別關稅領域」之名稱成為正式會員，此與 FTA 中名稱並不一致，

----

108 Ambassador Dennis Francis (Chairman, NGR), Negotiations on Regional Trade Agreements: Transparency Mechanism for Regional Trade Agreements, TN/RL/W/252, 21 April 2011.

爲解決此一問題且避免引發政治爭議，我國當時決定暫緩正式通報 WTO。最後，我國以入會時之正式名稱「台、澎、金、馬個別關稅領域」，作爲對外簽署雙邊 FTA 時，通報 WTO 之基本立場。因此，第一部台巴 FTA 雖早於 2004 年 1 月 1 日起生效，但實際通報 WTO 時，已是 2009 年 7 月。

上述名稱爭議問題應分爲二個層次分析。第一層次爲「FTA 之簽署程序」，此階段應依一般對外簽署條約之程序辦理，而彼此名稱之使用，則視雙邊或多邊協商而定，如我國與邦交國簽署之條約或協定，通常使用「中華民國」爲名稱，與非邦交國所簽署之條約或協定，則可採權宜名稱，但若以 FTA 而論，則底限應以我國加入 WTO 之正式名稱「台、澎、金、馬個別關稅領域」對外簽署 FTA。第二層次爲「FTA 之通報程序」，在 WTO 架構下，我國入會條件爲當時與所有會員諮商後之結論，名稱亦不例外，因此，在向 WTO 通報 FTA 時，應以「台、澎、金、馬個別關稅領域」爲名稱，目前實務上做法即採用此一方式通報。綜合上述，在 WTO 架構下簽署 FTA，並使用「台、澎、金、馬個別關稅領域」之名稱無損於我國在該組織中之地位與各項權利義務。更何況 WTO 不隸屬於聯合國體系，與其他以「主權國家」爲入會前提之組織有本質上差異，因此，我國無論過去或未來與其他貿易夥伴簽署 FTA 時，以「台、澎、金、馬個別關稅領域」爲簽署名稱並通報 WTO 並無不妥。然而，依 TM 第 3 段之規定，通知義務之時點應「越早越好，不得晚於 RTA 成員正在進行批准程序，或任何一方已決定開始實施 RTA 之相關內容，且應在 RTA 成員間實施優惠待遇之前通知 WTO」，[109] 事實上，我國與中美洲的幾部 FTA 均遲至 FTA 生效日後數年始進行通報，雖然 TM 對於此通報時程之規定並未訂立強制拘束或罰則，但基於維護 RTA 透明化之目標，未來我國在簽署 FTA

---

[109] TM para. 3.

時，仍應注意通報時點的問題，甚至在談判中即進行早期通報。

　　除上述名稱問題之外，兩岸所簽署之 ECFA 及其後續協議如何適用 RTA-TM，也是我國實踐 WTO 透明化機制中一項重要課題。ECFA 於 2010 年 6 月 29 日簽署，經立法院審議後，於同年 9 月 12 日正式生效。由於兩岸政治主權問題仍未解決，ECFA 及其後續協議是否應通報 WTO？應何時通報？如何通報？引發諸多討論。2010 年 12 月 21 日在日內瓦舉行之 CRTA 第五十九次會議中，原本係針對我國與巴拿馬 FTA 之詢答，美國代表提出對兩岸 ECFA 之關切，並直接詢問我國何時會將 ECFA 通報 WTO？[110] 我國則回應 ECFA 將依 RTA-TM 之現行規定，在完成我國與尼加拉瓜、巴拿馬、薩爾瓦多及宏都拉斯之 FTA 透明化程序後即通報 WTO。我國依循往例，在 ECFA 之通報問題上，先與中國大陸進行有關協商有關通報方式與時點問題，以取得共識。2011 年 5 月 6 日，我國與中國大陸依 RTA-TM 第 1 段規定，分別就 ECFA 向 WTO 進行「早期通知」（Early Announcement），說明 ECFA 已簽署生效，並附上 ECFA 英文版本內容，其中包括早期收穫計畫以及後續待協商的貨品、服務貿易、投資、爭端解決等協議。由於 ECFA 早期通知只是致函 WTO 秘書處，兩岸分別以「台、澎、金、馬個別關稅領域」與「中國」的入會名稱通報，相關內容僅是以一封信致函 WTO 秘書處，並非正式的「通知」附上附件內容，並發送會員國參考。此項早期通知，WTO 會員只能在 CRTA 之統計表中看到「台、澎、金、馬個別關稅領域與中國簽署 ECFA」，但暫時無法取得相關協議細節。

---

[110] Committee on Regional Trade Agreements, Questions and Replies - Free Trade Agreement between Panama and the Separate Customs Territory of Taiwan, Penghu, Kinmen and Matsu, WT/REG268/3, 18 January 2011.

ECFA 在性質上而言，並非一步到位的 FTA，此協議只是 FTA 的先期「架構性協議」（Framework Agreement），所有具體內容有待後續漫長的協議諮商。[111] 不過，既然兩岸同屬 WTO 正式會員，且 ECFA 屬於雙方未來締結優惠性貿易協定之架構協議，自應將其通報 WTO 秘書處。「早期通知」之設計主要是針對尚未完成談判之 FTA，或尚未生效之 FTA 進行的透明化程序，即使 RTA-TM 對於此類「架構性協議」並未設有強制通報之義務，兩岸「自願性」遵守透明化機制，主動就 ECFA 進行早期通報，可謂充分對 WTO 會員表達善意。ECFA 早期通報中，雙方以各自入會名稱（「台、澎、金、馬個別關稅領域」與「中國」）作爲基礎，是兩岸間前所未有的突破，未來應於貨品貿易協議、服務貿易協議、投資協議、爭端解決協議等完成談判後，再依 RTA-TM 各項時程規定，正式將協議內容通報WTO，並交由CRTA進行後續審查程序。

因應新的 RTA-TM，我國似應在 NGR 談判場域中，積極參與正式與非正式之會議，以瞭解最新發展情況，並隨時提出我國關切之問題。過去我國在兩岸情勢緊張時，對於是否能成功與非邦交國簽署 FTA 多持較悲觀的態度，甚至連與邦交國簽署 FTA 時，亦顧慮到可能的外交阻力，不願在談判初期即公開各項資訊。由於 2010 年我國正式與中國大陸簽署 ECFA，兩岸經貿關係漸趨正常化，我國與其他貿易夥伴簽署 FTA 之可能性較以往增加不少，未來應以務實做法，依 WTO 新的 RTA-TM 完成各項通報義務與事實報告等程序。ECFA 文本已於 2011 年 5 月 6 日完成早期通報程序，許多不必要之政治疑慮已然消除，未來兩岸仍應秉持 RTA-TM 之精神，針對後續貨品貿易協議、服

---

[111] 在國際實踐上，東協與中國大陸FTA、東協與南韓FTA等都是先簽署架構協定（ECFA），再逐一談判有關貨品貿易、服務貿易、爭端解決、投資協定等內容，必須將所有協定整體觀之始符合 FTA 之規模。

務貿易協議、投資協議、爭端解決協議等，於完成簽署後至正式生效前，主動向 CRTA 進行通報，善盡 WTO 會員之透明化義務。

　　區域經濟整合係當代國際經濟發展之重要趨勢，我國因外交長期處於特殊處境，致使參加國際經濟整合不易，甚至連與其他貿易夥伴簽署 RTA 都有實際上困難。然而，我國以「台、澎、金、馬個別關稅區域」之名義成為 WTO 之會員，實應善加利用 WTO 多邊貿易架構下之規範，務實地與其他重要亞太或世界各地貿易夥伴發展區域互雙邊之經貿關係。誠然，RTA-TM 屬於 WTO 體系中的新名詞，其主要功能是將 RTA 之待遇予以透明化及與 WTO 多邊貿易法律一致，並解決目前 RTA 不受控制的局面，改善 RTA 無法有效監督之缺點。因此，新的 RTA-TM，以強化「事前通報」與「事後審查」雙軌並行的方式，並針對許多透明化程序之細節規定予以統一規範，以改善過去成效不彰之窘境。不過，由於 WTO 秘書處提案要求會員們賦予 TM 臨時性措施更大的強制力，並未取得大多數會員共識，故至今 WTO 仍未通過一部新的透明化協定。然而，WTO 會員藉由不斷的實踐經驗，思考 RTA 透明化對多邊體系之影響，終於在 2011 年 4 月 21 日公布 TM 主席版草案，已從 WTO 會員間找出最大公約數，未來很有可能在 NGR 的推動下，此一臨時性之 RTA-TM 措施，將成為杜哈回合談判中新通過的多邊貿易協定。我國應一方面調整自身的 FTA 經貿策略，與包括中國大陸在內的貿易夥伴積極談判優惠貿易協定之機會，另一方面則參與 CRTA 之各項會議，並關注 NGR 所提出 TM 主席版草案之進度，樂見此一機制為 WTO 會員帶來更加透明化之公平貿易環境。

貿易協定談判過程之資訊揭露

壹、貿易協定談判之透明化、公眾溝通、資訊揭露

近年來，區域及雙邊貿易協定談判方興未艾，各國對外經貿談判過程中，基於回應國內各界對協商資訊知的需求、確保民主參與機制之有序進行，日益重視政府對公眾溝通的運作，但在談判透明度與協商保密需求相衝突的前提下，不少主要貿易國家考量其國內法令、社會民情、經貿協議所涉層面及影響等因素，處理談判資訊公開之內容、模式與策略各有不同。「資訊揭露議題」在不同國家都有專法規範，一般外交實務上的條約及協定多為專門技術性的「單一議題」文書（例如：引渡條約、投資保障協定、避免雙重課稅協定、航權協定、司法互助協定等）；然而，晚近的貿易協定涵蓋面已超越單一部會，而涉及幾乎全部的政府部門運作，[1] 許多法律及政策上的核心議題都必須加以分析，包括：資訊揭露與國會及公眾溝通做法、影響資訊揭露之談判、資訊透明化（transparency）與國家安全機密之界線、對外經貿談判中公眾參與（public participation）及利害關係人（stakeholder）意見表達之重要性及各國具體做法、在總統制與內閣制的不同國家中，影響行政機關與立法機關間互動的因素等。

WTO 自 1995 年成立以來，會員間透過簽署優惠性貿易協定達成更進一步貿易自由化之貿易策略已成常態，近年來，在巨型自由貿易協定不斷出現的情況下（如 TPP、RCEP、TTIP），許多國家均面臨到「談判內容保密性」與「資訊揭露公開性」之兩難，而民主國家行政部門面臨國會及公眾溝通的工作也越來越重要。本章將依序針對美國、澳大利亞及新加坡等國家對外經貿談判

---

[1] 以我國為例：除外交部對於協定之格式與簽署程序外，貨品貿易中的關稅、非關稅貿易障礙（TBT 及 SPS）、貿易救濟等涉及財政部與經濟部；服務貿易涉及各行各業（金管會、勞動部、交通部、NCC 等）；爭端解決涉及法務部以及與各級法院間的關係（仲裁之執行承認）；政府採購協定涉及公共工程委員會等。可見貿易協定之內容涉及整體政府運作，已超過一般外交上的條約及協定的談判。

資訊揭露與國會及公眾參與之現況做法進行分析比較。雖然，跨太平洋夥伴協定（Trans-Pacific Partnership Agreement，簡稱 TPP）已在美國退出後，改名爲「跨太平洋夥伴全面進步協定」（Comprehensive and Progressive Agreement for Trans-Pacific Partnership，簡稱 CPTPP），然而，各成員國近年來在 FTA 洽簽之策略上，同樣面臨經貿談判資訊揭露之兩難困境，在實務做法上有足以作爲我國借鏡之處。本章所探討之內容包括：1. 主要貿易國家對外經貿談判之資訊揭露制度：包含美國、澳大利亞、新加坡等主要貿易國家與他國進行經貿談判協商時，政府處理對外資訊公開與對國會及公眾溝通模式、內容、策略及外界回應等情形，將上述國家或地區之對外經貿談判資訊揭露相關制度之最新法規修正動態及實務做法加以分析，尤其以各主要貿易國家近年來所進行的雙邊或區域自由貿易協定談判爲主；2. 由於資訊揭露與國會及公眾溝通模式，我國尚處於起步階段，藉由他國經驗以檢視我國所面對之國內外情勢，建立對外經貿談判中所得採行之資訊揭露與公眾溝通方案，實有必要性與急迫性；3. 我國在條約締結法公布施行後，對於經貿談判資訊揭露議題之程序與做法加以評析。

貳、美國貿易協定談判資訊揭露之法律實務

一、現況概述

美國談判完成並生效之 FTA，依時間排序，計有以色列、美加墨自由貿易協定（USMCA）、約旦、新加坡、智利、澳大利亞、摩洛哥、多明尼加——中美洲自由貿易協定（Central America Free Trade Area，簡稱 CAFTA-DR）、巴林、阿曼、秘魯、哥倫比亞、南韓、巴拿馬等國家，數量上並不算非常多。美國洽簽 FTA 之策略較爲特別，許多國家並非直接與美國談判 FTA 之實質內容，反而是從雙邊貿易暨投資框架協定（Trade and Investment Framework

Agreement，簡稱 TIFA）作爲開端，TIFA 係爲鼓勵締約國間自由化及促進貿易與投資之目的，所建立之原則與程序，實爲一種加強貿易關係之雙邊協定。[2] 美國近年在推動 FTA 簽署的同時，亦積極推動與暫不考慮簽署 FTA 之貿易夥伴國，建立 TIFA 機制，如其與台灣間透過 TIFA 進行貿易、投資議題之互動。美國對於部分發展中國家提供普遍化優惠關稅制度（Generalized System of Preferences, GSP），並大量簽署 TIFA，將部分洽簽 TIFA 之對象列爲將來可能成爲潛在之 FTA 談判夥伴。2000 年 10 月間，美國通過「非洲增長與機遇法案」（AGOA）爲 48 個撒哈拉沙漠以南之非洲國家提供了單方面貿易優惠條件，並同時和南部非洲關稅同盟之間簽有貿易、投資和發展協議（TIDCA）。至於美國之 TIFA 夥伴，則廣泛分布在非洲、中南美洲、歐洲、中東地區、中亞地區、東南亞和太平洋地區等。[3]

美國貿易政策自 1990 年代以來出現重要轉變，雙邊或區域的自由貿易協定，自 2000 年以後，成爲美國貿易談判代表署（USTR）重要的工作。美國在對外洽簽 FTA 時，除經濟與貿易上之考量外，決定美國雙邊貿易談判對象的

---

[2] USTR, https://ustr.gov/trade-agreements/trade-investment-framework-agreements. "Trade and Investment Framework Agreements (TIFAs) provide strategic frameworks and principles for dialogue on trade and investment issues between the United States and the other parties to the TIFA. Although the names of Framework Agreements may vary, e.g., the Trade, Investment, and Development Agreement (TIDCA) with the South African Customs Union, or the United States-Icelandic Forum, these agreements all serve as a forum for the United States and other governments to meet and discuss issues of mutual interest with the objective of improving cooperation and enhancing opportunities for trade and investment. The United States and our TIFA partners consult on a wide range of issues related to trade and investment. Topics for consultation and possible further cooperation include market access issues, labor, the environment, protection and enforcement of intellectual property rights, and, in appropriate cases, capacity building."

[3] 美國與世界各地所簽署或洽談中的 TIFA，非洲地區有 18 項、美洲地區有 4 項、歐洲與中東地區有 19 項、中國大陸；蒙古；台灣有 1 項、南亞與中亞有 6 項、東南亞與大洋洲有 9 項。

因素，主要有下列幾點必須納入參考：[4]

（一）是否可以通過國內政治團體的檢驗：美國行政部門在對外進行貿易談判時必須得到國內利益團體與國會的支持，特別是農業、紡織、鋼鐵等都在FTA中有特殊之安排與設計；

（二）是否符合美國經濟利益：美國現今之貿易政策是以競爭自由化為核心，透過雙邊、區域和全球等不同層次來推動貿易自由化，構成雙軌之貿易政策；

（三）簽署對象國對貿易政策改革之承諾程度：美國近年來洽簽FTA時，均將投資保障、競爭規範、環境永續、勞工標準、智慧財產權、電子商務、技術性貿易障礙（TBT）、食品安全與動植物防疫檢疫（SPS）等議題廣泛納入FTA談判之中，形成繼NAFTA之後對國際間FTA影響深遠的模式；

（四）是否符合美國外交政策考量：美國經常將FTA作為外交政策上的工具，用來支持美國反恐行動和其他區域地緣政治與國家安全的外交政策目標，此部分尤以針對中南美洲與中東地區國家為最。

美國原本想促成美洲自由貿易區（FTAA），由美洲34國領袖在1994年高峰會議中倡議，原預計於2005年成立FTAA。歷經四年的籌備期間，自1998年4月起正式展開談判，其談判架構如下：設置九個主要談判小組，包括市場開放、投資、服務業、政府採購、爭端解決、農業、智慧財產權、補貼、反傾銷和平衡稅及競爭政策等。另外亦設置小型經濟體諮詢小組、民間社會委員會以及電子商務委員會等三個非諮商特別委員會作為公眾參與之諮商平台。然而，由於美洲各國在經濟規模以及發展程度差異太大，因此很難建立共同的基礎來進行平等對話，致使FTAA諮商自2004年2月即停滯不前，加上

---

[4] 杜巧霞，美星美澳及美韓洽簽FTA之研析，中華經濟研究院，研究計畫成果編號0932B6。

各國對許多領域尚未充分諮商和執行，FTAA 始終未能如願完成最終談判。[5]

美國已對外簽署十四項自由貿易協定，除早期較為重要的北美自由貿易協定（NAFTA）外，近年來比較重要的巨型 FTA，包括已簽署尚待各會員國批准之跨太平洋夥伴協定（TPP）、與歐盟正在談判中的跨大西洋貿易暨投資夥伴協定（T-TIP）。然而，上述的巨型 FTA 隨著 2017 年川普總統的經貿政策改懸易轍，使得美國已退出 TPP、停止 TTIP 談判、並一一要求雙邊貿易夥伴修改 FTA，包括將長達二十五年歷史的 NAFTA 改名為 USMCA；以及與南韓重新修正簽訂美韓 FTA 新約（見表 3-1）。

二、貿易促進法及快速授權審查

美國憲法中將國際商業行為權限專屬於國會而非總統，故美國行政部門進行對外經貿談判前，需經國會授權及建立法制配套，其分權制度與我國憲法規範並不相同。依美國憲法第 1 條第 8 項規定，「國會有權管理與外國間之商業事務」，可見在美國憲法規定下，對外貿易的處理係專屬於國會職權而非屬於總統；[6] 同法第 2 條第 2 項規定，總統得在國會參議院三分之二多數的同意下（advice and consent）批准條約。[7] 參議院不僅可以投票表決是否接受或否決整部條約，同時也可以對條約提出修正（amend the treaty）。從美國憲法上的規定觀之，條約締結程序中並沒有諮詢眾議院（House of Representatives）之

---

[5] Robert Devlin & Antoni Estevadeordal, "What's New in the New Regionallism in the Americas?", Inter-American Development Bank. Eduardo Levy Yeyati, Enrnesto Stein & Christian Daude (2002), "The FTAA and the Location of FDI", IDB-Harvard Conference on the FTAA n Punta del Este, Uruguay.

[6] Article I, section 8, para. 3 of the U.S. Constitution, "To regulate Commerce with foreign Nations, and among the several States, and with the Indian Tribes."

[7] Article II, section 2, para. 2 of the U.S. Constitution, "He shall have Power, by and with the Advice and Consent of the Senate, to make Treaties, provided two thirds of the Senators present concur."

表 3-1　美國 FTA 推進現況與其涵義

進行階段	談判對象及TPA生效	推進現況	締結涵義
已生效（14件）	美—以色列 FTA	1985 年 4 月簽署 1985 年 8 月生效 1996 年修正關稅與投資協定 2004 年新協定生效	美國第一個對外締結的 FTA，同時亦藉由與以色列結盟而維持中東地區勢力平衡的重要協定
	美加墨自由貿易協定（前身為 NAFTA）	1992 年 12 月簽署 1994 年 1 月生效 2018 年 9 月改名為 USMCA	USMCA 前身為 NAFTA，法律結構完整，內容大致已涵蓋一般 FTA 之重要核心條款，成為日後許多 FTA 之範本
Fast Track 權限失效		1994 年貿易談判快速授權到期	
	美—約旦 FTA	2000 年 10 月簽署 2001 年 12 月生效	美國藉由與約旦之 FTA 加強兩國與以色列間之關係，促成約旦、以色列、加薩走廊與西奈半島之經濟穩定局勢
Fast Track 權限生效		2002 年 TPA 及貿易促進授權開始生效	
	美—新加坡 FTA	2003 年 5 月簽署 2004 年 1 月生效	美國與東南亞國家所簽訂的第一個 FTA，透過與新加坡的 FTA 而使得美國貨品可較易進入東協市場
	美—智利 FTA	2003 年 6 月簽署 2004 年 1 月生效	美國與南美洲國家所締結的第一個 FTA，至 2015 年起，美國輸入智利的貨品可 100% 享有零關稅
	美—澳洲 FTA	2004 年 5 月簽署 2005 年 1 月生效	美國為澳大利亞的第三大貿易夥伴，兩國在農產品貿易與 SPS 之合作上展開多項合作與交流
	美—摩洛哥 FTA	2004 年 6 月簽署 2006 年 1 月生效	美國與非洲國家所締結的第一個也是唯一的 FTA，顯示兩國關係密切，尤其摩洛哥作為美國的「非北約盟國」，在反恐行動上與美國同一陣線

表 3-1　美國 FTA 推進現況與其涵義（續）

進行階段	談判對象及TPA生效	推進現況	締結涵義
	美—多明尼加—中美洲FTA（CAFTA-DR）	2004 年 8 月簽署 2006 年 3 月生效 （成員國：哥斯大黎加、多明尼加、薩爾瓦多、瓜地馬拉、宏都拉斯、尼加拉瓜、美國）	美國與一系列位於加勒比海的中美洲開發中國家所締結的 FTA，有戰略上的重要性，著眼於維繫美國國土南部海域的經貿往來與安全穩定
	美—巴林FTA	2005 年 9 月簽署 2006 年 8 月生效	美國與 GCC 成員所締結的第一個 FTA，藉由與巴林的經貿關係，拓展美國與 GCC 成員間的對話，是美國暨約旦與摩洛哥後第三個締結 FTA 之阿拉伯國家
	美—阿曼FTA	2006 年 1 月簽署 2009 年 1 月生效	美國與阿拉伯國家所締結的第四個 FTA，著重於美國在中東地區的石油利益
	美—秘魯FTA	2004 年 11 月開始談判 2006 年 4 月簽署 2009 年 2 月生效	美國爲秘魯的最大貿易夥伴，對美進出口貿易分別約占秘魯總出口金額之20% 及30%，在南美洲國家中秘魯也作爲美國在政治與經貿上的盟邦
	美—哥倫比亞 FTA	2006 年 11 月簽署 2012 年 5 月生效	美國與南美洲國家所簽訂的第三個 FTA，哥倫比亞傳統上最倚賴的貿易夥伴爲委內瑞拉與美國，同時，美國也藉由與哥倫比亞之經貿關係平衡其在南美洲的勢力
	美—韓國FTA	2006 年 3 月談判開始 2007 年 6 月簽署，但該月份TPA 同時失效，美韓 FTA 必須通過正常的國會審查程序始能批准 2009 年至 2010 年進行追加談判 2010 年 12 月追加談判達成協議 2011 年 2 月簽署追加談判文件 2012 年 3 月生效 2018 年 9 月修正美韓 FTA	美國與東亞國家所簽訂的第一個 FTA，原本在小布希總統時代締結，但歐巴馬總統上台後認爲恐對美國不利，故延宕時日由國會審議並與南韓重新議約。川普總統上任後，又針對美韓 FTA 重新進行條文內容修訂

表 3-1　美國 FTA 推進現況與其涵義（續）

進行階段	談判對象及TPA生效	推進現況	締結涵義
	美—巴拿馬FTA	2007 年 6 月簽署 2012 年 10 月生效	美國爲巴拿馬最重要的友邦，兩國關係密切，經貿關係良好，尤其巴拿馬運河具有非常重要的戰略地位，美國藉由與巴拿馬的 FTA 作爲兩國友好關係的建立
	Fast Track權限失效	2007 年 6 月 30 日	TPA 失效，美國總統在不享有快速授權法案之締結權下，沒有貿易夥伴願於此時啓動雙邊 FTA 之實質談判
	Fast Track權限生效	2015 年 7 月通過 TPA 與 TAA	2015 年貿易促進授權法案（TPA），以及 TPA 的配套措施貿易調整協助計畫（TAA）
洽簽中（1 件）	美—歐盟（T-TIP）	目前停止談判	美國和歐盟雙方一旦達成協議，意味著歐美自貿區成形，將一舉成爲世界上最發達和規模最大的 FTA，對歐美經濟乃至全球貿易格局和規則的演變都將產生重大影響

資料來源：本研究製作（參考 WTO 官方網站及美國 USTR https://ustr.gov/trade-agreements/free-trade-agreements）。

程序，然而，即使只要在參議院通過即可，其門檻之高亦爲世界上所少見。美國總統就條約案必須由國會審查通過始得批准，而另外有一類型的條約稱爲「行政協定」（executive agreements），不需經過參議院行使同意權，即可由總統逕自批准。依國際法實踐觀之，美國對於行政協定之認定，多屬於外交關係或軍事協定等，而對人民權利或義務沒有影響。[8] 條約一旦經由美國政府批准後，則立即具備國內法中的法律位階，法院可以直接適用；同時，倘

---

[8] Senate Legal and Constitutional References Committee, *Trick or Treaty? Commonwealth power to make and implement treaties*, November 1995, p. 168.

若條約約文內容具體清楚可以直接適用，則又稱為「自動履行條約」（self-executing），與美國國會所訂立之法律效力相同。[9]

在美國政府的運作上，負責對外經貿談判的機關是總統管轄下的美國貿易代表署（United States Trade Representitive，簡稱 USTR），然而，依據美國憲政體制，國會才是決定貿易政策與批准 FTA 的最終單位。過去美國國會為了簡化經貿談判的程序，乃制定相關法案授權總統對外進行談判，國會對於行政部門已完成簽署的貿易協定，只要不超過其授權範圍，則以「通過」或「不通過」的審議進行表決，不再逐條討論或提出修正，因此又稱為「快速授權程序」（fast track process）。[10] 美國總統與行政部門展開貿易諮商談判的權力來自於國會通過的法案，過去歷史上有 1974 年「貿易法」（1974 Trade Act）、1984 年「貿易法」（1984 Trade Act）、1988 年「貿易法」（1988 Trade Act）、2002 年「貿易促進法」（Trade Promotion Act of 2002）、[11] 2015 年「跨黨派貿易優先及問責法」（Bipartisan Congressional Trade Priorities and Accountability Act of 2015），上述法案中均包含對總統簽署貿易協定的「貿易促進授權」（Trade Promotion Authority，簡稱 TPA），在 TPA 下，總統享有國會暫時性授予的 Fast-Track 談判授權，事後也不必再遵守憲法中三分之二以上參議員行使同意權之要求，大幅減少締約程序的時程與最終談判成功的機會。總之，美國國會基於不同的國內外政經情勢而決定是否給予該任總統貿易

---

[9] Anthony Aust, *Modern Treaty Law and Practice*, Cambridge University Press, Cambridge, 2013, p. 175. "As such, there is considerable uncertainty around which treaty provisions are self-executing, and which require legislation to implement."

[10] 洪德欽，美國對外簽署自由貿易協定之研究，WTO 新議題與新挑戰，楊光華主編，2003 年 8 月，頁 221-258。

[11] John H. Jackson, William Davey & Alan O. Sykes JR., Legal Problems of International Economic Relations: Case, Materials and Text on the National and International Regulation of Transnational Economic Relations, at 78-85 (4th ed. 2002).

快速授權（Fast-Track）之權限，一旦通過 TPA 時，國會一方面擬定授權範圍，並加註必要的談判條件（如環境、人權等），保有適當自主之權限且相當具有彈性；另一方面亦使其能於談判期間適當表達意見，並要求行政部門揭露必要之談判資訊。由於美國國會的「事前參與」幅度較大，國會在「事後審查」部分也就給予行政部門較大授權的空間，只要不違反 TPA 之授權範圍，國會最終只能就談判結果「包裹表決，而非逐條審查」。[12]

雖然在比較法上，美國的貿易授權法案與 Fast-Track 機制經常被各國所討論與參考，然而，就美國憲政秩序而言，TPA 並非法制上的常態，美國每任的總統都可能要面對 TPA 失效後再向國會遊說給予其貿易談判快速授權，若無法得到國會的 TPA 及 Fast-Track 權力，美國對貿易夥伴國的承諾就不會被認真看待，也使得美國貿易談判在「沒有 TPA 授權的時期」可謂舉步維艱。因此，美國的貿易夥伴國亦從過去與美國談判經驗中得知，展開雙邊談判前，先視其行政部門是否有獲得 TPA 授權，再決定與美國談判的時程進度，甚至不惜在美國總統未獲 TPA 的授權下拒絕作出重大讓步。此現象不只影響美國對外的雙邊與區域談判進程，更直接影響多邊貿易談判回合的進展（表 3-2）。

由上表分析可知，美國總統自 1981 年至 2021 年，共四十年間，獲 TPA 與 Fast Track 授權爲期二十一年，約占六任總統任期的一半，而美國對外所締結的 FTA 中，除約旦與南韓外，全數都在 TPA 授權期間（尤其是上一次 2002 年到 2007 年間的 TPA 期間）所簽訂。[13]

----

12 趙文衡，總統、國會與美國 FTA 政策：以 NAFTA 與 CAFTA-DR 爲例，問題與研究，第 48 卷第 4 期，2009 年 12 月，頁 1-33。

13 南韓與美國原本於 2007 年 6 月已簽署，但因 TPA 已到期，美國國會以一般程序進行審查，故第一次所簽署的協定並未獲得通過，國會退回行政部門重啓談判，直至 2009 年第二次協定談判完成，於 2011 年獲美國會通過。

表 3-2　美國總統任內 TPA 情況與貿易談判之關聯（1981-2018）

美國總統及其任期	國會通過TPA 與Fast Track期間	FTA簽署情況
1981-1989 雷根	1981-1984 無	
	1984-1988 （爲期四年） 貿易法與 Fast Track	• 1985 年與以色列簽署 FTA
1989-1993 老布希	1988-1994.6 （爲期六年） 貿易法與 Fast Track	• 1992 年簽署 NAFTA
1993-2001 柯林頓		• 1994 年烏拉圭回合談判結束，簽署 WTO 多邊貿易協定
	1994.6-2001 無	• 2000 年與約旦簽署 FTA
2001-2009 小布希	2001-2002 無	
	2002-2007.6 （爲期五年） TPA 與 Fast Track	• 2003 年與新加坡、智利簽署 FTA • 2004 年與澳大利亞、摩洛哥、CAFTA-DR 簽署 FTA • 2005 年與巴林簽署 FTA • 2006 年與阿曼、秘魯、哥倫比亞簽署 FTA • 2007 年與南韓簽署 FTA • 2007 年與巴拿馬簽署 FTA
	2007.6-2009 無	• 國會否決美—南韓 FTA，協定退回重談，2011 年達成追加協定並簽署，走參議院 2/3 多數決程序
2009-2017 歐巴馬	2009-2015.7 無	
	2015.7-2018.7 （爲期三年） TPA 與 Fast Track	• 2015 年 11 月簽署 TPP
2017-2018 川普	2018.7-2021.7 無	• 2017 年 1 月退出 TPP • 2018 年 9 月美國、加拿大、墨西哥三國重簽 NAFTA 修正條款，改名爲 USMCA • 2018 年 9 月美韓重簽 FTA

資料來源：作者自行整理。

　　2015 年 7 月，美國國會同意重新授權（re-authorise）TPA，並將其名稱修正爲「跨黨派貿易優先及問責法」（Bipartisan Congressional Trade Priorities and Accountability Act of 2015，簡稱2015年TPA），[14] 依該法案第三節之規定，國會授權總統於 2018 年 7 月 1 日前得對外洽談減讓關稅或撤除非關稅貿易障礙之經貿協定，而在貿易主管機關爲配合上述協定而請求國會制定法律時，得經國會同意將期限延長至 2021 年 7 月 1 日。[15] 在 TPA 授權期間內，例如：已簽署的 TPP、正在談判中的「跨大西洋貿易投資夥伴協定」（T-TIP），或其他多邊及複邊貿易協定（如 TiSA）等，國會僅就行政部門所簽署的協定以「通過」或「不通過」的包裹表決。[16] 不過，川普總統上任後，並不熱衷於過去未完成的巨型 FTA，因此，並未取得 Fast Track 的延展期，所有簽署及修訂之 FTA 都必須以個案方式送美國國會審查。

　　2015 年 TPA 之立法目的係在於引入許多機制，以提升 FTA 等相關經貿談判程序之透明化程度。在該法案第二節中，強化國會對於經貿協定締結程序之監督功能，例如：同意權行使、諮詢時間點、調閱資訊之要求等。該法案修正過去的 TPA 規定，具體內容分析如下：

　　（一）國會諮詢功能強化：TPA 要求國會參、眾兩院召集談判諮詢小組（Advisory Groups on Negotiations）與 USTR 協商有關美國整體貿易目標、貿

---

[14] See S. 995: Bipartisan Congressional Trade Priorities and Accountability Act of 2015, https://www.govtrack.us/congress/bills/114/s995.

[15] Section III of Bipartisan Congressional Trade Priorities and Accountability Act of 2015 (hereinafter 2015 TPA), "Authorizes the President to enter into trade agreements with foreign countries for the reduction or elimination of tariff or nontariff barriers before July 1, 2018, or before July 1, 2021, if trade authorities procedures are extended to implementing bills (congressional approval) with respect to such agreements."

[16] Stefan A. Riesenfeld and Frederick M. Abbott, *Parliamentary Participation in the Making and Operation of Treaties: A Comparative Study*, Martinus Nijhoff Publishers, Dordrecht, 1994, p. 302.

易談判策略與立場、已生效的貿易協定發展、對於貿易協定中美國所作承諾之執行狀況。TPA 中規定，國會諮詢小組的功能是在談判前或談判中，對於特定條款（如 IP 章、勞工、環境等）限制總統在雙邊或多邊貿易自由化談判的權限，與重要貿易談判夥伴優先展開諮商，並建立行政部門與國會的定期諮詢管道。TPA 並規定總統應聘任此諮詢小組之參眾議員作為 USTR 之正式諮詢顧問（official adviser），參與對外經貿談判程序，並提供各項建議。[17]

（二）國會議員得在保密情況下調閱條約草案文本：TPA 與美國其他一般的條約締結程序不同，該法案賦予國會議員得於貿易談判進行中（或完成前），申請調閱「貿易協定條文草案」（draft text）。在美國一般條約締結程序中，國會議員並沒有權力調閱談判進行中的條約文本，然而，在 2015 年 TPA 尚未通過前，歐巴馬政府即同意 USTR 讓國會議員得調閱談判進行中的條約草案文本（draft negotiating texts）。然而，行使此調閱權，美國國會也有「高度自制」之設計，條約草案文本雖可調閱，但議員不得筆記抄錄或用任何形式複製副本。[18] 2015 年 TPA 將上述實務做法予以法制化，除議員本身外，經過安全查核之特定人員可在議員的出席陪同下閱覽與貿易談判有關的資訊，包括：條約草案文本、機密資料等。[19] 上述閱覽權之行使仍必須搭配所有接觸資

----

[17] 詳細規定，參考 2015 TPA, Sec. 4. "Congressional oversight, consultations, and access to information": (c) Congressional advisory groups on negotiations: "The congressional advisory groups shall consult with and provide advice to the Trade Representative regarding the formulation of specific objectives, negotiating strategies and positions, the development of the applicable trade agreement, and compliance and enforcement of the negotiated commitments under the trade agreement."。

[18] Associate Professor Weatherall, Answer to Question on Notice, 27 May 2015, p. 4.

[19] 詳細規定，參考 2015 TPA, Sec. 4. "Congressional oversight, consultations, and access to information": (a) Consultations with Members of Congress: (1) Consultations during Negotiations: In the course of negotiations conducted under this Act, the United States Trade Representative

訊之人必須簽署「保密協定」（confidentiality agreements），並且在專門特定的場地內閱覽。[20] 上述措施係基於保密要求，並兼顧貿易談判程序中強化透明度的機制。

（三）在 USTR 中設置「透明長」（Chief Transparency Officer）一職：此職位係 2015 年 TPA 中新修正而增設，[21] 該法案第 4 節 (f) 款規定，應由 USTR 首席談判代表任命透明長，其主要工作爲：1. 與國會協商有關透明化政策；2. 協調在貿易談判進行中之透明化程序；3. 參與及協助 USTR 向公眾進行政策溝通；4. 對 USTR 提出透明化政策之建議等。[22] 在 2015 年 TPA 通過後，USTR 談判代表 Michael Froman 先生聘任該署的總顧問 Tim Reif 先生作爲美國 USTR 首任的透明長。[23] 事實上，2015 年新版 TPA 通過後，USTR 曾對外表

---

shall一(A) meet upon request with any Member of Congress regarding negotiating objectives, the status of negotiations in progress, and the nature of any changes in the laws of the United States or the administration of those laws that may be recommended to Congress to carry out any trade agreement or any requirement of, amendment to, or recommendation under, that agreement; (B) upon request of any Member of Congress, provide access to pertinent documents relating to the negotiations, including classified materials."。

[20] Associate Professor Weatherall, Answer to Question on Notice, 27 May 2015, p. 1.

[21] Neither the fast-track bill itself nor the accompanying bipartisan report from the Senate Finance Committee specify whether the chief transparency officer should be a completely new position or whether the duties of the transparency officer could be assigned to an existing USTR official.

[22] 詳細規定，參考 2015 TPA, Sec. 4. "Congressional oversight, consultations, and access to information": (f) Establishment of Position of Chief Transparency Officer in the Office of the United States Trade Representative: Section 141(b) of the Trade Act of 1974 (19 U.S.C. 2171(b)) is amended by the following: "(3) There shall be in the Office one Chief Transparency Officer. The Chief Transparency Officer shall consult with Congress on transparency policy, coordinate transparency in trade negotiations, engage and assist the public, and advise the United States Trade Representative on transparency policy."。

[23] Tim Reif 先生在任職 USTR 首任透明長前爲資深國會聯絡人（senior congressional aide），以及總顧問（general counsel）。

示，過去該組織中有許多機關一直在負責透明化的業務，例如：國會事務辦公室（Office of Legislative Affairs）負責國會聯繫；公共參與辦公室（Office of Public Engagement）負責與社會上的利害關係人溝通；公共事務辦公室（Office of Public Affairs）負責準備對外發布的文宣資料；而每位 USTR 談判代表在沒有進行談判時，也都在全美國各地就談判涉及的各種問題，向利害關係人及大眾溝通與諮商。[24] 藉由新法建議 USTR 設置的「透明長」，未來將整合上述機構的功能，使得整個貿易談判程序更加公開透明。「透明長」在 TPA 下被國會賦予更多的資源與權力，確保更有效率地在 USTR 與國會、利害關係人，以及公眾交換 TPP 中廣泛且複雜的資訊[25]（見圖 3-1）。

（四）強化談判進行中及條約簽署前的公開透明程序：TPA 要求 USTR 在與特定貿易夥伴之談判開始前，應進行詳細的全面性評估，並將美國的貿易談判目標，以及具體說明該 FTA 談判如何能確切爲美國帶來利益之分析等問題，將上述分析報告公開讓大眾知悉。[26] 同時，USTR 亦應公開由美國貿易委

---

[24] Reif Tapped As USTR Transparency Officer; Remains General Counsel, Inside U.S. Trade, September 11, 2015.

[25] 2015 年 TPA 之設計下，USTR 透明長應確保美國近期重要的對外貿易談判中的資訊揭露與透明化問題，包括：跨太平洋夥伴協定（Trans-Pacific Partnership, TPP）；跨太平洋貿易與投資夥伴協定（Transatlantic Trade and Investment Partnership, T-TIP）；服務貿易（複邊）協定（Trade in Services Agreement, TiSA）；環境商品協定（Environmental Goods Agreement, EGA）；資訊科技協定（Information Technology Agreement, ITA），以及未來其他可能的貿易易協定。參見 Maira Sutton, More Closed-Door Meetings, a New Chief Transparency Officer, and Growing International Opposition to the Deal: What's Going on with the TPP, September 11, 2015.

[26] 詳細規定，參考 2015 TPA, Sec. 5. "Notice, consultations, and reports": (a)Notice, consultations, and reports before negotiation.— (1) Notice—The President, with respect to any agreement that is subject to the provisions of section 3(b), shall: (A) provide, at least 90 calendar days before initiating negotiations with a country, written notice to Congress of the President's intention to enter into the negotiations with that country and set forth in the notice the date on which the President intends to initiate those negotiations, the specific United States objectives for the

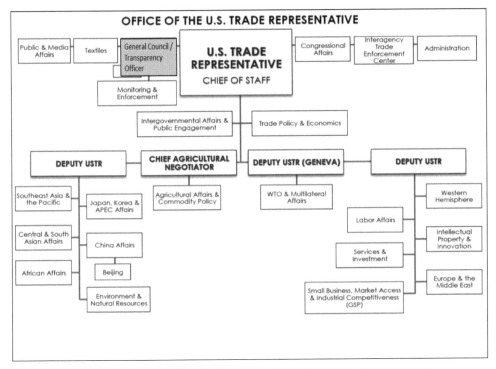

圖 3-1　美國貿易代表署（USTR）及新設透明長之組織架構圖

資料來源：本研究參考 USTR 官方網站自行繪製。

員會（US International Trade Commission，簡稱 ITC）所作成的關於貿易協定之潛在影響評估，上述影響評估分析應在貿易協定締結前揭露。[27]

　　總之，2015 年新版的 TPA 強化了美國對外經貿談判的透明化義務，將「貿易協定談判及締結程序」與「一般條約談判及締結程序」加以區別，故國會以特別詳細的內容寫入法條文字。新版 TPA 希望透過各種形式的通知、諮商、揭露要求而達到強化貿易談判程序的透明度，以及維持國會在貿易政策制定以

---

negotiations with that country, and whether the President intends to seek an agreement, or changes to an existing agreement."。

[27] Associate Professor Weatherall, Answer to Question on Notice, 27 May 2015, p. 5.

及對外經貿談判過程中更為積極的地位。

三、影響貿易談判透明化與資訊揭露之因素

決定美國是否展開 FTA 談判的因素，通常是外交與政治考量較重要，在實際談判時，再爭取經濟利益。美國 FTA 協商的過程是動態的，工商業界、國會、美國政府等各單位的利益在 FTA 中的優先順序是經常在變化的。美國在 FTA 中要求談判的議題，除了傳統的市場開放、國民待遇、貿易便捷化、農業、紡織品與成衣、原產地規則外，更包括透明化、服務貿易、爭端解決、智慧財產權、電子商務、貿易救濟、勞工與環保等議題，其中市場開放與透明化為美國貿易政策的重要訴求。2007 年 5 月共和與民主兩黨達成協議的新貿易政策，則進一步加強對勞工、環境、智慧財產權、投資及貿易調整協助之規範。[28]

從歷史經驗觀之，1990 年代對美國而言，最重要的經貿協定為「北美自由貿易協定」（NAFTA），該協定以建立美國、加拿大、墨西哥等三國之自由貿易區為宗旨，1994 年 1 月 1 日起正式生效。[29] 此 FTA 欲促進三國間之自由貿易，取消彼此間大部分之貿易與投資障礙，諸如：優惠關稅、配額限制、國民待遇，或其他區域內所有權或商業經營之要件。[30] NAFTA 在 WTO 尚未成立之前即已簽署完成並生效，即使到今日為止，仍成為各國洽簽 FTA 之範本，具有重要參考價值。以內容而言，NAFTA 包括二十二章：前言、目標及範

---

[28] 杜巧霞等著，美韓洽簽 FTA 之研析，外交部／經濟部國貿局委託中華經濟研究院（台灣 WTO 研究中心）研究報告，2007 年 12 月。

[29] A. Imtiaz Hussain, "Running on Empty in Central America? Canadian, Mexican, and U.S. Integrative Efforts" (Univ. Press of America, 2006), at 45-55.

[30] Jeffery J. Schott, ed., "Free Trade Agreements: U.S. Strategies and Priorities", Inst. for Int'l Economics, at 23-28, 2004.

圍、一般定義、貨品貿易之國民待遇及市場開放、原產地規定、海關程序、能源及基本石化業、SPS、TBT、政府採購、投資、服務貿易、電信服務、金融服務、競爭政策、商務人士短期進入、智慧財產權、不公平貿易救濟（反傾銷及平衡稅）、防衛措施、爭端解決機制、例外規定、最後條款等，另附錄一至附錄七為投資及有關服務業、金融服務業跨境貿易之保留及例外規定。此外，NAFTA 亦包含「北美環境合作協定」及「北美勞工合作協定」等兩大附屬協定。NAFTA 法律結構完整，已成為當代 FTA 之經典條約。[31]

然而，NAFTA 之特色在於沒有更積極尋求水平整合成員國彼此之貿易法規，亦沒有意圖建立超國家組織，也不以追求自由貿易區更進一步經濟整合為目標（如歐盟的關稅同盟或單一市場等）。[32] 其次，NAFTA 實施以來，始終維持當初僅有協定沒有組織之體系，因此，基於缺乏超國家（或區域）組織之設計下，很難在 NAFTA 架構內建立準司法的爭端解決（dispute resolution）機制，僅能以類似仲裁方式處理爭端。最後，在資訊揭露與透明化議題上，NAFTA 尚未提及成員國間的最低要求，而在當時美國國會、利害關係人、NGOs、社會大眾並未對 USTR 資訊揭露的透明化議題提出強烈的質疑聲浪。

美國在 2017 年之前的歐巴馬政府時代，最重要的對外經貿談判莫過於 TPP 及 TTIP 二項巨型 FTA，無論是美國國會或其他利害關係人（例如智慧財產權、環境、勞工、投資人地主國爭端解決 ISDS 等章節所涉及之公眾團體），均一再要求美國行政部門依據「資訊自由法案」（Freedom of

---

[31] David A. Gantz, Regional Trade Agreements – Law, Policy and Practices (Carolina Academic Press, 2009). (Especially Part II: U.S. Regional Trade Agreements; Part III: Other Significant Regional Trade Agreements).

[32] John M. Curtis & Aaron Sydor eds., NAFTA @ 10, Minister of Public Works and Government Service Canada, 2006; Edward J. Chambers & Peter H. Smith eds., NAFTA in the New Millennium, The University of Alberta Press, 2002.

Information Act，簡稱 FOIA）[33] 揭露談判進行中的 TPP 章節（如 IP 章及投資章的 ISDS 條款等）以及影響美國國內產業的評估分析資訊，[34] 原本歐巴馬政府對於公開正在談判中之文件採「嚴格限縮」之解釋（如對於美國國會與利益團體關心的 TPP 中 IP 章的資訊揭露問題，USTR 並未給予正面回應），[35] 然而，過去幾年來，美國國會參眾兩院以及民間對於 TPP 祕密談判提出強烈反彈，甚至杯葛歐巴馬政府所提出的 TPA 請求。2014 年以後，USTR 立場漸漸軟化，同意美國國會議員可於祕密狀態下閱覽尚未談判完成的 TPP 條約文本（本報告前已述及詳細過程）。上述爭議最終都被列入 2015 年新版 TPA 中，故問題暫時獲得解決，美國國會與利害關係人得優先主張 TPA，而不需再依對經貿談判資訊揭露規範較為不足的 FOIA 來請求。[36]

2015 年 1 月 USTR 公布了一項名為「透明化與歐巴馬貿易進程」（Transparency and the Obama Trade Agenda）之文件，[37] 試圖就美國國會及民間團體對於貿易談判資訊揭露議題作出善意回應。該份文件中強調，USTR 參與開放市場之貿易談判係為增加美國人民之就業，在談判過程中重要的工作

- - - - - - - - - - - -

[33] Department of Justice, "Guide to the Freedom of Information Act: President Obama's FOIA Memorandum and Attorney General Holder's FOIA Guidelines".

[34] 如本文前述分析，由於 TPA 的快速談判授權並非美國對外貿易締結法律上的常態，在沒有 TPA 作為法律授權的情形下，國會或其他利害關係人仍可依照美國資訊自由法（Freedom of Information Act, FOIA）要求 USTR 揭露相關談判資訊。然而，可能面臨到的法律上問題則在於該資料若被總統或 USTR 等行政部門列為保密文件而有除外依法得不揭露事由時，請求人即無法依 FOIA 據以提出要求。

[35] USTR Reveals Few Details In Response To FOIA Request For TPP Information, Inside U.S. Trade, Vol. 31, No. 48, December 6, 2013.

[36] Adam M. Samaha & Lior Jacob Strahilevitz, "Don't Ask, Must Tell - And Other Combinations: A More Robust Public Conversation", 103 California Law Review 919, 925-927, August, 2015.

[37] USTR, Transparency and the Obama Trade Agenda, https://ustr.gov/about-us/policy-offices/press-office/fact-sheets/2015/january/fact-sheet-transparency-and-obama.

就是讓民眾、國會、各種利害關係人知悉並參與表達意見，而美國貿易政策之不與時俱進，必須倚賴三大原則：「民眾參與」（public participation）、「國會加入」（Congressional input），以及「開放國民辯論」（open national debate）。雖然美國許多團體並不滿意 USTR 的做法，但歐巴馬政府以相當積極的態度試圖解決貿易談判資訊揭露與透明化的議題，並讓更多元的聲音納入美國的貿易決策，使得 USTR 及相關行政部門與各階層民眾或利害關係人進行更多對話。TPP 及 TTIP 等協定談判過程可說遠比以往各項 FTA 談判透明程度更高，為達成上述目標，USTR 總結近年來美國行政部門所採取的變革措施如下：

（一）鼓勵更多與民眾的對話：美國政府盡可能在對外貿易談判的每一個過程中（事前、事中、事後）融入廣泛的民眾意見，並公開分享談判的資訊，以目前正在進行的幾項貿易談判而言，美國政府朝向以下幾點方向努力：1. 徵詢民眾對於談判目標、優先順序、各種關注議題，其結果與回應刊載於聯邦公報內（Federal Register）；[38] 2. 舉辦公聽會，邀請民眾對貿易談判提出想法；3. 當談判中止時，首次組織利害關係人會議，讓社會上各種多元團體的人士與談判代表會面。提供美國談判代表寶貴的機會傾聽與回應人民的批評與建議；4. 在網路部落格上貼文（blog posts），將目前最新的談判資訊與民眾分享，例如：以貿易政策最新消息、新聞稿、聲明、利害關係人座談會、媒體影音及出版、推特（Twitter）、臉書（Facebook）等方式揭露資訊與傳達正確消息。

----

[38] 「聯邦公報」是公開刊載聯邦行政機關的法規和其他法律文件的公報，內容涵蓋了十分廣泛的政府活動，週一至週五每日出版。「聯邦公報」的重要功能之一是公開行政機關擬議的變革（規章、法規、標準等），以便公民、團體參加討論，提出書面意見、數據，有時也可進行口頭辯論。最終通過的法規和規章刊載於「聯邦法規彙編」（Code of Federal Regulations）。

（二）將貿易目標放在最優先及最核心的位置：USTR 中放置重要訊息，並且以較爲「淺顯易懂」（in plain English）的方式呈現，如此可使人民瞭解美國對外經貿談判的核心目標及優先談判項目，以目前現狀爲例，包括：1. 詳細節錄與摘要 TPP 及 TTIP 之談判優先議題與現況；2. 對於核心談判議題製作簡報資料（Fact sheets）；3. 每輪或每回合談判後召開記者會說明進度；4. 簡單扼要重述談判回合之重點議題。

（三）與國會議員及相關委員會保持密切合作：美國政府應緊密地與國會議員合作，並共同制定貿易進程與商討貿易政策，包括：1. 提供所有國會議員調閱完整談判文件之機會；2. 在國會內調閱文件時，應有合適的安全查核人員陪同；3. 行政部門至國會進行簡報，例如：TPP 已完成超過 1,700 次，未來將增加 TTIP 及其他貿易談判的簡報次數；4. USTR 提供國會議員簡潔摘要的 TPP 各章節摘要，以利議員較迅速的評估談判文件內容；5. 在提出美國的談判提案前，先由國會中的委員會預覽；6. 行政部門隨時向國會更新談判進度，並於每個階段中參考國會提出的建議。

（四）聽取來自不同利益團體的聲音：美國國會早已成立諮詢委員會（Advisory Committees），[39] 藉以參考來自於產業的關切與立場，而歐巴馬政府則擴大此諮詢委員會之規模，過去許多未被納入諮詢對象的利益團體都被邀請參加諮詢會議，重要利益團體涉及的領域，包括：1. 勞工工會；2. 環保團體；3. 信仰組織；4. 公共衛生組織；5. 消費者保護團體；6. 地方或州政府代表；7. 農

---

[39] Since 1974, the US has had an advisory committee system which aims to ensure that US trade policy captures US public and private sector interests. There are 28 advisory committees covering a range of topics and sectors, with a total membership of around 700 advisors. See Office of the United States Trade Representative, "Advisory Committees". https://ustr.gov/about-us/advisory-com mittees.

業、畜牧業、中小企業代表及其他各種多元利益代表。上述被諮詢者，均可與談判代表討論最新的談判成果、進度、檢視美國之提案內容。最終被諮詢者可提供對談判提案或決策產生實質影響的建議。例如：近年來 USTR 廣爲徵求勞動與非經濟之專家代表，對進行中的談判內容提出建言。

綜合上述，雖然美國勞工聯盟及環保團體等 NGOs，以及許多國會議員對於 USTR 之談判保密性仍舊表示不滿，但 USTR 宣稱 TPP 談判已爲美國貿易協定史上最具透明性及諮詢性，同時兼顧談判官員維持政府間談判之適當機密性。幾經折衝，在 2015 年新版 TPA 於國會通過後，至少在人民參與、國會監督、談判保密等三方面利益衝突中找出了一個暫時可行的方向。

參、新加坡貿易協定談判資訊揭露之法律實務

一、現況概述

新加坡的經濟係全球最開放也最具競爭力的經濟體之一。除少部分例外，關稅皆爲零，新加坡是亞洲成長最快速的經濟體之一。實質 GDP 年平均成長率在 2004 年至 2009 年間達 5.7%，金融服務業及製造業貢獻最大。在過去七年內新加坡四度被 Foreign Policy 列爲全世界最全球化之國家，且連續十三年被傳統基金會認爲是全球第二自由之經濟體。新加坡貿易政策之目標爲創造自由、開放及穩定的多邊貿易體制。受限於國內市場規模，新加坡必須向外發展。在 2009 年，新加坡貿易依存度高達 347.5%，居世界之冠。因此，促進全球經濟與投資自由化並建立以規範爲基礎的多邊貿易體制，對於新加坡有重要利益。[40] 新加坡在傳統經濟上係以商業爲主，包括轉口貿易、加工出口、航

---

[40] 經濟部經貿談判代表辦公室，新加坡經貿體制報告——貿易政策簡介。該文件係摘譯自 WTO 秘書處撰擬 2007 年新加坡貿易政策報告，及新加坡所提出之國家貿易政策報告；另有

運等。在 1965 年獨立後，堅持自由經濟政策，加緊發展資本密集、高增值的新興工業。星國政府目前的經濟發展方向是：以服務業爲發展中心，加速經濟國際化、自由化、高科技化。爲進一步發展經濟，近年來，大力推行「區域經濟整合策略」（Regional Economic Integration Stretagy），加速向海外投資，積極開展在國外的經濟活動。尤其在 1997 年亞洲金融風暴與 2008 年受到美國次貸風暴金融危機波及後，新加坡更加朝向洽簽自由貿易協定的方向前進，從新加坡政府的治理理念觀之，推動與區域大國間簽訂 FTA 的策略，是填補在 WTO 杜哈回合談判陷入停滯的重要國家經貿發展方向。因此，新加坡與美國、中國大陸、日本、印度、澳大利亞、歐盟等主要貿易夥伴均已完成簽署 FTA，[41] 同時，星國亦參加重要的區域經濟整合，例如：東協（ASEAN）、跨太平洋夥伴全面進步協定（CPTPP）、區域全面經濟夥伴協定（RCEP）等，許多大國藉由與新加坡建立 FTA 關係後，作爲進入下一階段與整體東協十國談判的第一步，更奠定星國作爲東南亞的門戶與經貿中心地位。新加坡政府的經貿政策簡單而言就是「走向世界」，假如不與世界接軌，星國經濟就會萎縮，[42] 但是完全毫無準備的開放必會使星國經濟受到影響，故星國政府對於自由貿易開放的步調，以及各項法規管制與鬆綁，均透過制定法律與介入主導來因應。因此，國際間將星國視爲亞洲相當自由開放的經濟體，而此一開放政策係基於星國政府有計畫性的逐步實踐。

　　新加坡已對外簽署二十一項自由貿易協定，由於該國國土面積較小、自由貿易化程度高，除了參與 WTO 的多邊談判外，星國積極尋求與各國洽簽

　　關統計資料部分，係依據新加坡統計局發布最新資料予以修正。

[41] 星—歐盟 FTA 已完成簽署，目前進入批准程序，暫未生效。

[42] 李光耀著，周殊欽、林琬緋、陳彩霞、顧耀明譯，李光耀觀天下，遠見天下文化，2014 年 7 月，頁 272-293。

FTA，藉由洽簽 FTA 作為推動經貿自由化的動能，並擴大新加坡的國際市場縱深，另一方面亦藉由洽簽 FTA 加深與外資來源國之連結，以及推動東協國家之整合。目前新加坡已與紐西蘭、日本、歐洲自由貿易協會（EFTA）、澳大利亞、美國、約旦、印度、巴拿馬、韓國、中國大陸、秘魯、哥斯大黎加、我國（台、澎、金、馬個別關稅領域）、歐盟等簽訂 FTA，並正與許多國家進行 FTA 談判中，包括：墨西哥、加拿大、巴基斯坦、烏克蘭、海灣國家合作理事會（GCC）等。此外，新加坡所屬的東南亞國協（AAFTA）亦已逐步執行中，新加坡更與泰國聯手提出「2+X」的模式，由任兩個東協會員先進行自由化，再邀請其他成員參加，以加速東協經濟整合的進程，包括：東協與中國大陸、日本、韓國、印度、澳大利亞、紐西蘭，以及聯合東協十國與上述六國談判之區域全面經濟夥伴協定（RCEP）（表 3-3）。

二、貿易協定締結權

　　新加坡之政府政治係仿英國之責任內閣制，全國最高首長為總統，但星國總統原為「虛位元首」，由國會推選，不具政治實權，亦不須負行政責任。惟 1991 年元月星國國會通過憲法修正案，將總統改為民選，並賦予財政預算、公基金使用及重要政府人事任命等事項之同意權，發布命令無需總理副署，但不擁有軍隊統帥、緊急處分及緊急命令等權力，故已非全然的虛位元首，而掌握有一定的權力。不過，星國仍以內閣制為主，內閣為最高行政機構，由總理及各部首長組成。[43] 總理係總統任命國會多數黨領袖擔任，負實際行政責任。

　　新加坡憲法中並未規定新加坡國會對於行政權（政府外交部門）與對外締

---

[43] 內閣之下分設內政、外交、國防、律政、財政、教育、衛生、人力、交通、貿易及工業、國家發展、環境發展、社會發展、新聞、通訊及藝術等部，每部設部長一人，政務部長（等同於政務次長）一至二人，由總理自國會議員中遴定後，向總統推薦委派。

表 3-3　新加坡 FTA 推進現況與其涵義

進行階段	談判對象	推進現況	締結涵義
已生效 （21 件）	東協自由貿 易區協定 （AFTA）	1993 年 1 月生效（關稅減讓協定） 1995 年簽署（服務貿易協定） 1998 年 10 月簽署（投資協定） 2010 年 5 月生效（貨品貿易協定）	AFTA 爲一個主要係 涵蓋貨品之貿易協 定，至於服務貿易與 投資領域雖已簽署協 定，但尚未生效（星 國爲成員）
	星—紐西蘭 CEP	2000 年 8 月簽署 2001 年 1 月生效	新加坡第一個與東 協以外的國家締結 CEP。促成紐西蘭農 牧業之產品藉由星國 銷往東協國家的戰略
	星—日本 CEP	2002 年 1 月簽署 2002 年 11 月生效	星日兩國進行「新世 紀」高品質的 FTA 談 判，也成爲日本第一 個對外的 FTA
	星—歐洲貿 易協會 FTA	2001 年 5 月談判開始 2002 年 6 月簽署 2003 年 1 月生效 （成員國：瑞士、挪威、冰島、列 支敦斯登）	最早與歐洲國家所締 結的 FTA，亦爲目前 星國與歐洲國家唯一 生效的 FTA
	星—澳洲 FTA	2000 年 11 月談判開始 2003 年 2 月簽署 2003 年 7 月生效 2011 年 9 月完成第二次生效後之審 查	新加坡與澳洲就 SPS 措施部分達成多項合 作共識，作爲澳洲在 農業進入東南亞市場 的跳板
	星—美國 FTA	2003 年 5 月簽署 2004 年 1 月生效	星國與世界最大經濟 體美國的重要協定
	東協—中 國 FTA （ACFTA）	2001 年 11 月談判開始 2002 年簽署（東協—中國 ECFA） 2004 年簽署（貨品貿易協定） 2005 年 7 月生效（貨品貿易協定） 2007 年 7 月生效（服務貿易協定） 2010 年 2 月生效（投資協定）	稱爲「東協加一」， ASEAN 成爲第一個進 軍中國大陸市場的區 域經濟體。（星國爲 成員）
	星—約旦 FTA	2004 年 4 月簽署 2005 年 8 月生效	新加坡與中東地區 國家締結的第一個 FTA，同時也爲約旦 與東協國家締結的第 一個 FTA

表 3-3　新加坡 FTA 推進現況與其涵義（續）

進行階段	談判對象	推進現況	締結涵義
	星—印度 CECA	2003 年 5 月談判開始 2005 年 6 月簽署 2005 年 8 月生效	印度與東協國家所締結的第一個 FTA，以及星國與南亞國家所締結的 FTA 星國將租稅議題涵蓋在內的第一個 FTA
	星—巴拿馬 FTA	2005 年 4 月簽署 2006 年 3 月生效	星國與拉丁美洲國家所締結的第一個 FTA
	星—韓國 FTA	2004 年 1 月談判開始 2005 年 8 月簽署 2006 年 3 月生效	韓國與亞洲國家所締結之第一個 FTA
	跨太平洋夥伴協定 TP4（SEP）	2005 年 6 月簽署 2006 年 5 月生效 （成員國：汶萊、智利、紐西蘭、新加坡）	APEC 部長級會議後由汶萊、智利、紐西蘭、新加坡四國宣布「跨太平洋夥伴協定」談判（Trans-Pacific SEP，又稱 P4），P4 為星國與南美洲國家所締結的第一個 FTA
	東協—韓國 FTA（AKFTA）	2000 年 2 月談判開始 2006 年 8 月簽署（貨品貿易協定） 2007 年 6 月生效（貨品貿易協定） 2007 年 11 月簽署（服務貿易協定） 2009 年 5 月生效（服務貿易協定） 2009 年 6 月簽署（投資協定） 2009 年 9 月生效（投資協定）	東協與韓國進行 FTA 談判，星國為成員
	東協—日本 CEP（AJCEP）	2003 年 1 月談判開始 2003 年 10 月簽署（東協—日本 CEP 架構） 2008 年 4 月簽署（東協—日本 AJCEP） 2008 年 12 月生效（東協—日本 AJCEP）	東協與日本進行 FTA 談判，星國為成員
	星—中國 FTA	2006 年談判開始 2008 年 9 月達成協議 2008 年 10 月簽署 2009 年 1 月生效	中國是新加坡第三大貿易夥伴，新加坡首要投資之目標地區，雙方經貿往來密切
	星—秘魯 FTA	2004 年 11 月開始談判 2006 年 2 月達成協議 2008 年 5 月簽署 2009 年 8 月生效	星國第二個與拉丁美洲國家所締結的 FTA

表 3-3　新加坡 FTA 推進現況與其涵義（續）

進行階段	談判對象	推進現況	締結涵義
	東協—澳—紐 FTA（AANZFTA）	2008 年 8 月談判完成 2009 年 2 月簽署 2010 年 1 月生效	東協成立後第一個涵蓋貨品貿易、服務貿易、投資等三項重要領域的協定（星國為成員）
	東協—印度FTA（AIFTA）	2009 年 8 月簽署（貨品貿易協定） 2011 年 8 月生效（貨品貿易協定） 2014 年 11 月簽署（服務貿易協定） 2015 年 7 月生效（服務貿易協定）	原本為僅涵蓋貨品貿易之協定，2015 年後服務貿易協定亦完成簽署並生效（星國為成員）
	星—哥斯大黎加 FTA	2010 年 4 月簽署 2013 年 7 月生效	星國第三個與拉丁美洲國家所締結的 FTA
	星—海灣國家合作理事會 FTA	2006 年 11 月談判開始 2008 年 12 月簽署 2013 年 9 月生效 （成員國：沙烏地、科威特、阿拉伯公國、卡達、阿曼、巴林）	新加坡與中東地區國家締結的第二個FTA，同時也為 GCC 與東協國家締結的第一個 FTA
	星—台澎金馬個別關稅領域 ASTEP	2013 年 11 月簽署 2014 年 4 月生效	新加坡與非正式邦交國所締結的第一個FTA，並同時與兩岸四地分別締結 FTA
已簽署（3 件）	星—歐盟FTA	2009 年談判開始 2012 年完成貨品貿易與服務貿易談判 2014 年完成投資保護之章節談判 目前正等待雙方完成審議（歐盟議會審查中）、簽署與批准程序	歐盟與東協國家成員所締結的第一個FTA，歐盟為星國第三大貿易夥伴地區，而星國又為歐盟在東協區域內最大的貿易夥伴國
	跨太平洋夥伴全面進步協定(CPTPP)	2015 年 10 月簽署 TPP （成員國：澳大利亞、汶萊、加拿大、智利、日本、馬來西亞、墨西哥、紐西蘭、秘魯、新加坡、美國、越南） 2017 年美國退出 TPP 協定，同年 11 月 TPP 改組成 CPTPP，並於 2018 年 12 月生效	跨太平洋夥伴協定擴增為 12 個國家參與談判與締結的巨型FTA，涵蓋全球 40% 以上 GDP，1/3 以上貿易額，以及涵蓋約 80 億以上人口，TPP 為目前全世界最大型的 FTA

表 3-3　新加坡 FTA 推進現況與其涵義（續）

進行階段	談判對象	推進現況	締結涵義
	星—土耳其 FTA	2015 年 11 月簽署 目前正等待雙方完成批准程序，預計最快於 2017 年生效	星國利用土耳其優越的地理位置，作爲重要關口進軍歐洲、中亞、中東、非洲等重要市場；土耳其則利用星國的地理位置將商品輸入亞洲市場
洽簽中 （3 件）	星—墨西哥 FTA	2000 年 7 月談判開始 2000 年 11 月雙方發布共同聲明，此後已完成六輪談判	目前並未設定下一輪談判之起始日期，但新加坡與墨西哥兩國均已爲 TPP 成員國
	星—加拿大 FTA	2001 年 10 月談判開始 2007 年 8 月進行第八輪談判後停滯	目前並未設定下一輪談判之起始日期，但新加坡與加拿大兩國均已爲 TPP 成員國
	星—巴基斯坦 FTA	2005 年 5 月宣布雙方意願 2005 年 8 月談判開始，已完成三輪談判	目前並未設定下一輪談判之起始日期
	星—烏克蘭 FTA	2007 年 5 月談判開始，已完成三輪談判	目前並未設定下一輪談判之起始日期
	東協—印度 FTA（AIFTA）	2009 年 10 月談判開始	主要領域爲服務貿易與投資保護協定
	東協—日本 FTA（AJFTA）	2010 年 6 月談判開始	主要領域爲服務貿易與投資保護協定
	RCEP	2011 年由東協提出 RCEP 計畫 2012 年 11 月談判開始 2015 年 8 月進行第九回合談判 （成員國：東協、韓國、中國、日本、澳洲、紐西蘭、印度）	RCEP 爲 16 個國家參與談判與締結的巨型 FTA，涵蓋全球 30% 以上 GDP，29% 以上貿易額

資料來源：本研究製作（參考 WTO 官方網站及新加坡 FTA Network：http://www.fta.gov.sg/）。

結條約時，必須獲得國會之諮詢與同意（advice and consent），但在實務運作上，並非默許行政權可以獨占所有的條約締結程序，只能解釋爲在星國憲法上並未對條約締結問題作出明確規範，反而是透過具體的實踐來形成行政與立法

間的慣例。星國國會從未對於行政權的對外締約權限（treaty-making power）提出質疑與挑戰，國會也從未在締約前要求行政部門進行事前諮商與談判人員或主管赴國會進行報告。在具體實踐上，新加坡政府無論與任何國家間所締結之條約，從談判到生效都屬於行政權的權限。在 *Attorney-General v Elite Wood Products (Australia) Pty Ltd.* 一案中，上訴法院認為系爭爭議為「是否新加坡與某一外國所簽訂的引渡條約（extradition treaty）符合星國引渡法（Extradition Act, Cap. 103）之立法目的？」以及「是否適用星國引渡法第二部分之規定？」此二議題均屬於行政部門之職權範圍，上訴法院不予解釋，同時，關於引渡條約是否存續於星國與某一外國間的問題，亦由行政部門解釋，而非由法院裁判。[44] 由此可知，星國司法部門認為外交上的條約締結權係行政部門的權責，法院不涉入星國對外締結條約的解釋權，尊重行政部門的決定。

新加坡法律雖然承襲英國傳統普通法（common law）之規範，但在條約締結的問題上，卻與英國規範不盡相同。[45] 依據星國憲法第38條之規定，立法權應由總統和議會所組成之立法機關行使之。[46] 也就是新加坡議會對於法律制定之專屬權，即使行政部門對外締結條約，亦不可在議會未同意的情況下對自

- - - - - - - - - - - - -

[44] Attorney-General v Elite Wood Products (Australia) Pty Ltd and another, 1992, 1 SLR(R) 929, at 937.

[45] 在英國法上議會對於行政部門的條約締結可予以否決，且任何影響英國國內法的制定與修正，都必須得到英國議會的同意。Under English law, a constitutional objection can be raised against the Crown being able, through its treaty-making prerogative, to affect domestic law without Parliament's authority - The Parlement Belge (1879) 4 PD 129 at 154-155. While Singapore's constitutional arrangements are not identical to those of the United Kingdom, the principle underlying the English position is equally applicable here - The Sahand and other applications [2011] 2 SLR 1093 at 1107.

[46] Article 38 of Constitution of Singapore, "The legislative power of Singapore shall be vested in the Legislature which shall consist of the President and Parliament."

動對人民產生義務，也不能在新加坡法院直接產生效力。新加坡在適用與履行國際條約或協定時，並不直接對人民創設權利與義務，而必須透過議會進行立法轉換的方式，才能產生國內法效力。[47] 因此，只要條約未經新加坡議會通過，則不能對新加坡創設權利、責任或義務。[48]

雖然如上述分析，新加坡議會在行政部門締結國際條約而產生拘束國家義務前，憲法上並無行使同意權之規定，但並未表示新加坡議會不能就國際法問題進行辯論，包括行政部門在條約的談判與締結階段即進行溝通對話。尤其在承諾與課加法律權利與責任係屬於立法權之一環，依據新加坡憲法只有議會能行使此權力，同時，也只有議會能將條約法轉換至新加坡國內法，條約不能自動履行或適用。[49] 倘若條約中明示要求必須透過新加坡國內法律始能適用（由新增法律或修正現行法律規範等方式），而該國內法律不符合條約條文意旨時，可能構成條約義務之違反，新加坡議會有權否決該立法，易言之，新加坡議會可藉由否決通過國內立法轉換的方式，阻擋行政部門所締結的條約，使其法律效力無法適用於新加坡國內法。

再從司法的角度分析，於 *Lee Hsien Loong v Review Publishing* 一案中，[50] 新加坡高等法院在解釋「新加坡與中國大陸間有關民事訴訟程序與雙邊司法互助條約」（civil procedure and mutual judicial assistance）時，被問及「該條

---

[47] Public Prosecutor v Tan Cheng Yew and another appeal [2013] 1 SLR 1095 at 1116.

[48] Public Prosecutor v Tan Cheng Yew and another appeal [2013] 1 SLR 1095 at 1107.

[49] The Sahand and other applications [2011] 2 SLR 1093 at 1107. In Public Prosecutor v Tan Cheng Yew and another appeal [2013] 1 SLR 1095, the High Court held (at 1116) that Art VII of the Singapore-Germany Extradition Treaty could not apply directly to circumscribe the prosecutor's power to charge an extradited individual. Instead it was the Extradition Act (Cap. 103) that gave domestic effect to the entirety of Singapore's obligations to other states under the various extradition treaties Singapore had entered into.

[50] Lee Hsien Loong v Review Publishing [2007] 2 SLR(R) 453.

約之效力是否及於香港」時，Sundaresh Menon 法官 [51] 明確指出該條約不及於香港，且闡明新加坡法院並無權限擴張解釋行政部門的締約權（treaty-making power），法院不能就行政部門締約時對條約的期待與其行為進行審判，法院的任務僅為簡單的解釋條約締結後所發生的法律效力；一旦條約經過屬於立法部門的議會轉換為國內法律時，新加坡法院才有權對法律條文進行檢視並宣告其是否無效或違憲，包括有權審查已由立法轉換成為新加坡國內法律後的條約規則。因此，由上述分析可知，新加坡政府行政部門有締結條約之權限，即使該條約可能要求在新加坡國內法律下履行某些義務或賦予權利；新加坡議會則有權同意與通過相關國內法律，以使經由行政部門所締結的條約產生國內法效力；而新加坡法院則有權對議會基於條約規範所通過的法案條文內容進行違憲審查 [52]（見圖 3-2）。

除新加坡憲法上關於三權分立對於條約締結的權限偏向於行政部門外，新加坡雖然在電子化政府的程度很高，推動社會網絡強調互動參與，網路覆蓋率與人民使用網際網路之比率高達 78.8% 的已開發國家水準，[53] 但星國政府對於網路的管制依然十分嚴格，甚至有些必須得到許可證執照始可經營網頁，[54] 雖然近年來新加坡政府宣示將加強政府公共資料的開放（open data），以及研擬開放政府資料的配套，與發展各式與資料相關的產業政策，但由於星國政府過

----

[51] Sundaresh Menon 先生為新加坡首席大法官（Chief Justice of Singapore, 2006-2007），以及曾任新加坡檢察總長（Attorney-General of Singapore, 2002-2010）。

[52] Lim Chin Leng & Mahdev Mohan, Introduction to Singapore's Engagement with International Law-Making, available at http://www.singaporelaw.sg/sglaw/laws-of-singapore/overview/chapter-5.

[53] 謝翠娟，電子化政府與新科技，科學發展，第 480 期，2012 年 12 月，頁 26-34。

[54] 新加坡媒體發展局（Media Development Authority, MDA）於 2013 年亦發布對於新聞網站的最新執照計畫，在新法規下，新加坡內每月有 5 萬個不同 IP 以上瀏覽的新聞網站都必須註冊執照，也必須支付 5 萬新幣（約台幣 100 萬）的履約保證金，若新加坡媒體發展局發現內容有違標準，線上新聞網站必須順從官方指令，在 24 小時內撤除文章。

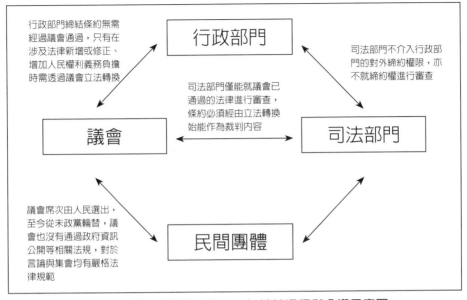

行政部門締結條約無需經過議會通過，只有在涉及法律新增或修正、增加人民權利義務負擔時需透過議會立法轉換

行政部門

司法部門不介入行政部門的對外締約權限，亦不就締約權進行審查

司法部門僅能就議會已通過的法律進行審查，條約必須經由立法轉換始能作為裁判內容

議會

司法部門

議會席次由人民選出，至今從未政黨輪替，議會也沒有通過政府資訊公開等相關法規，對於言論與集會均有嚴格法律規範

民間團體

圖 3-2　新加坡條約（含 FTA）締結過程與分權示意圖

去在政治、法律與治理面的整體文化、環境與英美等國比較上是相對保守的，這樣的文化同時反映在開放政府資料的議題上，政府機關對於開放其實存在著抗拒感。目前在許多國家已訂有資訊自由法（Freedom of Information Act，簡稱 FOIA）的法令下，政府機關經依據其法律規定與程序，釋出部分的政府資料而達成開放政府的要求。而上述制定有資訊自由法之相關法律規範的國家觀之，政府機關與相關人員在面對政府資料開放政策推動時，接受度可能會比較高。然而，新加坡尚未制定政府資訊公開法，政府對外談判的資訊並未有即時揭露之法定義務，完全取決於行政部門之裁量權。除此之外，新加坡的「內部安全法」反對人民參與政治集會（競選期間除外），新聞報導須受審查，內部安全局擁有極大許可權，可（在不經審訊的情況下）無限期拘留任何被懷疑「可能對種族和諧」與「對社會穩定造成威脅」的人士，無論是網路言論或集會自由都受到嚴格限制。

　　新加坡公民雖然在言論與集會自由方面受到限縮，但自 1965 年起，星國政府設立「人民協會」，又可稱爲星國「國家政權的基礎」，新加坡人民協會下依各選區（共 84 個選區），設置 84 個公民諮詢委員會（Citizens Consultative Committee，簡稱 CCC），其宗旨爲培養優級公民、推動社區發展、促進種族和諧及強化社區凝聚力，至 2015 年正好成立五十週年。主席目前由李顯龍總理擔任，其十三位董事中，五人爲政府部長，三人爲國會議員，作爲星國政府與人民間的政策溝通橋樑。[55]另一方面，自從1990年李光耀先生交棒給吳作棟先生和李顯龍先生後，曾提出一些改革開放的做法，例如設立「回應小組」（Feedback Unit），[56]「政策研究中心」（Institute of Policy

---

[55] 此模式下的公民諮詢委員會較偏向於地方行政事務的溝通，而非整體國家經濟外交等重大政策。公民諮詢委員會之委員係由各該選區國會議員委任或推薦，及各族群、經濟與社會領域之菁英擔任。公民諮詢委員會下設樂齡、婦女、青年、馬來及印族等五個執行委員會，便於針對包括市鎮規劃、組屋、私人公寓、交通網、巴士轉換中心、公共設施（圖書館、體育館、泳池、派出所、醫院）、建屋發展局分局業務、電影院、購物中心及餐飲中心等相關事務之對象層進行諮詢或協助辦理。

[56] 參考新加坡 Feedback Unit 網站，https://www.reach.gov.sg/。以下爲該單位之諮詢功能簡介："Singapore might be known as the little red dot to the world but to Singaporeans, it is a special place we call home. How can we continue to make Singapore a better home and a cohesive society for all? REACH is here to listen to your views. REACH (reaching everyone for active citizenry @ home) is the lead agency in facilitating Whole-of-Government efforts to engage and connect with you, our fellow citizens, on national and social issues that are close to your hearts. REACH had its beginning as the Feedback Unit in 1985. In October 2006, the Feedback Unit was restructured to move beyond gathering public feedback to become the lead agency for engaging and connecting with citizens, and was re-named REACH. In January 2009, REACH was appointed the Singapore Government's e-engagement platform. We aim to create a level of openness between the Government and Singaporeans, working together to establish continued conversations, community participation and collaboration."

Studies），[57]和「政府議會委員會」（Government Parliamentary Committees），[58]試圖改善國內外對新加坡威權政治的觀感。[59]

三、影響貿易談判透明化與資訊揭露之因素

解析新加坡在對外經貿談判中的資訊揭露模式，不得不先探討該國在政治運作的現實，方能理解星國的實務做法。新加坡作爲亞洲經貿最爲開放之市場經濟體，但在政治上卻偏向於「開明專制」之治理模式，與一般自由民主國家不同，故其在各項政府資訊公開法令規範與實務做法上更與多數已開發國家完全不同，更有甚者，新加坡即使在面對大多數 FTA 談判過程中，公眾團體與利害關係人之溝通模式，亦大相逕庭。有些政治學者把新加坡的政治模式稱之爲「選舉權威主義」：一方面新加坡政治體制具有所有多元民主政體的基本選舉程序與法律制度，另一方面又成功地享有了權威主義的政治權勢。可以說是一種介乎於權威主義與民主政治之間的特殊政體模式。[60]從新加坡獨立以來，

----

[57] 此研究機構設置於新加坡國立大學李光耀公共政策學院內，主要係針對星國內政相關議題進行深入研究，參見 Institute of Policy Studies 網站，http://lkyspp.nus.edu.sg/ips/。

[58] 政府國會委員會（Government Parliament Committees, GPCs）在國會中也扮演重要的角色。該委員會是在 1987 年由當時的第一副總理兼國防部長吳作棟先生（Goh Chok Tong）所推動設立的，其成立的目的，可以概略歸納爲以下三點：1. 爲了使行動黨一黨獨大的國會議員，擁有更多的政務參與空間；2. 讓整個公共事務的決策過程，更加透明化；及 3. 健全新加坡的民主體制。政府國會委員會共分爲九個工作小組，每個小組分別由五位後排議員（backbenchers）和一位資深議員所組成，負責其業務的執行。這九個小組分別是通訊與資訊（Communications and Information）、社區發展（Community Development）、國防（Defense）、外交（Foreign Affairs）、教育（Education）、財政與貿工（Finance, Trade and Industry）、保健與環境（Health and Environment）、內政（Home Affairs）、勞工與國家發展與住屋（Labor, National Development and Housing）等。參見 Woon, Walter, Lim Cantab and Lib Sing, The Singapore Legal System (Singapore: Longman), 1989。

[59] 李凡，政治大轉型中的新加坡，2011 年，http://big5.qstheory.cn/gj/gjsdfx/201109/t20110906_108398.htm。

[60] 蕭功秦，新加坡民主啓示錄：民主一黨制，2009 年，http://news.ifeng.com/history/

表 3-4　人民行動黨之在新加坡議會之選舉結果（1959-2015）

年份	得票率	席次占總席次之比例	該次選舉總席次
1959 年	53.4%	43/84.3%	51
1963 年	46.9%	37/72.6%	51
1968 年	86.7%	58/100%	58
1972 年	70.4%	65/100%	65
1976 年	74.1%	69/100%	69
1980 年	77.7%	75/100%	75
1984 年	64.8%	77/95.1%	79
1988 年	63.1%	80/98.8%	81
1991 年	61.0%	77/97.5%	81
1997 年	65.0%	81/97.6%	83
2001 年	75.2%	82/97.6%	84
2006 年	66.6%	82/97.6%	84
2011 年	60.1%	81/93.1%	87
2015 年	69.7%	83/93.3%	89

資料來源：Election Department Singapore；李憲榮，新加坡國會選舉制度（台灣國際研究季刊，第 8 卷第 4 期，頁 37-62；作者自行整理）。

人民行動黨（People's Action Party）是唯一的執政黨，1959 年至今歷屆選舉中均占議會絕對多數的席次（近半世紀以來均囊括超過 90% 以上席次），多年來，人民行動黨一直由李光耀先生任秘書長並兼任新加坡總理（1959 年至 1990 年），由於人民行動黨一直執政，歷任人民行動黨的秘書長都出任總理職務（現為李顯龍先生），該黨在新加坡議會都擁有絕對多數，成為長期以來一黨獨大無可撼動的政治局面[61]（見表 3-4）。

- - - - - - - - - - - - -

zhuanjialunshi /xiaogongqin/200907/0713_7327_1247030.shtml。
[61] 李憲榮，新加坡國會選舉制度，台灣國際研究季刊，第 8 卷第 4 期，2012 年冬季號。

從上述分析可知，有學者指出「新加坡模式」的特點，可以表述爲：逐步開放民主競爭空間，在執政黨已經取得對政治經濟與社會各種資源的高度支配地位的條件下，容許若干競爭性的小黨合法存在，並在條件成熟時開放民主選舉的政治空間。這樣就形成類似於新加坡人民行動黨的獨大黨模式。即在競爭性的民主程序下，執政黨仍然可以長期享有不受實質挑戰的政治統治地位。[62]

影響新加坡在洽簽 FTA 時的實務因素有很多，但從該國的產業結構與政治體制運作模式可歸納出以下幾個特點：

（一）經濟規模與產業結構利於國際談判：新加坡貿易政策之目標爲創造自由、開放及穩定的多邊貿易體制。受限於國內市場規模，新加坡必須向外發展。在 2009 年，新加坡貿易依存度高達 347.5%，居世界之冠，該國除少許酒精類產品課有關稅外，對於 WTO 最惠國待遇之關稅稅率爲零，70% 之拘束關稅則降爲平均 6.9%。無論是在關稅稅率、進口限制、非關稅貿易障礙（標準檢驗與防疫檢疫）等方面，新加坡幾乎都與國際標準一致。[63] 由於星國之製造業與農業規模均小，該國經濟發展主力集中於特定服務業，例如：航空運輸業、金融服務業、資通訊產業、生技醫藥產業、建築服務業、電子業、物流及供應鏈業、觀光會展業等，其中許多都具有十足的國際競爭力。由上可知，新加坡產業主要係以服務業部門爲主，尤其以金融服務業最具競爭力。而在服務業的部分，新加坡的目標爲強化現有在金融及商業服務業、運輸、物流及觀光服務業之實力，另外也將其定位爲亞洲仲裁及慈善事業之樞紐。因此，在對外貿易談判中，新加坡政府對於國家發展產業的計畫於 FTA 拓展全球海外市場

---

[62] 施奕任，新加坡選舉制度與政治效應：1988-2011 國會選舉分析，政治學報，第 52 期，2011年，頁 65-99。

[63] 經濟部，新加坡投資貿易簡介，頁 10-11。貿協全球資訊網，http://www.taitraesource.com/total01.asp。

版圖中落實，而對於市場開放的衝擊，星國亦主動鼓勵對其不利的產業轉至亞洲其他國家發展。

（二）人民行動黨長期一黨執政掌握議會絕對多數：從星國獨立建國以來，人民行動黨即為該國議會執政黨且擁有絕對多數（已如前述），在對外經貿談判權問題上，星國憲法亦賦予行政部門專屬的締約權限，除不需要在事前徵得議會授權外，更不需要事後經過議會審查。尤其在行政與立法同一政黨且強勢執政的情況下，只要新加坡政府規劃的 FTA 藍圖，一旦完成實質談判並簽署，該 FTA 就保證可以生效，議會也迅速修正與新增相關國內立法。因此，新加坡政府閣員人數少（至多 15 人左右），橫向聯繫速度快，立法高度配合貫徹行政部門的政策，使得星國一向在國際間素有「超高效能」政府的評價。

勞資政三方關係緊密和諧創造合作關係：新加坡雖然在建國初期經濟較為困難，發生過小規模罷工事件，但自 1980 年代後，基本上從未發生任何社會群眾運動與罷工。代表勞方的全國職工總會（National Trades Union Congress）、代表資方的國家雇主協會（National Employers Association），以及協調勞資雙方的政府勞工部門三者體認到星國的小國發展處境，於是發展出「繁榮和諧」的共同目標。勞資政三方緊密合作成為星國的一大優勢，尤其在許多國際貿易談判中，面對服務業市場開放、勞工就業、自然人移動等問題，勞資政三方均有高度共識。從 1970 年代至今，已有包括前總統在內的多位前任或現任政府高層人士擔任過全國職工總會的秘書長，而勞動團體與工運人士則遍布新加坡各個部門及法定機構、議會中也有勞資雙方的保障名額，[64] 無論是小至工資改革、公積金變動，大至產業規模調整、服務與勞動市場開放等國

----

[64] 總理：繼續加強勞資政夥伴關係，聯合早報，2007 年 1 月 25 日。

家政策，星國人民均能容忍巨大的收入差距，又能維持勞資和諧關係，實現既「親雇主」又「親雇員」，[65] 也很少發生因爲貿易自由化對星國產生衝擊的抗爭事件。

肆、澳大利亞貿易協定談判資訊揭露之法律實務

一、現況概述

依據世界銀行（World Bank）2013 年統計，澳大利亞爲全球第十二大經濟體，美國傳統基金會 2014 年評比澳大利亞之經濟自由度爲全球第三，澳大利亞天然資源豐富，爲全球煤礦最大出口國、最大鋁產國，鎳、金、鋅礦產量皆居全球第二位，鈾礦及鐵礦砂生產占全球第三位，亦富藏石油及天然氣，液化天然氣出口排名全球第三位。另農牧業發達，爲全球第三大小麥出口國、最大羊毛出口國及第三大棉花出口國，農、礦產品外銷約占全澳出口總值 80%。澳洲於科研創新及先進製造領域亦甚發達，潔淨能源、再生能源及生技醫學領先全球，金融、旅遊及教育服務業亦具高度競爭力。[66] 澳大利亞由於地理位置優越、國土遼闊（約等於美國之面積）、地廣人稀（人口與台灣相當）、物產豐富、產業均可自給自足，對於經貿外交上的拓展從傳統上一直係以大洋洲與亞洲國家爲重心，而非著眼於世界各地的市場。[67]

自 1947 年 GATT 簽署後，澳大利亞對外貿易政策便奉行著 GATT/WTO 架構下所建立的最惠國待遇（MFN）原則，一開始並未積極與其他經貿夥伴

---

[65] 匡導球，赤道之虎新加坡——從南洋碼頭到十強之國的進行式，2015 年。

[66] 經濟部，全球台商網，http://twbusiness.nat.gov.tw/countryPage.do?id=10&country=AU。

[67] Ann Capling & John Ravenhill, "Ten Years since the Australia-US Free Trade Agreement: Where to for Australia's Trade Policy?", sponsored by the Academy of the Social Sciences in Australia and Faculty of Arts and Social Sciences, UNSW Australia.

簽署自由貿易協定（FTA），僅與 APEC 成員國或其他一些小規模的經濟體洽簽雙邊經貿協定。早期澳大利亞所簽署的 FTA，可遠溯澳紐緊密經濟關係貿易協定（ANZCERTA）與南太平洋區域貿易與經濟合作協定（SPARTECA）二者。首先，澳大利亞與紐西蘭一直保持深厚的經貿關係，除最早於 1922 年澳紐間即已簽署雙邊貿易協定外，到了 1965 年更加強化兩國雙邊關係，而簽訂 FTA 並建立自由貿易區。1983 年則強化與修正了過去的協定內容，將較為完整的貨品貿易協定涵蓋於澳紐緊密經濟關係貿易協定（ANZCERTA）中，同時於 1988 年正式將服務貿易納入範圍。值得注意者，ANZCERTA 雖未正式建立「關稅同盟」或「單一市場」，但其緊密程度已超過絕大多數的自由貿易區，例如：雙方在貿易上取消互相間的貿易救濟措施（反傾銷、平衡稅措施、防衛措施等），而改以共同遵循的競爭法原則替代雙方的貿易救濟制度。[68]
其次，澳大利亞亦於 1981 年起與南太平洋島國論壇國家（South Pacific Forum Island Countries）[69] 簽署非互惠性的經貿協定（non-reciprocal agreement）——南太平洋區域貿易與經濟合作協定（SPARTECA）。透過 SPARTECA，澳大利亞與紐西蘭給予南太平洋島國論壇之成員國單向的「關稅特許優惠」（duty concessions），而在 WTO 成立後，此協定依據授權條款（enabling clause）繼續給予南太平洋島國（開發中國家）優惠性關稅與措施。[70] 另外，澳大利亞與

---

[68] 王震宇，區域貿易協定下反傾銷及平衡措施條款之實證研究，臺北大學法學論叢，第 81 期，2012 年 3 月，頁 139-230。

[69] 南太平洋島國論壇成員國：澳大利亞、庫克群島、密克羅尼西亞、斐濟、吉里巴斯、諾魯、紐西蘭、紐埃、帕勞、幾內亞、馬歇爾群島、薩摩亞、所羅門群島、東加、吐瓦魯、萬那杜。

[70] 1979 年東京回合談判，GATT 成員通過培植條款，該條款主要是容許 GATT 成員，可以對開發中國家給予比最惠國待遇還要優惠的關稅與非關稅貿易障礙減讓，而不違反 GATT 第 I 條不歧視待遇之原則。依據該條款規定，有四種狀況可適用授權（培植）條款：1. 已開發國家對開發中國家給予之普遍化優惠關稅（GSP）；2. 對開發中國家給予比在 GATT

加拿大同屬於大英國協的成員，在外交經貿上一直保持友好關係，1931 年澳加兩國間即簽署雙邊經貿協定，並於 1960 年及 1973 年二次修正，該協定主要是雙方承諾互相給予部分貨品貿易之關稅優惠，但在 WTO 成立後，由於實施 MFN 稅率而使此雙邊協定直接被取代。

1990 年代後期，澳大利亞開始與其他國家簽署 FTA，包括：2003 年澳紐 FTA（SAFTA）、2005 年澳泰 FTA（TAFTA）、2005 年澳美 FTA（AUSFTA）、2009 年澳智 FTA（ACl-FTA）、2010 年澳紐東協 FTA（AANZFTA）、2013 年澳馬 FTA（MAFTA）、2014 年澳韓 FTA（KAFTA）、2015 澳日 FTA（JAFTA）、2015 澳中 FTA（CAFTA）等。上述澳洲第二代的 FTA 除涵蓋貨品貿易外，亦於協定中納入不同程度的智慧財產權、服務貿易、投資、電子商務、政府採購、競爭政策等議題；甚至在澳美 FTA 中包括勞動與環境議題、澳紐東協 FTA 中放入經濟合作章節等。雖然每個章節的名稱與國際間一般 FTA 大同小異，但實際的內容則依協定而有所不同，反映出每部 FTA 締約雙方之敏感貨品與產業，以及優先關切事項，例如：澳美 FTA 中特別增設「農產品貿易章」，針對雙方敏感農產品做出特別安排（見表 3-5）。

二、相關法令規範

澳大利亞憲法中規定其對外洽簽經貿協定之權力，係由澳大利亞聯邦政府（Commonwealth Government）所專屬，又由於澳大利亞採取內閣制，故一般而言係由多數黨或聯合政府所決定。然而，自 1996 年起，經由行政部門引進多項制度面之改革，包括提升國會在對外經貿談判程序之參與權，以及諮詢各

多邊協商機制下更優惠之非關稅措施；3. 在區域的或全球的貿易安排中，開發程度較弱（less-developed）國家相互削減或豁免彼此關稅及非關稅貿易措施；4. 對低度開發（the lest developed）國家給予之特別待遇。

表 3-5　澳大利亞 FTA 推進現況與其涵義

進行階段	談判對象	推進現況	締結涵義
已生效 （10 件）	澳—紐西蘭 ANZCERTA	1922 年澳紐間即已簽署雙邊貿易協定 1933 年簽署雙邊優惠關稅協定 1966 年簽署 FTA（取消關稅與貨品貿易隻數量限制） 1989 年簽署 ANZCERTA（涵蓋服務貿易） 1990 年 1 月生效	澳紐間更緊密的經濟關係協定至今仍為世界上最全面性的 FTA，以及最早涵蓋服務貿易的協定
	南太平洋區域貿易與經濟合作協定 （SPARTECA）	1980 年 7 月簽署 1981 年 1 月生效 2009 年 8 月擴增為 PACER 談判 2015 年 10 月繼續針對 PACER Plus 進行談判 （成員國：澳大利亞、庫克群島、密克羅尼西亞、斐濟、吉里巴斯、諾魯、紐西蘭、紐埃、帕勞、幾內亞、馬歇爾群島、薩摩亞、所羅門群島、東加、吐瓦魯、萬那杜）	澳大利亞與太平洋島國論壇小島國家間的經貿協定，係基於授權條款（Enabling Clause）而制定，非一般傳統的 FTA
	澳—星 FTA	2000 年 11 月談判開始 2003 年 2 月簽署 2003 年 7 月生效 2011 年 9 月完成第二次生效後之審查	新加坡與澳洲就 SPS 措施部分達成多項合作共識，作為澳洲在農業進入東南亞市場的跳板
	澳—泰 FTA	2004 年 7 月簽署 2005 年 1 月生效	澳大利亞第一個與開發中國家所締結的 FTA，同時也是泰國第一個與已開發國家所締結的 FTA
	澳—美 FTA	2004 年 5 月簽署 2005 年 1 月生效	美國為澳大利亞的第三大貿易夥伴
	澳—智 FTA	2008 年 7 月簽署 2009 年 3 月生效	澳大利亞與拉丁美洲國家所締結的第一個 FTA
	澳—紐—東協 FTA （AANZFTA）	2008 年 8 月談判完成 2009 年 2 月簽署 2010 年 1 月生效	東協成立後第一個涵蓋貨品貿易、服務貿易、投資等三項重要領域的協定

表 3-5 澳大利亞 FTA 推進現況與其涵義（續）

進行階段	談判對象	推進現況	締結涵義
	澳—馬來西亞 FTA	2012 年 5 月簽署 2013 年 1 月生效	本於 2010 年生效之澳—紐—東協 FTA 基礎上繼續深化雙邊關係，馬來西亞為澳大利亞的第九大貿易夥伴
	澳—韓國 FTA	2009 年 5 月談判開始 2013 年 12 月達成協議 2014 年 4 月簽署 2014 年 12 月生效	韓國為澳大利亞第四大貿易夥伴
	澳—日 EPA	2014 年 7 月簽署 2015 年 1 月生效	JAEPA 是日本至今對外簽署協定中，最為開放的一部 FTA
	跨太平洋夥伴全面進步協定（CPTPP）	2015 年 10 月簽署 （成員國：澳大利亞、汶萊、加拿大、智利、日本、馬來西亞、墨西哥、紐西蘭、秘魯、新加坡、美國、越南） 2017 年美國退出 2018 年 12 月生效	跨太平洋夥伴協定擴增為 11 個國家參與談判與締結的巨型 FTA，人口規模將近 5 億（占全球 7%）；總 GDP 超過 11 兆美元（占全球 13.1%）
	澳—中國 FTA	2005 年 5 月談判開始 2015 年 6 月簽署 2015 年 12 月生效	中國是澳大利亞最大的貨品貿易與服務貿易出口市場，涵蓋澳大利亞將近三分之一的出口值與投資量
洽簽中（5 件）	澳—海灣國家合作理事會 FTA	2007 年 7 月談判開始 2009 年 6 月最新一輪談判結束後，GCC 會議將所有談判中的 FTA 暫停 2014 年 3 月 GCC 會議恢復部分貿易談判，但與澳大利亞談判尚未重新啟動 （成員國：沙烏地、科威特、阿拉伯公國、卡達、阿曼、巴林）	

表 3-5　澳大利亞 FTA 推進現況與其涵義（續）

進行階段	談判對象	推進現況	締結涵義
	澳—印尼 CEPA	2009 年 4 月完成雙邊可行性研究（在澳—紐—東協 FTA 簽署後展開對話） 2012 年 9 月談判開始	以 2014 年爲計算，印尼爲澳大利亞第十二大貿易夥伴，同時爲第十一大出口市場
	澳—印度 ECA	2011 年 5 月談判開始 2015 年 5 月結束第九輪談判，目前仍在談判中	印度龐大的人口與市場對於澳大利亞的農業、能源、製造業、礦業及服務業等出口均有龐大利益
	澳—歐盟 FTA	2015 年 11 月雙方發布共同聲明將進行 FTA 談判	歐盟是澳大利亞最大的外國投資與服務貿易出口市場，同時也是澳大利亞第二大貿易夥伴
	區域全面經濟夥伴協定 RCEP	2011 年由東協提出 RCEP 計畫 2012 年 11 月談判開始 2015 年 8 月進行第九回合談判（成員國：東協、韓國、中國、日本、澳大利亞、紐西蘭、印度）	RCEP 爲 16 個國家參與談判與締結的巨型 FTA，涵蓋全球 30% 以上 GDP，29% 以上貿易額

資料來源：本研究製作（參考 WTO 官方網站及澳大利亞外交貿易部 http://dfat.gov.au/trade/agreements/pages/trade-agreements.aspx）。

界意見或資訊揭露等流程。上述改革並非經由單純一部專法加以調整，而係分散於不同規定中，且這些基本流程仍容許若干彈性，可能因不同個案而有所調整。[71]

　　首先，澳大利亞憲法規定中雖未明確規範「條約締結權」（treaty

----

[71] 顏慧欣，對外經貿談判程序法制化之簡評，WTO 及 RTA 電子報，第 409 期，2014 年 5 月 16 日，頁 3-12。

making），但從憲法解釋上可認定締約權爲行政部門的正式責任（formal responsibility），而非屬於國會。在 *R v Burgess* 一案中，[72] 澳大利亞高等法院解釋憲法第 61 條中關於行政部門之職權包括與外國締結條約，[73] 一旦條約締結後，該國憲法第 51 條則賦予國會制定法律以適用條約中的內容，以使澳大利亞履行基於條約所產生的國際責任。[74] 高等法院進一步指出，澳大利亞對外所締結之國際條約，無法直接成爲其國內法律的一部分，除非該條約之內容已經由國會立法而成爲國內法律，因此，條約並不能直接成爲個人權利與義務之法源基礎。[75] 即便如此，在國際條約尚未經過立法轉換爲國內法律前，也並非完全沒有法律效力，事實上，澳大利亞高等法院法官認爲，單純的批准條約之行爲（而並未另外訂立或修改法律）即隱含該國行政部門應有遵守條約規範之合理期待（legitimate expectation），而在行政程序與行政處分上，應盡可能與條約規範一致，[76] 同時，條約亦經常被澳大利亞各級法院作爲解釋現行法上不確定之法律概念，並作爲普通法（common law）概念之發展與演進。因此，在多邊條約談判締結過程中之各項決策，包括：決定談判目標、設定談判立

- - - - - - - - - - - - - -

[72] R v Burgess; Ex Parte Henry (1936) 55 CLR 608 per Latham CJ at 644.

[73] Section 61 of Commonwealth Of Australia Constitution Act, "The executive power of the Commonwealth is vested in the Queen and is exercisable by the Governor-General as the Queen's representative, and extends to the execution and maintenance of this Constitution, and of the laws of the Commonwealth."

[74] Section 51(xxix) of Commonwealth Of Australia Constitution Act, "The Parliament shall, subject to this Constitution, have power to make laws for the peace, order, and good government of the Commonwealth with respect to: - (xxix) External Affairs."

[75] Per Mason CJ, Deane and Toohey JJ in Minister for Immigration and Ethnic Affairs v Teoh (1995) 128 ALR 353 at p. 354.

[76] Per Mason CJ, Deane and Toohey JJ in Minister for Immigration and Ethnic Affairs v Teoh (1995) 128 ALR 353 at p. 354. Of the introduction into the House of Representatives on 28 June 1995 of the Administrative Decisions (Effect of International Instruments) Bill 1995.

場、談判代表的授權與限制，以及最終是否締結與批准條約之權限，均交由部長層級決定，有時則由內閣會議決定。至於雙邊條約之締結，澳大利亞內閣通常會遵循過去已有的條約範本而依雙邊談判結果稍做修改，例如：投資促進與保障協定（Investment Promotion and Protection Agreements）、刑事司法互助條約（Mutual Assistance in Criminal Matters Treaties）、引渡條約（Extradition Treaties）、航權協定（Aviation Agreements）等，此等條約均由部長認可後，交由澳大利亞聯邦行政理事會（Federal Executive Council）簽署該條約。由上可知，澳大利亞在對外締結條約之權力係集中於行政部門，使得行政權在對外談判程序中，享有較大的權限與責任。

其次，澳大利亞憲法並未賦予該國國會在條約締結程序中扮演任何正式的角色。然而，1996 年 5 月 2 日起，澳大利亞政府啓動一連串變革，讓國會在條約締結程序中發揮更重要的監督功能。簡言之，所有的條約在成爲「受法律拘束」（binding treaty action）前，必須在澳大利亞國會上下議院（both Houses of the Commonwealth Parliament）進行十五天以上的議會（fifteen sitting days）討論，但該等條約有急迫性與敏感性者不在此限。[77] 在條約締結程序中，國會有權建議行政部門採取「受法律拘束」行爲（treaty action）之方式，其類別則包括：接受原條約內容、另議新約、與他國談判對現有條約進行增修或退出條約。[78] 而條約經締結後，在其尚未具有國際法拘束義務前，將與該條約之「國家利益評估」（National Interest Analysis，簡稱 NIA）報告一併列入國會

---

[77] 通常此類急迫性與敏感性的條約協定係關於武裝衝突與國際或區域和平之條約，與經貿事務有關的 FTA 不在此範圍內。例如：1997 年 12 月 5 日簽訂之布干維爾中立停戰監督小組協定；以及 1998 年 4 月 29 日之後續議定書。

[78] Treaty action includes: (1) entering into a new treaty, (2) negotiating an amendment to an existing treaty or (3) withdrawing from a treaty.

議程，NIA 中應詳列以下幾項重點：1. 澳大利亞作爲締約方的確切理由；2. 對於可預見的經濟、環境、社會、文化影響評估分析；3. 作爲締約國之國家責任與義務；4. 對澳大利亞所產生之直接財務成本；5. 條約內國法化的程序與法規檢視；6. 締結程序中關於條約內容所進行的諮商對象與過程；7. 該條約是否提供退出或廢止規定。

澳大利亞國會召開兩院聯席會議時，基本上係由「聯席常設條約委員會」（Joint Standing Committee on Treaties，簡稱 JSCOT）加以審議，該委員會成立於 1996 年且其主要職責在於審查排入議程之「條約案及其國家利益評估」（NIA）。JSCOT 可以考量其他與條約有關的任何議題、參考由國會上下議院或內閣閣員所提供的相關國際規範，或直接徵求公眾意見與召開公聽。[79]從 1996 年至今爲止二十年間，JSCOT 公開了所有對於排入國會議程之條約案的審查與檢視細節，[80] 例如：近期澳大利亞與中國大陸所締結的 FTA 即於 2015 年 6 月 17 日公布完整的 134 頁 NIA 報告內容。[81] 至於正在進行談判中的多邊條約，每年亦有二次時間排入議程並於「澳大利亞條約資料網」（Australian Treaties Library）公開。

倘若澳大利亞國會必須以通過、制定或修正國內法律的方式作爲履行條約

---

[79] JSCOT 的角色在此階段，傾向於國內配套制度建立與履行 FTA 的國內法制修正等考量，倘若無法制修正需求或國會通過配套法律之制定，則該委員會對政府可做出使 FTA 生效之建議。不過最終 FTA 之生效仍由行政部門 DFAT 批准（ratification），非由國會爲之。參見顏慧欣，對外經貿談判程序法制化之簡評，WTO 及 RTA 電子報，第 409 期，2014 年 5 月 16 日，頁 3-12。

[80] JSCOT has provided detailed scrutiny and examination of all treaties tabled in Parliament. JSCOT reports, once tabled, are available through the Internet website at http://www.aph.gov.au/house/committee/jscot/index.htm.

[81] 澳大利亞—中國 FTA 於 2015 年 6 月間完成簽署，國會立即排入 JSCOT 議程，並由國會做出同意使該 FTA 生效之建議。

義務的必要程序，國會將進一步針對條約內容進行辯論，以便在正式成為條約締約國前，充分討論澳大利亞是否願意接受條約義務之拘束，以及如何進行國內立法轉換程序。然而，在多邊條約談判的情況下，多數條約均歷經漫長的談判期間且並未對公眾公開內容，澳大利亞國會通常於談判期間針對重要議題（key issues）進行討論，使該議題獲得公眾的關注。例如：氣候變遷框架公約（Climate Change Convention）談判歷經相當長時間，而該公約草案內容要點在國會中亦將進行討論。

綜上所述，1996 年澳大利亞政府對於條約締結程序之改革中，有效的加強了國會監督程序，使該程序更加公開與民主。同時，澳大利亞政府係經由民主選舉機制所組成，其代表國家對外進行談判具有法律上的正當性、也應善盡對澳大利亞人民揭露重要資訊的責任、更有作為公眾代表與滿足社會期待之道德責任。澳大利亞政府近年來在對外談判中，亦加強主要利害關係團體之意見表達與參與（key stakeholders），包括企業或非營利組織（NGO）派代表參與條約談判程序，以確保具有利害關係人之不同觀點，能在形成條約的國際義務前受到重視。若依 1982 年澳大利亞之資訊自由法規定，[82] 在政府對外洽簽 FTA 階段，聯邦政府負責對外談判之部門需定期與聯邦政府各部會、州與地方政府，以及產業各界之利害關係人進行諮商，以確保這些利害關係人的意見能持續納入政府對外談判策略考量。特別是關於聯邦政府與州、地方政府之諮詢機制、談判代表至各州與地方市政府之定期訪問等，均成為對外經貿談判過程中

---

[82] Australia Freedom of Information Act 1982。FOIA 提供了一個法律框架，允許個人要求查閱政府文檔，從而加強了政府的責任和透明度。這包括了個人資訊或其他資訊，比如關於制定政策、行政決策和提供政府服務的各種資訊。FOIA 適用於澳大利亞的大多數政府機構。這些政府機構必須根據 FOIA 之要求將文檔公開，除非它們有充分的理由不這樣做。而對於要求政府公開之資訊，澳大利亞政府亦有權審查是否依 FOIA 而公開其內容，詳見 FOIA 之要求與回應網站：https://www.righttoknow.org.au/list/all。

澳大利亞各級政府間資訊揭露及諮詢溝通之重要模式，且已於法律中明訂。

然而，上述諮詢程序係希望行政部門主動進行諮商，並加強國會之監督權，但並非直接要求行政部門對一般民眾或利害關係人負擔法律上義務，故對於經貿談判文件資訊之揭露是否能成為「法律上之請求權」，澳大利亞政府持否定態度。由於澳大利亞資訊自由法係規範所有聯邦政府之資訊公開事項，故對於經貿談判亦可一體適用。利害關係人或一般公眾申請取得對外經貿談判之相關資訊，應依一般程序為之（例如：依 FOIA 第 15 條相關規定必須以書面為之、明確記載使用目的與用途、申請文件之範圍、並由申請人自付相關費用）；而澳大利亞政府相關單位有權准駁申請案件，尤其該文件若涉及國家安全、澳大利亞外交關係或其他公共利益等事由，政府得拒絕揭露該等資訊。

值得注意者，FOIA 規範對象為一般人民與政府機關間的法律關係，倘若對外經貿談判程序並未完成，兩國間也未獲致最後協議文本時，一般公眾是否能主張 FOIA 規定之正當之理由，而接觸此類機密資料，不無疑問。易言之，申請人除非能舉證「取得該談判文件（機密資料）」係屬於個人在法律上之必要，且無影響公共利益與國家安全，否則，聯邦政府核准申請的可能性不高。

三、影響貿易談判透明化與資訊揭露之因素

影響澳大利亞是否對外締結條約最重要的考量因素，即為「國家利益」（national interests），由於國家利益定義不易衡量，故於實務運作上，澳大利亞政府在確認締結條約前，盡可能廣泛徵詢各方建議意見，作為評估國家利益之基礎。易言之，澳大利亞政府對於是否對外締結條約，以及其與國家利益關聯性之最終決定，係根據其國內所有有關利害關係人（團體）所彙整之資訊進行分析而得之。澳大利亞政府的諮詢方式並非僅形式上的徵詢各方意見，而是讓利害關係人感覺參與整個條約締結之過程，同時，在政府做決策之過程中，

亦將上述利害關係人之觀點納入其決策與裁量中，藉以評斷該條約之內容是否符合澳大利亞之國家利益。[83]

廣泛地諮詢各方建議意見係確保澳大利亞國內民政與各種團體支持談判中條約的最佳方法，藉由意見的表達與參與討論，使得各種利益團體之立場得到平等與平衡之對待，在政府揭露條約資訊的同時，亦使澳大利亞藉此機制逐步形成國內共識。而在對外經貿談判的過程中，影響談判結果之利害關係人通常會被列入諮詢的對象，茲分析如下：

（一）地方州與相關領地政府（The States and Territories）

地方州政府與相關領地之政府係澳大利亞中央政府在條約締結過程中最優先被諮詢的對象，蓋許多國際條約都需要州與相關領地政府之合作，使條約未來能於當地生效適用以及被有效遵守。因此，諮詢州與相關領地政府之方式包括各種不同層級之諮詢會議或公聽會，例如：地方的專家學者諮詢，或召開部長級會議等。1996 年澳大利亞總理同意成立一個條約委員會（Treaties Council）以發揮其諮詢之功能，成員包括總理、內閣與重要部會首長等。[84]「條約委員會」係作為澳洲政府委員會（Council of Australian Governments，簡稱 COAG）[85] 之附屬會議，專司評估國際條約或組織（機構）對於澳大利亞地方州及相關領地政府所可能造成的潛在或特殊的敏感性以及重要性。除此之

---

[83] Productivity Commission 2010, Bilateral and Regional Trade Agreements, Research Report, Canberra.

[84] The Treaties Council agreed to adopt revised Principles and Procedures for Commonwealth-State Consultation on Treaties (originally adopted in 1992) to achieve the best possible outcome for Australia in the negotiations and implementation of international treaties. The Principles and Procedures set out the role and functions of the Treaties Council. See https://www.coag.gov.au / treaties_council.

[85] 國內對 Council of Australian Governments（COAG）之中文翻譯名稱不一，有譯為「澳洲政府諮議會」、「澳洲政府委員會會議」、「澳洲內閣會議」等。

外，另一個澳大利亞聯邦政府與地方州政府間關於條約事務之重要諮詢管道，稱爲「聯邦—州—領地之條約常務委員會」（Commonwealth-State-Territory Standing Committee on Treaties，簡稱 C-S-TSCT），亦由聯邦政府各部會首長，以及所有的地方州及領地政府部門部長級代表所組成。[86] 該委員會每一季會檢視澳大利亞政府的國際條約清單表（Treaties Schedule）對於目前正在進行談判或已締結之國際條約進行審視，而地方的州與領地政府代表將有機會接觸到條約的細節規定（尚未公開於網路或其他政府公報），並提出觀點與建議，甚至擬定其他欲諮詢的對象，使整個諮詢程序更加完備。[87]

（二）產業及其他利益團體

澳大利亞政府與產業代表機構及其他利益團體之諮商係以非常廣泛的模式進行，無論是正式的諮商會議或非正式的討論會。例如：澳大利亞外交暨貿易部（Department of Foreign Affairs and Trade，簡稱 DFAT）與非營利組織（NGOs）每半年召開一次諮詢會議，討論國際條約談判議題中涉及 NGO 所關注之國際人權問題；國家和平與裁軍諮詢委員會（The National Consultative Committee on Peace and Disarmament）長期關注澳大利亞的軍備控制議題；貿易政策諮詢委員會（The Trade Policy Advisory Committee）則善於將商業團體之利益透過諮詢會議而影響澳大利亞在對外經貿談判之政府立場。然而，除上述各種委員會外，澳大利亞政府亦不定期向各種利益團體諮詢，對於關心個別議題之團體有機會透過不同管道發聲。因此，DFAT 亦舉辦不同類別諮詢性質的論壇，給予社會各界代表機會，對於其所欲表達的建議與立場，有效地在條

---

[86] Nick O'Neill, Simon Rice & Roger Douglas, Retreat from Injustice: Human Rights Law in Australia, 2004, at 174-178.

[87] Foreign Affairs, Defence and Trade References Committee, Blind Agreement: Reforming Australia's Treaty-Making Process, June 2015, Commonwealth of Australia.

約締結程序中呈現。

（三）平衡互相衝突的利益

　　值得注意者，諮詢程序並不表示任何一個單一利益團體可以完全決定或主導澳大利亞政府的談判立場。事實上，由於各種不同利益團體可能有完全不同或甚至對立的立場，故澳大利亞政府不會只聽從單一團體的訴求。在對外條約締結過程中的「政策諮詢」，其目的係給予決策者能夠傾聽並接收廣泛的資訊，並讓各種相關利益團體或利害關係人，在條約正式締結前，有機會向政府明確表達其特定立場。然而，澳大利亞政府最後的決定，仍應基於整體國家利益的考量而平衡各種可能互相衝突的利益。

（四）強化政府之對外談判諮詢功能

　　上述澳大利亞政府的諮詢程序雖然頗具公平性，但仍有可能遺漏部分利益團體希望表達或影響關於將要締結條約內容之機會，故該國政府設立「澳大利亞條約資料網」（Australian Treaties Library Internet site），將目前所有澳大利亞政府正在參與談判或在國會審議中之多邊條約內容列於網站中，約每隔半年更新一次，並詳列目前在國會兩院排入議程的條約審查時程表，該表格中除詳列各項條約外，並註明每一部條約線上回覆提問問題的負責政府官員聯繫方式，以強化條約談判與締結過程的透明度，並確保利益團體或個人可自由地提供有關澳大利亞政府對外談判立場的建議。另一方面，由於國際談判之發展變化迅速，而澳大利亞對外談判代表需要各個領域的專家觀點，協助其建立對於國家利益最大的協助，除此之外，甚至地方州及領地政府的代表、產業利益團體代表，以及 NGOs 人士亦常常以其專業諮詢之身分，協助澳大利亞對外談判代表。此類專家諮詢不但提供政府談判立場之建議，同時，亦兼具將談判進度回報給他們所代表的組織及團體，以利各利害關係人瞭解目前澳大利亞政府的立場與初步決策。上述程序尤其在新的多邊貿易談判中發揮了莫大的功效，讓

澳大利亞政府能迅速反映許多複雜的議題，例如：環境、貿易、人權，以及武裝衝突法律等。

四、貿易談判各階段資訊揭露之政府分權與規範體系

澳大利亞過去在對外經貿談判中累積了不少的經驗，但隨著參與區域與雙邊經貿談判越多，該國國內對於 FTA 締結程序的改革聲浪也越大。澳大利亞條約締結程序可從「談判開始前」、「談判進行中」、「談判完成後」等三個階段再做細分。首先，「談判開始前」階段，主要工作包括：擇定潛在雙邊或區域貿易協定夥伴、進行初步產業諮詢、可行性研究評估與經濟模型試算等。其次，「談判進行中」階段，主要工作包括：決定談判中進攻與防衛之利益、擬定談判底線及立場、進階諮詢、進行各回合（輪）談判、談判實質結束、確立條約文本、條約用語及法律文件之檢視、簽署條約等。最後，「談判完成後」階段，主要工作包括：條約案排入國會議程、國會審議、國會進行立法轉換程序（表達接受、贊同或加入、訂立新法或修正現行法律）、條約生效。[88]澳大利亞政府自 2000 年起與多數貿易夥伴國間的 FTA 都是以上述程序所締結[89]（見圖 3-3）。

然而，面臨近年來澳大利亞所進行的重要對外經貿談判壓力，例如，談判超過十年的澳大利亞與中國大陸 FTA 已完成簽署並於 2015 年 12 月生效，但其過程中都處於談判保密的狀態，依該國現行程序，DFAT 送交國會兩院聯席

---

[88] 國內亦有學者將澳洲對外 FTA 談判大致分為五個階段，包括：1. 可行性研究；2. 決定展開經貿談判；3. 談判進行階段；4. 談判完成協定但未簽署階段；5. 國會審議階段。詳見顏慧欣，對外經貿談判程序法制化之簡評，中華經濟研究院 WTO 及 RTA 中心電子報，第 409 期，2014 年 5 月 15 日。

[89] 自 1996 年對於條約締結程序的改革後，澳大利亞於 2000 年起與新加坡、泰國、美國、智利、澳—紐—東協、馬來西亞、韓國等分別完成 FTA 之簽署。

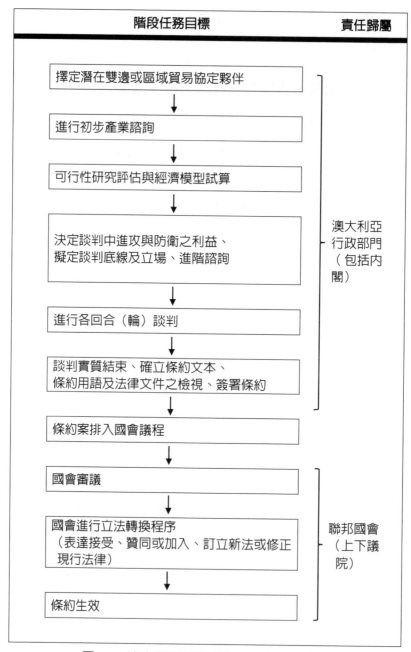

階段任務目標	責任歸屬

擇定潛在雙邊或區域貿易協定夥伴

進行初步產業諮詢

可行性研究評估與經濟模型試算

決定談判中進攻與防衛之利益、擬定談判底線及立場、進階諮詢

進行各回合（輪）談判

談判實質結束、確立條約文本、條約用語及法律文件之檢視、簽署條約

澳大利亞行政部門（包括內閣）

條約案排入國會議程

國會審議

國會進行立法轉換程序（表達接受、贊同或加入、訂立新法或修正現行法律）

條約生效

聯邦國會（上下議院）

圖 3-3　澳大利亞對外締結 FTA 之現行程序

資料來源：Australia's DFAT Process for Establishing BRTAS (Bilateral and Regional Trade Agreements)，作者翻譯與整理。

會議（JSCOT）時，僅有二十天的時間進行審查，[90] 但對於十年間的談判議題討論，外界很難在每一輪談判進行期間表達實質意見，只能於該 FTA 締結後接受 DFAT 之公眾諮詢（見表 3-6）。

表 3-6　澳中 FTA 談判進程與內容

	日期／地點	主要談判內容與結果
	2005	澳大利亞外交經貿部與中國大陸商業部簽訂備忘錄（MOU），雙方對於進行 FTA 談判達成共識
第 1 輪談判	2005.5.23 ／雪梨	確定談判進行程序性議題 中國大陸首席談判代表爲曾服務於駐 WTO 代表處的副處長張向晨先生
第 2 輪談判	2005.8.22-24 ／北京	實質內容談判，雙方交換意見與談判議題設定 中國大陸關切外人投資、反傾銷、自然人移動等議題 澳大利亞關切中國大陸國內之行政程序、政治決策等議題 雙方分爲四大工作小組：貨品貿易、服務貿易、投資、智慧財產權暨爭端解決
第 3 輪談判	2005.11.2-4 ／北京	實質內容談判，雙方交換意見與談判議題設定 中國大陸以與 ASEAN、香港及智利談判之 FTA 內容架構所涵蓋的範圍作爲主要議題設定 澳大利亞則以涵蓋原產地規則、智慧財產權、政府採購、服務貿易、投資、競爭政策、爭端解決等作爲 FTA 內涵 四大工作小組調整爲：農業、貨品貿易、服務貿易與投資、智慧財產權暨爭端解決
第 4 輪談判	2006.2.27-3.3 ／坎培拉	實質談判議題涵蓋：農業、SPS、貨品貿易、原產地規則、關務程序、政府採購、TBT、服務貿易與投資（包括幾項重要子部門：教育、金融、電信、電子商務、自然人移動）、智慧財產權、競爭政策、透明化、爭端解決，以及其他機構性條款 對於關稅減讓與市場開放議題，雙方也盤點並於未來將交換清單與承諾表
第 5 輪談判	2006.5.22-24 ／北京	雙方討論 FTA 之架構與未來可能涵蓋之章節 澳大利亞提出涵蓋 15 章節的 FTA 草案 中國大陸承諾將於下一輪談判中實質討論投資章議題 雙方就農業補貼、敏感農產品之進口配額與數量限制等交換意見

---

[90] 澳大利亞—中國 FTA 於 2005 年 5 月談判開始，2015 年 6 月簽署，2015 年 12 月 20 日生效。

表 3-6　澳中 FTA 談判進程與內容（續）

	日期／地點	主要談判內容與結果
第 6 輪 談判	2006.8.31-9.6 / 北京	雙方原本預期對於市場開放議題以及投資議題進行討論，最終並未達成 同意就 TBT、SPS、爭端解決章等的法律文字進行草擬 繼續就農業、貨品貿易、服務貿易與投資等領域進行談判 雙方體認中國大陸總理溫家寶訪問澳大利亞時提及，希望雙方盡力於 1 至 2 年內完成 FTA 談判
第 7 輪 談判	2006.12.11-15 / 坎培拉	雙方對市場開放議題開始實質談判 雙方同意對於投資障礙的議題，將於下一輪談判中進行 繼續貨品貿易、服務貿易、智慧財產與爭端解決之談判，以及 TBT 與 SPS 章節的文本內容
第 8 輪 談判	2007.3.26-30 / 北京	雙方對於貨品優惠關稅減讓表以及市場開放議題僵持 中國大陸同意將關務程序納入 FTA 之章節中 雙方並無太多實質進展
第 9 輪 談判	2007.6.18-22 / 北京	雙方對於貨品優惠關稅減讓表以及市場開放議題無實質進展 雙方首次開始討論草擬之 FTA 草案文字，章節包括：原產地規則、TBT、SPS、關務程序等
第 10 輪 談判	2007.10.22-26 / 坎培拉	雙方對於貨品優惠關稅減讓表以及市場開放議題無實質進展 雙方針對電子商務章進行實質談判 由於政府採購為中國大陸敏感談判項目，澳大利亞也並非 GPA 成員，雙方僅就此議題交換意見
第 11 輪 談判	2008.6.16-20 / 北京	中國大陸重新提交貨品貿易的關稅減讓清單，雙方市場開放談判正式「解凍」 雙方就投資章、政府採購章進行較深層之談判 雙方持續就幾個較無爭議的章節進行法律文字草擬與減少雙方歧見，包括：原產地規則、TBT、SPS、關務程序、電子商務
第 12 輪 談判	2008.9.22-26 / 坎培拉	雙方持續討論貨品優惠關稅減讓表以及市場開放議題 其他章節內容繼續交換意見，與前一輪談判相比並無太多進展
第 13 輪 談判	2008.12.1-5 / 北京	雙方持續討論貨品優惠關稅減讓表以及市場開放議題 實質完成談判的章節：關務程序 接近完成談判的章節：TBT、SPS 雙方繼續談判服務貿易與投資章、電子商務章、政府採購章，以及原產地規則
第 14 輪 談判	2010.2.22-26 / 坎培拉	本輪談判與上一輪談判間第一次間隔超過 14 個月 貨品優惠關稅減讓表以及市場開放議題依舊僵持，並留到下一輪繼續談判 其餘章節並無太多實質進展

表 3-6 澳中 FTA 談判進程與內容（續）

	日期／地點	主要談判內容與結果
第15輪談判	2010.6.28-30 ／北京	本輪談判無太多實質進展 盤點雙方進行中的章節議題，包括：原產地規則、TBT、SPS、關務程序、電子商務、服務貿易與投資章 澳大利亞持續表示將競爭政策與政府採購納入 FTA 之意願
第16輪談判	2011.7.5-7 ／坎培拉	貨品優惠關稅減讓表以及市場開放議題依舊僵持 雙方開始草擬 FTA 文字草案之章節，包括：機構安排、智慧財產權、電子商務章等
第17輪談判	2011.11.22-24 ／北京	本輪談判無太多實質進展 雙方開始草擬 FTA 文字草案之章節，包括：爭端解決章、透明化議題
第18輪談判	2012.3.19-21 ／坎培拉	本輪談判無太多實質進展 接近完成文字章節，包括：機構安排、智慧財產權等
第19輪談判	2013.6.4-6 ／北京	雙方就整部 FTA 較大範圍之章節進行討論
第20輪談判	2014.5.5-8 ／坎培拉	2014年4月澳大利亞首相 Abbott 先生成功訪問北京，就雙方市場開放議題與 FTA 文本進行討論，獲得實質進展，雙方領導人期待於 2014 年年底前完成 FTA 談判
第21輪談判	2014.9.1-5 ／北京	除市場開放以及少數章節中的敏感議題外，整部 FTA 的章節內容均已獲得雙方共識，談判已接近完成階段
完成談判	2014.11.17 ／坎培拉	雙方宣布完成 FTA 談判
簽署協定	2015.6.17 ／坎培拉	澳大利亞貿易暨投資部部長與中國大陸商業部部長正式簽署澳大利亞—中國 FTA 澳大利亞總理於簽署同日將此協定文本連同國家利益分析（NIA）報告一同排入該國國會兩議院聯席會議（JSCOT）議案，接受國會審查
國會審查	2015.10.19 ／坎培拉	澳大利亞國會聯席會審查條約之委員會召開審查會議，連同公眾諮詢意見等報告一同審查，國會通過澳—中 FTA
立法轉換	2015.11.9 ／坎培拉	澳大利亞國會就履行澳—中 FTA 之相關國內法律進行修正與立法
條約生效	2015.12.20 ／坎培拉	澳—中 FTA 完成國會審查並預計於 2015.12.20 正式生效

資料來源：作者翻譯整理自澳大利亞政府 DFAT 網站。

　　除澳大利亞與中國大陸的 FTA 為近年來最受該國關注外，談判時間超過二十年的 CPTPP，也是澳大利亞全國關注的議題，而 2015 年 TPP 完成談判並簽署，澳大利亞國會同樣只能在 TPP 簽署完成後看到列為機密的條約草案全文。[91] 對於此現象，澳大利亞國會顯然十分不滿意在整個 FTA 締結過程中，上下議院聯席會只能進行「全有或全無」（all-or-noting）的投票，而無法在漫長的條約談判進行程序中予以審查或提供建議，這不但無法滿足國會的意見表達，也有許多利害關係人提出質疑。[92]

　　基於上述理由，澳大利亞國會不甘於只成為條約締結程序中的橡皮圖章（rubber-stamp），因此，重新找出澳大利亞生產力委員會（Productivity Commission）受國會委託，在 2010 年即已完成但尚未獲得廣泛重視將近 400 頁的長篇報告——「雙邊及區域貿易協定研究報告」（Bilateral and Regional Trade Agreements Research Report, BRTA Report）透過立法加以落實。[93] 主要針對 1996 年該國條約締結程序修正以來，在實務運作上所發生的問題，而澳大利亞國會期望能再做更進一步的改革。該份報告檢視澳大利亞現行條約締結程序（包含 BRTA 洽簽程序），並提出對於整個締約過程之建議，該委員會認為在澳大利亞條約締結程序中主要存在五大缺失：1. 選擇 BRTA 談判夥伴的

---

[91] 即使在 2015 年 6 月間，TPP 可能已經進入談判最後階段，但因為智慧財產權章與投資人地主國爭端解決機制（ISDS）等關鍵性條文並未完成，故澳大利亞政府要求所有有機會看到機密文件的人（包括政府官員或國會議員），都必須簽署保密協定，且規定 4 年內不得揭露此期間所知悉由 DFAT 所提供任何與 TPP 有關之文件。詳見 Lenore Taylor, *Australian MPs allowed to see top-secret trade deal text but can't reveal contents for four years*, International trade, The Guardian Australia, June 2, 2015. http://www.theguardian.com/business/2015/jun/02/australian- mps-allowed-to-see-top-secret-trade-deal-text-on-condition-of-confidentiality。

[92] Choice, TPP secretly trading away your rights, March 2 2015; Sebastian, Trans-Pacific Partnership Agreement (TPP) confidentiality, Adelaide-SouthAustralia.com, June 2 2015.

[93] Productivity Commission 2010, Bilateral and Regional Trade Agreements, Research Report, Canberra.

國家，並不是該國最優先的順序，同時也不符合國家整體的貿易策略；2. 在締結 BRTA 前，並缺乏對於貿易政策目標之評估機制（尤其是公眾評估），以及公開與夥伴國家談判時所有可能的選項；3. 在締結 BRTA 前，由於審查時間太短，以及缺少對現況的可行性評估分析，以至於未能完成有意義且透明的評估；4. 在 BRTA 談判階段，缺少透明化、涵蓋範圍廣、有效率的諮商程序；5. 國會在 BRTA 締結程序中的監督角色無法彰顯。

針對上述問題，澳大利亞生產力委員會認為，更透明化與更具策略性的談判程序，有助於釐清整體國家利益，應全面檢討過去在 BRTA 締結程序上的問題，並建立一套新的制度。在上述報告中，該委員會提出三大方向之改革，作為政策建議，包括：1. 正式啟動與公開澳大利亞貿易政策發展策略；2. 改善 BRTA 談判前評估機制之範圍與現狀；3. 建立 BRTA 談判後，獨立且透明的分析機制。然而，上述分析與建議並未被採納，故在重要的澳大利亞與中國 FTA 談判以及 TPP 談判中，仍沿用現行的條約締結程序為之。2015 年 6 月，澳大利亞參議院外交、國防、貿易委員會（Foreign Affairs, Defense, Trade Committee）完成一項報告，名為：「視而不見的協定：澳大利亞條約締結程序之改革」（Blind Agreement: Reforming Australia's Treaty-Making Process），[94] 針對澳大利亞條約締結程序中的國家貿易策略擬定、諮詢與透明化、國家利益分析、國會監督、締約完成後之獨立評估與審查等制度建立進行完整的論述，提出未來對於澳大利亞對外經貿談判程序的建議，作為未來推動重要 BRTA 談判之依據。本章以下就澳大利亞國會所建議之 FTA 締結程序與透明化要求等，依不同階段分述如下：

- - - - - - - - - - - -

[94] Foreign Affairs, Defense, Trade Committee Blind Agreement: Reforming Australia's Treaty-Making Process, June, 2015.

（一）談判前之規劃階段：擬定國家整體貿易策略與進行評估分析

在全球化與區域經濟整合的潮流下，澳大利亞政府必須擬定「國家整體貿易策略」（trade policy strategy），作爲談判準備、分析經貿情勢，以及公開徵詢國內意見形成共識之基礎工作。此貿易策略應包括所有澳大利亞可能在多邊、複邊、雙邊貿易談判，以及其他基於非歧視性原則而撤除貿易障礙的協定。[95]澳大利亞國會認爲雖然 DFAT 已將簽署完成的 BRTA 內容置於網頁上公開資訊，但以每項協定依順序排列的方式（agreement by agreement）並不具有任何意義，也無從讓人民瞭解國家整體貿易策略爲何。[96]例如，過去在2007年以前，DFAT 每年均會公開編製「貿易目標與成果回顧報告」（trade outcomes and objectives statements），詳細列出澳大利亞參與國際經貿組織（WTO）、區域經貿論壇（APEC），以及其他正在談判或已生效的 BRTA 之貿易策略，以及重要經貿談判議題的走向，如電子商務與基因安全議題等，回顧這些報告不僅可以瞭解澳大利亞的整體貿易政策，也可以展望未來並制定符合時宜的策略。因此，委員會建議未來澳大利亞政府應每年定期檢視並公告「國家整體貿易策略」，尤其針對 BRTA 的洽簽對象，評估全球與區域的貿易夥伴，何者應優先與其洽談經貿協定，以增加澳大利亞的經濟利益，此份貿易策略夥伴清單在擬定時，應考量以下幾個面向：1. 澳大利亞境內設立或維持貿易與投資障礙的本質與開放程度；2. 雙邊貿易流量現狀以及潛在貿易夥伴之經濟規模與產業結構；3. 澳大利亞產業在目標貿易夥伴國境內所面臨的障礙（包括關稅、服務

---

[95] 澳大利亞工商聯合會（Australian Chamber of Commerce and Industry）指出，爲使澳大利亞工商產業獲得更多的機會，洽簽雙邊與區域貿易協定（BRTA）是貿易自由化進程中必要的一環，即使在不同層次的貿易談判中可能遇上不同的挑戰與機會，但國家應有整體的單一貿易策略架構（single trade strategic framework），作爲推動對外貿易政策之藍圖。

[96] 委員會之報告中指出，DFAT 公開的資訊中，許多是非具體，且價值很低的資料，然而，委員會認爲，公開有用的資訊時，除應盡可能揭露公衆有需求的資料外，同時也應平衡在不影響談判結果的情形下，兼顧資料的機密性。

貿易法規調和、物質基礎建設限制等）；4. 潛在貿易夥伴國可能存在低成本之製造商，對澳大利亞之製造商與消費者帶來競爭利益；5. 貿易夥伴國對於貿易自由化改革之可能性，包括對該國既有貿易協定加以考量。[97]

由上可知，公開諮詢大眾並有計畫性且審慎考量與規劃後的「國家整體貿易策略」，可增加公眾對於國家貿易政策的瞭解程度，並可增加人民對該貿易策略目標的支持度。在整體貿易策略公告前，應由澳大利亞內閣會議負責擬定策略，基於考量與對手國談判時的敏感性（涉及談判底線的問題），應允許其所公開的文件內容可作一定程度的限制，但理論上來說，內閣會議中應有完整版本（full version）的經貿策略規劃。總體而言，內閣會議每年定期檢視與更新國家整體貿易策略，可以使得澳大利亞在變動中的國內政經情勢以及國際經濟環境中，確保政府正確判斷貿易自由化帶來的機會，以及保持澳大利亞國家利益的最大化。

在擬定貿易策略後，針對每一個貿易自由化的目標，以及未來可能潛在的談判對手，必須在開啓談判前先進行「可行性評估」之研究。評估內容包括，與該擇定的潛在貿易夥伴進行 FTA 談判能否與澳大利亞的貿易策略目標一致？目前雙邊貿易流量的情況為何？談判前是否已諮詢利害關係人之意見，並評估 FTA 所帶來的機會、障礙、威脅，以及合作可能性？而在雙邊經貿談判中，通常由締約國單方先進行「可行性評估」，再由雙方一同進行「共同研究」，藉以初步交換資訊與彼此接觸，而通常雙方所採用的研究方法為「成本效益分析法」（cost-effect approach）。透過此種分析方法，也可以讓雙方瞭解未來在開啓談判時，可能被納入談判議程的主題。從過去的經驗得知，有些貿易夥伴可能採取比較開放的態度，對於新一代高品質的 FTA 較有興趣（例

---

[97] Ann Capling, Australia and the Global Trade System: From Havana to Seattle, Cambridge University Press, 2001.

如：涵蓋智慧財產權、服務貿易市場開放、電子商務、競爭政策、政府採購等）；但也有可能在某些情況下，潛在的貿易夥伴並無意願進行更進一步的雙邊相互承認協議（MRA）、投資保障等議題。

　　另一方面，過去在可行性評估時只著重於貿易量化指標與經濟模型試算，但在近年來環境、勞工、人權、公共政策、福利等因素漸受重視下，除「經濟影響評估」分析外，通常會再加上「貿易永續影響評估」（trade substaintial impact assessment），[98] 透過諮詢利害關係人而對非經濟因素加以分析，目的是使 FTA 不影響澳大利亞的社會永續發展[99]（見表 3-7）。上述可行性評估分析與其他影響評估報告，在談判前由 DFAT 公開讓更多利害關係人表達意見。在完成上述程序後，DFAT 與內閣會議將決定是否與擇定貿易夥伴展開 BRTA 之談判，並在談判前設定「最低容許成果」（minimum acceptable outcomes），[100] 作為 BRTA 談判是否滿足澳大利亞「國家利益」之參考依據。

- - - - - - - - - - - - -

[98] Trade Sustainability impact assessment (TSIA) is a method of integrated policy appraisal which accords the same level of consideration to economic, social and environmental impacts and provides a means of assessing the potential impact of policy measures on sustainable development. See Colin Kirkpatrick & Norman Lee eds., Sustainable Development and Integrated Appraisal in a Developing World, Cheltenham: Edward Elgar, 2000.

[99] 澳大利亞對於「永續社會影響評估」較為陌生，過去該國亦只著重於 FTA 之經濟影響評估，因此，關於此議題，可參考歐盟對於社會影響評估之做法。Kirkpatrick & Lee 2002a: 26f; Kirkpatrick & Mosedale 2002: 9; George 2002: 7; Cat & E. 2003: 8. There are many assessment methods that can be applied to carry out SIAs, such like Causal Chain Analysis, Analytic Methods, Modelling Methods, Data Based Methods, Descriptive Methods, Expert Opinions, etc. At present, there is no single modelling system available that would assess equally well economic, environmental and social effect and thus no single SIA-Analysis Method.

[100] 由於此「最低談判容許成果」類似於談判底線以及測算出「談判協議的最佳替代方案」（Best Alternative to a Negotiated Agreement, BATNA），故此類評估報告通常具有機密性質，而不應在談判前公開；而考量談判雙方未來達成協議後的雙邊關係，即使在談判完成後，此談判底線亦不宜對外公開。

表 3-7　貿易與永續社會影響評估之各項指標

評估指標	觀察基礎	質化或量化資料
實體影響之評估指標		
經濟	實質所得 固定資本形成總額 就業率 勞動條件	• 國民儲蓄 • 民間實際消費 • 經濟成長率 • 其他影響固定資本形成因素（社會及環境） • 自我僱用人數 • 非正式部門就業情況 • 薪資所得影響
社會	貧富差距 健康與教育 所得分配	• 所得財富 • 社會貧窮化程度 • 社區（農村）景觀維護 • 所得分配 • 性別議題 • 對不同年齡世代之影響 • 對少數民族之影響 • 社會福利排擠效應（健保）
環境	生物多樣性 環境品質 自然資源保育	• 特殊生態系統 • 瀕臨絕種生物 • 空氣、水及土地品質 • 能源資源利用 • 其他不可回復之資源
程序影響之評估指標		
正當程序	永續發展原則相符性 履行永續發展之機構 能力	• 汙染者付費機制 • 使用者付費機制 • 預防性原則 • 永續發展於公共決策之應用能力 • 社會高階管理階層對於永續發展目標之承諾 • 爭端解決機制（ISDS） • 符合國內公共政策之例外機制

資料來源：Colin Kirkpatrick & Clive George, Trade and Development Assessing the Impact of Trade Liberalisation on Sustainable Development, 2004. [101]

----

[101] Colin Kirkpatrick & Clive George, Trade and Development Assessing the Impact of Trade Liberalisation on Sustainable Development, Instiute for Development Policy and Management, Impact Assessment Research Center Working Paper Series, Paper No. 5, June 2004.

（二）談判中之交涉階段

近年來巨型 FTA 之談判通常需要十年以上的時間，對於一國的國內政策與影響，也由一個靜態的概念而轉變為動態的概念。在澳大利亞目前關於對外經貿談判資訊揭露的現行做法中，DFAT 的諮詢程序受到不少質疑。主要質疑者之論點有二：1. DFAT 應該擴大私部門在談判程序中的參與程度（如擔任政府諮詢委員會成員），並允許更多私人團體或機構提供建議；[102] 2.在提供資訊的深度上亦該加強，尤其 DFAT 不願意對機密文件進行揭露，使得許多諮詢討論流於形式空泛。[103] 然而，DFAT 提出相反的論點反駁：1. 談判議題涉及許多政府部門間協調與政策擬定，越多的利益團體實際參與談判過程，可能導致於彼此間利益衝突而無法形成共識，核心利害關係人（key stakeholder）的諮詢有其必要性，但並非擴大參與均對澳大利亞國家利益有幫助；2. 談判機密性文件（如關稅稅率或尚未定稿之條約約文）提早揭露可能對後續談判造成阻礙，但在完成談判後，由內閣決定是否簽署前，應可公開條約全文。

上述二種對於經貿談判過程中資訊是否應揭露的衝突立場，澳大利亞國會之外交國防貿易委員會在 2015 年 6 月的報告中，亦提出其分析觀點，認為雖然國會同意在 BRTA 締結程序上應該進行改革，但要求 DFAT 在談判過程中完全揭露資訊（absolute transparency）是「不切實際的期待」（unrelisted expection），[104] 但這並不代表 DFAT 能以「國家利益」為理由拒絕揭露任何資

---

[102] 例如，Business Council for Australia, the Law Council of Australia 等機構都有此類建議。

[103] Long, O. 1987, Public scrutiny of protection: a report on policy transparency and trade liberalisation, Trade Policy Research Centre, London.

[104] Foreign Affairs, Defense, Trade Committee Blind Agreement: Reforming Australia's Treaty-Making Process, June, 2015, pp. 72-73. "While the committee accepts that absolute transparency in treaty making is an unrealistic expectation, absolute secrecy in the current globalised environment of treaty-making is equally unrealistic and therefore in need of changing. The

訊，尤其在近代 BRTA 的談判中，涉及層面太廣泛（包括：關稅、投資、服務貿易、智慧財產權、電子商務、競爭、TBT、SPS 等專業），引入專家學者意見以及在 FTA 談判過程中強化透明程度，不但不會成為危害國家利益而產生風險，反而可以加強人民對政府的信任。DFAT 應正面且具體回應社會上的質疑與需求，在「資訊完全揭露」與「資訊完全保密」中間，仍可以找出「實質有意義的雙向溝通」（meaningful and effective two-way communication）。[105] 由上述分析可知，澳大利亞國會之外交國防貿易委員會，試圖平衡二種截然不同的立場，該報告對談判資訊揭露與透明化議題之總結如下：

1. 強化談判進行中的透明度是必要的改革：澳大利亞的重要貿易夥伴（如歐盟與美國）對於談判資訊揭露議題均有所變革，澳大利亞政府所面臨的挑戰是普遍存在於各國，是當代民主化問題的一環。對外經貿談判資訊揭露與透明化的改革有助於增強公眾對於政府談判團隊與談判程序的信心，而其中最核心的關鍵便是增加主要利害關係人諮詢的機會與深度。委員會體認在 BRTA 談判

---

argument that it is in Australia's national interest for texts of bilateral and plurilateral treaties to be kept confidential prior to signature is increasingly under challenge. The committee acknowledges that the practice of keeping aspects of trade negotiations secret has a long history going back to the original General Agreement on Tariffs and Trade negotiations in 1946-1947, but it has not always been so and international best-practice appears to be heading in the opposite direction. Criticism from academic experts and consideration of contemporary international practice demonstrates that absolute secrecy in trade negotiations is a relatively recent development reflecting the proliferation and complexity of agreements where significant and long-term commercial interest are at stake."

[105] *Id.*, pp.73-74. "At issue for the committee is the lack of meaningful and effective two-way communication ...... The committee believes there is an urgent need for DFAT to rethink and review its negotiation strategy from the perspective of stakeholder expectations and internal departmental resourcing priorities. This is why the committee recommended that DFAT put in place a process for sourcing expert advice and assistance in areas that may be beyond the technical competency of its negotiating team."

實務中，不可能要求滿足所有的利害關係人，但來自於利害關係人的批判或質疑也不能直接被歸咎於對談判成果造成負面影響。

2. 談判文件的揭露程度應視不同協定規範而決定：即使國會與社會大眾對於政府必須在條約簽署前揭露談判全文文件有很大的期待，但從國際法角度而言，此揭露權並不是澳大利亞政府能掌控。例如，在 TPP 的案例中，澳大利亞政府基於各會員國簽署保密協定的要求，而必須在維持機密的情況下進行談判，[106] 由於多數 TPP 夥伴國都面臨國內透明化的要求（如美國與日本），未來在對外經貿談判上的資訊揭露程度可能亦將隨談判對象不同而有變化。倘若在對外經貿談判中（尤其是多邊與區域貿易協定），澳大利亞政府違反保密協定而揭露談判之條約文件，將會損及澳大利亞與其他貿易夥伴國間之外交關係，並使得澳大利亞未來在國際談判場合中不被信任。

3. 政府應努力平衡「談判機密性」與「資訊揭露」二項義務：澳大利亞國會不會通過一個空白授權立法要求政府未來不參加任何有保密協議之條約談判，但 DFTA 及其他行政部門應盡最大努力在條約文本獲致共識、但尚未由談判代表簽署前，於國會中揭露法律協定文本，除非締約過程中成員國間有保密協定，否則應以透明化原則來處理。[107] 上述談判中對於國會與利害關係人之諮

---

[106] USTR, FACT SHEET: Transparency and the Trans-Pacific Partnership "When the TPP negotiations got underway in 2009, the United States and its TPP negotiating partners entered into a confidentiality arrangement reflecting the customary understanding between countries engaged in trade negotiations that the negotiations should be carried out in private. The understanding calls for each government to disseminate its negotiating proposals, as well as those it receives from its TPP partners, solely to government officials and individuals who are part of the government's domestic trade advisory process."

[107] Foreign Affairs, Defense, Trade Committee Blind Agreement: Reforming Australia's Treaty-Making Process, June, 2015, p. 52. "The committee takes DFAT's point that complete openness in the negotiation process may not always be practical to achieve negotiating outcomes.

詢，若考量國家之保密義務，仍可以「祕密諮詢」方式爲之，例如：DFAT 可與利害關係人簽訂保密契約（confidentiality agreements），讓主要利害關係人成爲談判程序中的重要諮詢對象，並對洩漏機密之人課以法律責任。

4. 對於協定最終文本進行獨立且透明之評估分析：除了談判前的可行性評估研究外，在協定最終文本獲致共識後，應該由一個中立且獨立之機構對協定最終文本與附件進行「談判後分析」（post-negotiation analysis），[108] 此機構必須獨立於澳大利亞行政部門以外，且必須將其評估方式、選擇試算的模型、訪談利害關係人觀點等予以完整公告。此分析評估不僅可作爲內閣評估是否簽署該貿易協定之依據，也可供國會上下議院聯席會參考。

（三）談判後之審查階段

澳大利亞國會在憲法上對於條約締約權並無法定權力已如本文前述，在 1996 年改革方案中強化了國會中成立相關委員會之權力。然而，在 2015 年國會改革的報告中，仍提出強化國會監督的功能，雖然並非直接規定在法律上的義務，但對於習慣法的澳大利亞來說，仍有對於未來洽簽 BRTA 時的指導作用。此次關於國會監督的改革主要集中於「國會議員調閱權」以及「國會條約委員會之角色」二大部分，茲分述如下：

1. 國會議員調閱權：此處調閱權係針對 BRTA 談判與締結程序中的相關法律或談判文件而言。委員會考量到在現行的 BRTA 談判與締結程序中，聯邦國會的議員通常在條約簽署並排入國會議程前的任何階段，都無法取得或閱覽

Furthermore, refusal to enter negotiations conducted confidentially could see Australia left out of future trade agreements that are in the national interest."

[108] Cipollina, M., and Salvatici, L., 2010, "Reciprocal trade agreements in gravity models: a meta-analysis", Review of International Economics, Vol. 18, No. 1, pp. 63-80; Lesher, M. and Miroudot, S. 2006, "Analysis of the economic impact of investment provisions in regional trade agreements", OECD Trade Policy Working Papers, No. 36.

條約文本內容。尤其在近年的巨型 FTA 談判案例中，無論是美國、歐盟及其他重要貿易夥伴國，都已將過去談判保密的原則修正，朝向更加透明化，以及將條約文本向國會或產業利害關係人公開的趨勢。在這股風潮下，美國歐巴馬政府亦在 2015 年貿易授權（TPA）法案中納入透明化機制，[109] 而即使澳大利亞國會要求 DFAT 將 TPP 之文本交由國會議員閱覽也已太晚，因爲 TPP 從 2008 年談判開始時，便是以祕密談判方式進行。由澳大利亞國會所做出的研究報告顯示，沒有證據可以證明國會調閱談判文件將對國家利益造成危害，基於此論點，澳大利亞政府應參考世界上重要貿易夥伴（如歐盟與美國）等的做法，對於國會審查修正爲一個更加包容、負擔更多責任且更少機密的程序。

2. 國會條約委員會之角色：在現有的國會體制中建立一個專門委員會，藉由委員會成員所累積在外交國防與經貿事務的經驗，是促進國會參與條約締結的程序的有效可行方案。該專門委員會的專業性遠比上下議院聯席會（JSCOT）更能在 BRTA 締結程序中發揮其諮詢與建議的功能，[110] 例如，澳大利亞國會 2011 年成立的「國會人權聯席委員會」（Parliamentary Joint Committee on Human Rights，簡稱 PJCHR）[111] 很適合作爲 BRTA 締結程序中的

- - - - - - - - - - - - -

[109] Ian F. Fergusson & Richard S. Beth, Trade Promotion Authority (TPA): Frequently Asked Questions, Congressional Research Service, July 2, 2015.

[110] 雖然 JSCOT 在其他功能方面有其貢獻，但對於條約締結程序而言，人民對於 JSCOT 之功能漸漸不耐，而認爲 JSCOT 對於條約審查之改革「太少、太慢」，成爲澳大利亞政府對外簽署條約後的橡皮圖章。

[111] See http://www.aph.gov.au/joint_humanrights/. The Parliamentary Joint Committee on Human Rights (the committee) is established by the Human Rights (Parliamentary Scrutiny) Act 2011. The committee has the following functions: (1) to examine Bills for Acts, and legislative instruments, that come before either House of the Parliament for compatibility with human rights, and to report to both Houses of the parliament on that issue; (2) to examine Acts for compatibility with human rights, and to report to both Houses of the Parliament on that issue; (3) to inquire into any matter relating to human rights which is referred to it by the Attorney-General, and report to

監督者，只要國會授權該委員會檢視澳大利亞所簽署之 BRTA，是否有違反該國「國際人權義務」即可。故未來 JSCOT 與 PJCHR 應強化其在國會內之合作與經驗交流，使其在 BRTA 之締結程序上發揮更具建設性的功能，包括在談判進行中或條約簽署後，對於特定議題或條款提出建議意見。

綜合上述，2015 年澳大利亞國會對於條約締結程序改革，主要係強化三個面向的功能，包括：1. 透明：藉由在談判進行中讓國會與主要利害關係人以保密方式閱覽條約文本，以確保高程度的透明化；2. 諮詢：藉由在談判進行中讓國會與主要利害關係人以有效率且具實質意義的方式進行諮商；3. 獨立：條約在完成實質談判後到正式締約前，應確保獨立的評估分析，甚至在條約生效後亦再次評估（見圖 3-4）[112]。

伍、比較法上觀察與建議

本章主要比較美國、新加坡及澳大利亞等三個國家對外經貿談判資訊揭露法制與實務做法。總體而言，各國在最高位階的法源——「憲法」之體系上有所不同，故對於行政與立法兩權的權力分立運作模式不甚一致，此為我國作為參考借鏡時，必須第一個考量的前提，易言之，國會參與條約談判程序之程度，隨著各國憲法上設計以及憲政運作實務而有很大差異。過去各主要國家對於「傳統條約締結程序」多嫌不足，如本章開頭論及新興的「區域或自由貿易協定」（RTA 及 FTA）涉及廣大產業利益、各行業的市場開放，以及法人投資與自然人移動等議題，此皆與「人民之經濟上權利義務」有明顯關聯，故不

- - - - - - - - - - - - -

both Houses of the Parliament on that matter. The committee is to report on each of these matters to both Houses of Parliament.

[112] 資料來源：Australia's DFAT Process for Establishing BRTAS (Bilateral and Regional Trade Agreements)，本研究翻譯與整理。

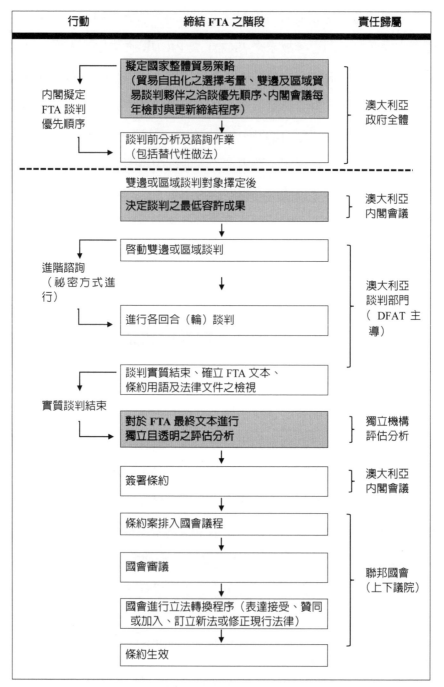

行動	締結 FTA 之階段	責任歸屬

內閣擬定 FTA 談判優先順序

擬定國家整體貿易策略（貿易自由化之選擇考量、雙邊及區域貿易談判夥伴之洽談優先順序、內閣會議每年檢討與更新締結程序）

談判前分析及諮詢作業（包括替代性做法）

澳大利亞政府全體

雙邊或區域談判對象擇定後

決定談判之最低容許成果

澳大利亞內閣會議

進階諮詢（祕密方式進行）

啓動雙邊或區域談判

進行各回合（輪）談判

澳大利亞談判部門（DFAT 主導）

實質談判結束

談判實質結束、確立 FTA 文本、條約用語及法律文件之檢視

對於 FTA 最終文本進行獨立且透明之評估分析

獨立機構評估分析

簽署條約

澳大利亞內閣會議

條約案排入國會議程

國會審議

國會進行立法轉換程序（表達接受、贊同或加入、訂立新法或修正現行法律）

條約生效

聯邦國會（上下議院）

圖 3-4　澳大利亞對外締結 FTA 之國會建議程序

得不以更加透明化的方式回應社會需求，此已成爲當代國際經貿談判之潮流，殆無疑問。然而，各國鮮少以修改憲法之方式來處理，畢竟條約不僅只侷限於「經貿協定」，長久以來的傳統條約或高度技術性的協定等，[113] 多半透過一般的條約締結程序即可滿足國會審查與資訊揭露的需求。反而是如雨後春筍般的雙邊經貿協定或巨型 RTA／FTA，因涉及層面廣泛，近年來各國政府多半以「訂立特別法律規範」，或「形成政治慣例」的方式回應國會與利害關係人關於「擴大參與」及「透明化」的需求（見表 3-8）。

即使如上述各國對外經貿談判在憲法及法律規範之模式不盡相同，但仍可歸納出幾項發展趨勢，各國係針對近年來的 FTA 談判日益頻繁，而針對來自於國會、利害關係人、一般大衆對於資訊揭露需求的回應，茲以「談判開始前」、「談判進行中」、「談判完成後至簽署前」、「簽署後之國會審查程序」、「貿易談判與締結程序中的保密義務」等方面，提出我國未來可茲參考之建議如下：

（一）談判開始前：強調國家貿易策略之擬定應納入多元意見

國家在開始進行個別 FTA 之談判前，必須對區域經濟整合有整體規劃的方針，而此國家整體貿易談判策略規劃的制定範圍，可能包括：談判對象之選定、談判對象之優先順序、國家整體貿易政策目標、參與區域或雙邊談判的各種可能性等。美國於國會中成立「諮詢委員會」，除國會議員外，廣納來自於社會各界的專業人士進行諮詢工作，並交由 USTR 作爲參考，擬定選擇 FTA 洽簽夥伴國的標準，作爲美國在全球推動其政治、經濟等國家重大利益之手段。澳大利亞國會生產力委員會即建議 DFAT 應在談判前與國會、利害關係人、公衆進行諮詢，再由內閣會議擬定國家整體貿易策略（包含貿易自由化

113　如：引渡條約、避免重課稅協定、金融監理備忘錄、雙邊航權協定等。

表 3-8　對外貿易談判分權與規範模式之比較

	條約締結程序	經貿談判程序特別做法	一般資訊公開法制
美國	<ul><li>總統制</li><li>國會有權管理對外商務事務（第1條第8項）</li><li>總統批准條約必須得到三分之二參議員的多數同意（第2條第2項）</li></ul>	<ul><li>由於國會對於經貿協定可能提出修改，故總統向國會提出 fast track</li><li>在 TPA 下，國會僅得包裹審查，全案表決，但談判過程中可在機密情況下調閱文件</li></ul>	<ul><li>資訊自由法（FOIA）規範人民可向政府請求資訊公開</li><li>政府得於例外情況下拒絕公開機密資料</li></ul>
新加坡	<ul><li>內閣制</li><li>條約締結專屬於行政部門之職權</li><li>憲法中並未規範行政部門簽署條約後必須經由議會諮詢與同意</li></ul>	<ul><li>無特別法律規範經貿談判程序</li></ul>	<ul><li>無政府資訊公開法等相關法制</li></ul>
澳大利亞	<ul><li>內閣制</li><li>憲法中無明文規範條約締結權</li><li>司法部門認定條約締結權專屬於行政部門（針對第61條之解釋）</li><li>國會得制定內國法律作爲接受行政部門所締結之條約（第51條）</li></ul>	<ul><li>無成文法特別規範經貿談判程序</li><li>國會於1996年通過改革法案，加強國會在經貿談判程序中的地位</li><li>國會於2000年及2010年分別提出建議報告作爲行政部門對外經貿談判之慣例</li></ul>	<ul><li>資訊自由法（FOIA）規範人民可向政府請求資訊公開</li><li>政府得於例外情況下拒絕公開機密資料</li></ul>

選擇考量、雙邊及區域貿易夥伴之洽簽優先順序），並每年檢討與更新上述策略。新加坡很早即提倡「環球城市」的概念，提出「七小時飛行範圍腹地」，將距離新加坡七小時飛行範圍內的國家均視爲 FTA 的結盟國家，該國亦有透過全國職工總會與國家雇主協會等組織進行諮商。[114]

（二）談判進行中：強化FTA的資訊揭露要求與諮詢模式

　　在與貿易夥伴開始進行談判後，由於近年的 FTA 強調「高品質」貿易協

---

[114] 劉大年，台星 FTA 區域整合敲門磚，聯合報，2010 年 8 月 7 日。

定，故涉及議題廣泛，通常需要十年左右時間才可能完成，而於談判協商進行中的階段，需視個別條約之要求而決定公開之程度。例如，在 TPP 之談判中，一開始即要求所有成員國必須簽署保密協定（尤其針對談判文本及相關市場開放資訊），成員國政府如違反保密要求，則可能違反條約義務之國際責任。美國與澳大利亞國會都曾針對此問題提出意見，而上述國家之國會均認為在衡量「國家責任」與「資訊揭露」的二種利益衝突時，行政部門必須在「資訊完全揭露」與「資訊完全保密」中間，找出「實質有意義雙向溝通模式」，而兩國國會都認為「祕密諮詢」有其必要，尤其對於接觸此類談判機密文件的人員（包括國會議員本身），都應該簽署保密協定，並負擔法律責任。美國及澳大利亞二國都已允許國會成立「專門委員會」，在談判進行過程中對行政部門提出立場與諮詢建議。然而，對於在國會以外的場域對公眾進行資訊揭露，各國都相對較為嚴謹且審慎，因為在談判進行中關於各項立場與承諾都是未確定的動態，在各國的實務中，可讓公眾瞭解各輪談判大致上涵蓋的議題、進展程度、可能互有堅持的議題（較廣的領域，而非單一細節問題）為何、雙方預期目標與達成進度等，而所有國家都不允許談判文件或相關機密資訊全面公開。

（三）談判完成後至簽署前：強化向國會與利害關係人諮詢與影響評估

在協議獲致共識後，雙方進入準備簽署前之最後評估階段，此階段在國際談判層面可能涉及最後法條文字之定稿、法律文本檢視、形式格式與簽署儀式等之行政作業。然而，對各締約國而言，在行政部門代表簽署條約前，國會或社會大眾是否仍有機會對條約草案進行最後評估，各國規定大致相同，都必須將此草案公開並向國會報告，例如：澳大利亞在最新的條約締結程序中，於此階段也加上「對 FTA 最終文本進行獨立且透明的影響評估分析」，而後排入國會審查議程。美國 2015 年新版 TPA 中要求在談判獲致協議後，USTR 亦必須公開條約文本及國際貿易委員會（ITC）之影響評估報告供社會大眾知悉。

上述主要國家之差別在於，影響評估報告的作成係由「政府自行或委託製作」
（美國及新加坡），抑或由「獨立公正單位所製作」（澳大利亞）。

（四）簽署後之國會審查程序：國會審查需考量國內情勢與國際責任

由各國締結 FTA 之經驗可知，貿易依存度越大的兩個經濟體，或巨型
RTA 之間的貿易談判歷時越久，通常主要國家在國會審查上以「事前主動參
與決策、事後進行全案表決」（前緊後鬆）或「事前被動參與決策、事後逐條
嚴格審查」（前鬆後緊）等二種模式為主，此模式之立法選擇又依據每個國家
係內閣制或總統制而有所不同。[115] 而本研究發現主要國家的實踐中都朝向「事
前緊、事後鬆」的模式運作，易言之，在談判前與談判中擴大社會參與、納入
國會建議、進行各種研究與評估（經濟與非經濟）、公開所有可能性選擇與資
料，[116] 而在條約簽署後，倘若行政部門所談判完成的條約草案並無重大違失或
損及國家利益，基於國際談判實務，各國國會均以「全案表決」的方式進行審
查，倘若對其中關鍵條文否定，則視為全案不通過而退回重談，若通過則進行
國內法律的立法轉換。在 FTA 實務上，除美韓 FTA 第一次談判草案被美國國
會否決外，[117] 其餘在國際實踐中，幾乎不曾發生雙邊 FTA 締結後，卻被國會
退回重談之事例；[118] 而在區域或多邊條約中更不可能發生貿易協定被成員國國
會修正或保留之情況，除多數的多邊或區域貿易協定都不允許保留條款外（從

---

115 顏慧欣，對外經貿談判程序法制化之簡評，WTO 及 RTA 電子報，第 409 期，2014 年 5 月
16 日，頁 3-8。

116 此處所謂公開資料，係談判前的總體方針、預期效益、目標、時程等規劃，而非個別產業
的降稅幅度、市場開放等涉及談判底線的問題。

117 美韓 FTA 第一次被退回時，美國總統並無 TPA 的 Fast Track 授權，必須透過一般的條約審
查與表決程序，而從本研究發現，美國總統在沒有獲得國會 TPA 授權的情況下，通過 FTA
之機會極低，歷史實踐中僅有美國—約旦 FTA。

118 雙邊 FTA 若被某一方退回重談，對雙邊關係打擊甚大，各主要國家之國會都將衡量，倘若
在審議時「退回 FTA」或「協定通過後」對國家利益造成的損失何者較大。

WTO 烏拉圭回合談判後即有此趨勢），若國會否決，則形同該國退出該多邊或區域貿易協定。因此，除非一國對於行政部門簽署 FTA 後受到國內大多數民意的反對，否則，國會不會輕易行使否決權，以免造成在國際上的談判聲譽與信用受到影響。

（五）注重貿易談判與締結程序中的保密義務

在對外經貿談判資訊揭露的議題上，另一個須注意的配套機制便是對於相關人員之保密義務要求。在美國及澳大利亞的制度中，兩國均允許國會議員得在「條約獲致協議前」的談判階段，得以祕密方式調閱條約草案文本，除簽署保密協定由當事人負擔法律責任外，閱覽地點也保持機密。至於非條約文本的資訊，則由行政機關認定其是否符合機密之標準，若非機密文件，則可以公開給社會大眾。

綜上所述，對於我國未來在貿易協定談判之透明化、公眾溝通、資訊揭露等議題上，作者提出以下之建議（見圖 3-5）：

（一）應研擬「洽簽貿易協定策略藍圖」並納入多元意見與社會影響評估

政府每年應檢討與更新「國家整體貿易策略」，包括：貿易自由化之選擇考量、雙邊及區域貿易談判夥伴之洽談優先順序、兩岸經貿與區域經濟整合動態分析、國內利害關係人諮詢意見彙整等。而在談判啟動前的分析與諮詢工作，應包括：1. 可行性研究（偏向國際貿易與經濟量化之數據分析與模型試算）；2. 共同研究（雙邊 FTA 談判前的雙邊官方研究）；3. 獨立之外部影響評估（國內利害關係人之諮詢、永續社會影響評估、經濟影響評估、文化影響評估）等。

經過上述諮詢程序後，對於擇定的 FTA 談判夥伴已有基本的國內共識，行政部門則於啟動談判前，將 FTA 締結計畫連同各項評估分析向立法院提出

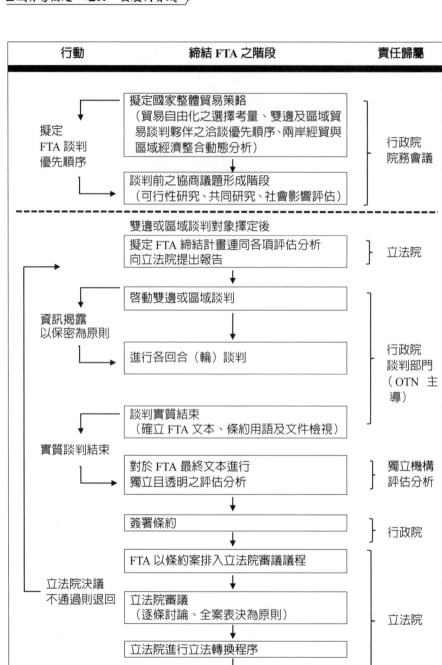

圖 3-5　我國對外經貿談判程序資訊揭露與國會審查之流程建議

報告，包括：整體談判方針、目標、規劃期程、範圍、預期效果、談判前之影響評估分析等，必要時得由立法院召開公聽會，透過多份不同的官方與民間獨立研究之影響評估報告加以分析，例如：可行性評估、共同研究、永續社會影響評估、經濟影響評估、文化影響評估等，藉以達到雙方溝通形成共識之目的。在談判前的協商議題形成階段，若能納入社會上多元意見，形成可能的共識後，再開始啓動與貿易夥伴的談判，可減少未來在談判過程中所遭受之阻力，而對於社會上利害關係人諮詢意見的建議，亦應全部透明公開，讓全民瞭解各種社會團體、NGOs、智庫等對於國家經貿策略及個別 FTA 締結計畫的立場與關切理由。[119]

　　每個國家因各自憲政秩序不同，而對於行政權及立法權之界線亦有不同。除美國因其憲法上規定對外貿易談判之權力應屬國會，而由國會授權行政部門對外談判，使得美國國會對於談判細節有較大的權力外。新加坡及澳大利亞之對外經貿談判權則都屬於行政部門之權責。「資訊揭露」議題亦爲滿足國會與人民之透明化需求而來，應解釋爲行政部門於各國法律規定下「資訊揭露」爲已足，至於協議簽署前國會議員並不具有否決權，亦無要求行政部門必須接納其意見之權利。否則，行政部門要如何認定哪一政黨之意見應遵循？哪一政黨的意見可忽略？國會中不同政黨對於不同議題有不同的立場，原本即爲民主憲政之常態，但此多元意見卻不應成爲限制行政部門談判權之「法律要件」。

　　事實上，美國、新加坡及澳大利亞亦無要求行政部門在簽署前全盤遵守國

---

[119] 不同的產業代表、利益團體、利害關係人等可能因爲各種不同因素而改變其立場，對政府而言，在議題形成階段廣泛地諮商，並將所有各團體與個人的立場均予以公開透明化，亦可讓社會大眾知悉與檢驗其言行是否一致；若不一致又爲何而轉變，在各國的國會公開文件中（如美國與澳大利亞），都具體引述並公開此一諮詢階段的專家、利益團體、NGOs之立場聲明。

會意見之法律義務。因此，在協定尚未送到國會審議前，國會議員應屬於反映民意之建議與諮詢性角色，而並非最終決定之角色。倘若行政部門於協定簽署前先與國會溝通，則針對某些議題可適度調整談判立場，藉由民意壓力而增加與對手談判之籌碼；但若行政部門不接受國會之建議，則於協定簽署後，國會仍有「實質審查權」，得以表決方式否決整部協定，退回行政部門重談。

目前對於我國在對外經貿談判的總體策略方面，經濟部定有「我國推動洽簽自由貿易協定／經濟合作協定路徑圖」（Taiwan FTA/ECA Roadmap）及「推動洽簽 ECA 經貿自由化工作綱領」，以此二份文件作為對外推動 FTA 洽簽之策略。然而，從已公開揭露之資訊中，二項文件僅得知不到十頁之內容，與主要國家動輒上百頁的國家整體策略說明，我國的「方針」與「藍圖」性質偏向於對於政府各部會之「簡要行政指導」，並非對公眾說服的有力證據。我國的「方針」與「藍圖」與其他主要國家的實踐中加以比較，以下幾項重要內容均未詳細加以說明：1. 選擇洽簽夥伴對象之理由與影響評估；2. 諮詢產業或利害關係人的名單以及諮詢其具體意見及建議；3. 政府各部會、立法院委員會或委員對於藍圖或路徑圖之意見；4. 我國在參與區域經貿協定談判中特定議題與大類別項目之優先利益等。另外，由於我國國情特殊，重要的「兩岸經貿關係」實無法與對外經貿談判脫鉤，然而，在此方針或藍圖中卻刻意將「對外談判」與「兩岸談判」區隔，恐無法精確反映國家在整體經貿策略上的優先順序與面臨之挑戰。

其次，我國若要作為一個在國際間或兩岸間負責任的談判方，則必須在行政與立法部門的互動上取得基本共識，「洽簽貿易協定策略藍圖」一旦能取得社會多數之共識，則不論政黨輪替或國際情勢之變化，皆可有效指引我國的經貿政策方向，達到政府施政之永續及穩定。行政部門在簽署協定前諮詢立法部門的意見，倘若多數黨之立場傾向支持行政部門，則將談判文件「資訊揭露」

即爲已足，國際談判實務上很難滿足所有少數黨之特定立場，對於不同意見的尊重，則可能必須有配套與產業輔導措施搭配；相反地，倘若行政部門的立場未能獲得國會多數黨之支持，則應傾向調整談判立場，或擱置談判進程，以避免即使簽署後在國會表決可能無法通過之風險。基於本章之論述，在談判文件獲得共識後到簽署前，可以參考澳大利亞之做法，尋求獨立且透明的機構進行對最終草案文本提供影響評估分析，並透過永續貿易影響評估報告來建立利害關係人諮詢機制，此報告不僅可給談判部門作爲參考，亦可作爲國會審查的重要依據。

（二）應將對外經貿談判之相關議題與程序單獨立法

因應未來台灣參與全球與區域貿易自由化之政策，貿易協定牽涉領域廣泛且高度專業，與偏向屬於單一領域之雙邊條約（如司法互助或引渡條約、漁業協定、避免雙重課稅協定）本質不同，我國未來應制定「貿易協定締結法」，將我國於 WTO 架構下對外（包括對中國大陸）締結優惠性貿易協定之談判原則、程序透明化、對內溝通協商、審查點（如議題形成、業務溝通、簽署前、簽署後等時間點）、立法監督等程序一併納入專法規範，適時監督談判進程，以平衡對外經貿談判之行政權與立法權。[120] 蓋非僅兩岸經貿協議涉及層面複雜，倘若未來我國參與 WTO 下服務貿易協定（TiSA）、CPTPP、RCEP，或與美國、歐盟、東協、日本或其他國家洽簽 FTA 談判時，都會一再遇上同樣的國會審議與資訊揭露問題。在 WTO 架構下之多邊、區域及雙邊經貿協定談判締結程序，應於立法時一併處理，且本研究亦一再強調當代經貿協定之內容與過去傳統的雙邊條約不同，美國及澳大利亞等主要國家均對此以特別的法律

---

[120] 王震宇，WTO 與區域貿易協定之締結與適用——從最高行政法院 96 年度判字第 1986 號判決談起，月旦法學雜誌，第 195 期，2011 年 8 月，頁 269-287。

或程序加以規範。故我國應朝訂立「貿易協定締結法」之方向，整合目前紊亂的經貿協定締結之國內法律體系，此乃更符合 WTO 下之不歧視原則之立法模式。[121]

（三）資訊揭露之形式應於法律中明確區分，並搭配保密義務

「實質有意義雙向溝通模式」在條約案簽署前至為重要，由行政部門主動提供為原則，立法部門亦可於例外情況下申請揭露談判文件，而此揭露過程應注意以「祕密諮詢」為必要。至於係由個別委員或以委員會議或院會決議為之，則由立法院自行訂定規則，但重點仍在於應規範接觸談判資料人員的保密義務與法律上責任。在對外經貿談判程序中，資訊保密之認定，在尚無特別法立法情況下，應依國家機密保護法規範為之，易言之，認定權責應為行政部門之主管機關，負擔法律責任之人員及其性質、違法時之罰則等，則可回歸現行國家機密保護法之規範，然而，在給予國會議員或利害關係人更多的資訊揭露時，亦應要求上述人員負擔與行政部門談判人員相等之保密責任，而不能以「言論免責權」或其他事由規避法律責任，此亦與美國、澳大利亞、新加坡等國家立法上之觀察實踐相同。倘若主辦機關依職權標明機密等級後，該條約案或兩岸協議之各項文書資料一旦發生洩密情事，則應解釋為優先適用國家機密保護法，[122] 以規範在「談判協商中至條約獲致協議前」，因資訊揭露而接觸機密資料之法律責任。

（四）建立專責對外經貿談判透明化與公眾溝通小組

在資訊科技發達的現代，資訊揭露的模式將影響政策好感度與民眾之

---

121 參閱王震宇，以 WTO 法律觀點解析兩岸服務貿易協議，月旦法學雜誌，第 231 期，2014 年 8 月，頁 98-130。

122 國家機密保護法中對於核定機密之權責機關、核定機密之範圍，以及相關人員之法律責任等均有較為詳盡的規範。

信心，由於經貿協定之談判中涉及大量艱澀的專業術語以及繁複的法律規範，[123] 如何用淺顯易懂的文字迅速傳達正確的訊息，已越來越引起各國政府的關注。美國在 2015 年 TPA 中特別於 USTR 中增設「透明長」一職，其任務便是專司與國會議員間之溝通，並向大眾揭露相關資訊，利用實體搭配虛擬之方式，將談判過程中可能遭受到的阻力與質疑加以解釋說明；歐盟亦有類似的機制，讓歐洲人民得於網路上與負責談判溝通的小組直接進行雙向溝通。由上可知，許多國家都體認到政府在當代日趨複雜的貿易談判中，除要建立專業的談判團隊外，更要組織專業的「透明化團隊」，以最新興的溝通方式爭取國會與人民支持。在我國近年來經歷許多社會運動後，對外談判過程中組織專業的透明化團隊實為刻不容緩的工作。另一方面，或有論者之觀點認為我方若以談判資訊揭露而可能造成負面之影響（如洩漏談判底線、難以形成社會共識等）。然而，從國際實踐中對於 TPP 之各國應對案例可知，資訊揭露與透明化已是各個民主國家的立法趨勢，我國更應以朝向經貿協定締結之完善法制配套而努力，蓋多元社會中凝聚共識本非易事，「尊重多數」與「關懷少數」之原則，將成為政府未來對外談判程序中責無旁貸之任務。

---

[123] 例如：服務貿易市場開放的四種模式，對於「正面表列填寫方式」或「負面表列與不符合措施」等、原產地規則之實質轉型計算方式，以及其他如 TBT、SPS、智慧財產章的專業術語等。

CHAPTER

4

貿易協定之締結與適用

壹、從最高行政法院96年度判字第1986號判決談起

一、事實概要與法律爭點

原告委由 X 公司向被告報運進口 A 國、B 國產製「○○商標」產品數批，經依關稅法第 18 條第 1 項規定，准按原告申報之事項，先行徵稅放行，事後再加審查。嗣據財政部關稅總局驗估查復結果，來貨應按原申報價格加計單位權利金核估完稅價格，被告乃據以增估發單補稅。原告不服，申請複查，未獲變更，向財政部提起訴願，經財政部訴願決定駁回後，原告仍然不服，遂提起行政訴訟。其後，經台北高等行政法院 95 年度簡字第 595 號判決原告敗訴，原告以進口貨物核定完稅價格違法，再提起上訴。最高行政法院以本件上訴為無理由，判決上訴駁回定讞。本案主要爭點為：系爭貨物之完稅價格是否應加計原告支付第三人（C 國 D 公司）之權利金？原告論點中直接提及法院見解違背多邊貿易協定（GATT 第 7 條執行協定）之規定，而在高等與最高行政法院中均認為原處分並無違誤，並在判決理由中對此點做出明確回應。

原告主張：「訴願決定及原處分牴觸具有『法位階』效力之『關稅暨貿易總協定第 7 條執行協定』（下稱『GATT 第 7 條執行協定』），核其內容就交易價格之認定，均係針對買賣雙方而為立論，並不包括買方為自己利益向第三人支付之權利金，並進而對關稅法為錯誤之解釋適用，顯有違法」。然而台北高等行政法院判決指出，依關稅法第 29 條第 1、2 及 3 項第 3 款之規定，進口貨物之完稅價格，係指進口貨物由輸出國銷售至中華民國實付或應付之價格，加上未包含於實付或應付價格之「加計項目」價格為計算基準。權利金為加計項目之一，為關稅法第 29 條第 3 項第 3 款所明定。而所稱權利金及報酬，依關稅法施行細則第 12 條第 2 項之規定，係指為取得專利權、商標專用權、著作權及其他以立法保護之智慧財產權所支付與進口貨物有關之價款。又依財

政部 86 年 7 月 14 日台財關字第 860182998 號函示，對於核定完稅價格有爭議時，除依關稅法及其施行細則相關規定認定外，並參考「GATT 第 7 條執行協定」，及世界關務組織（WCO）關稅估價技術委員會發行之相關資料辦理，是被告按原申報價格加計單位權利金核估完稅價格，據以增估發單補稅，自無違誤等理由，駁回原告之訴。最高行政法院採取同一見解，指出：「依 GATT 第 7 條執行協定第 8 條 1(C) 規定，依交易條件由買方直接或間接支付與該進口貨物有關之權利金及報酬，應計入完稅價格之內，亦以買方直接或間接之付與該進口貨物有關之權利金為要件，不以權利金支付之對象以出售人為限，始應計入完稅價格之內。由此可知，關稅法第 29 條第 3 項第 3 款規定與 GATT 相關規定意旨並無不符，原判決之論述並無牴觸 GATT 第 7 條執行協定之違法。原審斟酌全辯論意旨及調查證據之結果，將原決定及原處分均予維持，駁回上訴人之訴，核無違誤。」[1]

二、問題之提出

就法位階層級而言，1994 年 GATT 第 7 條執行協定為烏拉圭回合談判後之 WTO 多邊貿易協定之一部分，屬於廣義之國際法範疇，其是否可直接為法院援引作為判決之依據，頗值得探討。傳統國際法理論探討「國際法與國內法之關係」之問題時，有一元論與二元論之學說。[2] 在國際實踐上，各國對於此二法律體系之關係，常見之規範方式大致有二：1. 制定新法或修正原有國內法，將國際法之規範轉換為國內法；2. 不針對特定國際法另為制定新法或特別立法，而僅由國會或立法機關議決通過該國際法書面文件，使得該國際法發生國內法之效力。上述二者表面上僅是立法技術之差異，但實質上卻會發生若一國

---

[1] 參考臺北高等行政法院 95 年度簡字第 595 號判決、最高行政法院 96 年度判字第 1986 號判決。
[2] 丘宏達，現代國際法，三民書局，2008 年，頁 110-111。

嚴格採用第一種方式，對於已簽署或批准之條約，未制定新法以轉換條約成為國內法律體系之構成部分，則該條約即不屬於其法律體系中之法源。我國政府長期推動WTO入會案，經行政院於2001年11月14日將入會文件以條約案形式送請立法院審議通過後，旋即於同月22日經總統批准成為WTO會員，從而身為WTO會員所應遵守之各該協定，我國均有義務受其拘束。我國關稅法係在此一背景下，配合「GATT第7條執行協定」而全盤修正實施。從本件判決可知，行政法院審理關稅相關爭議及行政處分適法性問題時，除參考關稅法及其施行細則相關規定認定外，並應參考1994年GATT第7條執行協定辦理，成為法院審理具體案件時之參考法源。本章擬藉由最高行政法院判決96年度判字第1986號一案之法律解釋，擬延伸探討以下問題：1.國際條約（協定）是否毋庸立法轉換為國內法即可直接適用？其判斷標準何在？2.與我國關係密切之WTO相關協定或區域貿易協定，在國內法上之地位如何？3.我方陸委會委託財團法人海峽交流基金會（下稱「海基會」）與中國大陸之海峽兩岸關係協會（下稱「海協會」）簽訂之經貿協議是否須立法轉換為國內法始可適用？2015年施行之「條約締結法」是否能解決上述問題？

貳、國際條約及協定之立法轉換程序

一、國際法轉換為國內法之規範及其判斷標準

國際法與國內法所規範之主體與範圍雖然不同，但二者經常會針對同一事項，以各自立場加以規範。以貿易條約及協定為例，我國關稅法與GATT同樣規範關稅事務，但由於我國已是WTO會員，故關稅法相關規範須受GATT及其各項執行解釋之拘束。由於國際法之實踐必須仰賴各國制定國內法律程序，以完成其權利義務之規範，方能使國際法發生效果，因此，在多數情況下國際

法並非對國內法產生直接適用之效力。然而國際法並未強制規範一國國內應如何轉換立法或是否可以直接適用，此部分係保留給各國自行決定。若國家要追求國際和平與秩序，避免孤立於國際社會之外，多數會採用「國際法優於國內法原則」，而以往對於國際法與國內法何者優先之爭辯在今日也漸漸消弭。[3] 然而此立論之前提係該國有簽署批准該文件，否則國際條約或協定之效力一般來說並未及於非簽署國。因此，國際法若要在國家內部產生效力，仍必須經過一國行政部門談判簽署（對外在國際上產生拘束力），以及經一國透過國內立法變質或引入（對內在國內法上產生效力）才能實現。[4]

（一）國際法對於國際條約或協定轉換爲國內法之立場

以國際法之觀點而言，爲解釋國際法與國內法之互動與關聯，早期學說上可分爲一元論與二元論之區別，目前世界上多數國家都採二元論，在國內法上，仍保留一國處理國際法的法定程序。依據 1969 年維也納條約法公約第 11 條規定：「一國承受條約拘束之同意得以簽署、交換構成條約之文書、批准、接受、贊同或加入、或任何其他同意之方式表示之。」[5] 易言之，國際條約須經由主權國家之接受、批准等法定程序，始能成爲國內法之一部。國際條約如何爲國家所接受，由各國之內國法規範其程序，目前並無任何國際法規則明文規定國際條約如何成爲締約國內國法律體系之構成部分，此問題本質上應屬於國內法問題而非純粹國際法問題。上開公約第 26 條復規定：「凡有效之條約對其各當事國有拘束力，必須由各該國善意履行。」[6] 同法第 27 條亦規定：

---

[3] Ian Brownlie, Principles of Public International Law, 33-4 (7th ed. 2008).

[4] 黃異，國際法，新學林，2010 年，頁 54-56。

[5] 1969 Vienna Convention on the Law of Treaty, 1155 U.N.T.S. 331, Art. 11.（下稱「1969 VCLT」）

[6] 1969 VCLT, Art. 26.

「一當事國不得援引其國內法規定爲理由而不履行條約。」[7]因此，基於「條約必須履行之原則」（*pacta sunt servanda*），各國應以其憲法或其他法律針對條約如何併入國內法體系做出相關之程序規定，此即爲此處所探討之國際法如何轉換爲國內法體系的問題。另外，條約法公約第 2 條規定：「稱『條約』者，謂國家間所締結而以國際法爲準之國際書面協定，不論其載於一項單獨文書或兩項以上相互有關之文書內，亦不論其特定名稱爲何。」[8]同法第 14 條規定：「以批准、接受或贊同表示承受條約拘束之同意：1. 遇有下列情形之一，一國承受條約拘束之同意，以批准表示之：(1)條約規定以批准方式表示同意；(2) 另經確定談判國協議需要批准；(3) 該國代表已對條約作須經批准之簽署；或 (4) 該國對條約作須經批准之簽署之意思可見諸其代表所奉之全權證書，或已於談判時有此表示。2. 一國承受條約拘束之同意以接受或贊同方式表示者，其條件與適用於批准者同。」[9]因此，國際法上並未對於如何將國際條約或協定轉換爲國內立法做出統一性之規範，締約國須依據該「國際條約或協定之性質」以及「締約國本身國內立法」等二項因素決定。一般國際公約或協定中若定有批准條款者，須依該協定之規定辦理。然而倘若該國際公約或協定中無批准條款時，則依條約法公約第 14 條之規定，由締約國以批准、接受或贊同表示承受條約拘束之同意，並經由該國國內法自行決定其法定程序。[10]

　　GATT 之適用，與上述條約法公約之規定並無差異。1994 年 GATT 列爲 WTO 多邊貿易協定附件一中之協定文件，其內容對會員有拘束力。在馬拉喀什設立世界貿易組織協定（下稱「WTO 協定」）第 2 條規定：「附件中所列

----

[7] *Id.*, Art. 27.
[8] *Id.*, Art. 2.
[9] *Id.*, Art. 14.
[10] *Id.*

之各協定與附屬法律文件係本協定之一部分，對所有會員均具拘束力。」[11] 同時，該協定第 16 條第 4 項規定：「各會員應確保其國內之法律、規章及行政程序與附件協定所規定之義務一致。」[12] 最高行政法院 96 年度判字第 1986 號判決中提及：「對於核定完稅價格有爭議時，除依關稅法及其施行細則相關規定認定外，並參考『GATT 第 7 條執行協定』原則，及世界關務組織（World Customs Organization，簡稱 WCO）關稅估價技術委員會發行之相關資料辦理。」在判決理由中亦詳細論述比較我國關稅法與 GATT 相關規定之一致性，據以反駁原提出之主張，宣告關稅法中對於完稅價格應計入專利權利金之相關規定，並無違法牴觸 GATT 第 7 條執行協定，此部分之推論頗值肯定。

（二）憲法對於條約締結與適用之規定

國際法應如何轉換為國內法之程序問題，並非國際法規範之範疇，此部分主要係各國國內法的權限，尤其許多國家都在憲法或相關專法中明定。欲探討國際條約在我國國內法領域有何效力、如何適用，則應從我國憲法之規定觀察之。依憲法第 38 條、第 58 條第 2 項及第 63 條規定，對於締結條約，憲法上之程序規定把締約權與議決權分配給各憲法機關，包括總統、行政院及立法院三者。詳言之，行政部門草擬及商談條約草案，經立法院同意條約草案後，再經由總統代表國家為締約之意思表示，並將批准書或是加入書存放於此國際條約所規定之存放機關，始完成完整之程序，我國受該條約之拘束。其次，憲法第 141 條規定，我國在外交政策上係採取尊重條約之立場，顯示我國接受並遵守國際法上「條約必須遵守」之原則。憲法此處所謂「尊重條約」之用語，解釋似應依維也納條約法公約第 11 條之規範，僅及於我國對外所締結之條約，

---

[11] Marrakesh Agreement Establishing the World Trade Organization, 1867 U.N.T.S. 154, Art. 2.（下稱「WTO Agreement」）

[12] *Id.*, Art. 16(4).

而並非指一切國際上之條約，依上開條文之規定，我國不受未經我國表示同意締結之條約拘束，換言之，國家因表達同意某一條約，而受該條約之拘束，負有履行條約之義務，此即為一般之國際法原則。[13] 然而上述憲法條文中，雖宣示我國尊重條約且依權力分立原則將我國對外締結條約之權限做出原則性規範，但此憲法層級之規定仍嫌過於籠統，在未能以憲法增修條文補充之情形下，實有待「條約締結法」予以適時補充。

二、條約締結法之立法過程

條約締結法係於 2015 年 7 月 1 日制定公布施行，[14] 本法之立法目的為規範「條約與協定之締結程序及其法律效力」。[15] 回顧本法之立法過程，外交部最早於 1992 年 2 月 21 日自行制定「條約及協定處理準則」，[16] 以作為中央各部（會）對外締約程序，以及作為何種國際書面協定應送立法院審議或查照之依據。然而，由於該準則所定標準含糊、抽象，在適用上如有疑義，行政院與立法院也認定不一，造成適用上之解釋、認定不同而導致兩院間之紛爭。針對上述關於憲法上「條約」之意涵、何者應送立法院審議等爭議，司法院大法官會議於 1993 年通過釋字第 329 號，進一步釐清憲法第 63 條有關立法院之議決條約權範圍，以及涉及行政、立法兩院職權行使與互動，並要求外交部依第 329 號解釋之意旨修正該準則。二十餘年來，條約締結法之立法工作一直延宕未

---

[13] 黃異，國際條約及國際習慣法在我國國內法領域中的效力，2006 年，頁 71-108。

[14] 條約締結法係於中華民國 104 年 7 月 1 日總統華總一義字第 10400075321 號令制定公布全文 20 條，自公布日施行。

[15] 條約締結法第 1 條：「為規範條約與協定之締結程序及其法律效力，特制定本法。」

[16] 條約及協定處理準則係於中華民國 81 年 2 月 19 日外交部外條二字第 81304103 號令訂定發布，並於中華民國 104 年 7 月 27 日外交部外條法字第 10425516930 號令發布廢止；並自 104 年 7 月 3 日生效。

決，外交部鑑於條約、協定之範圍，以及在條約締結程序中總統、行政院、立法院職權之行使，應提升為法律位階而非僅以準則訂定之，故於 1995 年起草擬「條約法草案」報請行政院核轉立法院審議，並由立法委員建議將名稱改為「條約締結法草案」，該名稱繼續沿用至今，[17] 本法歷經立法院第三屆委員起開始審議，但都未完成三讀，直至第八屆會期終於完成立法程序，並由總統公布施行。[18] 依本法立法目的可知，「條約締結法係依據我國憲法相關規定，參酌國際法及締約實務，並衡酌我國情與現行準則規定，使條約之締結與審議有法律明文可資遵循」。值得注意者，無論從本法制定之總說明、我國憲法與增修條文之規定、過去條約及協定處理準則之立法意旨等觀之，條約締結法不適用於兩岸間所締結的各項協議；其次，雖然制定過程中，立法委員均強調市場開放經濟整合協定為近年我國對外簽署協定之重要實踐，但該等經濟整合協定涉及議題廣泛又甚為複雜，條約締結法應整體適用於「所有」對外條約之締結，並非僅限於經濟整合協定（如多邊、複邊、區域、雙邊自由貿易協定等）。

三、司法院大法官釋字第329號解釋

在憲法解釋上，亟待釐清究竟何種國際、多邊或雙邊書面協定必須交由立法院議決，始得成為國內法體系之一部？有無存在一判斷之標準？藉以決定何一類型之國際條約須經立法院行使條約議決權，此種爭議將直接影響代表人民之立法機關對於條約議決的權限。1993 年大法官會議作成釋字第 329 號解

---

17 立法院第五屆第二會期外交及僑務委員會，審議「條約締結法草案」，2002 年 11 月 13 日，頁 1-2。

18 條約締結法三讀程序之立法過程，參見立法院公報，第 104 卷第 54 期，2015 年 6 月 25 日，頁 266-340。

釋，[19]其聲請書主旨所載聲請解釋之事項有四：1.憲法第38條、第58條第2項、第63條及第141條有關「條約」一詞之內容及範圍如何？2.條約以外之國際書面協定，何者應送立法院審議，何者僅須送立法院備查？3.前項協定送審查或備查之分類標準如何？其有權認定之機關應為立法院或行政院？4.外交部訂定發布之「條約及協定處理準則」第7條及第9條是否違憲違法，而應屬無效？

大法官會議對上述問題做出釋字第329號，其主要解釋文為：「憲法所稱之條約係指中華民國與其他國家或國際組織所締約之國際書面協定，包括用『條約』或『公約』之名稱，或用『協定』等名稱而其內容直接涉及國家重要事項或人民之權利義務且具有法律上效力者而言。其中名稱為條約或公約或用協定等名稱而附有批准條款者，當然應送立法院審議，其餘國際書面協定，除經法律授權或事先經立法院同意簽訂，或其內容與國內法律相同者外，亦應送立法院審議。」質言之，大法官會議此號解釋中認為憲法上所謂之「條約」，並不僅限於以「條約」為名稱之國際書面協定。至於是否送立法院審議或是查照，則須視此等協定之實質內涵而定。因此，國際書面協定不論名稱為何，而附有批准條款者，當然必須送立院審議。而其他國際書面協定亦應送立法院審查，但有三種例外情形：1.法律授權者；2.事前經立法院同意簽署者；3.協定內容與國內法相同者。而不須經立法院審議之國際書面協定，則僅須送立法院查照。

解釋理由書進一步闡明：「總統依憲法之規定，行使締結條約之權；行政院院長、各部會首長，須將應行提出於立法院之條約案提出於行政院會議議決

---

19 參閱立法院立法委員陳建平等84人聲請釋憲書，刊載於法務部公報，第165期，1994年3月31日，頁77。

之；立法院有議決條約案之權，憲法第 38 條、第 58 條第 2 項、第 63 條分別定有明文。依上述規定所締結之條約，其位階同於法律。故憲法所稱之條約，係指我國（包括主管機關授權之機構或團體）與其他國家（包括其授權之機關或團體）或國際組織所締結之國際書面協定，名稱用條約或公約者，或用協定等其他名稱而其內容直接涉及國防、外交、財政、經濟等之國家重要事項或直接涉及人民之權利義務且具有法律上效力者而言。其中名稱為條約或公約或用協定等名稱而附有批准條款者，當然應送立法院審議，其餘國際書面協定，除經法律授權或事先經立法院同意簽訂，或其內容與國內法律相同（例如協定內容係重複法律之規定，或已將協定內容訂定於法律）者外，亦應送立法院審議。其無須送立法院審議之國際書面協定，以及其他由主管機關或其授權之機構或團體簽訂而不屬於條約案之協定，應視其性質，由主管機關依訂定法規之程序，或一般行政程序處理。外交部所訂之『條約及協定處理準則』，應依本解釋意旨修正之，乃屬當然。而台灣地區與大陸地區間訂定之協議，因非本解釋所稱之國際書面協定，應否送請立法院審議，不在本件解釋之範圍。」上開解釋重點可分析如下：

首先，針對釋憲第一問題，釐清憲法中所稱「條約」之定義。大法官認為憲法所稱之「條約」，係指我國與其他國家或國際組織所締結之國際書面協定，名稱用條約或公約者，或用協定等其他名稱而其內容直接涉及國防、外交、財政、經濟等之國家重要事項或直接涉及人民之權利義務且具有法律上效力者而言，並須符合以下規定：

（一）締約主體限制

限於我國（包括主管機關授權之機構或團體）與其他國家（包括其授權之機關或團體）或國際組織所締結之國際書面協定。「條約及協定處理準則」第 2 條規定：「中央行政機關或其授權之機構、團體與外國政府、國際組織或外

國政府授權之機構、團體締結條約或協定，依本法之規定。」可茲參考。[20] 由於我國國際地位特殊，在對外洽簽條約或其他國際書面協定時，常必須以權宜之設計為之，[21] 實務上，若法令無特別規定時，我國以各種權宜名稱對外締約時，應類推適用憲法上設計之締約程序。[22]

（二）名稱使用規定

國際書面協定之名稱以「條約」或「公約」為名稱者，均可視為「條約」。而若以協定等其他名稱，如議定書、行政協定、宣言、換文、公報、諒解備忘錄等，則須以該協定內容是否「直接涉及國家重要事項」，或「直接涉及人民之權利義務」且具有法律上效力者，作為認定標準。因此顯見大法官會議基本上不是以「名稱」作為界定是否為憲法上所稱之條約的標準，而係以實質內容作為判斷。具體而言，條約締結法第 3 條做出詳細之規定可供判斷，「本法所稱條約，指國際書面協定而有下列情形之一者：(1) 具有條約或公約名稱；(2) 定有批准、接受、贊同或加入條款；(3) 內容涉及人民之權利義務；(4) 內容涉及國防、外交、財政或經濟上利益等國家重要事項；(5) 內容與國內法律內容不一致或涉及國內法律之變更。本法所稱協定，指條約以外，內容對締約各方均具有拘束力之國際書面協定。」[23] 條約締結法第 3 條對於條約與協定之分類方式仍不嚴謹。該條第 1 項中第 1 款（條約或公約之名稱）及第 2 款（定有批准條款）從外觀上即可判斷，較無疑問。但第 3 款及第 4 款中何謂「人民權利義務」？何謂「國家重要事項」？此二判斷標準，不但在解釋上不易釐清，實

---

[20] 條約締結法第 2 條。

[21] 例如在 WTO 架構下係以「台、澎、金、馬個別關稅領域」為締約主體、與中國大陸簽訂兩岸協議時，互相以「政治實體」為締約主體、以「中華台北」名稱及「捕魚實體」身分參與「南太平洋公海漁業資源養護與管理公約」的「捕魚實體參與文書」等。

[22] 兩岸間協議之締結，即特別規定於「台灣地區與大陸地區人民關係條例」中。

[23] 條約締結法第 3 條。

務上亦無相關裁判可資遵循。更何況，此處劃分「條約」及「協定」適足以影響該國際書面究應為同法第 8 條（審議或備查）之國內立法轉換程序，若僅以不確定之法律概念為判斷標準，極易產生困擾。

其次，針對釋憲第二問題與第三問題，涉及規範應送立法院審議之國際文件的範圍，依現行法規範，可整理分析如下：

1. 名稱為條約或公約或用協定等名稱而附有批准條款者，當然應送立法院審議。依「條約締結法」第 8 條規定：「條約案經簽署後，主辦機關應於三十日內報請行政院核轉立法院審議。但未具有條約或公約名稱，且未定有批准、接受、贊同或加入條款之條約案，其有下列情形之一者，主辦機關應於簽署後三十日內報請行政院備查，並於條約生效後，主辦機關應報請行政院轉呈總統公布，並送立法院查照：(1) 經法律授權簽訂；(2) 事先經立法院同意簽訂；(3) 內容與國內法律相同。條約案之加入，準用前項規定辦理。」

2. 至於無須送立法院審議之國際書面協定，以及其他由主管機關或其授權之機構或團體簽訂而不屬於條約案之協定，應視其性質，由主管機關依訂定法規之程序，或一般行政程序處理。依「條約締結法」第 12 條中規定：「協定經簽署後，主辦機關應於三十日內報請行政院備查，並於協定生效後，以適當方式周知及送請立法院查照。但其內容涉及國家機密或有外交顧慮足以影響國家安全或利益者，不在此限。前項協定，行政院於備查時，並應函請總統府秘書長查照轉呈總統。」上開條文中所謂之「協定」，其性質應屬於「行政協定」，舉凡司法互助、避免雙重課稅、有關各類行政事務合作交換意願書等均屬之，若每項涉外行政協定均須送立法院審議，則不免曠日廢時，且可能有弱化行政權之虞，故規定原則上僅須送立法院備查。然而由於行政協定之性質較法律之位階為低，故行政機關依本條對外簽署之協定（非條約案），性質應不得與法律相牴觸，或超越法律保留原則所涵蓋之事項，否則，亦可能產生原本

涉及立法職權之法律事項，卻由行政機關逕行簽署後，送立法院備查而不須送審議之議。

四、「條約」與「協定」之區分界線

條約締結法第 2 條規定其適用範圍為「中央行政機關或其授權之機構、團體與外國政府、國際組織或外國政府授權之機構、團體締結條約或協定」。關於條約之定義，本法係參考司法院大法官會議釋字第 329 號解釋中「憲法所稱之『條約』係指中華民國與其他國家或國際組織所締結之國際書面協定」，然而，由於我國在國際上之地位特殊，必須以較為彈性之做法與不具有正式外交關係之外國政府授權之機構或團體締結「準官方協定」，[24] 故擴張締約之主體範圍，此為外交實務上之做法，例如「台日投資保障協定」及「台日漁業協議」即為雙方政府授權之亞東關係協會與財團法人交流協會所簽署、[25]「台星經濟夥伴協定」即為駐新加坡台北代表處與新加坡駐台北商務辦事處所簽署。[26]

至於何謂條約？何謂「協定」？在條約締結法第 3 條第 1 項中以列舉方式界定「條約」與「協定」之範圍：符合以下條件之國際書面協定，稱為「條約」：1. 具有條約或公約名稱；2. 定有批准、接受、贊同或加入條款；3. 內容涉及人民之權利義務；4. 內容涉及國防、外交、財政或經濟上利益等國家重要事項；5. 內容與國內法律內容不一致或涉及國內法律之變更。同條第 2 項則定義「協定」係指「條約以外，內容對締約各方均具有拘束力之國際書面協

---

[24] 丘宏達著、陳純一修訂，現代國際法，三民書局，2012 年，頁 176。

[25] 「台日投資保障協定」正式名稱為「亞東關係協會與財團法人交流協會有關投資自由化、促進及保護合作協議」；「台日漁業協議」正式名稱為「亞東關係協會與公益財團法人交流協會漁業協議」，二項文書均由亞東關係協會與台團法人交流協會代表雙方政府所簽署。

[26] 「台星經濟夥伴協定」正式名稱為「新加坡與台澎金馬個別關稅領域經濟夥伴協定」，係由駐新加坡台北代表處與新加坡駐台北商務辦事處所簽署。

定」。原本在條約與協定處理準則中第 3 條關於「協定」之範圍定義中有稱「協定」係條約以外，「不論其名稱及方式爲何」，但本法第 3 條制定時，雖加上「內容對締約各方均具有拘束力」之要件，卻將「不論其名稱及方式爲何」之敘述刪除，本文認爲由於在國際法實踐上，條約、協定或其他名稱之國際文書並非單純以「名稱」或「締約形式」爲區分，未來在解釋本條條文時，只要「實質內容」爲「條約以外」之國際文書，有拘束雙方權利義務之法律效力，「不論其名稱或方式爲何」，均應認定其爲「協定」，[27] 例如：具國際間有爲特定事項而共同發表書面文件，名稱使用公報（communique）、宣言（declaration）或公告（proclamation）而具有法律效力；然而若爲締約各方意願之表達則不具法律拘束力，如簽訂合作意願書（letter of intent），則非本法之適用範圍。[28]

另外，就本法第 3 條中所列區分「條約」與「協定」之五項要件而言，可區分爲「形式外觀認定」（第 1 及 2 款）與「實質內容認定」（第 3 至 5 款）二個層次。[29] 就「形式外觀認定」而言，第 1 款「具有條約或公約名稱」——係因國際實踐上，條約（treaty）係最常見之名稱，就多邊關係而言，公約（convention）亦爲常用之名稱，故只要名稱爲「條約」或「公約」就一律適

----

[27] 國際上對於締約之名稱是否用「條約」、「協定」或「其他名稱」並無特別規範，其效力亦不因爲名稱不同而有差別。一般而言，多由締約國自由決定國際文書之名稱，包括 Convention（公約或專約）、Protocol（議定書）、Agreement（協議）、Arrangement（辦法或補充協定）、Proces-Verbal（議事紀錄）、Statute（規約或規章）、Covenant（承諾）、Declaration（宣言）、Modus Vivendi（臨時協定）、Exchange of Notes or Letters（換文）、Final Act（最終議定書）、General Act（總協定或一般議定書）等。

[28] 立法院公報，第 104 卷第 54 期，2015 年 6 月 25 日，頁 273-285。

[29] 學者亦有將過去條約及協定處理準則中第 3 條的規定，區分爲「形式意義之條約」與「實質意義之條約」，與本文所述「形式外觀認定」與「實質內容認定」之分類意義相同。參閱李建良，論國際條約之國內法效力與法位階定序——國際條約與憲法解釋之關係的基礎課題，收錄於：憲法解釋之理論與實務，第八輯，廖福特主編，中央研究院法律研究所，2014 年，頁 175-275。

用本法上所稱的「條約」，並應遵守條約之締結程序；第 2 款「定有批准、接受、贊同或加入條款」——乃依據維也納條約法公約第 2 條第 1 項第 2 款規定，「稱『批准』、『接受』、『贊同』及『加入』者，各依本義指一國據以在國際上確定其同意承受條約拘束之國際行為」，上開程序係供締約當事國對其所派代表對外締結條約作最後確認，在我國法律體系上，條約案必須經由立法院審議通過後，始得咨請總統「批准」、「接受」、「贊同」或「加入」，故只要有上述四類條款時，均為本法所稱之「條約」；[30] 第 3 款及 4 款之規定「內容涉及人民之權利義務，或國防、外交、財政或經濟上利益等國家重要事項」——乃由於大法官會議釋字第 329 號中所列對於條約之「實質內容」進行認定，解釋主文略以「其內容直接涉及國家重要事項，或人民之權利義務，且具有法律上效力者而言」。至於「國家重要事項」於該解釋理由書中闡明係指「國防、外交、財政或經濟上利益」等事項。第 5 款「內容與國內法律內容不一致或涉及國內法律之變更」——係規定所有與現行法律不一致，或締結條約後需修正我國國內法律者，均屬於憲法第 63 條之條約案。

　　綜上觀之，條約締結法的體系上雖然把「條約」及「協定」二者區別，並適用不同程序，然而，在國際法上並未嚴格區別「條約」及「協定」。依維也納條約法公約第 2 條第 1 項第 1 款規定：「就適用本公約而言，稱『條約』者，謂國家間所締結而以國際法為準之國際書面協定，不論其載於一項單獨文書或兩項以上相互有關之文書內，亦不論其特定名稱為何。」雖然依我國對外締結之書面協定中有以「條約」為名（多半係因與我國有正式外交關係之友邦締約），或因我國國際地位敏感之故而多數係以「協定」為名，在名稱上雖有不

---

[30] 「條約締結法」第 3 條之規定，似可與其前身——已廢止之「條約及協定處理準則」（下稱「準則」）第 3 條作一對比，其中準則第 3 條第 2 項原本只有「批准」一項，而本法則將「批准、接受、贊同或加入」一併列入，與維也納條約法公約第 2 條之規定一致。

同，但法律效力上並無軒輕，[31] 甚而言之，若要符合依本法第 3 條規定下的「協定」，必須是：1. 在形式外觀上非以「條約或公約」為命名；且不含「批准、同意、贊同、加入」條款；2. 在實質內容上無關人民權利義務、非為國家重要事項（涉及國防、外交、財政或經濟上利益），且與我國法律一致或無需修正我國法律；3. 內容對締約各方均具有拘束力之國際書面協定。事實上，對外締結的國際書面協定要符合上述三項條件而成為本法中的「協定」，可謂鳳毛麟角，「協定」之定義規範恐形同具文，或徒增行政與立法兩院在認定何謂「條約」以及何謂「協定」時之困擾。在絕大多數國際書面協定依「形式外觀認定」與「實質內容認定」後，即使我國與非邦交國間所締結之「準官方協定」亦多數屬於本法第 3 條中所稱「條約」，故只有少部分純粹專業技術性之行政交流或合作文書被列為「協定」，由於本法關於「條約」之認定採取「形式外觀」與「實質內容」雙重累積之認定標準，區分條約與協定二者並無顯著實益。未來或可朝向以條約之「實質內容認定」來決定國際書面協定送立法院審議或查照程序，而無需作體系上的區別。[32]

參、國際條約及協定之批准程序

條約締結法中，關於第 8 條「條約案」應送立法院審議，與第 12 條「協定」送備查之規範過於簡略，此二分法並不適當。針對大法官會議解釋第 329

---

[31] 丘宏達著、陳純一修訂，同註 24，頁 182。例如，我國與紐西蘭間所簽署之「台紐經濟夥伴協定」，名稱雖屬為「協定」，但因符合條約締結法第 3 條第 1 項第 4 款之「內容涉及國防、外交、財政或經濟上利益等國家重要事項」，以及同條第 5 款「內容與國內法律內容不一致或涉及國內法律之變更」規定，而應視其為本法所稱之「條約」而非「協定」。

[32] 有學者認為在目前我國現行法律體制下，關於「條約」與「協定」，甚至其他「協議」並列之情況，有其存在之必要。參閱余寬賜，我國「條約締結法」之擬議，政治科學論叢，第 10 期，1999 年 6 月，頁 227-244、230-231。

號的第四問題，「條約締結法」中也一併處理關於條約在國內法領域「批准」之制度。根據我國憲法權力分立之原則，行政部門若過度削弱立法院對條約之審議權，恐有違憲之虞，故釋字第 329 號特別指出上開準則應依解釋意旨修正之。[33] 1994 年 3 月 11 日修正後之第 7 條規定新增爲：「主辦機關於條約草案內容獲致協議前，得先就談判之總方針及原則，與立法院相關委員會協商。」[34] 而修正後之第 9 條規定：「條約案經簽署後，主辦機關應於三十日內報請行政院核轉立法院審議。」[35] 因此，大法官會議做出釋字第 329 號後，關於條約案送立法院審議之缺失已暫解決。

一、憲法與司法實務對於條約締結與國內法適用之解釋

我國政府所簽署之條約（協定）應經立法院同意，依條約締結法第 8 條規定，同意之程序限爲「審議」及「查照」兩種。由於釋字第 329 號中並未對協定送審查或備查之分類標準及其有權認定之機關做出回應，因此產生後續諸多問題。例如行政部門得否因求簡易便利研擬、談判及簽署若干國際書面協定，亦或由其他相關主管機關研擬、談判及簽署之內容具有專門性或技術性之非書面協定，而例外於締結條約（協定）之一般程序？上述情況是否產生規避國會監督審議之嫌？另外，從洽簽國際書面協定之主管機關而言，條約及協定由外

---

[33] 本號解釋亦有張特生大法官提出一部不同意見書；楊與齡大法官、李志鵬大法官、李鐘聲大法官提出不同意見書。針對大法官會議不應就「條約及協定處理準則」（準則屬行政命令，非法律或憲法）解釋，以及解釋文中關於行政、立法二權之爭議屬於政治問題等提出不同意見。

[34] 原第 7 條條文內容爲：「條約或協定草案內容獲致協議時，除時機緊迫者外，主辦機關應先報請行政院核可，始得簽訂。」此部分已改列爲現行法第 8 條之內容。

[35] 原第 9 條條文內容爲：「協定應於簽署後，報請行政院核備；除內容涉及國家機密或有外交顧慮者外，並應於生效後，送立法院查照。前項協定，行政院於核備時，應函請總統府秘書長查照轉陳。」

交部主辦。「條約及協定之簽訂，由外交部主辦。但條約及協定內容具有專門性、技術性，且經外交部或行政院同意者，不在此限」。[36] 同時，「外交部主辦之條約或協定，其內容涉及其他機關之業務者，外交部應隨時與有關機關密切聯繫，或請其派員參與。外交部以外之主辦機關於研擬草案或對案及談判過程中，應與外交部密切聯繫，並注意約本文字及格式是否正確合宜，必要時並得請外交部派員協助。其正式簽署時，外交部得派員在場」。[37] 可見外交部為一般條約及協定之主談與主辦單位。然而「主辦機關於條約草案內容獲致協議前，得就談判之方針、原則及可能爭議事項，適時向立法院說明並向立法院相關委員會報告」。[38]「條約或協定草案內容獲致協議時，除經行政院授權或因時機緊迫而經行政院同意者外，主辦機關應先報請行政院核定，始得簽署」。[39]

在對外經貿協定之談判中，以 WTO 相關協定為例，除參考一般性之條約與協定處理準則外，另須參考貿易法第 7 條第 1 項及第 2 項規定：「主管機關或經行政院指定之機關，得就有關對外貿易事務與外國談判及簽署協定、協議。其所為談判事項涉及其他機關者，應事先協調。民間機構或團體經主管機關授權者，得代表政府就有關對外貿易事務與外國談判及簽署協議。其協議事項，應報請主管機關核定。」同條第 3 項中亦規定，「對外貿易談判所簽署之協定或協議，除屬行政裁量權者外，應報請行政院核轉立法院議決。」第 4 項規定：「協定或協議之內容涉及現行法律之修改或應另以法律定之者，需經完成立法程序，始生效力。」由此可知，在經貿協定之國內立法程序上，須由主辦機關報請行政院會議決議後，再交由立法院議決，並視情況應修改現行法律

---

[36] 條約締結法第 4 條第 1 項。

[37] 條約締結法第 5 條。

[38] 條約締結法第 6 條。

[39] 條約締結法第 7 條。

或應另訂新法。同法第 8 條規定，在洽簽經貿協定前，「有關經濟貿易事務與外國談判及簽署協定或協議前，主管機關或行政院指定之機關得視需要會同立法院及相關部會或機關舉辦公聽會或徵詢學者專家及相關業者之意見」。

二、行政權與立法權之調和與分配

　　在一般國際法之實踐上，條約締結程序大致包括以下八項（但非所有條約均須完成全部程序）：1.任命派遣談判代表（全權證書之呈現）；2.談判協商；3.認證與簽署（字）；4.批准、贊同或接受：在民主國家中，條約批准前要送議會審議；5.加入：多邊條約簽字批准生效後，其他非締約國可以參加之程序；6.生效與國內公布；7.登記與國際公布；8.換文：二國各自發出單方文件，經過交換程序而發生拘束力，類似契約要約與承諾。[40] 我國之條約締結程序與上述原則相符，依據條約締結法第 3 條第 3 項之規定，「本法所定締結程序，包括條約或協定之簽署、批准、接受、贊同及加入等程序事項」。至於條約或協定之「生效與國內公布」或「登記與國際公布」程序，由於我國情況特殊且非聯合國之會員國，故無法於聯合國登記存放加入書，故於本法第 11 條第 1 項第 1 款規定，「情況特殊致無法互換或存放者，由主辦機關報請行政院轉呈總統逕行公布」；以及同條第 2 項規定，「自總統公布之生效日期起具國內法效力」，以解決過去在實務上條約未經「登記與國際公布」而無法於國內生效之困境。條約締結法將條約締結程序中，行政權與立法權之界線又作更進一步的規範，尤其在我國憲法第 38 條、第 58 條第 2 項、第 63 條所規定下，雖然行政院有締約權、立法院有條約案審議權，但本法就條約「簽署前」、「簽署時」、「簽署後」等三個時間點上的行政立法互動提升至法律層級的規範，較

---

[40] 丘宏達著、陳純一修訂，同註 24，頁 191。

過去條約及協定處理準則的時期法位階更高，茲分述如下：

（一）條約簽署前之程序

條約草案獲致協議前應向立法院說明，由於事前審查立法院係「被動參與」，難為有效之事前監督，產生許多不必要之疑慮，故 2015 年立法時，將立法院之「事後被動參與」，修正為「事前主動參與」，行政部門依法締約前，立法院有主動參與之「意見提供權」，保留談判過程中立法權修正之權利，故於條約締結法第 6 條規定，「主辦機關於條約草案內容獲致協議前，得就談判之方針、原則及可能爭議事項，適時向立法院說明並向立法院相關委員會報告」。然而，本條中亦有幾項概念並未釐清，首先，何謂「適時」？就本條規定觀之，由於在條約獲致協議前，對外談判權屬於行政部門之權責，故就談判之方針、原則、可能爭議事項等，應由行政部門主動向立法院說明並向委員會報告，但倘若立法院主動要求行政部門報告，行政部門得否拒絕？原本在本條立法過程中有委員提案認為，對於立法院所提出之報告要求，「主辦機關不得拒絕，立法院相關委員會應以祕密會議為之」，但此文字最後並未列入最終版本通過，徒留未來可能的爭議。[41] 在條約簽署前之談判階段，應視談判內容是否為機密性質，準用本法第 9 條之規定，由行政部門標明機密等級，必要時以立法院祕密會議方式進行報告。同時，行政部門於與對手國談判前（若為系列之回合談判，則於每回合談判前）先就原則方針進行報告，並於該次談判後主動向立法院委員會說明該次談判是否與原則方針有落差，以及是否有可能爭議之事項。本條在解釋上，行政部門若未主動與立法院報告或說明時，立法院得要求行政部門進行說明，而行政部門不得拒絕；但同時必須增訂對於相關人員（包含行政機關與立法院等人員在談判尚未獲致協議前，關於國家安全與

----

[41] 立法院公報，第 104 卷第 54 期，2015 年 6 月 25 日，頁 292。

國家利益等機密事項不得洩漏之法律責任）。其次，何謂「可能爭議事項」？在對外談判過程中，可能爭議事項究由行政部門認定？抑或由立法委員認定？此部分難以明確之法律文字定之，只能由行政與立法部門之間的相互溝通與協商決定之。

（二）條約簽署程序

在上述與立法院說明、報告後，依立法院所提之原則性意見，與締約對方達成協議時，應由主辦機關報請行政院核定後辦理簽署，關於主辦機關部分，原則上由外交部擔任，但倘若該條約或協定具有專門性或特殊性者，亦可由中央行政機關其他部門擔任主辦。[42] 同時，依本法第 7 條規定，「條約或協定草案內容獲致協議時，除經行政院授權或因時機緊迫而經行政院同意者外，主辦機關應先報請行政院核定，始得簽署」。條約之簽署係屬於行政部門之權限，其中又以外交部門最為核心，[43] 因此，在締結條約之時期，外交部與行政院各部門間之溝通協調亦相當重要，無論是否由外交部門所主辦，談判與簽署之過程中，均應有外交部派員參與方能維護我國之外交立場與提供專業意見。條約締結法第 5 條規定，「外交部主辦之條約或協定，其內容涉及其他機關之業務者，外交部應隨時與有關機關密切聯繫，或請其派員參與」，相反地，條約若為「外交部以外之主辦機關於研擬草案或對案及談判過程中，應與外交部密切聯繫，並注意約本文字及格式是否正確合宜，必要時並得請外交部派員協助。其正式簽署時，外交部得派員在場」。[44]

- - - - - - - - - - - - -

[42] 條約締結法第 4 條。

[43] 外交部組織法第 1 條規定，「行政院為辦理外交及有關涉外業務，特設外交部」，第 2 條第 2 款規定，「涉外政治、軍事、安全、通商、經濟、財政、文化、國際組織參與、公眾外交及其他涉外事務之統合規劃、協調及監督」。

[44] 條約締結法第 5 條第 1 項與第 2 項。

（三）條約簽署後之程序

條約經我方簽署代表與對方完成簽署後，即應於期限內由主辦機關報請行政院核轉立法院進行審議或查照程序。

1. 立法院審議程序

條約案經簽署後，主辦機關應於三十日內報請行政院核轉立法院審議，[45]但若條約內容涉及國家機密、國家安全或外交考量者，行政院於條約案送立法院審議時，應標明機密等級，立法院應以祕密會議爲之。[46]立法院對於條約案之審議方式並非行政機關所能決定，故於本法中並未規定條約案係「逐條討論、逐條表決」，或「逐條討論、全案表決」，本文認爲此乃議案之審議方式，應由立法院內部自行訂定原則性規範，鑑於國際談判實務，通常主要民主國家在國會審查上以「事前主動參與決策、事後進行全案表決」（前緊後鬆）或「事前被動參與決策、事後逐條嚴格審查」（前鬆後緊）等二種模式爲主，而此模式之立法選擇又依據每個國家係內閣制或總統制而有所不同，[47]倘若立法部門在談判未達成協議前便可參與協商，針對行政部門對外談判之原則方針給予建議與拘束，則在簽署後的審議階段就應該以迅速、原則性的「逐條討論、全案表決」之審查方式爲宜。[48]

---

[45] 條約締結法第 8 條第 1 項。

[46] 條約締結法第 9 條。

[47] 顏慧欣，對外經貿談判程序法制化之簡評，WTO 及 RTA 電子報，第 409 期，2014 年 5 月 16 日，頁 3-8。

[48] 依目前立法院對於條約案之運作，參考立法院職權行使法第 7 條規定，「立法院依憲法第六十三條規定所議決之議案，除法律案、預算案應經三讀會議決外，其餘均經二讀會議決之」，可見條約案似應由二讀會議決之，而非經由三讀程序。又，同法第 9 條規定，「第二讀會，於討論各委員會審查之議案，或經院會議決不經審查逕付二讀之議案時行之。（第 1 項）第二讀會，應將議案朗讀，依次或逐條提付討論。（第 2 項）第二讀會，得就審查意見或原案要旨，先作廣泛討論。廣泛討論後，如有出席委員提議，十五人以上連署或附議，經

其次，經立法院審議後，若提出「多邊條約之保留」、「雙邊條約之修正」或根本「條約未獲立院通過」之處理程序，本法第 10 條分別規定如下：「(1) 立法院審議多邊條約案，除該約文明定禁止保留外，得經院會決議提出保留條款；[49] (2) 雙邊條約經立法院決議修正者，應退回主辦機關與締約對方重新談判；(3) 條約案未獲立法院審議通過者，主辦機關應即通知締約對方。」[50]最後，倘若條約案經立法院審議通過後，本法第 11 條規定下列處理程序，並自總統公布之生效日期起具國內法效力，等同於「法律」之位階：(1) 定有批准、接受、贊同或加入條款者，主辦機關應報請行政院轉呈總統頒發批准書、接受書、贊同書或加入書，並副知外交部，於完成國內程序及依條約之規定互換或存放相關文書生效後，由主辦機關報請行政院轉呈總統公布，但情況特殊致無法互換或存放者，由主辦機關報請行政院轉呈總統逕行公布；[51] (2) 未定有批准、接受、贊同或加入條款者，主辦機關應報請行政院轉呈總統鑑察，並於條約生效後，報請行政院轉呈總統公布。[52]

- - - - - - - - - - - - - -

表決通過，得重付審查或撤銷之。（第 3 項）」。由上述規定可知，條約案究竟係「二讀討論後依次或逐條提付表決」？抑或「由院會議決不經審查逕付二讀」？恐怕需個案認定，而決定權則仍在立法院。

[49] 晚近多數的多邊條約都不允許會員國提出條約保留，例如世界貿易組織體系中所有多邊貿易協定，會員均不得提出保留條款即是。即使在允許締約國提出保留條款之情況下，保留條款亦有許多限制，例如需經其他締約國同意、需經國際組織同意等等條件，條約保留的一般性原則，詳見維也納條約法公約第 19 條至第 23 條之規定。

[50] 條約締結法第 10 條。

[51] 條約案經立法審議通過後，視該條約是否有批准、接受、贊同或加入條款，倘有，則須一方面由立法院咨請總統批准，另一方面主辦機關應即報請行政院轉呈總統頒發批准書、接受書、贊同書或加入書，完成相關程序並互換或存放批准書、接受書、贊同書或加入書生效後，由總統公布之，爰爲條約締結法第 11 條第 1 項第 1 款本文之規定。惟鑑於我國並非聯合國之會員國，於實務上可能遇有無法完成存放批准書等締約文書之情形，爰爲但書之規定。

[52] 條約締結法第 11 條第 1 項第 2 款規定未定有批准、接受、贊同或加入條款之條約案，經立

2. 立法院查照程序

就「條約」之查照程序而言，依本法第8條第1項但書規定：「未具有條約或公約名稱，且未定有批准、接受、贊同或加入條款之條約案，其有下列情形之一者，主辦機關應於簽署後三十日內報請行政院備查，並於條約生效後，主辦機關應報請行政院轉呈總統公布，並送立法院查照：(1) 經法律授權簽訂；(2) 事先經立法院同意簽訂；(3) 內容與國內法律相同。」[53] 除上述「條約」外，本法第12條規定「協定」之備查程序如下：「協定經簽署後，主辦機關應於三十日內報請行政院備查，並於協定生效後，以適當方式周知及送請立法院查照。但其內容涉及國家機密或有外交顧慮足以影響國家安全或利益者，不在此限。前項協定，行政院於備查時，並應函請總統府秘書長查照轉呈總統。」蓋上開條文乃認為本法所稱之「協定」，係各中央行政機關「依其法定職權」或「法律授權」而簽署之國際書面協定，其內容係屬涉外事務，故於簽署後應報行政院備查，為免延宕，應於三十日內辦理之，並應於協定生效後周知即送請立法院查照。另依國際慣例，倘協定內容涉及國家機密或有外交顧慮，足以影響國家安全者，得不送國會查照。

肆、國際條約及協定締結程序之透明化與保密義務

條約締結法中，雖然增加了締結程序中的資訊透明化程序，如第6條增加

法院審議通過後，主辦機關即應報請行政院轉呈總統鑑察，並於條約生效後，報請行政院轉呈總統公布，而無須由總統踐行批准程序。

[53] 本條文之規範係構成該等條約案之要件，自各該條約案之擬議、簽署以至報請行政院備查之階段，基本上其認定權仍歸屬行政機關，但鑑於該等條約案仍明白劃歸為條約案，具有實質之重要性，因此該等條約案於簽署並報請行政院備查後，仍應即送立法院查照，此時立法院可就該等條約案是否符合相關要件，再行最後確認，必要時仍可改交審查。

條約草案內容獲致協議前，主辦機關應適時向立法院說明並向立法院相關委員會報告之責任，使立法院能於事前主動參與談判原則與方針之擬定。[54] 然而，卻未對於相關人員之保密責任加以明定，實為立法上之疏漏。觀諸本法第 9 條僅規定賦予行政院得於「條約案送立法院審議時」標明機密等級，並於條約內容涉及國家機密、國家安全或外交考量者，要求立法院以「祕密會議」為之，[55] 然而，上述規定有二項爭議尤待進一步釐清：

一、保密義務之期間

保密義務應不僅限於「條約簽署後送立法院審議」之期間：本法第 9 條只規定條約簽署後，在送「立法院審查」時應標明機密等級，並在特定條件下以祕密方式進行會議；但卻未規範第 6 條「條約獲致協議之簽署前」向立法院說明與立法院委員會報告時，是否仍應標明機密等級？以及立法院在「條約簽署前」是否應準用第 9 條之規定以祕密會議行之？就國際談判實務而言，獲致條約協議草案前的談判階段，締約方多在互探底線以及尚未達成最終條約文本共識，此時期之對於國家利益之保密要求程度恐高於獲致協議後的階段，故本法漏未規範「條約簽署前」之相關人員保密要求，甚為不妥。在過去條約及協定處理準則第 17 條中曾規定，「辦理及參與條約案、協定案草擬、協商、談判或簽署之人員，應依規定保守祕密；違反者，依法懲處；其涉有刑責者，並移送司法機關處理」，但本次條約締結法在制定時，不知為何卻將本條刪除，本文認為對於在參與條約談判過程及締結程序中之人員，無論是行政部門與立法部門（甚至立法委員本身），都應負保密之法律責任。因此，本法第 6 條規定行政機關就「談判之方針、原則及可能爭議事項向立法院說明並向立法院相關

---

[54] 條約締結法第 6 條。

[55] 條約締結法第 9 條。

委員會報告」時，應準用第 9 條之規定，倘若涉及「國家機密、國家安全或外交考量者」，除應標明等級外，立法院亦應以祕密會議進行討論，並要求相關人員克盡保密義務。

二、條約締結法與國家機密保護法之競合關係

國家機密保護法應解釋為條約締結法中保密規範之特別法。本法第 9 條雖規定「條約內容涉及國家機密、國家安全或外交考量者……立法院應以祕密會議為之」。然而，關於立法院祕密會議之保密責任規範是否足夠，不無疑問。就立法院議事規則第 50 條中規定，「祕密會議之紀錄及決議，立法委員、列席人員及本院員工，不得以任何方式，對外宣洩。關於祕密會議，如須發表新聞時，其稿件應經院長核定之」，若違反上開條文時，則依同法第 52 條之規定，「立法委員違反本規則第五十條規定者，應付紀律委員會議處；本院員工違反者，由院長依法處分之；列席人員違反者，由本院函各該主管機關依法辦理」。由上述規定可知，即使違反祕密會議之保密規定，相關人員之責任係傾向由「立法院自律」，而非明確的明確法律責任，對於條約締結程序中關於國家機密之保護程度薄弱，成效不彰。不過，條約締結法於第 9 條規定，「條約內容涉及國家機密、國家安全或外交考量者，行政院於條約案送立法院審議時，應標明機密等級」，倘若主辦機關依職權標明機密等級時，該條約案各項文書資料發生洩密情事，則應解釋為優先適用國家機密保護法，[56] 以補足條約締結法中未規範之立法院與行政部門相關人員之保密義務及法律責任。

- - - - - - - - - - - - - -

[56] 國家機密保護法中對於核定機密之權責機關、核定機密之範圍，以及相關人員之法律責任等均有較為詳盡的規範。

伍、國際條約及協定之解釋與適用

依憲法第 141 條之精神及法院判例（決）之意旨，條約（協定）與國內法牴觸時，宜優先適用前者。蓋條約（協定）係就締約國間之特別事項而為規範，依國際社會遵守國際信義之慣例，締約國有義務不制定違反條約（協定）之法律或於二者衝突牴觸時，優先適用條約（協定）。原則上，一國政府有義務不制定違反條約之法律，故在解釋上，應盡可能推定立法機關不願為與條約有牴觸之立法。

一、司法實務對於國際協定效力之見解

最高行政法院 96 年度判字第 1986 號及歷審判決中，法院均未反駁原告所提出之實務見解，而係就原告自行認定關稅法違反 GATT 第 7 條執行協定之解釋，予以駁回。故在本件中不論原告、被告或法院裁判理由書中所羅列之過去實務見解，均具有參考價值，整理如下：

（一）最高法院 23 年上字第 1074 號判例：「國際協定之效力優於國內法。」最高法院 72 年度台上字第 1412 號判決：「依我國憲法第 141 條所定『尊重條約』及同法第 63 條所定條約須經立法院議決之規定以觀，……條約實已具有國內法之同等效力，法院自應予適用。」

（二）法務部（77）法參字第 20108 號函釋：「大多數國家均承認條約原則上具有國內法上之效力，具其效力應高於法律，或與法律之效力相同。……由憲法第 58 條第 2 項、第 63 條、第 57 條第 3 款之規定觀之，經立法院議決通過之條約，似應認其具有國內法之效力，且與『法律』居於同一位階。……從憲法第 141 條規定之精神以觀，條約與法律有所牴觸時，原則上似宜以條約之效力為優。我國歷來若干立法例（如 1948 年 5 月 12 日國民政府修正公布之

防空法第 3 條第 2 項、1954 年 4 月 17 日總統令公布之引渡法第 1 條）、法院判決（如最高法院 23 年度上字第 1074 號刑事判決）及實務界解釋（如司法院 20 年 7 月 27 日致前司法行政部訓字第 459 號訓令、本部 72 年 2 月 21 日（72）律字第 1813 號函）均持此一見解。……原則上，一國政府有義務不制定違反條約之法律，故在解釋上，應盡可能推定立法機關不願爲與條約有牴觸之立法。」法務部（79）法律字第 10900 號函釋：「依憲法第 141 條之精神及法院判例（決）之意旨，條約（協定）與國內法牴觸時，宜優先適用前者。蓋條約（協定）係就締約國間之特別事項而爲規範，依國際社會遵守國際信義之慣例，締約國有義務不制定違反條約（協定）之法律或於二者衝突牴觸時，優先適用條約（協定）。」

（三）法務部（91）法律字第 0910005828 號函釋：「有關世界貿易組織協定及其各項附屬協定，在我國是否具有直接適用之效力及其位階之問題等疑義，……（乙說）不論就憲法尊重條約之精神，或就條約之審議程序而言，條約應具有法律之效力，可作國內法院裁判之依據。……貿易協定具有優先之效力。」

我國向來標榜係國際社會重要成員，對於加入國際組織、簽署各項國際條約或協定，均不遺餘力，更多次表明我國必當遵守並奉行所簽署之國際條約或協定。「關稅暨貿易總協定」（GATT）長久以來作爲國際貿易管理機制，我方亦承諾採行「GATT 第 7 條執行協定」，並全盤修正關稅法以資配合，GATT 本於 1993 年底完成最終談判（烏拉圭回合談判）簽署之「1994 年 GATT 第 7 條執行協定」，亦正式對全體會員生效。故本件中關稅法既係配合「GATT 第 7 條執行協定」全盤修正，我國亦係依外交部發布之條約及協定處理準則第 11 條法定程序參與入會，從而身爲 WTO 會員所應遵守之各該協定，我國均有受其拘束之義務。又一國政府有義務不制定違反條約之法律，故解釋

上應盡可能推定立法機關不願為與條約牴觸之立法，歷年之實務均持此一見解，故本件關稅法之解釋適用即應遵循 GATT 第 7 條執行協定解釋及相關多邊貿易協定規範，若行政機關之處分違反關稅法或相關國際協定時，則法院應宣告其違法而無效；反之，則應維持原行政處分之效力。

二、WTO相關協定及區域貿易協定在我國法律之位階

在國內法律秩序中，已經過立法機關批准生效的 WTO 多邊貿易協定中，其部分條款文義已經十分明確，不致發生疑義。因此，有關 WTO 貿易協定眾多議題中，多數協定之內容僅需維持或修正國內相關法律（行政命令），而不須重新制定新的特別法作為執行依據，國內法院亦得直接適用有關條款作為判決之基礎。易言之，WTO 多邊貿易協定中的若干條款，依其性質在國內法中已有相對應之規範，故不必再經國內立法即可直接執行其法律效力，在國內法律體系內，即構成國內法律體系的一部分，對國內法院具有拘束力，並有「後法優於前法」原則之適用。但後制定之國內法如與 WTO 多邊貿易協定牴觸時，此國際協定應具有優先效力，易言之，在我國之實務上，國內法律應遵守 WTO 多邊貿易協定之各項規定。

至於區域貿易協定（Regional Trade Agreement, RTA）係指兩個以上的經濟體或主權國家，藉由降低彼此關稅、減少其他規費，或排除妨礙彼此進行自由貿易之障礙，以促進貿易自由化之協定。[57] 凡是 WTO 會員之間達成優惠性的貨品貿易或服務貿易的協議，而對其他會員有排他適用效果者，即可稱為RTA。[58] 在 RTA 中，會員同意放棄部分或全部包括關稅、進口限額等傳統國

---

[57] David A Gantz, Regional Trade Agreements: Law, Policy and Practice, 11-13 (2009).

[58] 參考羅昌發，國際貿易法，元照出版有限公司，2010 年，頁 35-36。陳櫻琴、邱政宗，WTO 與貿易法，五南圖書出版有限公司，二版，2005 年，頁 23-26。

家主權事項。[59] 依 WTO 協定第 2 條第 2 項規定：「附件中所列之各協定與附屬法律文件係本協定之一部分，對所有會員均具有拘束力。」[60] WTO 會員於入會時明示接受各項多邊貿易協定之規範，會員間之雙邊或多邊協議必須遵守 WTO 規範，在 RTA 成員間，必須削減甚至免除彼此間之關稅障礙，而被視為最惠國待遇之例外。[61] 故依據 GATT 第 XXIV 條、GATS 第 V 條或授權條款（Enabling Clause）所簽署之 RTA 或相關過渡性協議當然屬於此範圍之內。與我國關係密切之 WTO 相關協定、FTA、RTA 在國內法上之地位，從實踐上觀察，對於 FTA 或 RTA 之適用疑義未有實務上之意見可供參考，但關於 WTO 協定及其各項附屬協定，在我國是否具有直接適用之效力及其位階之問題等疑義，法務部曾於（91）法律字第 0910005828 號函釋做出法規諮詢意見，整理問題疑點之正、反方意見，[62] 可惜並未形成具體共識，但本件最高行政法院之判決中，確立了「WTO 協定及其各項附屬協定不具有直接效力」應經過立法轉換，且「經法定締約程序完成之貿易協定內容應優於我國法律規定」等原則。

　　RTA 在國內法上之地位應與 WTO 相關協定立法轉換之程序與效力均相同。以我國對外簽署自由貿易協定（FTA）之實務而言，目前我國已與中南美洲之巴拿馬、瓜地馬拉、尼加拉瓜、薩爾瓦多暨宏都拉斯等簽署 FTA，此四項協定都依條約及協定處理準則第 9 條之規定由行政院送立法院審議。在審議過程中，立法院以附帶決議方式要求：「日後行政院所屬各部會對外締結雙邊或多邊條約或協定時，應循憲法第 63 條之程序，先由立法院議決通過為原則。

---

[59] Peter Van Den Bossche, The Law and Policy of the World Trade Organization: Text, Cases and Materials, 650-60 (2005).

[60] WTO Agreement Art. 2.

[61] 洪德欽，WTO 法律與政策專題研究，2005 年，頁 252。

[62] 民國 91 年 3 月 20 日法律字第 0910005828 號。

若有緊急及特殊情況時，則應徵得立法院授權。」[63] 我國對外洽簽之貿易協定（不論係 WTO 或 RTA），均須經立法院審議通過殆無疑問，經總統公告後，使具有國內法適用之效力。而倘若我國法令與經上開法定程序生效後之貿易協定規範牴觸時，則應優先適用貿易協定之規定，並將違背貿易協定解釋之我國法令作適度調整，始符合國際法上條約必須履行原則，及我國憲法第 141 條所謂尊重條約之基本立場。

三、兩岸經貿協議之地位

我方海基會與中國大陸海協會簽訂之協議是否須立法轉換為國內法始可適用？抑或毋庸立法轉換為國內法即可直接適用？由於兩岸間協議之地位特殊，我國為推動大陸事務並解決相關法律糾紛，特別於 1992 年制定「臺灣地區與大陸地區人民關係條例」（下稱「兩岸關係條例」），使該條例成為我國規範兩岸人民往來並處理衍生之法律事件之依據。依該條例規定由陸委會統籌辦理台灣地區與大陸地區訂定協議事項，而此處所稱協議係指「臺灣地區與大陸地區間就涉及行使公權力或政治議題事項所簽署之文書；協議之附加議定書、附加條款、簽字議定書、同意紀錄、附錄及其他附加文件，均屬構成協議之一部分」。[64] 兩岸關係條例第 4 條之 2 第 1 項規定：「行政院大陸委員會統籌辦理臺灣地區與大陸地區訂定協議事項；協議內容具有專門性、技術性，以各該主管機關訂定為宜者，得經行政院同意，由其會同行政院大陸委員會辦理。」同條第 2 項規定：「行政院大陸委員會或前項經行政院同意之各該主管機關，得委託第四條所定機構或民間團體，以受託人自己之名義，與大陸地區相關機關或經其授權之法人、團體或其他機構協商簽署協議。」

---

[63] 參見立法院公報，第 92 卷第 40 期會議紀錄，2003 年 10 月 8 日，頁 1120-1122。
[64] 兩岸關係條例第 4 條之 2 第 3 項。

　　ECFA 為經濟合作之架構協議，係由海基會與海協會談判簽署。在程序上，應將協議草案報經委託機關陳報行政院同意，始得簽署。同時依兩岸人民關係條例第 5 條第 2 項規定：「協議之內容涉及法律之修正或應以法律定之者，協議辦理機關應於協議簽署後三十日內報請行政院核轉立法院審議；其內容未涉及法律之修正或無須另以法律定之者，協議辦理機關應於協議簽署後三十日內報請行政院核定，並送立法院備查，其程序，必要時以機密方式處理。」[65] ECFA 屬於在 WTO 架構下所簽署之優惠性協議且為兩岸間之協議，產生競合適用之效果，此特殊性與兩岸間簽署之「非涉及 WTO 架構議題」之一般政治性或事務性協議性質不同，其複雜程度最高，在實務上之做法宜同時參酌貿易法及兩岸關係條例規定辦理。ECFA 於 2010 年 7 月 1 日由行政院送立法院審議，於同年 8 月 17 日完成審查，並於 9 月 12 日生效。故兩岸在 ECFA 架構下之相關後續協議（如貨品貿易協議、服務貿易協議、投資協議、爭端解決協議等），均須依上開規定辦理，而在未經過立法院審議前，各該協議應不具有直接適用之效力。[66]

陸、結論

　　國際法與國內法之關係，在國際法上並未有強制規範一國應如何處理二者間關係，僅於 1969 年維也納條約法公約中規定，締約國應善意履行條約之基本原則。至於各國如何處理已簽署之條約，則為國內法之問題，國際法則在所不問。我國在憲法實踐上，透過中華民國憲法第 38 條、第 58 條第 2 項、第

---

[65] 兩岸關係條例第 5 條第 2 項。

[66] 王震宇，兩岸經濟合作架構協議之現狀與未來，月旦法學雜誌，第 189 期，2011 年 2 月，頁 115-142。

63 條等規定，並經由釋字第 329 號，確立條約締結程序須由行政部門依其職權決定主辦單位，對外洽簽條約；立法部門對於已簽署之條約案進行審議或備查；總統則依據立法院通過之條約案進行公告發布。

條約締結法之制定，歷經立法院第三屆委員起開始審議，但都未完成三讀，直至第八屆會期終於完成立法程序，並由總統公布施行，前後超過二十年。本法通過後，將條約締結程序中，行政權與立法權之界線又做更進一步的規範，尤其在我國憲法第 38 條、第 58 條第 2 項、第 63 條所規定下，雖然行政院有締約權、立法院有條約案審議權，但本法就條約「簽署前」、「簽署時」、「簽署後」等三個時間點上的行政立法互動提升至法律層級的規範，較過去條約及協定處理準則的時期法位階更高，且本法關於條約締約之過程係參考維也納條約法公約之重要規範，預期未來在我國對外締結條約時所準據之程序將更加完備。惟本文認為，本法之制定雖對於條約締結之程序有法制化的重要意義，但在法律本身仍有幾項爭議，例如行政院與立法院關於締約程序中之互動、程序透明化與保護國家利益與國家機密之規範等，仍待未來以實務運作建立慣例或再以修法之方式來解決。依據上述憲法之精神以及釋字第 329 號之本旨，總結諸多法律問題之看法：

一、國際條約或協定是否直接適用無須轉換立法之判斷標準應以條約締結法第 8 條之規定判斷之，依法完成條約締結程序之我國對外條約，應可直接適用。然而，條約締結法中仍有幾項爭議問題待釐清，包括：

（一）條約締結法第 3 條中對於「條約」與「協定」之分類，因涉及嗣後送立法院審議或備查之不同程序，影響重大，但分類標準中卻有內容直接涉及「國家重要事項且具有法律上之效力」以及「人民權利義務且具有法律上之效力」等不確定之法律概念，此處應予以明確化。

（二）條約締結法第 8 條規定條約案應送立法院審議，第 12 條規定協定

應送備查，此二分法過於簡略，應考量國際書面協定之實質內容是否涉及法律保留原則事項，而決定其是否應送立法機關審議。如只由行政當局自行依照其外交權簽訂者，解釋上不應優先於國內法，亦須依上開條文之規定，經行政院核可後簽訂，並送立法院備查後，始能適用。

二、依貿易法第 7 條第 4 項規定：「協定或協議之內容涉及現行法律之修改或應另以法律定之者，需經完成立法程序，始生效力。」故依上開條文明確表達對經貿事項採立法保留之意旨，我國為 WTO 正式會員，且所有協定均已依我國與國際組織締結條約之程序辦理，其規範內容涉及現行法律之修改或另以法律定之者，在未完成立法程序前，不生國內法之效力。而貿易協定之內容與我國法律規定不一致時，若係已完成締結程序之貿易協定，在解釋上仍應優先於國內法適用。

三、ECFA 與後續協議具有多重性質：1. 既具備類似條約或協定（大法官解釋及條約締結法均未定性）；2. 在 WTO 架構下所簽署之 FTA 過渡性協議；3. 且為兩岸間之書面協議。因此，除條約締結法明確排除兩岸各項協議之適用外，應遵循憲法、貿易法，以及兩岸人民關係條例第 5 條第 2 項之規定：「協議之內容涉及法律之修正或應以法律定之者，協議辦理機關應於協議簽署後三十日內報請行政院核轉立法院審議；其內容未涉及法律之修正或無須另以法律定之者，協議辦理機關應於協議簽署後三十日內報請行政院核定，並送立法院備查，其程序，必要時以機密方式處理」，故除 ECFA 本文外，後續貨品貿易、服務貿易、爭端解決、投資等協議，均涉及法律之修正，應送立法院審議後，始可適用。

綜上所述，依釋字第 329 號之解釋意旨，不論國際條約或其他書面協定、WTO 相關多邊貿易協定、RTA、ECFA 及其後續協議等，均無法規避立法部門之實質審議，因上述之經貿協定「內容涉及人民之權利義務」。蓋 RTA 之

範圍除傳統貨品貿易中之關稅減讓、原產地規則、貿易救濟、技術性貿易障礙與食品衛生與動植物防疫檢疫外，更可能包含智慧財產權、環境保護、投資保障、爭端解決、跨境隱私權保護等議題，已非單純行政當局依照其外交權自行簽訂，必須由立法機關事前授權或事後予以審議。但若考量 RTA 談判耗時且高度專業，業經簽署之 RTA 不適宜再由立法部門逐條審議修正，以免失信於國際社會，筆者建議未來應參考外國之立法例，單獨制定我國「締結貿易協定法」作為條約締結法之特別法，將相關 RTA 之談判內容、架構、國會審查方式等原則一併立法授權，並可設置審查點，適時監督談判進程，以利平衡行政專業與立法監督。

CHAPTER

5

貿易協定下反傾銷及平衡措施條款

壹、區域貿易協定下之貿易救濟

區域貿易協定（Regional Trade Agreement，簡稱 RTA）之簽署與談判係當代國際經濟法之重要趨勢，不僅貿易大國熱衷於憑藉區域經濟整合加強其國際政治與經濟之影響力，多數已開發或發展中國家亦將簽署 RTA 列為該國重要貿易政策。[1] 一般而言，各國在尋求區域經濟整合時，最常以簽署雙邊或多邊之 RTA 作為合作模式，其中以自由貿易協定（Free Trade Agreement，簡稱 FTA）與關稅同盟（Customs Union，簡稱 CU）等二種型態最為常見。[2] 依據世界貿易組織（World Trade Organization，簡稱 WTO）秘書處統計，FTA 約占 RTA 總數之 85%，而 CU 僅占總數之 8%。[3] RTA 成員間之「貿易優惠措施」與 WTO 所奉行之最惠國待遇原則（Most Favoured Nations Principle，簡稱 MFN）有本質上衝突，但透過關稅暨貿易總協定（General Agreement on Tariffs and Trade，簡稱 GATT）[4] 第 XXIV 條第 4 項規定，只要 RTA 簽約成員遵守消除 RTA 成員間絕大部分貿易之關稅與其他限制貿易之規定，且不增加對

---

[1] Matthew Schaefer, *Ensuring That Regional Trade Agreements Complement the WTO System: US Unilateralism a Supplement to WTO Initiatives?* 10 J. Int'l Econ. L., 585, 585-587 (Sept. 2007).

[2] 劉碧珍、陳添枝、翁永和，國際貿易理論與政策，雙葉書廊，2005 年 2 版，頁 378-380。依國際貿易理論角度而言，區域經濟整合之類別依程度區分可區分為「優惠性貿易協定」（Preferential Trading Arrangement）、「自由貿易區」（Free Trade Area）、「關稅同盟」（Customs Union）、「共同市場」（Common Market）、「經濟同盟」（Economic Union）等型態。至於區域經濟整合之實質整合項目，由淺而深分別為：1. 降低區域內產品關稅；2. 消除區域內貿易之關稅與數量限制等貿易障礙；3. 採取共同對外關稅與貿易政策；4. 允許生產要素在區域內自由流動；5. 制定共同的貿易、貨幣、財政與社會福利政策。

[3] Jo-Ann Crawford and Roberto V. Fiorentino, *The Changing Landscape of Regional Trade Agreements*, discussing papers, WTO Publications 3 (2005), available at http://www.wto.org/english/res_e/booksp_e/discussi on_papers8_e.pdf (last visited on November 30, 2010).

[4] General Agreement on Tariffs and Trade (GATT 1947), 55 UNTS 194; 61 Stat. pt. 5; TIAS 1700.

非 RTA 成員之貿易障礙，則 RTA 應可合理地存在。[5] RTA 成員在談判時，除必須遵守 GATT 第 XXIV 條之規範外，同時亦須滿足「不歧視原則」（non-discrimination）之例外規定，[6] 故各國常於 RTA 中放入貿易救濟條款以調和在 RTA 成員間關於 WTO 承諾、RTA 互惠，以及保有國內產業救濟途徑等三重關係。由於各國貿易發展程度不同，RTA 所可能造成之貿易影響亦不盡相同，使得會員對於談判雙邊或多邊 RTA 貿易救濟條款時，出現多元規範態樣（diversity rulings）。[7] 原本在 WTO 之架構下，多邊貿易法律體系已同時針對公平貿易行為（fair trading act）及不公平貿易行為（unfair trading act）訂出規範作為會員之共同準則。公平貿易行為係指某一 WTO 會員之出口並未違反貿易公平原則，然於此情況下，出口會員仍可因為其生產之規摸經濟或低成本優勢，在進口會員履行關稅減讓義務而開放進口時，大量出口到進口會員境內，造成進口會員之國內產業有嚴重或威脅的損害，在公平貿易之情況中，GATT 第 XIX 條規範特定產品進口之緊急行動或防衛措施。[8] 相反地，不公平貿易行為係指出口會員採取「傾銷」（dumping）或「補貼」（subsidy）之措施，造成出口產品在國外市場以低價競爭，形成進口會員或其他出口會員無法獲得應有之保障與利益。在不公平貿易之下，GATT 第 VI 條以及其執行協定（又稱

---

[5] *Id.*, GATT Art. XXIV(4).

[6] See Walter Goode, Dictionary of Trade Policy Terms, 253 (2003). 不歧視原則係多邊貿易架構中最基本之原則之一，國家對於自外國進口貨品間，以及在外國產品進入國內市場後，均不能對其採取歧視性之關稅或非關稅貿易障礙。在為數不多的例外下，WTO 成員間得採取不期是原則的例外措施，如成員間組成自由貿易區或關稅同盟、成員對於開發中國家採取優惠關稅措施（GSP）等。

[7] 此多元規範態樣係指在 WTO 相關協定之框架下，會員間之 RTA 保留有部分自由空間得依彼此之經濟整合型態，對區域內之貿易救濟措施作不同程度之調整。See Dukgeun Ahn, *Foe or Friend of GATT Article XXIV: Diversity in Trade Remedy Rules*, 11 J. Int'l Econ. L., 107, 109-112.

[8] GATT, *supra* note 4, Art. XIX(1).

反傾銷協定）中規範傾銷與反傾銷稅之課徵，而 GATT 第 VI 條、第 XVI 條及其執行協定（又稱補貼暨平衡措施協定）規範補貼及平衡稅措施。[9] 本章研究範圍聚焦探討 RTA 下不公平貿易措施（unfair trade practice）──「反傾銷及平衡稅條款」之法理；於下一章中則討論公平貿易手段下之緊急行動及防衛措施。本章更進一步提出未來我國如與其他貿易夥伴簽署 RTA 時，彼此間之反傾銷及平衡稅措施是否應廢除、應否須加以限制，或僅須遵循 WTO 之相關規範即可。由於 RTA 策略對我國貿易影響深遠，本文將以實證研究為方法，針對與我國進出口貿易總額較高，且貿易救濟案件量較多之貿易夥伴進行分析，[10] 比較各該國家或地區所與他國簽署之 RTA 中相關反傾銷及平衡稅措施之內容與政策偏向。最後，再對我國未來與他國談判 RTA 時，如何選擇反傾銷措施條款提供參考依據以及提出政策性之建議。

---

[9] John H. Jackson, William J. Davey & Alan O. Sykes Jr., Legal Problems of International Economic Relations : Cases Materials and Text on the National and International Regulation of Transnational Economic Relations, 676-677(4th ed. 2002). 一般來說，公平貿易下之救濟手段係指緊急行動或防衛措施（escape clauses and safeguard），其原理乃在於透過自由貿易運作方式，調整進口措施，以防止或彌補損害，並於必要時期及必要範圍內，暫停履行多邊貿易協定全部或一部之義務，取消或修正對該產品之關稅減讓。然而，不公平貿易下之救濟手段包含課徵反傾銷稅（針對傾銷行為）或平衡稅（針對補貼行為），此等措施被視為反制（counteract）外國的措施，用以矯正被扭曲之價格或避免市場擾亂（market distorting）。Jackson 等三位教授認為區分公平貿易手段與不公平貿易手段之界線已越來越模糊，關於國際貿易行為之評價，實際上與競爭法有許多相似之處，例如在反壟斷法與不當競爭法中常被提及之壟斷行為、操縱價格、市場占有等行為係被賦予負面之評價；同樣地，某些行為（如傾銷與補貼等）在國際貿易法中，也容易對自由貿易產生不良影響，而被負面評價且應加以規範。而不論在競爭法或在貿易法中規範此類行為之目的，都是為了創造一個自由公平的環境，讓參與者得到公平競爭之機會。

[10] 本章所挑選之比較對象包括中國大陸、美國、日本、南韓、歐盟、澳大利亞、新加坡等七個國家或地區，挑選之標準係考量各該國與我國貿易總額、貿易救濟案件總數等因素。詳見本文第參部分。

貳、區域貿易協定下反傾銷及平衡措施條款法理分析

RTA 係指兩個以上的國家或關稅區域，藉由降低彼此關稅、減少其他規費，或排除妨礙彼此進行自由貿易之關稅或非關稅障礙，進而給予彼此更優於 WTO 法律架構下之貿易條件之協定，而 RTA 之簽署將促使其成員彼此間獲得比 WTO 多邊貿易條件更優惠之市場開放、最惠國待遇、國民待遇、投資促進與制度透明化等實質利益，並減少貿易障礙、促進貨物及勞務等之自由流通。[11] 自 1994 年美國、加拿大與墨西哥成立北美自由貿易區（USMCA）成功整合北美地區市場後，全球即揭開推動簽署 RTA 之熱潮。[12] 由於透過 RTA 或 FTA 之簽署比多邊體系談判自由化順利，WTO 亦採取較為開放之態度，並要求會員在談判 RTA 時應避免違反多邊貿易架構之基本條件，其法源依據有三：1. GATT 第 XXIV 條及其釋義書有關貨物貿易之經濟整合；[13] 2. GATS 第 V 條有關服務貿易之優惠安排；[14] 3. 對於開發中國家可透過授權條款（enabling

---

[11] 關於區域經濟整合之效果，參考洪德欽，WTO 法律與政策專題研究，學林文化，2005 年，頁 245-247。

[12] 王震宇，全球化與區域經濟整合下之兩岸經貿關係，中華國際法與超國界法評論，第 4 卷第 1 期，2008 年 6 月，頁 177-182。當代區域經濟整合可分為三個時期，若以時序上來做區分，可稱之為前後三波浪潮（waves）。分別是 1960 年代至 1970 年代之第一波萌芽期、1980 年代至 1990 年代之興盛期及 21 世紀後之轉變期。第一波區域經濟整合浪潮係從 1960 年代開始，世界上各個區域之國家在討論全球經濟整合外，同時亦尋求區域間之經濟整合以促進國家個別發展，除歐洲經濟共同體獲得預期成果外，其餘絕大多數之區域化經濟整合運動均告失敗。第二波區域經濟整合之浪潮於 1980 年代展開。1992 年 EEC 正式由經濟共同體走向單一市場（single market），此波區域經濟整合浪潮約莫與全球多邊貿易談判同時進行，兩者之間並無絕對排斥之結果。第三波區域經濟整合浪潮於 21 世紀開始發展。亞洲之經濟整合進程在第三波浪潮中成效卓著。東協成立後不斷與東亞其他國家進行自由貿易談判，因此有東協加三（中國大陸、日本、南韓）等之區域經濟整合協定。See also Jaime de Melo & Arvind Panagariya eds., New Dimensions in Regional Integration, 50-52 (1993).

[13] GATT, *supra* note 4, Art. XXIV.

[14] General Agreement on Trade in Services (GATS), 1869 UNTS 183; 33 ILM 1167 (1994), Art. V.

clause）之方式給予優惠措施。[15] WTO 會員在多邊貿易體系架構下，紛紛與其重要之貿易夥伴進行 RTA 談判。由於多邊貿易談判之進程冗長而繁複，許多國家紛紛轉而尋求其他替代性方案，因此，RTA 便成為自 1990 年代後期以來重要國際經貿趨勢，不僅經貿大國熱衷於區域經濟整合，全球上多數國家亦將洽簽 RTA 視為貿易政策之主要方向。[16]

然而，WTO 會員談判 RTA 時如何能兼顧「多邊貿易體系規範」及「區域性優惠安排」，實為兩難之議題。RTA 貿易優惠措施與 WTO 法理下之最惠國待遇原則原有本質上衝突，國際上亦對是否允許越來越多區域貿易集團（regional trade block）之擴大而爭辯不休，[17] 最後在各方妥協下，透過制定 GATT 第 XXIV 條、GATS 第 V 條及授權條款等條款，給予 RTA 合理存在之空間。不過，RTA 之成員仍應遵守相關多邊貿易規範，並以消除 RTA 成員間絕大部分貿易之關稅與其他限制貿易之規定為主要目標，且不應增加對非 RTA 成員國之貿易障礙。[18] 而在 RTA 各項條款中，對於區域內成員間若產生不公平貿易行為時，傳統上貿易救濟措施（反傾銷及平衡稅）之調整或撤除，尤其受到關注。[19] 反傾銷及平衡稅之課徵原本係一國對其他進口產品所採行之貿

---

[15] 黃立、李貴英、林彩瑜，WTO 國際貿易法論，元照出版有限公司，2009 年，頁 23。1979 年東京回合時，開發中國家認為其經濟發展與競爭地位相對於已開發國家處於弱勢地位，為使開發中國家達到貿易與發展的目的，應有特別優惠待遇，因此通過了「差別及較優惠之待遇：互惠與開發中國家更充分的參與」之決議（Differential and More Favorable Treatment, Reciprocity and Fuller Participation of Developing Countries），即一般所謂的「授權條款」（enabling clause），為開發中國家取得優惠的法律地位，並創制法律基礎。

[16] Peter Van den Bossche, The Law and Policy of the World Trade Organization: Text, Cases and Materials, 650-667 (2005).

[17] James H. Mathis, Regional Trade Agreements in the GATT/WTO: Article XXIV and the Internal Trade Requirement, 127-144 (2002).

[18] GATT, *supra* note 4, Art. XXIV.

[19] Dukgeun, *supra* note 7, at 112.

易限制措施，但 RTA 區域內成員若因進行經濟整合而承諾撤銷或降低區域內成員國間之反傾銷及平衡稅之適用，則是否對於非 RTA 成員在進口相同產品（like product）時，建立起更高之貿易限制而違反 WTO 相關規範，實有進一步探討之必要。[20]

一、區域經濟整合與反傾銷及平衡措施之關聯

依 GATT 第 VI 條及 WTO 多邊貿易架構附件一 A 中針對 GATT 1994 第 VI 條執行協定（又稱反傾銷協定）[21] 所揭櫫之原則可知，反傾銷措施爲 WTO 會員可採取對內國產業之保護措施。蓋「傾銷」係屬不正當之商業競爭行爲，對於進口國而言，當外國貨品以大量低價之方式傾銷至該內國市場，則內國產業即造成實質損害或構成損害威脅。[22] 同時，對多邊貿易體系而言，傾銷之行爲嚴重擾亂正常之經貿秩序。因此，傾銷被認爲係一種價格歧視、一種扭曲正常競爭機制下之定價模式，嚴重違背公平競爭與公平貿易之精神，自與 WTO 貿易自由化之宗旨相互違背。是以傾銷不但對進口國相關產業造成損害，且對進口國消費者之長遠利益亦有危害，故 WTO 允許進口國得採取必要之反傾銷措施，以調節該產業之定價而回歸正常價格機制。值得注意者，反傾銷實施之主要目的係提供一個公平競爭之環境，而非保障單一落後廠商或不具競爭力之夕陽工業。易言之，無論 WTO 反傾銷協定，抑或各國所制定之反傾銷法，均係以傾銷導致產業損害爲理論前提。故反傾銷措施之採用乃爲消除因傾銷對市

---

20 陳添枝，WTO 貿易救濟相關談判議題之研究，經濟部貿易調查委員會委辦計畫（編號：922104），2003 年，頁 9-14。

21　Agreement on Implementation of GATT Article VI (Anti-dumping Agreement, or AD Agreement), BISD 26S/171.

22 GATT, *supra* note 4, Art. VI (1).

場機能所造成之不當影響，絕非刻意形成另一種形式之保護主義。[23]

　　1979 年東京回合談判時，各會員間達成「GATT 第 VI 條、第 XVI 條與第 XXIII 條解釋與適用協定」，[24] 以作爲 GATT 締約成員實施補貼措施之主要條款，並據以處理因補貼所造成之實質損害，限制締約成員實施以出口初級產品爲目的之補貼措施。[25] 隨後在 1994 年烏拉圭回合談判後，WTO 會員制定補貼暨平衡措施協定（Agreement on Subsidies and Countervailing Measures，簡稱 SCM），[26] 藉以規範補貼行爲以及允許 WTO 會員對於因其他會員補貼所造成之影響，提交 WTO 爭端解決小組進行裁決，或逕由該國國內之調查程序決定，是否對造成國內產業損害之已受補貼進口商品課徵平衡稅（countervailing duty）。「補貼」係一種特殊之貿易措施，許多國家以補貼政策作爲促進產業發展及提升國際競爭力之手段，因此，補貼常被視爲非關稅貿易障礙之一環。依經濟發展程度不同，各國補貼之政策亦有很大差別。開發中國家藉由補貼措施扶植幼稚產業，已開發國家則透過對技術研發之補貼，將國家資源投注於高科技之產業。由國際貿易觀點而言，補貼係屬政府爲推動國內產業發展，而對產業或廠商所提供之協助與利益，同時亦會對國際貿易產生影響，因此有必要

---

[23] Michael J. Trebilcock & Robert Howse, The Regulation of International Trade, 224-225 (3rd ed. 2004).

[24] 羅昌發，論美國法對「可被課徵平衡稅之補貼」概念之界定，美國貿易救濟制度：國際經貿法研究（一），月旦出版，1994 年，頁 99-101。See also Agreement on Interpretations and Applications of Articles VI, XVI, & XXIII of the General Agreement on Tariffs and Trade.

[25] 羅昌發，國際貿易法，元照出版有限公司，2010 年，頁 311-313。作者於該書中提及，東京回合談判將補貼暨平衡稅規範分爲二部分：第一部分係規定進口國得對接受補貼之產品，於進口時課徵平衡稅（此部分對 GATT 第 VI 之適用有較爲詳盡之規範）；第二部分對當時之締約國所實施之國內補貼與出口補貼進行規範。

[26] Agreement on Subsidies and Countervailing Measures (SCM), 1867 UNTS 14.

加以規範或約束，以符合公平貿易之原則。[27]

　　在各國洽簽之 RTA 中，成員間應以追求區域貿易自由化為目標，進而開放彼此市場，逐步取消關稅或非關稅之貿易限制，達成貨品貿易之自由流通。[28] 不過，在洽簽 RTA 時，區域內成員都將面臨同樣的困境：一方面在 RTA 貿易自由化之精神下，理應撤除彼此間之進出口限制與貿易障礙，其中當然包括討論是否應撤銷彼此間適用反傾銷及平衡措施；然而，另一方面該等措施被視為國內產業之重要救濟途徑，倘若一國政府因簽署 RTA 而承諾放棄對 RTA 成員夥伴採取反傾銷及平衡措施，則可能使國內產業喪失行政救濟途徑。從國際實踐上觀之，在現有之 RTA 中，除非締約成員已建立單一共同市場（或關稅同盟）之區域，否則，FTA 中完全撤銷彼此反傾銷及平衡措施條款者相當罕見，大多數 FTA 仍保留各自在 WTO 相關規範下實施反傾銷及平衡之權利，並僅對程序部分作細微調整。[29] 因此，經濟整合中採取反傾銷及平衡措施之重點，在於如何降低該等措施在自由貿易區中所構成潛在之危害、如何尋找替代性方式解決 RTA 內貨品差別定價、如何調整自由貿易區內反傾銷措施之實施等問題，最終都將具體落實在各國所簽署之 RTA 反傾銷及平衡措施條款中。

二、多邊貿易架構對反傾銷及平衡措施條款之規範

　　多邊貿易架構與 RTA 反傾銷及平衡措施條款之關聯，可從 GATT 第 XXIV 條第 5 項有關 RTA 之外部要件及其效果及同條第 8 項有關內部貿易自由化安排等二項規定探討之。首先，GATT 第 XXIV 條第 5 項規定，本協定不得禁止各締約國間設立「關稅同盟」（CU）或「自由貿易區」（FTA）或

----

[27] 陳添枝，同註 20，頁 7。

[28] Michael & Robert, *supra* note 23, at 193-198.

[29] Dukgeun, *supra* note 7, at 132-133.

訂立必要之過渡協定以設立「關稅同盟」或「自由貿易區」，[30] 惟在進行區域經濟整合之過程中，不論是 CU 或 FTA 均不得阻礙多邊貿易體系之發展，於 GATT 第 XXIV 條第 4 項規定：「各締約國願意經由自發之共同協議，發展各國間更密切結合之經濟關係，以加強自由貿易。『關稅同盟』或『自由貿易區』之目的在促成區域間貿易，而非增加對各該區域與其他各締約國之貿易障礙。」[31] 在 WTO 多邊貿易法律架構下欲洽簽 RTA 之會員，必須遵守在 RTA 簽署後對於非區域內成員之關稅或貿易限制，不得高於整合之前之承諾，否則即對第三國產生歧視性之結果。[32]

在 CU 形式中，成員國間彼此不僅要消除區域內之貿易障礙，並且對由第三國進口至同盟區之產品，必須建立起對外共同之關稅政策。對於上述關稅同盟之共同關稅政策對集團外之第三國可能造成之影響，GATT 第 XXIV 條第 5 項 (a) 款規定：「關稅同盟對非區域內之成員而言，其關稅或其他貿易限制在整體上不得高於未成立關稅同盟或自由貿易區前之關稅或其他貿易限制措施。」[33] 易言之，本款對欲成立關稅同盟之 WTO 會員設下一項要求，亦即同盟建立後對外之共同關稅措施仍然必須遵守 MFN 之精神，且不得對未參與關稅同盟之其他 WTO 會員造成更高之貿易限制。同條 (b) 款亦有類似規定，但由於自由貿易區並不實施共同關稅政策，因此對於評量成立自由貿易區前後之關稅變化，仍以各國所各自制定之對外關稅為衡量標準。[34] 在 GATT 第 XXIV 條第 5 項之規範下，若 FTA 中含有反傾銷及平衡措施條款時，1. 可直接規定

---

[30] GATT, *supra* note 4, Art. XXIV: 5(a).

[31] GATT, *supra* note 4, Art. XXIV: 4.

[32] Kenneth W. Dam, *Regional Economic Arrangements and the GATT: the Legacy of a Misconception*, 30 U. CHI. L. REV. 615, 633 (1963).

[33] GATT, *supra* note 30.

[34] GATT, *supra* note 4, Art. XXIV: 5(b).

適用 WTO 協定中有關反傾銷及平衡措施之規範（與 WTO 協定一致）；或 2. 規定適用該 FTA 中修正 WTO 協定之反傾銷及平衡措施條款，並對所有 WTO 會員一致性採用，因此，本條第 5 項係為避免 RTA 成員國間產生貿易扭曲效果，進而要求在實施貿易救濟措施時，應遵守「不歧視原則」。[35]

　　RTA 除不能對區域外成員造成貿易歧視效果外，必須達成對區域內成員進一步貿易自由化之效果，故 GATT 第 XXIV 條第 8 項規範有關會員組成 CU 與 FTA 之各項要件。[36] CU 係指以單一關稅領域代替兩個或兩個以上之關稅領域，原則上對同盟內之各關稅領域間「絕大部分貿易」（substantially all the trade），或自上述各關稅領域所生產之產品進行貿易，取消其關稅及「其他限制商事之法令」，且同盟會員對外原則上適用同一之關稅及商事法令。[37] 而自由貿易區係指兩個或兩個以上之關稅領域，原則上對各關稅領域間「絕大部分貿易」，或自上述各關稅領域生產之商品，取消相互間關稅及「其他限制商事之法令」。[38] 由上可知，GATT 第 XXIV 條第 8 項 (a) 款與 (b) 款均明確規定，會員間在成立 CU 或 FTA 時，仍可例外地維持若干限制性之規定，但必須以 GATT 所明訂之條款為限，具體規定如：第 XI 條有關數量限制之普遍消除、第 XXII 條為保護收支平衡之限制、第 XIII 條非歧視性數量限制之施行、第 XIV 條非歧視原則之例外、第 XV 條匯兌管理及第 XX 條一般例外等。[39] 相反地，GATT 其他條款，如第 VI 條反傾銷措施並未包含在第 XXIV 條第 8 項所列舉「關稅及其他限制商事之法令」之範圍。因此，CU 或 FTA 之成員間

- - - - - - - - - - - -

[35] Walter, *supra* note 6.

[36] GATT, *supra* note 4, Art. XXIV: 8

[37] *Id.*, Art. XXIV: 8(a).

[38] *Id.*, Art. XXIV: 8(b).

[39] *Id.*

是否可繼續維持反傾銷措施，首先需討論第一個爭點：GATT 第 XXIV 條第 8
項中所列舉限制性規範之例外範圍，究竟是「例示清單」？或是「列舉清單」
（exhaustive list）？

　　筆者以為 GATT 第 XXIV 條第 8 項應解釋為「例示清單」，而非「列舉清
單」。易言之，若該條款中所舉 GATT 之多項條文為「列舉清單」，則 RTA
成員將不得採取任何列舉以外之限制性措施，舉例而言，若採取列舉清單之主
張，則 RTA 成員禁止採用基於安全例外（GATT 第 XXI 條）[40] 之限制性貿易措
施，因 GATT 第 XXI 條並不在第 XXIV 條第 8 項所列舉之例外清單範圍內。
如此適用方式不盡合理，在國際上亦難被接受。[41] 更有甚者，反傾銷措施本質
上應可歸類於 GATT 第 XXIV 條第 8 項所規定之「其他限制商事之法令」範圍
內，故 RTA 成員間為符合「絕大部分貿易」[42] 要件時，必須逐步撤銷彼此間之
反傾銷措施始符合該條款之規範目的。不過如本文前段所述，在國際實踐上多
數國家均持保留態度，認為只要 RTA 成員間所採取之反傾銷措施並非針對彼
此之貿易優勢產業（predominant parts of trade），則可認為成員間仍符合「絕
大部分貿易」之要求。[43] 換言之，第 XXIV 條第 8 項中所列舉之若干限制措
施，可視為 RTA 成員間必須達成貿易自由化並涵蓋「絕大部分貿易」要件之
「完全豁免」（wholly exempted）。同時，RTA 成員只要符合「特定之情況」

---

[40] GATT, *supra* note 4, Art. XXI.

[41] Joost Pauwelyn, *The Puzzle of WTO Safeguards and Regional Trade Agreements*, 7 J. Int'l Econ.
L., 109, 126-7 (2004).

[42] *Turkey - Restrictions on Imports of Textile and Clothing Products* (Turkey Textile Case), WT/REG/
W/37, 21 (dated 2 March 2000) and WTO Appellate Body Report, WT/DS34/AB/R, adopted 19
Nov. 1999, para. 49.

[43] Pauwelyn, *supra* note 41, at 109. See also Won-Mog Choi, *Regional Economic Integration in East
Asia: Prospect and Jurisprudence*, 6 J. Int'l Econ. L., 49, 67-9 (2004).

（certain circumstances）以及「一定之期限」（limited period of time）之要求，應允許彼此間採取反傾銷措施。[44] 綜上所述，即使 GATT 第 XXIV 條第 8 項之例外清單並未涵蓋 GATT 第 VI 條所規定之反傾銷措施，RTA 成員間仍可在一定條件下予以保留，不能被擴張解釋為 RTA 禁止成員國間採取反傾銷措施。[45]

三、反傾銷及補貼暨平衡措施協定之影響

在經濟整合之下，RTA 可能會藉由貿易自由化的過程而逐漸淡化彼此間原產地規則之規範，甚而有可能成為具備零關稅（duty free）之單一市場（single market）型態。因此，觀察反傾銷協定與補貼暨平衡措施協定對於 RTA 條款之影響，可從「單一市場」概念及「不歧視原則」二者分析。首先，自由貿易區內之關稅減讓（或撤除）及非關稅貿易障礙之取消係 RTA 談判重點，倘若 RTA 簽署後可使區域內之關稅趨近於零，則有可能實現單一市場之目標，此即為反傾銷協定第 4.3 條中所規定之「兩個及兩個以上之國家具備單一、統合市場特性，達 GATT 1994 第 XXIV 條第 8 項 (a) 款規定之整合程度時者，在該整合區域內之產業應視為第 1 項所稱之國內產業」。[46] 此處國內產業係指「國內同類產品之生產者全部，或指部分生產者之合計產量占國內同類產品總產量主要部分者」，[47] 從上述規定可知，當 RTA 之經濟整合到一定程度而具備單一市場特性時，區域內關稅及商業性限制法令已形同撤銷，倘若仍允許 RTA 成員間彼此使用反傾銷與平衡措施，則對於經濟整合區域內之市場擾亂效果反增無

- - - - - - - - - - - - - -

[44] Kerry Chase, *Multilateralism Compromised: The Mysterious Origins of GATT Article XXIV*, 5(1) World Trade Review, 1, 17 (2006).

[45] 林彩瑜，論自由貿易區內反傾銷法之廢除，WTO 貿易救濟與爭端解決之法律問題：世界貿易組織法律研究（一），元照出版有限公司，2005 年，頁 123-127。

[46] AD Agreement, *supra* note 21, Art. 4.3.

[47] *Id.*, Art. 4.1.

減，不符合建立 RTA 之初衷，RTA 間之反傾銷及平衡措施條款似無存在之理由與必要性。[48] 然而，從 RTA 實務觀之，零關稅之要求係 RTA 中之「高標準」（highly standard），世界上能夠形成單一市場之地區畢竟仍為少數，[49] RTA 內產品適用反傾銷協定第 4.3 條，以及補貼暨平衡措施第 16 條[50] 有關國內產業定義之情形並不多見。因此，RTA 中放入反傾銷及平衡措施條款，適度地允許 RTA 成員間在一定條件（至少是符合 WTO 相關規範）下，繼續維持相互實施反傾銷及平衡措施之可能性，應視為在理想與現實之間所得出之均衡。[51]

　　既然 RTA 下反傾銷及平衡措施條款之存在已是事實，接下來要探討的問題便是如何使該條款不至於構成對非 RTA 成員之貿易障礙。關於此點，反傾銷協定中明確規範「不歧視原則」，依反傾銷協定第 9.2 條規定：「課徵反傾銷稅時，應以非歧視的原則，對一切有傾銷並引起損害之所有來源之貨物，依個案課徵適當之稅額。」[52] 本條禁止成員國以歧視性之目的採取反傾銷措施。因此，在不歧視原則下，有些國家在決定是否課徵反傾銷稅程序中，若相關證據顯示國內產業申請反傾銷調查係針對某一特定國家，而明顯排除其他具有傾銷事實表面證據（prima facie case）之國家時，應儘量避免造成歧視待遇。事實上，在不歧視原則下，反傾銷協定第 9.2 條係承繼於東京回合談判中之反傾銷規則第 8.2 條，並且在甘迺迪回合談判中加入「課徵反傾銷稅時，應以非歧視的原則，依個案課徵適當之稅額」，此即為反傾銷措施採取非歧視原則之

----

[48] Dukgeun, *supra* note 7, at 128-129.
[49] 世界上經濟整合程度到單一市場者，有歐盟、中美洲共同市場、南方共同市場、中非共同體市場、西非共同市場。
[50] SCM, *supra* note 26, Art. 16.1.
[51] William J. Davey, *Implementation of the Results of WTO Trade, in* The WTO Trade Remedy System: East Asian Perspectives, 32-61 (M. Matsushita, D. Ahn & T. Chen eds., 2006).
[52] AD Agreement, *supra* note 21, Art. 9.2.

由來。在實施反傾銷措施之一般程序中，首先必須先評估傾銷差額（dumping margin），其次再決定反傾銷稅之課徵與否，若決定課徵，最後才到執行與收取之階段。[53] 因此，在 WTO 反傾銷協定第 9.2 條不歧視原則規定下，若一國課徵反傾銷稅係選擇性地基於 FTA 下之反傾銷條款，而造成對成員國與其他非成員國之歧視性待遇，則該國可能將被判定違反不歧視原則。在歐體課徵印度熱軋鐵與非合金鋼產品反傾銷稅（*European Communities Anti-dumping Duties on Certain Flat Rolled Iron or Non-Alloy Steel Products from India*）一案中，[54] 歐體對自印度、台灣、塞爾維亞與蒙特內哥羅（Serbia and Montenegro）進口之熱軋線圈課徵反傾銷稅，但卻未對自埃及、斯洛伐克及土耳其等國進口之同類產品採取相同之措施（即使反傾銷調查呈現同樣結果）。印度政府控告歐體所實施之反傾銷措施係屬於歧視性規定，違反 WTO 反傾銷協定第 9.2 條，歐體最後終止對於所有相關國家之反傾銷措施而解決此一貿易爭端。

上述原則同樣出現在補貼暨平衡措施協定（SCM）第 19.3 條：「對任何產品課徵平衡稅時，應基於不歧視原則，對從各供應來源進口，且經認定受補貼並造成損害之產品，課徵適當稅額。但進口來源已放棄任何系爭補貼或接受依本協定之規定對進口產品提出之具結者，不在此限。」[55] 在 WTO 實踐上，爭端解決小組亦曾受理關於實施歧視性平衡措施而引起糾紛之案例。在美國對加拿大進口軟木材課徵確定平衡稅（*United States－Final Countervailing Duty Determination with Respect to Certain Softwood Lumber from Canada*）一案中，[56]

---

[53] Edwin Vermulst, The WTO Anti-dumping Agreement: A Commentary, 173 (2005).

[54] WTO, *European Communities - Anti-dumping Duties on Certain Flat Rolled Iron or Non-Alloy Steel Products from India*, WT/DS313/2 (dated 27 October 2004).

[55] SCM, *supra* note 26, Art. 19.3.

[56] WTO, *United States － Final Countervailing Duty Determination with Respect to Certain Softwood Lumber from Canada*, WT/DS257/RW (dated August, 2005), WT/DS257/AB/RW (dated

本案源於美國商務部（United States Department of Commerce）於 2002 年就加拿大進口之軟木材產品，作成最終課徵平衡稅之決定。在本案中上訴機構認爲依 SCM 第 19.3 條之意旨，進口國「對任何產品課徵平衡稅時，應基於不歧視原則，對從各供應來源進口，且經認定受補貼並造成損害之產品，課徵適當稅額」。[57] SCM 第 19.3 條應解釋爲課徵平衡稅應基於「不歧視原則」而適用於所有受補貼之進口商品，此規定並非要求進口國必須在課徵平衡稅前逐一調查每一個進口商或每一項貨品。[58] 同時，「對應就其出口產品課徵最終平衡稅之任一出口商，若係因拒絕合作以外之其他理由而未受調查者，應得要求迅速審查，俾主管調查機關迅速訂定該出口商之個別平衡稅率」。[59] 此規定可解釋爲平衡稅稅率之決定係依進口國之最終調查結果，即使任一出口商或製造商自始未受調查，亦不能以此爲理由而拒絕適用平衡稅。上訴機構考量美國基於整體基礎之調查（aggregate basis），及其於調查中計算補貼總數所使用之方法與涵蓋全國範圍之平衡稅率，認爲其關於 SCM 協定第 19.3 條之抗辯成立，美國未違反 WTO 及 SCM 等相關協定，亦未違反不歧視原則。[60]

由上述分析可知，RTA 反傾銷及平衡措施條款雖然在本質上與追求貿易自由化之終極目標互相衝突，但在國際實踐上卻有允許其存在之必要，各國在洽簽 RTA 時亦多保留此條款，針對區域內貿易夥伴不公平貿易之行爲，在有限度情況下，對其實施反傾銷及平衡措施，以確保國內市場穩定與維持公平貿易之競爭環境。檢視 WTO 相關規定後，可歸納出以下結論：1. WTO 規範

December, 2005).

[57] SCM, *supra* note 26, Art. 19.3.

[58] *Id.*

[59] *Id.*

[60] WTO Appellate Body Secretariat, WTO Appellate Body Repertory of Reports and Awards, 1995-2004, 367-368 (2005).

中不但同意 RTA 之簽署，同時亦允許 RTA 中納入反傾銷及平衡措施條款。透過 GATT 第 XXIV 條、GATS 第 V 條及授權條款之規定，WTO 會員間可成立 RTA。GATT 第 XXIV 條第 8 項中規定 RTA 中仍可例外地維持若干限制性之規定，反傾銷及平衡措施雖未在該條列舉範圍內，但該第 XXIV 條第 8 項所列舉之限制措施僅爲例示性規定，反傾銷及平衡措施條款不論在理論或實務上均不違反 WTO 相關規範；2. 在關稅同盟或更高層次之經濟整合中，由於 RTA 成員間已趨近於反傾銷協定第 4.3 條及補貼暨平衡措施協定第 16.1 條中所定義之單一市場下之國內產品，故比較可能實現撤除反傾銷及平衡措施之理想；3. 在自由貿易區或較低層次之經濟整合中，成員間仍將反傾銷及平衡措施條款列入 RTA 條文中，以持續保有彼此間採取不公平貿易行爲救濟之可能性，維持「貿易自由化」與「保護國內產業救濟」之均衡點。因此，RTA 下之反傾銷及平衡措施條款只要不違反 WTO 多邊貿易體系之規範（如不歧視原則），具體規定可由 RTA 成員依談判協商之共識，納入 RTA 條文當中。

參、WTO重要會員簽署之區域貿易協定下反傾銷條款態樣實證分析

優惠性區域貿易協定爲 WTO 規範下所允許之經濟整合模式，RTA 成員應遵守消除絕大部分貿易之關稅與其他限制貿易之規定，且不應增加對非成員國之貿易障礙。[61] 在 FTA 中因經濟整合程度較低，成員間無需採取一致對外之關稅或貿易政策，故可呈現較爲多元之規範，甚至在某種程度下保留彼此適用反傾銷及平衡措施之可能性。例如，美加墨自由貿易協定（USMCA）之主要成員國美國、加拿大、墨西哥間存在相當深的貿易互補關係，但三國之間

---

61 GATT, *supra* note 4, Art. XXIV.

仍維持各自的反傾銷及平衡措施。[62] 東亞經濟整合模式與此類似，東協加三之
RTA 中，仍維持各自在 WTO 架構下之反傾銷及平衡措施。[63] 相反地，在經濟
整合程度更較高之 CU 或單一市場（共同市場），由於成員國間必須採取一致
性之關稅及對外貿易政策，故成員國間自須廢除彼此間之反傾銷及平衡措施，
並採取一致對外之行動。例如，歐盟因成立整合程度較深之共同體，且成員國
經貿發展與經濟體結構同質性相當高、經濟整體化的程度也到達一定的程度，
反傾銷及平衡措施已納入共同商業政策範圍，各成員國並無本身之貿易救濟
手段。[64] 較爲特殊者，FTA 中仍有區域內成員彼此放棄使用反傾銷與平衡措施
（如中國大陸與香港及澳門之更緊密經濟關係安排），[65] 或改以競爭法替代反
傾銷及平衡措施之適用（如紐澳 FTA）。[66]

一、研究範圍與方法

本文採取法學實證研究方法，[67] 檢視各國在洽簽 RTA 時關於反傾銷及平衡
措施條款之安排，並依實踐經驗分析各國之 RTA 簽署現況與策略，以此實證
資料爲基礎，假定未來我國與其簽署 RTA 時，反傾銷及平衡措施條款可能出

----

[62] North America Free Trade Agreement (USMCA), Chapter 19 (Review and Dispute Settlement in Antidumping and Countervailing Duty Matters), Art. 1901-1915, 32 ILM 289, 605 (1993).
[63] 東協與中國大陸、日本、南韓談判之 RTA 稱爲「東協加三」。
[64] See generally, Herbert Smith, A Legal Guide to EU Anti-Dumping (2009).
[65] 參考內地與香港關於建立更緊密經貿關係的安排第 7 條及第 8 條、內地與澳門關於建立更緊密經貿關係的安排第 7 條及第 8 條。
[66] Ministry of Foreign Affairs and Trade of New Zealand, The Australia-New Zealand Closer Economic Relations, 28 (2005).
[67] 黃國昌，法學實證研究方法初探，月旦法學雜誌，第 175 期，2009 年 12 月，頁 144。作者於文中提到美國法律實證研究（empirical study）之權威學者 Theodore Eisenberg 教授之看法，將法律問題之實證分析分爲三類，其中一類係採用一定之社會科學研究方法，對法律運作之「經驗現象」，進行有系統之觀察與分析。此分析之特色有二，其一是對於經驗之掌握，涉及資訊蒐集；其二涉及對蒐集資訊之分析，涉及質性或量化之分析。

現之態樣。首先，在選取比較分析之對象上，參考經濟部國貿局所公布關於「中華民國進出口貿易國家（地區）貿易總額」之資料，挑選出與我國貿易往來最密切之國家（地區），[68] 前十名依序爲中國大陸、日本、美國、歐盟、南韓、新加坡、沙烏地阿拉伯、馬來西亞、澳洲、印尼。

　　第二步，由於本文係探討 RTA 下反傾銷及平衡措施條款之態樣，故擬再從經濟部貿易調查委員會之統計資料中，[69] 比較自 1984 年起至 2019 年將近三十五年間，與我國發生較多反傾銷及平衡稅課徵與調查案件之貿易對手國案件數量作一統計，分析未來若與該等國家洽簽 FTA 時，彼此可能產生反傾銷案件之數量、涉案產品及其後續影響。此部分之實證資料可從二方面分析：1. 各國對我國出口貨物課徵反傾銷稅及展開調查案件統計；2. 我國對各國出口貨物課徵反傾銷稅及展開調查案件統計。其中，外國對我國之出口貨物課徵反傾銷稅及展開調查之案件（課稅中），以印度最多、[70] 美國居次。[71] 相反地，我

---

[68] 中華民國經濟部國貿局進出口貿易統計資料系統網站，歷年貿易國家（地區）名次值表（FSC3040F），選取範圍查詢期間爲 2005 年至 2010 年之貿易總額（含復運資料）。參考 http://cus93.trade.gov.tw/FSCI/。

[69] 經濟部貿易調查委員會——受進口威脅產業專屬社群網站，「貿易案件救濟統計資料」，本文參考該網站中之三項與反傾銷及平衡措施相關之指標：1. 各國對我出口貨物課徵反傾銷稅及展開調查案件統計（詳見內文表二所示）；2. 我國對各國辦理反傾銷稅及展開調查案件統計（詳見內文表三所示）；3. 我國對各國辦理平衡稅及展開調查案件統計（查無此統計資料）。

[70] 印度對我國課徵反傾銷稅之案件中，涉案產品包括：聚酯薄膜、碳酸鉀、異戊四醇、聚酯半延伸絲紗、丙烯晴—丁二烯橡膠、冷軋不銹鋼板、紮線帶、DVD-R、順丁烯二酐、酚、丙酮、PVC、壬基苯酚、可燒錄式光碟片、聚酯紗、聚胺絲、氰化鈉、橡膠相關化學品、窄幅圜紋梭織品、聚酯醛、環氧樹脂等產品。參考受進口威脅產業專屬社群網站，「貿易案件救濟統計資料」。

[71] 美國對我國課徵反傾銷稅之案件中，涉案產品包括：聚乙烯購物帶、未加工橡膠磁鐵、聚酯膠膜片與帶、熱軋碳鋼產品、聚酯棉、不銹鋼成捲帶、不銹鋼板捲、不銹鋼線材、不銹鋼法蘭、彈簧墊圈、不銹鋼管配件、焊接不銹鋼管、非合金焊接鋼管、矩形鋼管、碳鋼管配件、塘瓷不銹鋼鍋具、圓形焊接碳鋼管。參考受進口威脅產業專屬社群網站，「貿易案件救濟統

國辦理對外國之出口貨物課徵反傾銷稅及展開調查之案件，以南韓最多、[72] 日本居次。[73] 在比較各國與我國互相課徵反傾銷及平衡措施之調查案件數量後，以新加坡最爲特殊，蓋新加坡與我國間之進出口貿易總額排名，係在我國所有貿易對手中之第六位，但彼此間卻從未針對進出口商品採取任何一次反傾銷或平衡稅實際課徵或展開調查。由上述資料可研判，對於我國未來洽簽 RTA 之貿易對象中，相互間課徵反傾銷及平衡稅或展開此二項調查案件越多之國家，對未來洽簽 RTA 時反傾銷及平衡措施條款之影響層面就越大。

第三步，本文綜合上述「進出口貿易總額」及「反傾銷稅及展開調查案件量總計」等二項指標，作爲後續分析比較之對象。與「我國進出口貿易總額往來密切」且「相互間反傾銷案件課徵或調查頻繁」之前十名貿易對手國依次爲：中國大陸、美國、日本、南韓、歐盟、印尼、馬來西亞、澳洲、沙烏地阿拉伯、新加坡。

第四步，從上述十個國家所簽署 RTA 現狀，評估其實證研究是否對於我國未來洽簽 RTA 具有參考價值。其中，沙烏地阿拉伯、印尼、馬來西亞三國在 RTA 之洽簽政策上較爲被動保守，故不選入本文之研究範圍。其中沙國主

計資料」。

[72] 我國對南韓課徵及展開調查之反傾銷案件中，涉案產品包括：卜特蘭水泥及熟料、預力鋼絞線、丙烯腈、預力鋼線、熱軋型 H 型鋼、聚丙烯、高低密度聚乙烯、醋酸乙酯、鍍鋅鋼捲、彩色鍍鋅鋼捲、PBT 工程塑膠、鋼板、冷軋鋼捲（片）、不銹鋼棒及線材、褙紙鋁箔、鄰苯二甲酸二辛酯（DOP）、熱軋鋼捲、碳煙。參考受進口威脅產業專屬社群網站，「貿易案件救濟統計資料」。

[73] 我國對日本課徵及展開調查之反傾銷案件中，涉案產品包括：非塗布紙、丙烯腈、銅版紙、熱軋型 H 型鋼、保險粉、不銹鋼條及桿、不銹鋼線材、聚丙烯、苯二酸酐、複合板、異戊四醇、熱軋鋼捲、卜特蘭水泥及熟料、新聞紙、平板或捲筒之新聞紙。參考受進口威脅產業專屬社群網站，「貿易案件救濟統計資料」。

要以中東地區之 RTA 爲主，幾乎沒有與其他國家或地區簽署 RTA。[74] 其次，印尼目前只單獨和日本簽 FTA，其餘均係透過東南亞國協（ASEAN）對外簽署之 RTA。馬來西亞與印尼情況類似，除與日本及巴基斯坦簽署 FTA 外，其餘均透過 ASEAN 對外簽署。相反地，中國大陸、美國、日本、南韓、歐盟、澳洲、新加坡等七國（地區）對外簽署 RTA 之政策較爲積極，且對我國貿易影響最大，將列入本章之實證研究範圍。

二、反傾銷及平衡措施條款之類別

依據 RTA 促進貿易自由化之目的，從 GATT 第 XXIV 條第 8 項 b 款有關「其他限制性商業法規」規定之解釋，以及就反傾銷及平衡措施本身具有針對性的特質觀之，RTA 成員間不應訂定比反傾銷協定或 SCM 所列之條件更爲寬鬆，以免違反 WTO 之不歧視原則。易言之，RTA 成員國間應從「依循 WTO 相關協定」、「在 WTO 反傾銷及平衡措施規定基礎上，調整 FTA 條款內容」或「放棄彼此間採行反傾銷及平衡措施」等三者擇一作爲反傾銷及平衡措施條款之設計。由國際實踐上觀之，絕大部分之 RTA 均保留反傾銷及平衡措施之適用，只是條款內容有所修正而已。詳言之，RTA 下反傾銷及平衡措施條款之內容態樣，大致可分爲以下三類：

（一）依循 WTO 相關協定：依 GATT 1994 年第 VI 條、反傾銷協定、SCM 等保留成員依據其內國法對其他成員使用反傾銷及平衡措施之權利。

（二）在 WTO 反傾銷及平衡措施規定基礎上，調整 FTA 條款內容：區域內成員原則上適用依據 GATT 1994 年第 VI 條、反傾銷協定、SCM 之規範，

---

[74] 沙烏地阿拉伯僅加入波斯灣合作會議（Gulf Cooperation Council, GCC）及泛阿拉伯國家自由貿易區（Pan-Arab Free Trade Area, PAFTA）等二個中東地區之區域性經濟組織，沒有和任何其他國家簽署 FTA。

惟將上述三項協定中有關之程序性規定，予以調整適用，例如：進口微量、傾銷微量、落日條款、較低稅率原則、公共利益原則、禁止歸零法則等。

（三）放棄彼此間採行反傾銷及平衡措施：成員在 RTA 中明文規定雙方不得對彼此採用反傾銷及平衡措施。有些 RTA 中甚至進一步規定，在廢除彼此間之反傾銷及平衡措施後，以共同競爭法規範不公平貿易行為。

由於簽署 RTA 已蔚為潮流，因此就與我國經濟發展相當及與經貿往來密切之國家作為實證研究基礎，比較該等國家與他國簽署之 RTA 或 FTA 中，有關反傾銷及平衡措施條款之態樣加以分析，對我國未來洽簽相關 RTA 或 FTA 時，深具實質意義。本章將逐一探討此七國或地區對外簽署 RTA 之反傾銷及平衡措施條款之實證分析。

三、反傾銷及平衡措施條款之實證研究

（一）中國大陸

中國大陸談判完成並生效之 FTA 計有智利、香港、澳門、紐西蘭、新加坡、巴基斯坦、秘魯、澳洲等較為重要之國家或關稅領域地區，並與東協（區域國際組織）簽署東協加一協定，以及參與亞太貿易協定（Asia-Pacific Trade Agreement，簡稱 APTA）。[75] 另外，中國大陸與我國所簽署之兩岸經濟合作架構協議（Economic Cooperation Framework Agreement，簡稱 ECFA）[76] 已正式於 2010 年 9 月 12 日生效，ECFA 雖非一般之 FTA，但兩岸間後續仍有許多

- - - - - - - - - - - - - -

[75] Asia-Pacific Trade Agreement (APTA), UNESCAP, see http://www.doc.gov.lk/web/AsiaPacificTrade Agreement/AgreementAPTA.pdf (last visited on November 2010)。亞太貿易協定之前身屬為曼谷協定（Bangkok Agreement），係亞太地區之優惠關稅貿易協定，其主要目標為促進區域內成員之關稅減讓。此協定係依據授權條款所簽署，其成員國包含孟加拉、中國大陸、印度、南韓、寮國、斯里蘭卡等國。

[76] 關於 ECFA 之相關資料，參考 http://www.ecfa.org.tw/。

協議陸續於 2011 年起展開協商與談判。[77]中國大陸簽署 FTA 之戰略明顯受到歐美國家自 1980 年代末期以來，積極簽署 FTA 之影響，中國大陸在 2001 年底正式成為 WTO 會員後，亦積極投入 FTA 談判與簽署之行列。首先於 2002 年與東協簽署全面經濟合作架構協定（Comprehensive Economic Cooperation Agreement，簡稱 CECA），逐漸演變至今成為東協加一之結構，並以此為出發，不斷拓展貿易結盟夥伴。[78]中國大陸簽署 FTA 之特點如下：1.實現戰略目的，如巴基斯坦、東協；2.經濟互補或與貿易自由化程度高的地區建立夥伴關係，如新加坡、澳洲、紐西蘭；3.共同資源開發或能源供應，如智利、挪威等；4.彰顯主權，如香港、澳門等。

以反傾銷條款及平衡措施之安排而言，中國大陸與其他貿易夥伴簽署之 FTA 中，大致可分為「撤銷彼此間反傾銷及平衡措施」，或採取「依循 WTO 相關規範」等二類型。首先，在「撤銷彼此間反傾銷及平衡措施」之類型中，締約雙方承諾一方將不對原產於另一方之進口貨物採取反傾銷或平衡措施，值得注意者，中國大陸僅在與香港及澳門簽署之「更緊密經貿關係的安排」（Closer Economic Partnership Arrangement，簡稱 CEPA）中存在撤銷彼此間採取反傾銷及平衡措施條款，且亦未訂有共同競爭法以處理差別取價之規範。[79]此特殊之關係，係由於中國大陸與香港及澳門乃在「一國兩制」下簽署 CEPA，故彼此間有關價格差異問題，將透過 CEPA 第 19 條中所設置之「聯合指導委員會」處理相關問題。[80]其次，在第二類「依循 WTO 相關規範」中，

---

[77] ECFA 四大後後續協議，係依 ECFA 文本中規定，兩岸不遲於本協議生效後六個月內就第 3 條協商後續「貨品貿易協議」、第 4 條協商後續「服務貿易協議」、第 5 條協商後續「投資協議」、第 10 條協商後續「爭端解決程序協議」。

[78] 王震宇，同註 12，頁 177-178。

[79] 內地與香港關於建立更緊密經貿關係的安排，同註 65，第 7 條及第 8 條。

[80] 同前註 65，第 19 條。

中國大陸對外簽署之 FTA 中多數保留彼此關於反傾銷及平衡措施之規範，易言之，締約雙方保留構成 WTO 協定組成部分，有關於 GATT 1994 第 VI 條、GATT 1994 第 VI 條執行協定及 SCM 所規定之權利與義務，締約雙方依據有關 GATT 1994 第 VI 條、GATT 1994 第 VI 條執行協定所採取之反傾銷措施，以及依據 GATT 1994 第 VI 條、第 XVI 條及 SCM 所採取之平衡措施均不適用於本協定所規範之爭端解決。上述二類反傾銷及平衡措施條款之比較，見表 5-1 所示。

表 5-1 中國大陸與其貿易夥伴簽署 FTA 中有關反傾銷及平衡措施規定

協定名稱	協定內容
中國大陸與巴基斯坦自由貿易協定第 25 條 中國大陸與智利自由貿易協定第 52 條 中國大陸與新加坡自由貿易協定第 40 條 中國大陸與秘魯自由貿易協定第 77 條第 1 項 中國大陸與紐西蘭自由貿易協定第 62、63 條	在 WTO 反傾銷及平衡措施規定基礎上，調整 FTA 條款內容，締約會員各自保留在 WTO 多邊貿易架構中之權利
內地與香港更緊密經濟關係之安排第 7、8 條 內地與澳門更緊密經濟關係之安排第 7、8 條	撤銷彼此間之反傾銷及平衡措施

（二）美國

　　美國談判完成並生效之 FTA，較重要者，計有澳洲、巴林、智利、以色列、約旦、摩洛哥、阿曼、新加坡、秘魯、南韓等國家，並與中美洲—多明尼加（Central America Free Trade Area，簡稱 CAFTA）、美加墨自由貿易協定（USMCA）等簽署 RTA。美國洽簽 FTA 之策略較為特別，許多國家並非直接與美國談判 FTA 之實質內容，反而是從雙邊貿易和投資框架協定（Trade and Investment Framework Agreement，簡稱 TIFA）[81] 作為開端，美國對於部分發

----
81 徐遵慈主編，WTO 常用名詞釋義，經濟部國貿局出版（華泰發行），2009 年，頁 164。

展中國家提供普遍化優惠關稅制度（Generalized System of Preferences，簡稱GSP），[82] 並大量簽署 TIFA，將部分洽簽 TIFA 之對象列為將來可能成為未來潛在之 FTA 談判夥伴。[83] 美國與其他貿易夥伴簽署之 FTA 中，大致可分為「依循 WTO 相關規範」，或採取「修正或調整 WTO 相關規範」等二類型。首先，在「依循 WTO 相關規範」方面，關於反傾銷及平衡措施之條款允許雙方保留WTO 協定下關於適用反傾銷及平衡措施之權利與責任；同時，締約雙方所採取之反傾銷及平衡措施，均不適用於本協定所規範之爭端解決。其次，「在WTO 反傾銷及平衡措施規定基礎上，調整 FTA 條款內容」方面，USMCA 有關反傾銷及平衡措施之規範係在其第十九章有關「反傾銷及平衡稅事務之複查與爭端解決」，[84] 該章將反傾銷及平衡稅措施合併規定於同一章內，但其重點在於反傾銷及平衡措施之爭端解決機制。依該章規定，三國為解決與另一會員國有關反傾銷稅之爭端，應將進口會員國對反傾銷稅或平衡措施所作之最終裁定向雙邊審查小組（Binational Panel Review）提起複查，取代以往向該會員國

依該書對 TIFA 之定義所示，「貿易及投資架構協定（Trade and Investment Framework Agreement, TIFA）係為鼓勵締約國間自由化及促進貿易與投資之目的，所建立之原則與程序，實為一種加強貿易關係之雙邊協定。美國近年在推動 FTA 簽署的同時，亦積極推動與暫不考慮簽署 FTA 之貿易夥伴國，建立 TIFA 機制，如其與台灣間透過 TIFA 進行貿易、投資議題之互動」。

[82] 關於普遍化優惠關稅制度（Generalized System of Preferences，簡稱 GSP）之介紹，同前註，頁 296。依該書對 GSP 之定義所示「GSP 源於 1968 年聯合國貿易暨發展會議第二次會議中首次提出，於 1971 年正式生效，為已開發國家給予開發中國家出口製成品和半製成品普遍的、非歧視的、非互惠的關稅優惠制度，以增加開發中國家產品之競爭力。」

[83] 美國通過「非洲增長與機遇法案」（AGOA）為 48 個撒哈拉沙漠以南之非洲國家提供了單方面貿易優惠條件，並同時和南部非洲關稅同盟之間簽有貿易、投資和發展協議（TIDCA）。至於美國之 TIFA 夥伴，則廣泛分布在非洲、中南美洲、歐洲、中東地區、中亞地區、東南亞和太平洋地區等。

[84] USMCA, Chapter 19.

法院提起司法訴訟之複查程序。[85] USMCA 之會員國對來自其他二國之進口品適用其本國之反傾銷法及有關該項法律之相關法令立法歷史、規定、行政措施及司法判例等仍保留其適用之權利，並且有權修改各該國之反傾銷法，但於修法後必須載明其適用於 USMCA 之所有締約國，並符合 GATT 1994 第 VI 條與 GATT 1994 第 VI 條執行協定，方可對來自其他二國之進口產品適用該項修正法令。[86] 至於在美國與中美洲暨多明尼加共和國所簽署之 FTA 第 8.8 條[87] 中規定，美國依據 19 U.S.C. §§ 1677(7)(G)(ii)(III) 以及 1677(7)(H) 及繼受前二項規定之相關條款，應對待彼此為受益國家（beneficiary country），並適用非累積條款（non-cumulation provision）。[88] 易言之，依上開條文規定，美國國際貿易委員會（International Trade Commission，簡稱 ITC）於反傾銷調查中有關「實質損害」之認定程序時，應依加勒比海地區經濟復甦法案（Caribbean Basin Economic Recovery Act）之要求，在計算涉案商品進口總數及影響時，應採取非累積適用原則，排除上述條款中所列受益國家進口之商品數量之累積評估。因此，由於將受益國家涉案進口商品之累積計算與非受益國家區分，將減少實質損害成立的可能性。[89] 上述反傾銷及平衡措施條款類型之比較，見表 5-2 所示。

---

[85] *Id.*, USMCA Art. 1901.2.

[86] *Id.*, USMCA Art. 1902.

[87] 美國與中美洲暨多明尼加共和國自由貿易協定，Dominican Republic - Central America - United States Free Trade Agreement, U.S.- CAFTA-DR., May. 1, 2006 (WTO Legal Cover: GATT Art. XXIV & GATS V), see http://www.ustr.gov/trade-agreements/free-trade-agreements/cafta-dr-dominican-republic-central-america-fta/final-text (last visited on November 2010).

[88] 非累積條款（Non-cumulation）最先出現於美國與以色列之 FTA 中，雖然美國與以色列之 FTA 條文並未明示此項規定，非累積條款卻在 1930 年美國關稅法第 771(7)(G)(ii)(IV) 條出現。See Section 771(7)(G)(ii)(IV) of the US Tariff Act of 1930, 19 U.S.C. 1676a.

[89] Dukgeun, *supra* note 7, at 112-113.

表 5-2　美國與其貿易夥伴簽署 FTA 中有關反傾銷及平衡措施規定

協定名稱	協定內容
美國與澳洲自由貿易協定第 2.9 條 美國與新加坡自由貿易協定第 2.7 條 美國與智利自由貿易協定第 8.8 條 美國與秘魯自由貿易協定第 8 章 B 節 美國與摩洛哥自由貿易協定第 2.9.1 條 美國與巴林自由貿易協定第 2.9.1 條 美國與阿曼自由貿易協定第 2.9.1 條	依循 WTO 相關規範，締約會員各自保留在 WTO 多邊貿易架構中之權利
美國與中美洲暨多明尼加共和國自由貿易協定第 8.8 條 美國與以色列自由貿易協定第 5 條	在 WTO 反傾銷及平衡措施規定基礎上，調整 FTA 條款內容，增加非累積適用之規定
北美自由貿易協定第 19 章	在 WTO 反傾銷及平衡措施規定基礎上，調整 FTA 條款內容，增加雙邊審查委員會之機制，以及其他實體與程序性規定
美國與約旦自由貿易協定	無反傾銷及平衡措施條款之設計

（三）日本

　　日本談判完成並生效之 FTA 計有汶萊、智利、印尼、馬來西亞、墨西哥、菲律賓、新加坡、瑞士、泰國、越南等重要國家，以及與東協簽署RTA。日本外務省在 2010 年 11 月公布的一份「全面性經濟夥伴基本政策」（Basic Policy on Comprehensive Economic Partnerships）中提及，目前國際經濟情勢之發展，可說是日本歷史上重要的一次分水嶺（watershed moment in history）[90] 在 WTO 杜哈回合多邊貿易談判陷入膠著的情形下，世界上重要貿易國不斷擴展「高品質」（high-level）之 RTA 或 FTA / EPA，日本在此波浪潮下，明顯處於落後狀態。該報告中提及為增強日本經濟實力，其貿易政策應朝三個方向進行：1. 應與預期經濟成長率高的亞洲地區及新興市場貿易夥伴國，加強與深

[90] Ministry of Foreign Affairs of Japanese Government, *Basic Policy on Comprehensive Economic Partnerships*, Ministerial Committee on Comprehensive Economic Partnerships, available at http://www.mofa.go.jp/policy/economy/fta/policy20101106.html (last visited on November 2010).

化雙邊貿易關係。在東亞鄰近國家中，日本著力於「東協—中日韓自由貿易區」、「東亞自由貿易協定」（East Asian Free Trade Agreement, EAFTA），以及與東亞各國簽署「全面性經濟夥伴協定」（Comprehensive Economic Partnership Agreement, CEPA / EPA）；2. 應與西方國家及資源豐富之國家建立貿易夥伴關係。日本目前積極與歐盟、波斯灣合作理事會（GCC）等洽簽RTA；3. 應重建日本未來經貿與發展之基礎（內部經貿法制改革）。針對農業政策、自然人移動、技術性貿易障礙法令等方面進行改革與開放，以使日本市場更具吸引力與全球競爭力。[91]

在日本與其他貿易夥伴已簽署之 EPA 中，均無修正或調整反傾銷及平衡措施，僅在條款中規定：「該 EPA 不應阻礙一會員國在任何時候對自另一會員國所進口之任何貨物採取符合 WTO 協定附件一之 GATT 1994 第 VI 條、GATT 1994 第 VI 條執行協定及 SCM 所規定之任何反傾銷或平衡措施」。因此，日本目前已生效之 FTA 中有關反傾銷及平衡措施之規範，全部都屬於「依循 WTO 相關規範」之類型。

表 5-3　日本與其貿易夥伴簽署 FTA 中有關反傾銷及平衡措施規定

協定名稱	協定內容
日本與新加坡新紀元經濟夥伴協定第 14 條 日本與印尼經濟夥伴協定第 20 條 日本與馬來西亞經濟夥伴協定第 16 條 日本與菲律賓經濟夥伴協定第 18 條 日本與泰國經濟夥伴協定第 15 條 日本與越南經濟夥伴協定第 13 條 日本與汶萊經濟夥伴協定第 13 條 日本與墨西哥經濟夥伴協定第 11 條 日本與瑞士經濟夥伴協定第 11 條 日本與智利策略經濟夥伴協定第 28 條	依循 WTO 相關規範，締約會員各自保留在 WTO 多邊貿易架構中之權利

----

[91] *Id.*

（四）南韓

　　南韓談判完成並生效之重要 FTA 計有智利、印度、新加坡、美國、秘魯等國，以及歐洲自由貿易聯盟（European Free Trade Association，簡稱 EFTA）、歐盟、ASEAN 等地區之 RTA。南韓推動與主要經濟大國或主要貿易夥伴簽署 FTA 之動機，主要係由於區域主義之興起及東亞整合趨勢，希望藉由洽簽 FTA 提升南韓整體經濟發展進一步邁向貿易自由化，以強化南韓之國際競爭力。南韓曾於 2003 年 9 月訂定推動 FTA 之策略，以積極與多軌方式，在同一時間與數個主要貿易夥伴國家分別展開 FTA 諮商，並以世界經濟大國為優先簽署之對象，以利妥適因應日益擴散之區域保護主義。至於在選定簽署對象之基準方面，則以經濟之妥當性、政治與外交考量、與韓國簽署 FTA 有必要且能對其整體經濟發展有所助益之國家為主。[92]

　　南韓與其他貿易夥伴簽署之 FTA 反傾銷條款中，大致可分為「在 WTO 反傾銷及平衡措施規定基礎上，調整 FTA 條款內容」，或採取「依循 WTO 相關規範」等二類型（見表 5-8 所示）。首先，關於修正 WTO 規範之適用標準，主要體現在「採取較低稅率原則」與「禁止歸零法則適用」等方面：

　　1. 採取較低稅率原則：在韓國與 EFTA 第 2.0 條及新加坡所簽署之 FTA 第 6.2 條中，均明文規定雙方適用較低稅率原則（lesser duty rule），該條款指出：「若一方依據 WTO 協定第 9.1 條之反傾銷規範而作出採取課徵反傾銷稅之決定，當其執行此項決定時，應採取較低稅率原則，以低於傾銷差額但可適當地去除對內國產業損害之較低稅率為課徵稅率。」

　　2. 禁止歸零法則適用：在韓國與新加坡所簽署之 FTA 第 6.2 條中，明文

規定雙方禁止使用歸零法則（prohibition of zeroing）[93]，該條款指出：「若基於加權平均基礎而建立反傾銷差額時，所有個別差額不論爲正值或負值，應一併歸入平均值中計算。」

其次，在南韓與 EFTA 第 2.0 條第 2 項中另有規定，「雙方應盡力去避免對彼此進行初始審查之反傾銷程序」（parties shall endeavor to refrain from initiating anti-dumping procedures against each other），而應「與另一方協商以求取雙方可接受之解決方式」（consult with the other with a view to finding a mutually acceptable solution）。事實上，此規定並非強制性地爲 FTA 成員增加更多之法律要求，因爲該條同時規定，「本協定於生效五年後，雙方應於聯合委員會中審查是否仍有必要維持對彼此採取反傾銷措施之可能性，……若於第一次審查後，雙方決定繼續維持前述規定，則彼此應於聯合委員會中，每二年審查一次此議題」。而在南韓與歐盟於 2010 年簽署 FTA 時，將反傾銷及平衡措施調查程序中之公共利益考量、較低稅率原則、微量、累積計算等原則均列入 FTA 條文中作爲對 WTO 相關協定之修正適用。[94]

---

[93] 「歸零法則」在 WTO 爭端解決小組及其上訴機構中有多次判決部分禁止適用此規則。參考 WTO 爭端解決小組及其上訴機構裁決等之報告書，United States-Measures Relating to Zeroing and Sunset Reviews, WT/DS322/R and WT/DS322/AB/R, adopted 23 January 2007; United States-Laws, Regulations and Methodology for Calculating Dumping Margins ('Zeroing'), WT/DS294/R, WT/DS294/AB/R, adopted 9 May 2006; United States-Final Dumping Determination on Softwood Lumber from Canada, WT/DS264/R, WT/DS264/AB/R, adopted 31 August 2004, WT/DS264/RW, WT/DS264/AB/RW, adopted 1 September 2006.

[94] 歐盟與大韓民國自由貿易協定，Free Trade Agreement between the European Union and its Member States, of the one part, and the Republic of Korea, of the other part, Oct. 6, 2010。

表 5-4　南韓與其貿易夥伴簽署 FTA 中有關反傾銷及平衡措施規定

協定名稱	協定內容
韓國與智利自由貿易協定第 7.1 條	依循 WTO 相關規範，締約會員各自保留在 WTO 多邊貿易架構中之權利
韓國與歐洲自由貿易協會自由貿易協定第 2.0 條	在 WTO 反傾銷及平衡措施規定基礎上，調整 FTA 條款內容，採用較低稅率原則，並設計雙邊委員會機制
韓國與新加坡自由貿易協定第 6.2 條	在 WTO 反傾銷及平衡措施規定基礎上，調整 FTA 條款內容，採用較低稅率原則、禁止使用歸零法則
韓國與印度自由貿易協定第 2.13 條	在 WTO 反傾銷及平衡措施規定基礎上，調整 FTA 條款內容，採用較低稅率原則、禁止使用歸零法則
歐體與南韓自由貿易協定第 3.8 條至第 3.15 條	在 WTO 反傾銷及平衡措施規定基礎上，調整 FTA 條款內容，採用公共利益原則、較低稅率原則、禁止使用歸零法則

（五）歐盟

　　歐盟（EU）談判完成並生效之重要 FTA 數量非常多，EU 除自身為關稅同盟，由 27 個成員國組成同一貿易主體外，[95] EU 同時也和世界上約 46 個夥伴國締結 FTA，遍布於世界各大洲，重要者計有：1. 中東與非洲地區：以色列、約旦、黎巴嫩、巴勒斯坦、敘利亞、埃及、摩洛哥、阿爾及利亞、喀麥隆、象牙海岸（Côte d'Ivoire）、南非、突尼西亞；2. 西歐與北歐地區：冰島、挪威、瑞士與列支敦士登、聖馬利諾；3. 東歐與南歐地區：阿爾巴尼亞、波士尼亞暨赫塞哥維納（Bosnia and Herzegovina）、安道爾共和國（Andorra）、克羅埃西亞（Croatia）、丹麥屬法羅群島（Faroe Islands）、前南斯拉夫共和國之馬其頓（Former Yugoslav Republic of Macedonia）、蒙特內哥羅（Montenegro）、

---

95 同註 69。

土耳其、塞爾維亞；4. 美洲地區：加拿大、墨西哥、智利、加勒比海國家論壇
（CARIFORUM States EPA）；5. 東亞地區：南韓。

　　從二次大戰後，歐盟的區域經濟整合進程就一直持續進行，並從煤鋼共
同組織開始，擴散至歐洲共同體，再到組織完整的歐洲聯盟。[96] 在過去的歷史
經驗中，歐盟一方面加速歐盟區域內單一市場之整合與發展，一方面與世界
各地貿易夥伴間，致力於推動經濟夥伴協定（EPA）之目標。目前，歐盟本身
單一市場經濟體已有 27 國加入，而對外已啓動 EPA 或臨時 EPA 談判的夥伴
國則多達 40 餘國，範圍主要涵蓋中東西亞地區、非洲、中美洲、歐洲大陸地
區（非歐盟成員區）。區域內外經貿往來堪稱全球最密集繁忙之區域，而與歐
盟有關之 RTA 與 FTA 更是數量眾多且複雜，形成典型的「義大利麵碗效應」
（spaghetti bowl effect）。[97] 值得注意者，歐盟雖與世界多國簽署 EPA，但其與
東亞地區簽署的第一個 FTA，係 2010 年歐盟與南韓自由貿易協定。

　　歐體與其他貿易夥伴簽署之 FTA 中，幾乎絕大多數是以「依據 WTO 相
關規範」之類型爲主，而僅在條款之文字敘述上略有不同。在歐體與其他貿
易對手簽署 FTA 關於反傾銷措施之規範均規定：「倘若簽約國一方發現另一
簽約國存在傾銷發生之事實，則該國可在符合 GATT 第 VI 條執行協定之規範
下，對此一事實採取適當之措施」。[98] 較爲特別者，在歐體與安道爾公國換文

---

[96] Desmond Dinan, Ever Closer Union: An Introduction to European Integration, 37 (1999).

[97] 關於義大利麵碗效應，參考徐遵慈主編，頁 281-282。此概念係由經濟學者 Jagdish Bhagwati
所提出，用以描述區域貿易協定大量增加後所產生許多貿易規則，其複雜之程度常使得規
則難以執行，猶如義大利麵般互相糾結，對於多邊貿易體系可能有負面的影響。See also
Walter, *supra* note 6, at 322.

[98] 該條款之英文文字如下：If one of the Contracting Parties finds that dumping is taking place in
trade with the other Contracting Party, it may take appropriate measures against this practice in
accordance with the Agreement on Implementation of Article VI of the General Agreement on
Tariffs and Trade。

表 5-5　歐體與其貿易夥伴簽署 FTA 中有關反傾銷及平衡措施規定

協定名稱	協定內容
歐體與中非國家經濟夥伴過渡性協定（喀麥隆）第 29 條 歐體與象牙海岸經濟夥伴協定第 23 條 歐體與加勒比海灣區（CARIFORUM）國家經濟夥伴協定第 23 條	在 WTO 反傾銷及平衡措施規定基礎上，調整 FTA 條款內容，使自由貿易區域間之安排與 WTO 協定一致
歐體與智利共和國建立聯繫協定第 78 條 歐體與冰島自由貿易協定第 26 條 歐體與瑞士及列支敦士登自由貿易協定第 25 條 歐體與墨西哥自由貿易協定第 14 條 歐體與阿爾巴尼亞共和國穩定與聯繫協定第 37 條 歐體與波士尼亞暨赫塞哥維納貿易及與貿易有關事務之過渡性協定第 23 條 歐體與蒙特內哥羅貿易及與貿易有關事務之過渡性協定第 25 條 歐體與阿爾及利亞人民民主共和國建立聯繫協定（歐體與地中海國家協定）第 22、23 條 歐體與埃及阿拉伯共和國建立聯繫協定第 22、23 條 歐體與丹麥屬法羅群島協定第 22 條 歐體與以色列建立聯繫協定第 22 條 歐體與約旦哈什米王國政府建立聯繫協定第 22 條 歐體與黎巴嫩貿易及與貿易有關事務之過渡性協定第 19、20 條 歐體與摩洛哥王國建立聯繫協定第 24 條 歐體與巴勒斯坦解放組織貿易與合作過渡性協定第 20 條 歐體與挪威協定第 25 條 歐體與克羅埃西亞共和國穩定與聯繫協定第 37 條 歐體與前南斯拉夫暨馬其頓共和國穩定與聯繫協定第 36 條 歐體與敘利亞阿拉伯共和國合作協定第 31 條 歐體與突尼西亞共和國建立聯繫協定第 24 條	依循 WTO 相關規範，締約會員各自保留在 WTO 多邊貿易架構中之權利

表 5-5　歐體與其貿易夥伴簽署 FTA 中有關反傾銷及平衡措施規定（續）

協定名稱	協定內容
歐體與塞爾維亞貿易及與貿易有關事務之過渡性協定第 25 條 歐體與南非貿易發展與合作協定第 23 條	
歐體與安道爾公國換文協定第 7 條 歐體與土耳其建立關稅同盟協定第 44 條 歐體與聖瑪利諾共和國建立關稅同盟協定	撤銷彼此反傾銷及平衡措施，適用共同關稅區法律

協定、歐體與土耳其建立關稅同盟協定、歐體與聖瑪利諾共和國建立關稅同盟協定等三項協定中，明文規定撤銷彼此間之反傾銷及平衡措施，改採用關稅同盟區之相關法律規範。

（六）澳洲

澳洲談判完成並生效之 FTA 計有中國大陸、智利、紐西蘭、新加坡、巴布亞紐幾內亞、泰國、美國等國家，以及南太平洋區域貿易與經濟合作協議自由貿易區（South Pacific Regional Trade and Economic Cooperation Agreement，簡稱 SPARTECA）、紐西蘭暨東協等 RTA。

澳洲與其他貿易夥伴簽署之 FTA 反傾銷及平衡措施條款中，大致可分為「撤銷彼此間採行反傾銷及調整平衡措施」，或採取「依循 WTO 相關規範」等二類型。首先，在「撤銷彼此間採行反傾銷及調整平衡措施」方面，澳洲與紐西蘭緊密經濟關係貿易協定（Australia New Zealand Closer Economic Relations Trade Agreement, ANZCERTA）於第 15 條規定中，允許會員國經彼此協商與合作後，仍得課徵反傾銷稅，「當貨物從一會員國境內以低於其正常價格出口至另一會員國之境內，並對該進口會員國境內之一已建立產業造成實質損害或實質損害之虞時，或實質阻礙一產業之建立時，一會員國得對從另一

表 5-6　澳洲與其貿易夥伴簽署 FTA 中有關反傾銷及平衡措施規定

協定名稱	協定內容
澳洲與紐西蘭緊密經濟關係貿易協定、ANZCERTA 加速貨品自由貿易議定書第 4 條（Protocol to the Australia New Zealand Closer Economic Relations - Trade Agreement on Acceleration of Free Trade in Goods）（排除 ANZCERTA 第 15 條反傾銷措施）	放棄彼此間採行反傾銷措施，改以競爭法規範彼此間差別定價問題
澳洲泰國自由貿易協定第 206 條 澳洲與新加坡自由貿易協定第 8 條 澳洲與智利自由貿易協定第 8.2 條 澳洲與巴布亞紐幾內亞自由貿易協定第 13 條	依循 WTO 相關規範，締約會員各自保留在 WTO 多邊貿易架構中之權利

會員國境內出口之貨物課徵反傾銷稅」。[99] 但紐澳兩國於 1998 年 8 月 18 日簽署「加速貨品自由貿易議定書」（Protocol to the Australia New Zealand Closer Economic Relations - Trade Agreement on Acceleration of Free Trade in Goods，簡稱澳紐議定書），其中第 4 條有關反傾銷行動之規定，明確排除 ANZCERTA 第 15 條之適用，規定自 1990 年 7 月 1 日起兩國間不得採取反傾銷措施，兩國並同意以競爭法規範影響澳紐間貨物貿易相關之反競爭行為。[100] 然而，在符合其國際義務之基礎下，一會員國應協助他會員國防止對於從第三國之傾銷進口貨品所造成實質損害。因此，澳紐議定書改以競爭法規範傾銷之不公平行為，而廢除彼此間之反傾銷行動。[101] 另外，在 ANZCERTA 第 16 條規定：「雙方除有以下三項情形外，對於由自由貿易區內所進口之產品，原則上不得課徵平衡

---

[99] ANZCERTA Art. 15. 雙方在課徵反傾銷稅前有廣泛協商與合作之義務，但經協商後，仍得採取反傾銷措施。

[100] Id.

[101] 關於澳紐間反傾銷行動之廢除，以及有關以競爭法處理跨國界差別取價之問題，參考林彩瑜，同註 45，頁 123-127。

稅。此三項例外情況為：1. 基於在 GATT 第 VI 條、第 XVI 條及第 XXII 條規定下之有關補貼暨平衡措施規定之權利義務；2. 基於本條之規定；3. 在成員間已無任何相互接受之替代性解決方案。」[102] 由上述分析可知，在對外之 FTA 政策上，澳紐間關係雖未達到關稅同盟之程度，但對於貨品貿易自由化之等級已超越一般 FTA 之設計，不但徹銷彼此間適用反傾銷措施之機會，改以競爭法代替規範雙方之差別定價；在平衡措施方面，亦要求雙方應先尋求彼此解決有關補貼或平衡措施行動爭端之共識，如未能達成共識時，始可例外地依 WTO 相關規範下之權利義務，對另一方進口貨品採取平衡措施。[103]

其次，澳洲與其他貿易對手所簽署之 FTA 中，有關反傾銷條款之規定，多數均依循 WTO 相關規範，在實施反傾銷措施時，必須符合 GATT 第 VI 條執行協定之規範下之權利與義務。

（七）新加坡

新加坡談判完成並生效之 FTA 計有中國大陸、印度、日本、約旦、南韓、紐西蘭、巴拿馬、秘魯、澳洲、美國等國家，以及參加東協、泛太平洋戰略經濟夥伴協議等，並與歐體（EFTA）簽署 FTA。新加坡推動區域經濟整合的主軸策略為以下二項：1. 七小時飛行範圍腹地。將與新加坡飛行距離七小時內之鄰近國家列為優先洽簽 FTA 之對象；2. 與不同發展階段的國家或區域進行整合。透過與美國、日本、歐盟、中國大陸等全球重要貿易經濟體，加深與其既有之經貿關係。同時，與開發中國家簽署 FTA，如約旦、巴拿馬、秘魯

----

[102] ANZCERTA Art. 16(1).

[103] Nozomi Sagara, *Provisions for Trade Remedy Measures (Anti-dumping, Countervailing and Safeguard Measures) in Preferential Trade Agreements*, RIETI Discussion Paper Series 02-E-13, at 23-24 (Sept. 2002).

表 5-7　新加坡與其貿易夥伴簽署 FTA 中有關反傾銷及平衡措施規定

協定名稱	協定內容
新加坡與紐西蘭緊密經濟夥伴協定第 9 條	在 WTO 反傾銷及平衡措施規定基礎上，調整 FTA 條款內容，修改微量、落日審查條款
新加坡與印度綜合性經濟合作協定第 2.7 條 新加坡與約旦自由貿易協定第 2.8 條 新加坡與巴拿馬自由貿易協定第 2.11 條	在 WTO 反傾銷及平衡措施規定基礎上，調整 FTA 條款內容
新加坡與秘魯自由貿易協定第 2.14 條 新加坡與歐洲自由貿易區協定第 16 條	依循 WTO 相關規範，締約會員各自保留在 WTO 多邊貿易架構中之權利

等，加強跨洲或跨區域之經貿往來。[104] 由於新加坡腹地狹小、天然資源缺乏，因此一直採取開放的發展策略，有利於 FTA 之談判；同時，新加坡貿易自由化程度大，除少數酒類產品課徵關稅外，其他產品幾乎免稅，國際商品流通頻繁，新加坡對於傳統上敏感產品開放幅度之談判較易達成，使新加坡成為各國優先結盟之對象。

新加坡與其他貿易對手簽署之 FTA 中關於反傾銷與平衡條款，大致可分為「在 WTO 反傾銷及平衡措施規定基礎上，調整 FTA 條款內容」，或採取「依循 WTO 相關規範」等二類型。從實證資料可得知，新加坡在談判 FTA 反傾銷與平衡條款時，相對於其他國家而言，呈現較多元化之法律規範。[105] 首先，在「修正反傾銷相關規定」部分，主要體現在修正反傾銷微量規定、修正落日條款、採取較低稅率原則、禁止歸零法則適用等方面：

---

[104] 劉大年，新加坡區域經濟整合概況，經濟前瞻，第 131 期，2010 年 9 月，頁 71-74。

[105] 新加坡在農業產品、傳統產業等方面並沒有顯著的保守政策，且對外自由貿易開放程度深，因此，在反傾銷與平衡措施條款之談判中，反而是世界上各國或經濟體面臨對新加坡之市場開放程度，決定了反傾銷與平衡措施之設計與磋商。

1. 修正微量規定及落日條款：新加坡與紐西蘭緊密經濟夥伴協定（ANZSEP）第 9 條，規定簽約國原則上適用 WTO 之相關規範，「雙方依 GATT 1994 第 VI 條與 GATT 1994 第 VI 條執行協定，以及該協定關於反傾銷條款之內容，得展開調查程序與實施反傾銷措施」。但在 ANZSEP 中，將 WTO 反傾銷協定第 5.8 條規定低於出口價格 2% 不課徵反傾銷稅之微量（de minimis）提高為 5%，並適用於退稅及複查案（new investigations and review procedures）；且將同條規定出口國微不足道之傾銷進口量，由進口會員國相同產品進口量 3% 提高至 5%，並繼續適用累積評估條款；而反傾銷稅複查或終止期間（落日條款），亦自 WTO 反傾銷協定第 11.3 條規定之五年降為三年，使該 FTA 關於反傾銷措施之部分更符合簽約國間之需要。

2. 採取較低稅率原則：新加坡與澳洲自由貿易協定第 8.2 條引用較低稅率原則（lesser duty rule）規定，「簽約國若課徵較低之稅率，便可對本國產業之損害達到救濟之目的，則應課徵較傾銷差額更低之稅率」。

3. 禁止歸零法則適用：新加坡與約旦自由貿易協定第 2.8.1(h) 條規定中明確禁止簽約國彼此間使用歸零法則，「簽約國間在反傾銷初始調查或行政審查階段，關於傾銷差額之計算，以及基於該差額所得出之反傾銷稅額之核定，應以基於『加權平均對加權平均』（transaction to transaction）或『逐筆交易對逐筆交易』（weighted average to weighted average）之方式，而非使用『加權平均對逐筆交易』（weighted-average price and individual price）之方式進行嚴格之價格比較」。[106] 同時，新加坡與韓國自由貿易協定第 6.2 條規定禁止使用歸零法則，並進一步指出「當反傾銷差額係依據逐筆交易之方式而建立時，所有

---

[106] 關於歸零法則，參考楊光華，從歸零法則之發展看 WTO 司法與立法之互動，政大法學評論，第 103 期，2008 年 6 月，頁 109-203。

個別交易之差額，不論係正數或負數，均應一併列入平均值計算」。

　　本章列舉與我國進出口貿易較為密切之中國大陸、美國、日本、南韓、歐盟、澳洲、新加坡等七個國家（地區）對外簽署 RTA 時，對於反傾銷或平衡措施條款所可能採取之方式進行比較分析。從實證結果顯示，我國重要貿易對象在談判 RTA 之反傾銷及平衡措施條款時，依最終條款態樣，預測其談判立場如下：

　　1. 中國大陸除與香港、澳門間廢除反傾銷及平衡措施外，其餘均「依循 WTO 協定」。

　　2. 美國除在與多明尼加暨中美洲、以色列及 USMCA 之 FTA 中有「在 WTO 反傾銷及平衡措施規定基礎上，調整 FTA 條款內容」外，其餘均「依循 WTO 規範」。

　　3. 日本原則上均「依循 WTO 協定」為之。

　　4. 南韓在對與歐盟、新加坡及印度之 FTA 中有「在 WTO 反傾銷及平衡措施規定基礎上，調整 FTA 條款內容」，但與智利 FTA 則「依循 WTO 協定」。

　　5. 歐盟在對土耳其、安道爾、聖馬利諾之 FTA 時，採取撤銷彼此間適用反傾銷及平衡措施之條款。在對南韓、喀麥隆、中非暨象牙海岸、加勒比海灣區、南韓等 FTA 中有「在 WTO 反傾銷及平衡措施規定基礎上，調整 FTA 條款內容」，其餘之 FTA 均為「依循 WTO 協定」。

　　6. 澳洲除與紐西蘭間撤銷反傾銷並調整平衡措施，並改以競爭法替代規範不公平貿易外，其餘皆為「依循 WTO 協定」。

　　7. 新加坡在半數已簽署之 FTA 中與貿易對手協商「在 WTO 反傾銷及平衡措施規定基礎上，調整 FTA 條款內容」，如：紐西蘭、印度、約旦、巴拿馬、南韓。其餘新加坡所簽署之 FTA 則皆為「依循 WTO 協定」。

表 5-8　各國與其貿易夥伴簽署 FTA 中有關反傾銷平衡措施規定

我國重要貿易對手	依循WTO相關協定	修正調整WTO規定	撤銷彼此間反傾銷及平衡措施
中國大陸	中—巴基斯坦、中—智利、中—新加坡、中—紐西蘭、中—秘魯、中—東協		中—香港、中—澳門
美國	美—澳洲、美—智利、美—秘魯、美—新加坡、美—摩洛哥、美—巴林、美—阿曼	美—多明尼加暨中美洲、北美自由貿易協定、美—以色列	
日本	日—新加坡、日—印尼、日—馬來西亞、日—菲律賓、日—泰國、日—越南、日—汶萊、日—墨西哥、日—瑞士、日—智利		
南韓	韓—智利	韓—歐盟、韓—新加坡、韓—印度	
歐盟	歐—智利、歐—冰島、歐—挪威、歐—墨西哥、歐—新加坡、歐—瑞士暨列支敦斯登、歐—阿爾巴尼亞、歐—阿爾及利亞、歐—波士尼亞暨赫塞哥維納、歐—克羅埃西亞、歐—埃及、歐—法羅群島、歐—前南斯拉夫、歐—以色列、歐—約旦、歐—黎巴嫩、歐—蒙特內哥羅、歐—摩洛哥、歐—巴勒斯坦解放組織、歐—南非、歐—敘利亞、歐—突尼西亞、歐—塞爾維亞	歐—南韓、歐—中非暨喀麥隆、歐—象牙海岸、歐—加勒比海灣區	歐—安道爾、歐—土耳其、歐—聖瑪利諾
澳洲	澳—智利、澳—泰國、澳—巴西、澳—新加坡		澳—紐西蘭
新加坡	新—秘魯、新—歐盟、新—中國大陸、新—美國、新—日本、新—澳洲	新—紐西蘭、新—印度、新—約旦、新—巴拿馬、新—南韓	

資料來源：本文整理製作。

總體而言，「撤銷彼此間反傾銷及平衡措施」之類型最少，且都因為彼

此間具有較為特殊之政治及經濟上因素導致。在中國大陸與香港、澳門間之CEPA中，從CEPA之名稱與前言都可看出二者將彼此關係定為「同一主權國家下之經貿安排」，依據「一國兩制」之原則展開CEPA各項經濟整合，[107] 故香港、澳門雖在關稅及對外商業法令上享有自治權（autonomy），但在政治主權上仍歸屬於中國大陸，故撤銷彼此間在反傾銷及平衡措施，而改以聯合指導委員會解決此貨品貿易紛爭較符合其需求，[108] 並同時彰顯同一主權之意義。而在歐洲部分，雖然安道爾、聖瑪利諾、土耳其等三國均非歐盟成員，但由於地緣位置與經貿密切等關係，歐盟與上述三國間採取以關稅同盟區之規格處理彼此間貿易關係，撤銷反傾銷及平衡措施，有助於使同盟區域內貿易更進一步自由化。最特別者為澳洲及紐西蘭間之FTA，此二國既屬不同主權國家，目前亦未成立關稅同盟，但二者卻改以共同競爭法代替反傾銷與平衡措施，解決自由貿易區內之差別定價問題，對於深化二國間之貿易程度，有顯著之效果。

在本文進行實證研究之國家或經濟體中，可將其分為二類：

1. 第一類，談判之彈性空間較小：中國大陸、日本、澳洲在反傾銷及平衡措施條款上立場較為明確，主要FTA均以「依循WTO規範」，而不修正或調整雙邊FTA條款文字。

2. 第二類，談判之彈性空間較大：美國、歐盟、南韓、新加坡等國家或經濟體，則較常依據與貿易對手之經貿往來關係，在WTO反傾銷及平衡措施規定基礎上，調整反傾銷及平衡措施條款之適用關係。其修正內容，主要體現在較低稅率原則、禁止歸零、落日條款、微量計算、非累積適用、公共利益評估、程序規定及其他等方面。

- - - - - - - - - - - -

[107] 內地與香港關於建立更緊密經貿關係的安排，前言及第2條。

[108] 同註65，第15條。

表 5-9　　在 WTO 反傾銷及平衡措施規定基礎上，調整 FTA 條款內容之情形

	較低稅率	禁止歸零	落日條款	微量計算	非累積適用	公共利益	程序規定	其他
北美自由貿易協定（USMCA）							○	○
美國—多明尼加暨中美洲					○			
美國—以色列					○			
南韓—新加坡	○	○						
南韓—印度	○	○						
南韓—歐盟	○			○		○	○	○
歐盟—喀麥隆							○	○
歐盟—象牙海岸							○	○
歐盟—加勒比海							○	○
新加坡—紐西蘭			○	○			○	○
新加坡—印度							○	○
新加坡—約旦	○		○	○				
新加坡—巴拿馬							○	○

資料來源：本文整理製作。

參、我國對外簽署區域貿易協定之立場與實踐

一、中美洲國家

　　我國目前已談判完成並生效之 FTA 計有瓜地馬拉、尼加拉瓜、宏都拉斯等國家，由於上述國家與我國均有正式外交關係，故在 FTA 之簽署上，我國之名稱係以「中華民國」為名稱，而非以 WTO 會員之「台、澎、金、馬個別關稅區域」為名，而雖然巴拿馬及薩爾瓦多已與我國斷交，但已簽署生效的 FTA 並未因此而中斷。另外，且在 ECFA 簽署後，新加坡旋即與我國共同對外

宣布開始進行 FTA 之磋商準備。[109]

在上述協定中，我國對於尼加拉瓜、瓜地馬拉、薩爾瓦多暨宏都拉斯之 FTA 反傾銷與平衡措施條款均採取「依循 WTO 協定」之規定。該條文謂：「除本章另有其他規定，締約國一方針對自締約國另一方進口之貨品所採行反傾銷措施或課徵之平衡稅，應符合 GATT 1994 第 VI 條、反傾銷協定以及補貼暨平衡措施協定。」並且「於不損害締約國雙方權利之前提下，締約國一方於展開反傾銷或補貼調查之前，得依本章規定邀請另一締約國進行諮商，以釐清該情況各項事實，並達成雙方同意之解決方案」。其次，在「修正 WTO 規範」部分，在我國與巴拿馬簽署之 FTA 中，關於修正反傾銷及平衡措施之「微量規定」由 2% 提高為 6%，以及「修正落日條款」減少為四年。

二、中國大陸

我國亦於 2010 年與中國大陸簽署兩岸經濟合作架構協議（ECFA），後續有關貨品貿易協議將於生效後六個月內開始協商談判。在兩岸所簽署之 ECFA 中，由於係架構性協議，因此並未就彼此之反傾銷措施作出具體安排，不過，ECFA 第 3 條第 2 款第 5 目中規定：「貨品貿易協議磋商內容包括……貿易救濟措施，包括世界貿易組織 1994 年關稅暨貿易總協定第 6 條執行協定、補貼暨平衡措施協定、防衛協定規定的措施及適用於雙方之間貨品貿易的雙方防衛措施。」[110] ECFA 中對於貨品早收清單設有臨時性之貿易救濟措施，第 7 條

- - - - - - - - - - - - -

[109] 經濟日報，台星 FTA 是豐富的經貿饗宴，2010 年 8 月 12 日社論。依該報導指出：「台星上周（2010 年 8 月初）決定開啟自由貿易協定（FTA）的談判，是繼兩岸經濟協議（ECFA）後，台灣在建立制度化雙邊經貿關係的重要發展。儘管新加坡本身幾乎沒有貿易障礙，市場規模有限，但此一關係具有多重的戰略意義；看清這些意義，有助於我們以新的視野來看待台星 FTA 的價值。」

[110] ECFA 第 3 條第 2 款第 5 目。

第 2 款第 3 目規定，「本協議附件一（貨品貿易協議早收清單及降稅安排）所列產品適用的臨時貿易救濟措施，是指本協議第 3 條第 2 款第 5 目所規定的措施」，[111] 因此，在 ECFA 架構下所談之不公平貿易行為救濟手段，包含 WTO 相關協定中所賦予會員之反傾銷及平衡措施，未來在後續談判時，亦以此為依循，處理兩岸間可能產生之差別定價問題。[112] 以兩岸剛開始啟動經濟合作協議之談判，各項重要協議（貨品貿易、服務貿易、爭端解決、投資等協議）均未成形，自由貿易程度尚淺，不宜貿然將彼此間實施反傾銷與平衡措施之權利撤除，否則除產業減少救濟管道影響重大外，更容易產生對 ECFA 朝政治方面之負面解讀。[113] 況且從實證資料顯示，兩岸雙方對於 FTA 中反傾銷及平衡措施之態度均較為保守，除中國大陸對港澳兩地撤銷彼此實施不公平貿易行為之救濟外，其餘 FTA 中都沒有如此規定；而我國在對中南美洲之四項 FTA 中亦無撤銷反傾銷及平衡措施之前例，僅有修訂部分規定而已，仍維持雙方在 WTO 下之權利義務。由此可知，兩岸間於 ECFA 簽署後並無撤銷反傾銷及平衡措施之實益與急迫性。ECFA 中雖未明文規定雙方反傾銷措施之適用，但已列出未來在談判兩岸貨品貿易協議時，應將反傾銷及平衡措施納入談判範圍，且依據 WTO 相關規定、反傾銷協定、SCM 之規範進行協商，故可先排除「撤銷反傾銷及平衡措施」條款之選項。未來在兩岸貨品貿易協議中較有可能之方向為兩岸仍依循 WTO 之規範訂定不公平貿易行為之救濟條款，針對自對方進口之

---

[111] ECFA 第 7 條第 2 款第 3 目。

[112] 關於 WTO 架構下兩岸互動關係，參考王泰銓，毛巾戰爭——WTO 與兩岸貿易糾紛，台灣智庫出版，2006 年，頁 157-158。

[113] 由於中國大陸與香港及澳門間均採取撤銷彼此反傾銷及平衡措施之規定，因此，若於兩岸經濟合作初期即撤銷反傾銷及平衡措施，則容易被解讀為兩岸關係港澳化，造成後續協議談判之困難。關於對 ECFA 內容中對於反傾銷及平衡措施之疑慮及反面觀點，參考許中信，ECFA 東西向貿易對台灣之衝擊，新學林出版股份有限公司，2010 年，頁 59-66。

貨品所採行反傾銷措施或課徵之平衡稅，各自保留在 GATT 第 VI 條、GATT 1994 第 VI 條執行協定（反傾銷協定）及 SCM 所規定之權利與義務。更進一步言，兩岸協商時則可從較低稅率原則、禁止歸零、落日條款、微量計算、非累積適用、公共利益評估、程序規定等細節方面考量彼此之情況對反傾銷及平衡措施條款作適度調整。

三、新加坡

　　新加坡為我國第五大出口市場及第十一大進口來源國。[114] 兩國於 1981 年簽訂雙邊租稅協定（避免雙重課稅協定）後，又於 1990 年 4 月簽訂雙邊投資保障協定，過去二十餘年間共簽署六項與貿易有關之雙邊協定，[115] 台商赴新加坡投資保障已具基礎規模，台商如赴新加坡投資可擁有當地股權，並享有國民之待遇。此外，新加坡與中國大陸間亦簽有 FTA，台商亦可藉新商之身分間接對大陸投資，且獲有保障。在 1997 年香港主權回歸中國大陸後，許多台商已將原在香港之據點遷往新加坡，以新加坡為區域總部。[116] 台灣與新加坡經濟互補大、競爭性小，未來若彼此洽簽經濟協議對雙方均有利。由於新加坡是以服務業為導向，製造業發展有限，農業幾乎不存在，故對我國服務市場影響較大、製造業次之、農業較無衝擊。[117] 我國駐新加坡代表處及新加坡駐台北代表

---

[114] 同註 68，參考中華民國經濟部國貿局進出口貿易統計資料系統網站。

[115] 我國與新加坡所簽署有關貿易與投資之協定計有：1. 避免雙重課稅協定：1981 年 12 月；2. 科技合作備忘錄：1982 年 1 月；3. 投資、財稅、科技合作備忘錄：1982 年 4 月，協助星國設立科學園區；4. 投資促進與保障協定：1990 年 4 月；5. 貨品暫准通關證協定：1990 年 4 月；6. 符合性評估作業相互認證協議（MRA）：經濟部標準檢驗局與新加坡標準、生產力暨創新局於 2005 年 12 月簽署。

[116] 經濟部國貿局，台星（新加坡）雙邊經貿關係概況，參考 http://cweb.trade.gov.tw/kmi.asp?xdurl=kmi f.asp&cat=CAT321（最後瀏覽日 11/30/10）。

[117] 經濟日報，劉大年，台星 FTA 談判先擬訂策略，2010 年 11 月 4 日，A4 版。作者於文中

處發表聯合聲明，台灣以在 WTO 的全名「台灣、澎湖、金門、馬祖個別關稅領域（簡稱中華台北）」，與新加坡在 WTO 架構下研簽經濟合作協議，[118] 這是台灣與東協國家洽簽的第一個具 FTA 性質之經濟協議。台新簽署協議後，對我國與其他國家洽簽相關經濟合作協議具正面作用。

新加坡雖然是我國第六大貿易夥伴，但兩國間過去卻不曾相互採取任何反傾銷及平衡措施，從過去之統計數據可知，兩國在貨品貿易部分較具互補性，加上新加坡沒有農業產品輸出、對外進口商品除少數酒類外，幾近於免稅（duty free）等特性，使得未來雙方洽簽 FTA 時，主要談判議題將集中於服務貿易市場開放的部分。另外，從新加坡過去與其他國家所簽署之 FTA 可看出，即使如前述分析，新加坡在貨物貿易與市場開放上具有高度自由化現象，但除參與東協自由貿易區外，其餘 FTA 中都沒有撤銷反傾銷或平衡措施之前例。面對像中國大陸、美國、日本、歐盟、澳洲等重要貿易經濟體，FTA 中仍依循 WTO 規範，保留不公平貿易行為之條款。不過，對於像與印度、約旦、南韓、巴拿馬、紐西蘭等國家簽署 FTA 時，則在協商反傾銷及平衡措施條款時，修正或調整 WTO 相關協定，使之更符合雙方之需求。因此，我國未來與新加坡洽簽 FTA 時，關於反傾銷及平衡措施條款之影響較小，但倘若採取撤銷不公平貿易行為之救濟時，可能會使往後與我國簽署 FTA 之貿易夥伴（尤其東南亞國家）要求比照相類似條件。故雙方在 WTO 架構下之權利，並採取

提到，「新加坡是以服務業為導向，製造業發展有限，農業幾乎不存在。但實際上新加坡雖然本島製造業發展空間受限，但在其外島裕廊島（Jurong Island），早已成為星國石化專區，此也難怪韓國與新加坡洽簽 FTA 時，韓國有多項石化產品不對新加坡降稅，可見新加坡石化產業具有一定的競爭力。另外，星國在機械產業也有一定的基礎，未來我方應妥善擬定談判策略，絕對不可以輕忽」。

118 經濟日報，台星洽簽 FTA 有譜──ECFA 簽訂後經貿外交首傳捷報將成我參與東協經濟整合敲門磚，2010 年 8 月 5 日，A1 版。

依循 WTO 協定之方式處理。

四、美國

美國為我國第三大出口市場及第三大進口來源國。兩國間簽署約七項雙邊協定，[119] 其中最重要者，莫過於貿易投資協定係於 1994 年 9 月簽署之貿易投資架構協定（TIFA），此乃雙方推動貿易、投資與商業關係最重要之平台，雙方在 TIFA 會議中就 FTA 議題、投資、稅務、政府採購協定、紡織品、農產品檢疫、藥品議題、智慧財產權保護及出口管制等議題進行諮商。另外，2002年 10 月美國國際貿易委員會（ITC）公布「台美簽署自由貿易協定經濟影響評估」，該份報告指出兩國間如果簽署 FTA，對美國經濟影響較為有限，惟對雙邊貿易金額將有明顯增加。報告中並指出，雙方之若干產業則會受到較大影響，例如美國之汽車業、稻米、漁產品及食品等產品對台灣之出口將倍增，而台灣乳製品、紡織、成衣、皮件及某些農產品對輸美金額亦可能增加。台美簽署 FTA 後短期內，台灣產業較易受到衝擊者，農業部門為稻米、豬肉及家禽肉、牛羊肉、蔬菜及水果、漁產品等，製造業為汽車及其零件、飲料及菸草，服務業為運輸、通信服務業等，由於美國進口之牛肉、豬肉等肉類產品引起公共衛生之疑慮，故台美間 FTA 之談判阻力仍在。然而，就長期而言，台美 FTA 形成後對兩國經濟成長率、社會福利、雙邊經貿關等皆有正面效應，且美國在國際社會上亦有指標性作用，故我國對外洽簽 FTA 之政策上，仍希

---

[119] 我國與美國所簽署有關貿易與投資之協定計有：1. 互免海空運事業所得稅協定；2. 北美事務協調委員會與美國在台協會關於貿易暨投資之諮商原則與程序架構協定（TIFA），1994年 9 月；3. 投資保證協定之換文：1963 年 12 月；4. 投資保證協定有關投資核准程序之換文：1972 年 5 月；5. 促進雙邊投資備忘錄；6. 修正投資保障制度協定之換文：1957 年 5 月；7. 關於保證美國投資制度換文：1952 年 6 月。

望美國早日將我列爲 FTA 優先洽簽對象國。[120]

　　美國歷年來對我出口產品課徵反傾銷案件達 17 件之多（排名第二，僅次於印度），[121] 我國對美國進行之反傾銷調查案件亦有 7 件，雙方間對於貨品傾銷之問題一直持續存在。然而，TIFA 涵蓋層面畢竟無法與 FTA 相比，因此，TIFA 中不會處理有關雙方反傾銷及平衡措施之議題。依美國過去簽署 FTA 之立場觀之，除 USMCA、中美洲暨多明尼加及以色列外，其餘 FTA 均維持依循 WTO 之規範。觀察美國對外洽簽 FTA 之立場，在 USMCA 及中美洲暨多明尼加二者性質上屬於三邊或多邊之 RTA，因此，在程序規定上有特殊安排（如雙邊審查委員會等），且對於美國與以色列 FTA 而言，修正或調整反傾銷及平衡措施之處，僅僅在計算反傾銷及平衡措施之損害計算時，納入非累積適用條款。然而，值得一提者，在美國與南韓之 FTA 中，對於雙邊貿易救濟措施特別設計「貿易救濟委員會」（Trade Remedy Committee）之組織，其中第 10.8(1) 條之規定：「雙方同意設立貿易救濟委員會，並由雙方推派適當層級並負責貿易救濟有關業務之代表參與，包括反傾銷、補貼暨平衡措施及防衛措施議題等。」同時，美韓雙方亦在 FTA 第 10.8(2) 條中，列舉雙邊貿易救濟委員會之功能，包括：1. 促進彼此瞭解雙方貿易救濟法律、政策及實務做法；2. 監督雙方關於本章（貿易救濟）之實踐；3. 增強雙方貿易救濟主管機關之合作；4. 建立雙邊論壇，提供雙方關於反傾銷、補貼暨平衡措施、防衛措施等之資訊交換；5. 建立雙方政府官員關於雙方貿易救濟及行政法之教育計畫；6. 建立雙方論壇討論有關彼此關心之共同利益等相關議題等。故未來我國若與美國洽簽 FTA 時，於反傾銷及平衡措施條款之安排，除重申保留彼此在 WTO 下

- - - - - - - - - - - - - -

[120] 經濟部國際貿易局新聞稿，台美簽署自由貿易協定經濟影響評估，2002 年 10 月 22 日，參考 http://cweb.trade.gov.tw/kmi.asp?xdurl=kmif.asp&cat=CAT514（最後瀏覽日 11/30/10）。

[121] 同註 71。

之權利義務外，可進一步與美國協商，要求依照美國與南韓 FTA 中相關反傾銷及平衡措施之修正及雙邊貿易救濟委員會之設計，蓋我國與南韓之貿易規模與進出口產業結構類似，故上述條款值得我國參考借鏡。

五、歐盟

　　歐盟為我國第八大出口市場及第六大進口來源地區，然而，雖然我國與歐盟間尚未簽署任何投資或貿易協定，[122] 但因為歐盟商品在台灣面臨的關稅障礙較高，加上歐盟商品多元化的特性以及在台灣市場競爭力較強等因素，在兩岸簽署 ECFA 後台海關係大幅改善，對於台歐關係之進展有正面之效果，歐盟亦與我國洽簽經濟合作協定之意願亦隨之增加。[123] 由於歐盟在台灣市場面對的最大競爭對手多是日本及美國，若是美國與台灣在雙邊合作上有實質的進展，將使歐商在台灣的利益受損，這也將促使歐盟不得不考慮美國的行動而有所準備。相反地，台灣主要競爭對手南韓與歐盟之 FTA 亦已於 2010 年生效，台灣若無法與歐盟有實質的合作關係，對台灣產品未來在歐盟市場競爭力也將有不利的影響。[124] 因此基於雙邊經貿現狀與實際需求，台灣與歐盟在 2010 年年度經貿諮商會議中，正式宣布成立非關稅障礙工作小組（TBT），解決有關產品規格等問題，並可能於未來接續成立關稅合作小組等，進一步磋商雙方簽署貿易投資架構（TIFA）、雙邊投保障協定（BIA），以及在條件成熟後，展開 FTA 之談判。

　　就歐盟過去對外洽簽 FTA 之實證資料顯示，除與安道爾、聖馬利諾、土

--- --- --- --- --- --- --- --- --- --- --- --- ---

[122] 事實上，歐盟 27 國中許多會員國家單獨與我國簽訂有雙邊投資保障協定，但歐盟整體作為單一市場經濟體時，並未與我國簽署相關協定。

[123] 中國時報，中央社，台歐盟將成立非關稅障礙工作組，2010 年 11 月 19 日。

[124] 顧瑩華，加強台灣與歐盟雙邊經貿合作機會之研析，行政院經濟建設委員會委託中華經濟研究院研究計畫成果報告，2008 年，頁 98-99。

耳其等國採取共同關稅法令，而撤銷彼此間 FTA 中反傾銷及平衡措施外，絕大多數 FTA 均採取依循 WTO 相關協定，保留彼此採行不公平貿易行爲之救濟措施。觀察歐盟對外洽簽 FTA 之立場，對與中美洲加勒比海灣區、中非暨喀麥隆、象牙海岸等開發中國家之 FTA 均在保留彼此 WTO 規範下不公平貿易行爲之救濟措施外，修正或調整部分雙邊行政程序。較爲特別者，係歐盟與南韓間所簽署之 FTA，雙方在協定納入將反傾銷與平衡措施調查程序中之公共利益考量、較低稅率原則、微量、累積計算等原則均列入 FTA 條文中作爲對 WTO 相關協定之修正適用，其目的爲不影響彼此在 WTO 相關協定之權利義務前提下，儘量在反傾銷及平衡措施之評估或計算方式上給予雙方較多互惠之空間，以減少或降低彼此採取不公平貿易救濟措施之時機與程度。由於歐韓 FTA 係近年歐盟與亞洲國家唯一洽簽之 FTA，且我國與南韓之貿易結構相似，故此部 FTA 對我國有極高之參考價值，雙方在公共利益考量、較低稅率原則、累積適用、禁止歸零法則、微量條款等部分均調整 FTA 條款中之設計，我國未來與歐盟正式啓動 FTA 之談判時，更可參考借鏡歐韓 FTA 有關反傾銷及平衡措施之規範方式。

六、日本

日本爲我國第四大出口市場及最大進口來源國。[125] 兩國僅於 1980 年簽署亞東關係協會與財團法人交流協會關於雙方國際海空運事業所得互免稅捐協定，[126] 並無簽署其他相關之貿易或投資協定，未來兩國間可能進一步推動之經貿議題，首先爲貿易便捷化措施及海關資訊交換等，其次包括如食品衛生檢驗

---

[125] 同註68，參考中華民國經濟部國貿局進出口貿易統計資料系統網站。

[126] 亞東關係協會與財團法人交流協會關於雙方國際海空運事業所得互免稅捐協定，1980 年 9 月，中華民國 69 年 6 月 9 日中華民國亞東關係協會代表與日本財團法人交流協會代表於台北簽訂；並於 69 年 6 月 9 日生效。

與動植物防疫檢疫措施（SPS）、技術性貿易障礙（TBT）、產品技術標準與符合性評估程序等之調和，並從雙邊投資保障協定（BIA）、智慧財產權協定及租稅減免協定等開始，再慢慢累積至 FTA 談判。

日本歷年來對我出口產品課徵反傾銷案件僅1件，[127] 但我國對日本進行之反傾銷調查案件有 15 件，雙方歷年來共計 16 件反傾銷及平衡措施之調查案件，[128] 成為與我國相互採取不公平貿易行為救濟案件數量之第四名。從實證資料中顯示，日本對外洽簽 FTA 之策略雖然經過調整逐步擴大合作對象，但其條款內容仍相當嚴謹保守，以本文所研究之反傾銷及平衡措施為例，日本對外簽署之 FTA 中，包含新加坡、印尼、馬來西亞、菲律賓、泰國、越南、汶萊、墨西哥、瑞士、智利等國，均採取依循 WTO 協定規範之模式，亦即保留彼此在 WTO 相關協定下彼此行使反傾銷及平衡措施之權利，沒有修正或調整該條款之前例。由此可知，未來如我國與日本洽簽 FTA 時，關於不公平貿易行為之救濟方式，較有可能之安排係重申彼此基於 WTO 下之權利義務，而不另外再對 FTA 之條款進行調整或修正。

七、澳洲

澳洲為我國第十五大出口市場及第七大進口來源國。[129] 台澳兩國之產業甚具互補性，澳洲長久以來為我農工原料重要供應來源。澳洲對外 FTA 策略主

---

[127] 同註 73。

[128] 我國對日本共計有 15 件實際課徵或展開調查之反傾銷案件，涉案商品為：非塗布紙、丙烯腈、銅版紙、熱軋型 H 型鋼、保險粉、不銹鋼條及桿、不銹鋼線材、聚丙烯、苯二酸酐、複合板、異戊四醇、熱軋鋼捲、卜特蘭水泥及熟料、新聞紙、平板或捲筒之新聞紙。而日本對我國實際課徵或展開反傾銷調查之案件僅有 1 件，涉案商品為：聚酯棉。參考同註 73，受進口威脅產業專屬社群網站，「貿易案件救濟統計資料」。

[129] 同註 68，參考中華民國經濟部國貿局進出口貿易統計資料系統網站。

要係以亞太經濟區爲洽簽對象，除美國、智利外，其餘 RTA 及 FTA 均集中於南太平洋與東亞各國。台灣自 2002 年加入 WTO 後，澳洲所獲得的立即利益包括台灣開放澳州車進口、增加澳洲蘋果之進口配額，以及大量減少將對澳洲牛肉進口商的歧視措施。因此，WTO 除影響澳洲對台灣農業出口外，更重要的是澳洲出口自台灣之工業製成品（尤其是汽車零件）。另一方面，目前台澳雙邊服務業的貿易極爲有限，台灣只占澳洲服務業出口的 2%，且主要集中在觀光業與教育兩方面，從澳洲角度來看，台灣對服務業自由化所承諾的時間表比許多東協國家在烏拉圭回合所提出的相關承諾來得好得多。[130] 兩國於 1993 年簽訂投資促進與技術移轉備忘錄、1996 年簽訂雙邊租稅協定（避免雙重課稅協定）等雙邊協定，[131] 然而，兩國在 FTA 之進程上仍相當緩慢，尤其我國對澳洲長期貿易逆差，且相對於澳洲之農業產品、工業產品、服務市場之高度競爭力，我國產業亦待提升，倘若與澳洲開啓 FTA 談判，則我國產業衝擊將大於澳洲。

澳洲是我國第九大貿易夥伴，但澳洲過去不曾對我國採取任何反傾銷及平衡措施，反而我國曾對澳洲進行二次反傾銷調查案件。[132] 從實證結果觀之，澳洲與其他貿易夥伴簽署 FTA 之立場，除與紐西蘭建立較緊密經貿關係，進而

---

[130] Ann Capling, *Australia's WTO Approaches: Implications for Australia-Taiwan Relations*, Australian Studies, Vol. 3 (2002).

[131] 我國與澳洲所簽署有關貿易與投資之協定計有：1. 投資促進與技術移轉備忘錄：1993 年 8 月；2. 避免雙重課稅協定：台北經濟文化辦事處與澳大利亞商工辦事處避免所得稅雙重課稅及防杜逃稅協定，1996 年 5 月；3. 促進暨便利生物科技雙向投資瞭解備忘錄：2000 年 9 月；4. 資訊分享及合作議定書：台灣財政部證券暨期貨管理委員會與澳洲證券暨投資管理委員會資訊分享及合作議定書，2003 年 10 月。

[132] 我國對澳洲反傾銷調查案件僅有 2 件。第一件爲 1993 年所進行之反傾銷原始調查，涉案商品爲熱軋鋼捲，但案件不合申請要件駁回。第二件爲 1996 年所進行之反傾銷調查，涉案商品爲熱軋型 H 型鋼，貿委會調查結果認定國內產業有實質損害，財政部自 1998 年 12 月 14 日起課徵反傾銷稅，但澳洲執行價格具結終止調查。

在自由貿易區內撤銷反傾銷及平衡措施，改以競爭法替代彼此之差別訂價外，其餘對智利、泰國、巴西、新加坡等之 FTA 均以依循 WTO 之規範爲主。因此，由上述分析可知，我國未來若與澳洲簽署 FTA 時，本文建議台澳雙方仍應於 FTA 中保留反傾銷及平衡措施條款，維持彼此在 WTO 各項協議下對於不公平貿易行爲採取救濟措施之權利。

八、南韓

南韓爲我國第六大出口市場及第四大進口來源國。我國與南韓之間除簽署關於互免海空運所得稅協定換文外，[133] 並無簽署其他投資或貿易相關之雙邊協定。台灣與韓國之經濟發展模式相仿，產業結構亦頗雷同，且均屬缺乏天賦能源與資源之國家，目前韓國雖亦面臨經濟危機，且正忙於採行各項紓困措施，惟其多年來積極推動與有關國家簽署 FTA 之策略暨其選定對象之優先考量及基準，值得台灣參考與借鏡。尤其南韓已爭取到與美國、歐盟、中國大陸、日本、東協等貿易夥伴與其簽署 FTA，使得南韓在獲得上述貿易夥伴市場開放之優惠後，嚴重影響與其具有競爭與替代關係之台灣產業及商品，讓台商在出口貿易之競爭力上，備受挑戰。

南韓在推動簽署 FTA 選定對象時，係依據下列五項基準作爲優先考量：1. 市場規模及成長潛力。韓國優先考慮與市場規模較大或未來市場成長潛力較大之國家簽署 FTA；2. 關稅水準。將以平均關稅稅率較高之經濟圈爲簽署 FTA 之優先對象；3. 對產業造成傷害之可能性。因簽署 FTA 促使進口增加，相對影響韓國產業之結構變化時，則無法順暢推動 FTA，基於此一考量，在選定 FTA 之簽署對象時，除斟酌其經濟效益外，更應以其對韓國產業所造成

---

[133] 中華民國政府與大韓民國政府間關於互免海空運所得稅協定換文，1972 年 7 月。

傷害程度較少者，為選定簽署 FTA 之先決條件；4. 資源及能源保有現況。韓國優先與資源及能源豐富之國家簽署 FTA，有利穩定取得各項資源；5. 選定對象推動 FTA 之現況。為期簽署 FTA 能發揮最大之效益，韓國對日本、中國大陸、歐盟及美國等已簽 FTA 之對象以及正與該等國家進行 FTA 諮商之國家優先洽簽。[134]

　　南韓歷年來對我出口產品課徵反傾銷案件僅2件，[135] 但我國對南韓進行之反傾銷調查案件有 18 件，是我國對外調查或實際採取反傾銷及平衡措施最多之國家。總計雙方歷年來共有 20 件反傾銷及平衡措施之調查案件，[136] 成為與我國相互採取不公平貿易行為救濟案件數量之第二名。從實證結果觀之，南韓與智利之 FTA 維持依循 WTO 之規範，而在南韓與新加坡、歐盟、美國、印度之 FTA 中均針對與不同貿易夥伴協商談判時，採取修正及調整反傾銷及平衡措施條款之做法，例如：選擇採取較低稅率原則、公共利益評估、禁止使用歸零做法、修改微量計算等。然而，近年來，台韓雙邊貿易雖然呈現成長趨勢，但是兩國交易之金額，在各該國家對外出口總值中，僅占 4%～6% 間，仍有很大發展空間，加以我國對韓國貿易，亦持續呈現大幅逆差，因此，如何有效更進一步擴大雙邊之交易，進而改善貿易逆差情勢，乃為我國政府頗為關注之課題，也是急需解決之目標。由以上分析可知，我國與南韓在亞洲四小龍中，不論在經濟規模、國民所得、產業結構、經濟實力等各方面都長期屬於激烈競

--- --- --- --- --- --- --- ---

[134] 姚鴻成，同註 92。

[135] 南韓對我國實際課徵或展開反傾銷調查之案件僅有 2 件，涉案商品為：聚酯半延伸絲、聚酯加工絲。參考同註 72，受進口威脅產業專屬社群網站，「貿易案件救濟統計資料」。

[136] 同註 73。我國對日本共計有 15 件實際課徵或展開調查之反傾銷案件，涉案商品為：非塗布紙、丙烯腈、銅版紙、熱軋型 H 型鋼、保險粉、不銹鋼條及桿、不銹鋼線材、聚丙烯、苯二酸酐、複合板、異戊四醇、熱軋鋼捲、卜特蘭水泥及熟料、新聞紙、平板或捲筒之新聞紙。

爭狀態，是否在短期內能開啟雙邊貿易與投資協定之談判，甚至是 FTA 之準備，仍需透過雙方進一步之研究。然而，倘若未來雙方進入實質貨品貿易談判時，則應審慎檢討彼此在反傾銷及平衡措施條款之設計。本文認為我國與南韓不論從雙邊貿易總額之比重、雙方針對彼此不公平貿易行為之調查案件數量等方面觀之，都應保留彼此在 WTO 架構下行使反傾銷及平衡措施之權利，但可就較低稅率原則、公共利益評估、禁止使用歸零做法、修改微量計算等部分作微幅調整。

肆、結論

本章從選取實證研究對象時，即以與我國貿易總額往來最密切之國家或地區為重要指標，因而選出中國大陸、美國、日本、南韓、歐盟、澳洲、新加坡等作為分析對象。其次，再從上述國家或地區與我國歷年貿易往來資料中，檢視雙方互相動用反傾銷或平衡措施之次數多寡，作為推估不公平貿易行為產生之可能性。最後再比較上述國家或地區對外已簽署之 FTA 立場，作為我國未來洽簽 FTA 時條款之政策建議。因此，本文針對 FTA 反傾銷及平衡措施條款與 WTO 協定之關聯性、我國重要貿易夥伴與其他國家簽訂 FTA 之反傾銷及平衡措施條款之態樣等情況，藉經由上述實證資料分析方法進行研究後，建議我國未來與其他重要貿易夥伴簽署 FTA 時，可參考以下三種型態訂定反傾銷及平衡措施條款：

（一）依循 WTO 相關協定：採取保留與 WTO 相關協定一致之反傾銷及平衡措施條款，遵循 GATT 1994 第 VI 條規定與 GATT 1994 第 VI 條執行協定，及補貼暨平衡措施協定下之各項權利與義務。我國與其他貿易夥伴簽署 FTA 時，應在此基礎上作為談判協商之原則，本文建議對日本、澳洲、中國大陸等

協商 FTA 時，均應在反傾銷及平衡措施條款中，保留彼此 WTO 相關協定之權利。

（二）在 WTO 反傾銷及平衡措施規定基礎上，調整 FTA 條款內容：可考慮採用較 WTO 嚴格之適用標準，例如修正微量規定、落日條款審查期限、歸零法則之禁止、採取較低稅率原則、公共利益原則，以及雙邊審查程序等。本文建議我國對於與新加坡、南韓、美國、歐盟等，可採取較爲彈性之方式，在 WTO 各項規範下保留反傾銷及平衡措施條款，但可嘗試協商修正其中部分內容，使不公平貿易行爲之救濟方式得更具彈性。

（三）廢除彼此間之反傾銷措施：倘若評估不致因 FTA 之簽訂使國內產業遭受嚴重之損害，且雙方產業規模與進出口貿易依存度持續增加，則可考量廢除彼此間之反傾銷措施，甚至更進一步研擬以兩國之調和競爭政策（公平交易法）替代不公平貿易規範。本文認爲除非我國與其他貿易夥伴之貿易關係進展，可協商進入關稅同盟或單一市場之階段，始可考慮撤銷區域內不公平貿易行爲之救濟。否則，我國對外簽署之一般 FTA 中，仍不適宜採取撤銷反傾銷及平衡措施之設計。

綜上所述，以簽訂 FTA 而言，如欲在 WTO 反傾銷及平衡措施規定基礎上，調整 FTA 條款內容，應審愼評估我國與對方之雙邊貿易結構與國內產業結構之關係，藉反傾銷條款之調整來增加我國之出口利益及減低可能受到之進口衝擊。本文認爲在現階段我國經貿情勢下，由於我國仰賴進出口貿易之自由甚深，簽署 FTA 時與貿易夥伴間消除反傾銷措施雖爲建立自由貿易區之理想，但實際達成之機會較小，未來可能仍應保留反傾銷及平衡措施條款，並以「依循 WTO 規範」，及「在 WTO 反傾銷及平衡措施規定基礎上，調整 FTA 條款內容」等二類型爲主。

CHAPTER

6

貿易協定下防衛措施條款

壹、區域貿易協定下進口救濟

區域貿易協定（Regional Trade Agreement，以下簡稱 RTA）係指兩個以上的經濟體或主權國家，藉由降低彼此關稅，或減少其他規費，或排除妨礙彼此進行自由貿易之關稅或非關稅障礙，進而給予彼此優於世界貿易組織（World Trade Organization，以下簡稱 WTO）法律架構下之貿易條件之協定，[1] 其法源依據為關稅暨貿易總協定（General Agreement of Tariff and Trade，以下簡稱 GATT）第 XXIV 條有關貨品貿易之經濟整合，以及服務貿易總協定（General Agreement on Trade in Services，以下簡稱 GATS）第 V 條有關服務貿易之優惠安排。[2] 由於多邊貿易談判之進程冗長而繁複，因此，許多國家紛紛轉而尋求 RTA 之簽署。依據 WTO 多邊貿易架構之規範，各會員所簽訂之 RTA 應符合 GATT 第 XXIV 條 8(a)(1) 及第 XXIV 條 8(a)(2) 之規定，「消除絕大部分貿易之關稅與其他限制貿易之規定，且不應增加對非成員國之貿易障礙」。[3] 雖然 RTA 之本質在於達成成員間較 WTO 更優惠之貿易自由化措施，但除「共同市場」（common market）及關稅同盟（customs union）等自由化類型較高之經濟整合模式外，絕大部分的自由貿易區（FTA），仍繼續維持若干貿易限制規定，故 RTA 中經常保留成員間發動貿易救濟措施之權利。[4]

---

[1] 洪德欽，WTO 法律與政策專題研究，學林文化出版，2005 年，頁 253-261。

[2] General Agreement on Tariffs and Trade, 1867 UNTS 187; 33 ILM 1153, 1994 (hereinafter GATT), Art. XXIV; General Agreement on Trade in Services, 1869 UNTS 183; 33 ILM 1167, 1994 (hereinafter GATS), Art. V。除 GATT 第 XXIV 條及 GATS 第 V 條之外，普遍性關稅優惠措施（Generalized System of Preferences，簡稱 GSP）亦屬於已開發國家給予開發中國家之優惠性貿易措施。

[3] Id., GATT, Art. XXIV: 8(a)(1).

[4] Id., GATT, Art. XXIV: 8(a)(1) 及 Art. XXIV: 8(a)(2)，該條列舉之例外情況如下：第 XI 條「有關數量限制之普遍消除」、第 XII 條「為保護收支平衡之限制」、第 XIII 條「非歧視性數

　　防衛措施（Safeguard Measure）係一種貿易救濟措施，又稱為「進口救濟」措施，係指當某一 WTO 會員出口貨品時未違反多邊貿易規則，但此出口貨品可能因為其生產之規模經濟或低成本優勢，在進口會員履行關稅減讓義務而開放進口時，大量出口到進口會員境內，造成進口會員之國內產業有嚴重損害或有損害之虞時，[5]GATT 第 XIX 條 (1) 賦予進口方會員得針對特定之進口產品實施「緊急行動」（emergency action）。[6]由於進口方會員啟動防衛措施時，出口方並未違反 WTO 規則，故此防衛措施常被視為公平貿易下之貿易救濟手段，以與不公平貿易下之貿易救濟（如反傾銷與平衡措施）作一區別。[7]在實務上，WTO 會員在簽署 RTA 時，常藉由貿易救濟條款之談判與設計，調和 RTA 成員間關於 WTO 承諾、雙邊互惠，以及確保國內產業救濟程序等三重關係，[8]故多數 RTA 中保留成員間彼此適用防衛措施之條款，該條款之規範模式也依各國間產業結構、貿易依存度、國內產業競爭力的差異，形成多元態樣。[9]

　　延續前一章所採取之法學實證與比較之研究方法，檢視國際間重要之

- - - - - - - - - - - - -

量限制之施行」、第 XIV 條「非歧視原則之例外」、第 XV 條「匯兌管理」及第 XX 條「一般例外」等規定。

[5] 羅昌發，國際貿易法，元照出版有限公司，2010 年，頁 383-399。

[6] GATT, *supra* note 2, Art. XIX(1).

[7] John H. Jackson, William, J Davey & Alan O. Sykes Jr., Legal Problems of International Economic Relations: Case, Materials and Text on the National and International Regulation of Transnational Economic Relations, 676-677 (4th ed. 2002).

[8] Akira Kotera & Tomofumi Kitamura, *On the Comparison of Safeguard Mechanisms of Free Trade Agreements, The Research Institute of Economy*, Trade and Industry (RIETI) Discussion Paper Series 07-E-017, 2-3 (March, 2007).

[9] 此多元規範態樣係指在 WTO 相關協定之框架下，會員間之 RTA 保留有部分自由空間得依彼此之經濟整合型態，對區域內之貿易救濟措施作不同程度之調整。See Dukgeun Ahn, *Foe or Friend of GATT Article XXIV: Diversity in Trade Remedy Rules*, 11 J. Int'l Econ. L., 107, 109-112. (March, 2008).

RTA 下防衛措施條款的規範內容，並依實踐經驗分析各該 RTA 之細部規定，
將之與多邊貿易架構中之 SG 協定作一比較。首先，在選取比較分析之樣本
RTA 上，本章擬以美國、中國大陸、歐盟、日本、東協、新加坡、澳洲、紐
西蘭、智利、墨西哥等國家作為比較對象。針對前述 10 個國家或地區對外簽
署之 RTA 作進一步整理，挑選上述經濟體相互間已生效之 RTA 作為比較對象
（表 6-1），從中擇定 26 個重要之 RTA 列入本章之比較研究範圍。

表 6-1　我國重要貿易夥伴間彼此簽署且列入研究範圍之 RTA 一覽表（依協定生效日
期順序排列）

	協定名稱	簽署日期	生效日期
1	澳紐更緊密經貿關係協定（ANZCERTA）	1982 年 12 月 14 日	1989 年 1 月 1 日
2	東協自由貿易區貨品貿易協定（ATIGA）	1992 年 1 月 28 日	1992 年 1 月 28 日
3	北美自由貿易協定（NAFTA）	1992 年 12 月 17 日	1994 年 1 月 1 日
4	歐墨經濟夥伴、政治調和與合作協定（EPPCCA）	1997 年 12 月 8 日	2000 年 7 月 1 日
5	星紐更緊密經濟夥伴協定（SNZCEPA）	2000 年 11 月 14 日	2001 年 1 月 1 日
6	日星新世紀夥伴協定（JSEPA）	2002 年 1 月 13 日	2002 年 11 月 30 日
7	星澳自由貿易協定（Singapore-AUS FTA）	2003 年 2 月 17 日	2003 年 7 月 28 日
8	美星自由貿易協定（US-Singapore FTA）	2003 年 5 月 6 日	2004 年 1 月 1 日
9	美智自由貿易協定（US-Chile FTA）	2003 年 6 月 6 日	2004 年 1 月 1 日
10	韓智自由貿易協定（Korea-Chile FTA）	2003 年 2 月 1 日	2004 年 4 月 1 日
11	美澳自由貿易協定（US-AUS FTA）	2004 年 5 月 18 日	2005 年 1 月 1 日
12	歐智建立協會協定（EU-Chile FTA）	2002 年 11 月 18 日	2005 年 3 月 1 日

表 6-1 我國重要貿易夥伴間彼此簽署且列入研究範圍之 RTA 一覽表（依協定生效日期順序排列）（續）

	協定名稱	簽署日期	生效日期
13	東協加中國貨品貿易協定（ACFTA）	2004 年 11 月 29 日	2005 年 1 月 1 日
14	日墨加強經濟夥伴協定（JMEPA）	2004 年 9 月 17 日	2005 年 4 月 1 日
15	跨太平洋經濟夥伴協定（TPP）	2005 年 7 月 18 日	2006 年 5 月 28 日
16	星韓自由貿易協定（Korea-Singapore FTA）	2005 年 8 月 4 日	2006 年 5 月 2 日
17	日智戰略經濟夥伴協定（JCEPA）	2007 年 5 月 27 日	2007 年 9 月 3 日
18	東協加日本全面性經濟夥伴協定（AJCEP）	2008 年 5 月 26 日	2008 年 12 月 1 日
19	中紐自由貿易協定（China-NZ FTA）	2008 年 4 月 7 日	2008 年 10 月 1 日
20	中星自由貿易協定（China-Singapore）	2008 年 10 月 23 日	2009 年 1 月 1 日
21	東協澳紐自由貿易協定（ASEAN-AUS-NZ FTA）	2009 年 2 月 27 日	2010 年 1 月 1 日
22	澳智自由貿易協定（AUS-Chile FTA）	2008 年 7 月 30 日	2009 年 5 月 6 日
23	東協加南韓全面性經濟合作架構協定（AKCECA）	2006 年 8 月 24 日	2010 年 1 月 1 日
24	中智自由貿易協定（China-Chile FTA）	2005 年 11 月 18 日	2010 年 8 月 1 日
25	歐韓自由貿易協定（EUKFTA）	2010 年 10 月 6 日	2011 年 7 月 1 日
26	美韓自由貿易協定（USKFTA）	2007 年 6 月 30 日	2012 年 5 月 15 日

資料來源：本文整理製作。

基於上述背景與研究方法，本章擬探討 RTA 下防衛措施條款之法律問題，以及進一步檢視 WTO 防衛協定與 RTA 防衛措施條款之關聯性。由於採行防衛措施係對我國產業進行緊急保護之重要機制，本章擬以法學實證研究方法，針對國際間重要 RTA 中防衛措施條款之規範模式進行實證分析，檢視比較國際間主要貿易體對外簽署 RTA 時，有關防衛措施之條款內容與政策立

場。最後並提出我國未來與其他貿易夥伴談判 RTA 下防衛措施條款之政策性
建議。

貳、防衛措施基本規範架構與內容

從 WTO 防衛協定之歷史觀之，美國可稱為實施進口防衛措施之發源
地，早在 1934 年互惠貿易協定法（The Reciprocal Trade Agreements Act of
1934），[10] 即明文規定政府依照此協定所承諾之關稅減讓，不應造成對國內產
業之嚴重損害，並授權政府就造成超過預期損害部分重新談判。美國於 1942
年與墨西哥簽訂之互惠貿易協定時，[11] 即設立此一般性條款（又稱為逃脫條
款），此一規定成為以後美國進口救濟防衛措施條款之起源。1947 年各國所
簽署之 GATT 第 XIX 條防衛條款，基本上即採用上開美國進口救濟防衛條款
之精神而制定。[12] WTO 會員談判及簽署多邊或區域貿易協定之目的，不外乎透
過降低關稅及撤除非關稅貿易障礙，以邁向進一步貿易自由化。然而，防衛措
施之設計與上述自由化理念背道而馳，例外地允許進口方在出口國貨品未採
取不公平貿易手段時，仍得實施該貿易限制措施，[13] 故從本質上而言，防衛措
施之實施將對於貿易自由化造成阻礙。基於防衛措施對於全球貿易之衝擊，
WTO 會員雖支持此種措施繼續存在，但自烏拉圭回合談判後，即將此防衛措
施限縮為一項僅得為救濟國內產業受到進口貨品影響而遭受損害時所採取之

----

[10] The Reciprocal Trade Agreement Act of 1934, H.R. 8687, ch. 474, 48 Stat. 943, 19 U.S.C. § 1351, enacted June 12, 1934.

[11] Agreement on Reciprocal Trade, Dec. 23, 1942, U.S.-Mexico, Art. XI, 57 Stat. 833, 845-866.

[12] GATT, *supra* note 2, Art. XIX.

[13] Alan Sykes, The WTO Agreement on Safeguards: A Commentary, 59-64 (Oxford University Press, 2006).

「緊急措施」（emergency measures），並非允許進口方在任何情況下恣意發動繼而演變爲貿易報復手段。[14]

一、多邊及區域貿易協定中採用防衛措施理由

GATT 第 XIX 條 (1)(a) 將全球性防衛措施之基本類型形諸於法律文字，「防衛措施」一詞，係指一國因某項進口產品數量增加，而造成其國內產業受到嚴重損害或有損害之虞時，所採取之緊急措施，包括進口數量限制或提高進口關稅至比已承諾稅率更高之水準。該條規定：「如因不可預見之發展，及因締約國履行包括關稅減讓在內之協定義務之結果，使某種產品大量輸入該締約國，以致該國同類或直接競爭產品之生產者遭受嚴重損害或有嚴重損害之虞時，該締約國於防止或彌補該種損害之必要期間及程度內，得暫停履行本協定全部或一部之義務，或撤回或修正對該產品之關稅減讓。」[15] 由上開條文可初步得知，實施防衛措施之基本法律要件有四：1. 進口增加；2. 嚴重損害或嚴重損害之虞；3. 進口增加與嚴重損害間具有因果關係；4. 不可預見之發展等。防衛措施係一種貿易限制措施，必須在「進口方之某一產品並大量輸入該國，以致損及其國內產業或有損害之虞」之特殊例外情況下（exceptional situation）始可發動，因此，進口方實施防衛措施之主要目的係爲保護國內產業，具有政治上「安全閥」之作用，[16] GATT 第 XIX 條之各項條款中，均未對防衛措施之發動時機、實施程度、涵蓋範圍、執行期限等作出詳細規範，故在

----

[14] Raj Bhala & Kevin Kennedy, World Trade Law: The GATT-WTO System, Regional Agreements, and U.S. Law (Lexis Law Publishing, 1998); John H. Jackson, The World Trading System, 209-213 (2nd ed., Cambridge: MIT Press, 1997); Michael J. Trebilcock & Robert Howse, The Regulation of International Trade, 193-194 (2nd ed., New York: Routledge, 1999).

[15] GATT, *supra* note 2, Art. XIX(1).

[16] 徐遵慈主編，WTO 常用名詞釋義，經濟部國貿局出版，華泰發行，2009 年，頁 169。

國際實踐上有易於被進口方濫用之高風險，任由其恣意採取並長久維持該貿易限制措施，繼而對貿易自由化造成嚴重的負面影響。[17] 就國際實務而言，實施防衛措施之出口方除考量國內產業之損害程度外，亦會考量遵守貿易限制措施不歧視原則之義務（obligation of nondiscrimination）所耗費之成本，[18] 以及受該貿易限制措施影響之出口方可能對其暫停履行 GATT 所定之減讓或其他義務等之後果。[19] 由於 GATT 年代並無有效的爭端解決機制，對於實施防衛措施之進口方是否違反 GATT 第 XIX 條規定難以作出公平裁決，[20] 使得 GATT 第 XIX 條所規範之防衛措施成為一項令國際間詬病之貿易手段，如同雙邊自動出口限制（voluntary export restraint）、有秩序之銷售協定（orderly market arrangement），以及其他類似貿易限制措施等，被歸類為「灰色領域措施」（grey-area measures），[21] 在 GATT 簽署後將近五十年間（1947-1994），第 XIX 條廣為各國援引適用，惟因條文規定過簡，致有許多會員乃假防衛措施之名，行貿易保護之實。[22]

- - - - - - - - - - - - -

[17] GATT, L/2002, 1963, at 13.

[18] MC. E. J. Bronckers, Selective Safeguard Measures in Multilateral Trade Relations, 20-25 (Deventer, Netherlands: Kluwer Law and Taxation Publishers, 1995).

[19] GATT, *supra* note 2, Art. XIX: 3(a).

[20] John H. Jackson, *The GATT Consistency of Export Restraint Arrangements*, 11World Economy, 187, 187-202 (1988).

[21] 「灰色領域」係指會員間之自動出口限制（例如：進出口國雙方透過協商，由出口方會員「自願性」地限制其出口量不得超過雙方約定之某一水準）、有秩序之銷售協定（例如：進出口雙方間之協定，透過此類協定來限制對於出口會員之銷售量藉以分享市場），或任何其他在出進口方面之類似措施，例如，任何具保護作用之出口調節、出口價格或進口價格監視制度、出口或進口監督、強制性進口卡特爾，及具有行政裁量權之出口或進口許可發證體系。參考林彩瑜，WTO 制度與實務，元照出版有限公司，2011 年，頁 285。

[22] E-U. Petersman, *Gray Area Measures and the Rule of Law*, 22 Journal of World Trade, 23, 23-44 (1988); Terence P. Stewart, The GATT Uruguay Round: A Negotiating History, 1986-1992, at 1729 (Boston: Kluwer Law and Taxation, 1993).

在經過近十年之多邊貿易談判後，烏拉圭回合談判有鑑於 GATT 第 XIX 條之疏漏，各會員同意簽署 WTO 防衛協定（Agreement on Safeguards，簡稱 SG 協定），[23] 除就 GATT 第 XIX 條不明確之處加以釐清外，亦對各國採行防衛措施應遵行的調查程序，以及多邊架構之體制詳予規範，[24] 作為 WTO 多邊貿易法律體系之重要內容之一。防衛措施協定對 GATT 第 XIX 條作出大幅的補充，[25] 共有以下幾項重點：

第一，明定防衛措施實施之時機以及執行要件，改善以往 GATT 第 XIX 條模糊不清之法律用語。例如 SG 協定之前言將防衛措施之實施時機限縮解釋為調整市場結構前之短暫措施，目的係允許進口方採取緊急措施以「協助其國內產業從事結構調整，且為增進而非限制國際市場競爭之必要」；[26] SG 協定第 4 條明確規定防衛措施實施之特別要件，尤其對於認定「嚴重損害或有嚴重損害之虞」之情況詳加規範；SG 協定第 5 條（措施之採行）及第 7 條（措施之期間與檢討）針對防衛措施之型態（如數量限制、配額等）、實施程度、施行期間等細節加以規範；SG 協定第 11 條中更進一步禁止會員採用以往 GATT 年代屢遭批評之「灰色領域措施」（如自動出口設限、有秩序銷售協定或任何其他在進出口方面之類似措施）。[27]

第二，SG 協定明定會員在國際間或於其本國內實施防衛措施之程序。例

---

[23] Agreement on Safeguards (hereinafter SG Agreement), 1869 U.NT.S. 154 (1994).

[24] John Croome, Reshaping the World Trading System: A History of the Uruguay Round, at 53-57, 168-171, 260-261 (2nd and revised ed., The Hague: Kluwer Law International, 1999).

[25] John H. Jackson, The World Trading System, 210-211 (2nd ed., Cambridge: MIT Press, 1997); Thiebaut Flory, *The Agreement on Safeguards* in Jacques H. J. Bourgeois, Frederique Berrod & Eric G. Fournier, The Uruguay Round Results, 265-273 (Brussels: European Interuniversity Press, 1995).

[26] SG Agreement, preamble.

[27] *Id.*, SG Agreement, Art. 4, 5, 7, 11.

如 SG 協定第 2 條規範防衛措施之適用要件，以及對進口產品採行防衛措施時，應不論其來源（不歧視原則）；SG 協定第 3 條規定諸多行政調查程序，會員之政府相關單位在決定啟動防衛措施前，應滿足本條之程序性規定；SG 第 12 條要求進口方在經歷防衛措施各個行政調查或實施階段時，都必須擔負通知及諮商之義務；SG 協定第 13 條賦予 WTO 貨品貿易理事會之下設立防衛委員會（Committee on Safeguards），針對上述之通知與諮商程序進行監督；SG 第 14 條規定會員間如有關於 SG 協定之適用疑義時，應提交 WTO 爭端解決機制處理糾紛。[28]

第三，SG 協定積極調和因防衛措施造成進口方與出口方間之利益損失及補償方法。SG 協定第 8 條規定若因進口方實施防衛措施對出口方貿易造成不利影響時，進口方應提供適當之貿易補償（雙方可藉由諮商達成合意），而進口方因為某項貨品之進口量絕對增加（absolute increase）而採行防衛措施，且該措施符合 SG 協定之各項規定時，則出口方在防衛措施有效期間前三年內不得對該進口方行使「中止適用 GATT 下之減讓或其他義務」之權利。[29]

SG 協定實施後，不啻成為 WTO 會員在簽署 RTA 時關於防衛措施條款時，一項重要的基本立場參考依據。蓋 WTO 會員洽簽 RTA 時，成員間應以追求區域貿易自由化為目標，進而開放彼此市場，逐步取消關稅或非關稅之貿易限制，達成貨品貿易之自由流通。[30] 然而，區域內成員通常需面臨兩難之困境：一方面在 RTA 貿易自由化之精神下，理應撤除彼此間之進出口限制與貿易障礙，其中當然包括所有對區域內成員市場開放之貿易限制措施；然而，另一方面為解決優惠性貿易協定要求更進一步開放市場，對國內產業所作之緊

---

[28] *Id.*, SG Agreement, Art. 3, 12, 13, 14.

[29] *Id.*, SG Agreement, Art. 8.

[30] Michael J. Trebilcock & Robert Howse, *supra* note 14, at 193-198.

急進口救濟措施被視爲重要貿易救濟程序，倘若一國政府因簽署 RTA 而承諾放棄對 RTA 成員夥伴採取防衛措施，則可能使國內產業喪失一道「貿易防火牆」。[31] 從國際實踐上觀之，在現有之 RTA 中，除非締約成員已建立單一共同市場（或關稅同盟）之區域，否則，FTA 中完全撤銷彼此防衛措施條款者相當罕見，大多數 FTA 仍保留各自在 WTO 相關規範下實施防衛之權利，並僅對程序部分作細微調整。[32] 因此，經濟整合中採取防衛措施之重點，在於如何平衡「『WTO Plus』更優惠待遇之市場開放要求」以及「國內產業調整與救濟」之難題，而解決方式最終都將具體落實在各國所簽署之 RTA 防衛措施條款中。[33]

二、GATT第XIX條及第XXIV條與防衛措施之關聯

多邊貿易架構與 RTA 防衛措施條款之關聯，可從 GATT 第 XXIV 條 (5) 有關 RTA 之外部要件及其效果及第 XXIV 條 (8) 有關內部貿易自由化安排等二項規定探討之。首先，GATT 第 XXIV 條 (5) 規定，本協定不得禁止各締約國間設立「關稅同盟」（CU）或「自由貿易區」（FTA）或訂立必要之過渡協定以設立「關稅同盟」或「自由貿易區」，[34] 惟在進行區域經濟整合之過程中，不論是 CU 或 FTA 均不得阻礙多邊貿易體系之發展，於 GATT 第 XXIV 條 (4) 規定：「各締約國願意經由自發之共同協議，發展各國間更密切結合之經濟關係，以加強自由貿易。『關稅同盟』或『自由貿易區』之目的在促成區域

---

31 黃智輝，經濟決策過程中之矛盾與進口救濟制度，貿易調查專刊，第 4 期，1999 年 7 月，頁 13-23。

32 David A. Gantz, Regional Trade Agreements: Law, Policy and Practice, 323-326 (Carolina Academic Press, 2009).

33 Chang-fa Lo, WTO-plus in Free Trade Agreements, 45-67 (Angle Publishing Co., Ltd., 2010).

34 GATT, *supra* note 2, Art. XXIV: 5(a).

間貿易，而非增加對各該區域與其他各締約國之貿易障礙。」[35]在WTO多邊貿易法律架構下欲洽簽RTA之會員，必須遵守在RTA簽署後對於非區域內成員之關稅或貿易限制，不得高於整合前之承諾，否則即對第三國產生歧視性之結果。[36]

在CU形式中，成員國間彼此不僅要消除區域內之貿易障礙，並且對由第三國進口至同盟區之產品，必須建立起對外共同之關稅政策。上述關稅同盟之共同關稅政策對集團外之第三國可能造成影響，GATT第XXIV條(5)(a)規定，「關稅同盟對非區域內之成員而言，其關稅或其他貿易限制在整體上不得高於未成立關稅同盟或自由貿易區前之關稅或其他貿易限制措施」。[37]易言之，本款對欲成立關稅同盟之WTO會員設下一項要求，亦即同盟建立後，對外之共同關稅措施仍然必須遵守MFN之精神，且不得對未參與關稅同盟之其他WTO會員造成更高之貿易限制。GATT第XXIV條(5)(b)亦有類似規定，但由於自由貿易區並不實施共同關稅政策，因此對於評量成立自由貿易區前後之關稅變化，仍以各國所各自制定之對外關稅為衡量標準。[38]目前多數的RTA中都包含防衛措施條款，受到GATT第XIX條以及SG協定之影響，防衛措施漸漸成為特殊且限縮之貿易限制手段。在國際貿易規則中，基於不歧視原則之要求，進口方得因國內產業受到貨品進口之嚴重損害而啟動全球性防衛措施。然而，由於RTA係追求WTO會員間更進一步貿易自由化，故在RTA下啟動防衛措施時，則必須是進口方因承諾RTA之額外市場開放（較WTO承諾更為優惠之貿易條件）直接導致國內產業受到嚴重損害之情況，始得在RTA下

---

[35] *Id.,* GATT, Art. XXIV: 4.

[36] Kenneth W. Dam, *Regional Economic Arrangements and the GATT: the Legacy of a Misconception,* 30 U. Chi. L. Rev. 615, 633 (1963).

[37] GATT, *supra* note 2, Art. XXIV: 5(a).

[38] *Id.*, GATT, Art. XXIV: 5(b).

實施防衛措施。換言之，即使某項貨品屬於 RTA 下之特別優惠產品（如低關稅或零關稅），但倘若該國內生產者之損失並非導因於 RTA 市場開放（可能係因全球供需失衡等），則仍舊無法滿足 RTA 下之防衛措施啓動條件。[39]

在 GATT 第 XXIV 條 (5) 之規範下，若 RTA 中含有防衛措施條款時，通常區分爲「雙邊防衛措施」及「全球性防衛措施」二類。此二者最大之區別即在於雙邊防衛措施係存在於 RTA 成員間之貿易救濟，並非對於所有出口方皆一體適用，無須遵守不歧視原則；相反地，全球性防衛措施則應不問貨品來源，對於所有出口方一體適用該貿易限制措施，應符合不歧視原則。在上述原則下，由於二者性質不同，亦無特別法優於普通法之順序性問題，但考量防衛措施所構成對貿易之限制性較高，RTA 成員傾向於利用 RTA 之洽簽而盡可能採取雙邊防衛措施，而不輕易實施全球性防衛措施。[40] 然而，倘若雙邊防衛措施之使用越來越普遍時，則更難以判斷國內產業之損害或損害之虞係導因於「某項 RTA 之市場開放」之影響或「其他各種全球性或特定區域之進口數量增加」之因素，此現象造成進口方政府或其國內產業之舉證責任越來越大。[41] 最後，RTA 除不能對區域外成員造成貿易歧視之效果外，必須達成對區域內成員進一步貿易自由化之效果，故 GATT 第 XXIV 條 (8) 規範有關會員組成 CU 與 FTA 之各項要件，應將其視爲「例示清單」，而非「列舉清單」，[42] 易言之，RTA

----

[39] Joost Pauwelyn, *The Puzzle of WTO Safeguards and Regional Trade Agreements*, 7 J. Int'l Econ. L., 109, 125-128 (March, 2004).

[40] David, *supra* note 32, at 61.

[41] 許蔚農，WTO 防衛防條款析論及我國應有之立場，進口救濟論叢，第 21 期，2002 年 12 月，頁 85-115。

[42] Alan O. Sykes, *International Trade: Trade Remedies* in Research Handbook in International Economic Law, Andrew T. Guzman & Alan O. Sykes eds., 62-113 (Edward Elgar Publishing Inc., 2007). 關於此問題之討論，亦可參考林彩瑜，論 WTO 架構下區域貿易協定防衛措施適用之有關問題，WTO 貿易救濟與爭端解決之法律問題：世界貿易組織法律研究（一），元照出

成員間必須達成貿易自由化並涵蓋「絕大部分貿易」時，並非僅豁免 GATT 第 XXIV 條(8)中所列舉之若干限制措施，而應解釋為 RTA 成員彼此間為滿足「絕大部分貿易」時，可自由調整貿易自由化之內涵，因此，即使 GATT 第 XXIV 條(8) 之條文中並未明確將 GATT 第 XIX 條所指之防衛措施涵蓋在豁免清單之列，但就國際實踐上而言，RTA 成員間仍可納入防衛措施條款。[43]

參、WTO防衛協定之法理分析

SG 協定之各項規定係參考 GATT 第 XIX 條 (1)(a) 而制定，該款提及防衛措施必須係「於必要時期及必要範圍內，對該項產品為防止或彌補損害」之措施，[44] 然而，GATT 第 XIX 條 (1)(a) 之不確定法律概念徒增防衛措施之適用疑義：何謂「必要時期」？以及何謂「必要範圍」？在進口會員認為「必要」之情況下，可否無限期實施防衛措施？倘若可以，則勢必動搖多邊貿易架構所建立的單一承諾減讓義務；倘若不可，GATT 年代亦無強而有力的爭端解決機制可透過司法裁決說服所有締約成員以減緩爭議。[45] 因此，SG 協定為解決防衛措施之適用性問題，將許多實體要件以及行政程序等細節規範納入法律條文中，不但重新建立多邊貿易架構下防衛措施之監督與規則，並盡可能消除會員因逃

版有限公司，2005 年，頁 177-179；王震宇，區域貿易協定下反傾銷及平衡措施條款之實證研究，臺北大學法學論叢，第 81 期，2012 年 3 月，頁 150-154。

[43] Mohammad F. Nsour, *Regional Trade Agreements in the Era of Globalization: A Legal Analysis*, 33 N.C.J. Int'l L. & Com. Reg. 359, 381-384 (Spring, 2008).

[44] GATT, *supra* note 2, Art. 19.1(a). "...... to the extent and for such time as may be necessary to prevent or remedy such injury ......"

[45] Lawrence R. Walders & Neil C. Pratt, *Trade Remedy Litigation: Choice of Forum and Choice of Law*, 18 St. John's J. L. Comm. 51 (2003).

避該監督之因應措施，以達成增進而非限制國際市場競爭之目標。[46] 以下擬逐一探討防衛措施之實體性及程序性要件。

一、實體性要件

（一）啓動要件及標準

防衛措施之演變歷經 GATT 年代到 WTO 年代，始終被視爲進口方於緊急狀況下所實施之貿易救濟手段，並非一項貿易政策之常態性措施，故在啓動防衛措施時必須符合多項要件，同時，進口方之特定國內產品市場之損害程度已達 SG 協定之標準。[47] 此規範不僅明訂於 SG 協定中，後來更形成 WTO 會員在洽簽 RTA 時所援引參考之基本架構模式。易言之，SG 協定第 2 條規定，「認定一產品係在絕對或相對於國內生產爲數量增加之情況下進口，並因而對生產同類或直接競爭產品之國內產業造成嚴重損害或有嚴重損害之虞時，始得對該產品得採行一項防衛措施」，且「對進口產品採行防衛措施時，應不論其來源」。[48] 由於 GATT 在烏拉圭回合談判後，成爲貨品貿易協定之一部，GATT 第 XIX 條 1(a) 中載明之「不可預見之發展」（unforeseen developments）[49] 亦成爲啓動全球性防衛措施之要件之一。[50] 依 WTO 上訴機構在 *Korea-Dairy* 及 *Argentina-Footwear* 二案中，均明白指出 WTO 規範具有累積適用之效力

---

[46] SG Agreement, *supra* note 26, preamble.

[47] 蔡宏明，烏拉圭回合防衛協定與我國進口救濟制度，經社法制論叢，第 14 期，1994 年 7 月，頁 361。

[48] SG Agreement, *supra* note 26, Art. 2.

[49] GATT, *supra* note 2, Art. XIX: 1(a).

[50] *Korea-Definitive Safeguard Measures on Imports of Certain Dairy Products: Report of the Appellate Body*, WT/DS98/AB/R, paras. 74-77; *Argentina-Safeguard Measures on Imports of Footwear: Report of the Appellate Body*, WT/DS121/AB/R, paras. 79-84.

（cumulative），[51] 故會員啟動全球性防衛措施時，仍必須同時滿足 GATT 第 XIX 條及 SG 協定之各項要件，才被視為合法適用。[52] 值得注意者，就國際貿易實務而言，目前所有 RTA 防衛措施條款中均未列入「不可預見之發展」等文字，主要原因係 1995 年 WTO 成立後，RTA 才開始進入迅速發展階段，會員間於 RTA 防衛措施條款談判時，多數直接參考 SG 協定第 2 條之法律文字，而漏未援引 GATT 第 XIX 條之要件。因此，即使 RTA 條文中未明確規定「不可預見之發展」，然依爭端解決上訴機構之解釋意旨，在適用全球性防衛措施時，仍不可忽略此一要件。

綜上所述，進口方在啟動全球性防衛措施時，應參考四項基本要件：1. 啟動原因係由於不可預見之發展；2. 國內產業受有損害（injury to domestic industries）；3. 某項貨品之進口數量增加；4. 國內產業損害與進口貨品數量增加間具備因果關係（causal relationship）。[53] 首先，「不可預見之發展」係 GATT 第 XIX 條中所列，由於法律文字不甚明確難以具體判斷，故僅能參考 WTO 爭端解決小組裁決中之說明。其次，認定「國內產業受有損害之程度」時，依 SG 協定第 2.1 條之規定，必須達到「嚴重損害或有嚴重損害之虞」（as to cause or threaten to cause serious injury）[54]，而 SG 協定第 4.1 條更明確定義進口方在認定及適用此要件之標準。「嚴重損害」係指一國內產業所受之「重

---

[51] 洪德欽，同註 1，頁 419-421。

[52] *Id.*, Appellate Body Report, Argentina-Footwear (EC), para. 84 and Appellate Body Report, Korea-Dairy, paras. 76-77: "any safeguard measure (1069) imposed after the entry into force of the WTO Agreement must comply with the provisions of both the Agreement on Safeguards and Article XIX of the GATT 1994."

[53] 劉大年，WTO 進口防衛制度與我國進口防衛制度之研究，貿易調查專刊，第 1 期，1996 年 5 月，頁 99-112。

[54] SG Agreement, *supra* note 26, Art. 2.1.

大全面性損害」（significant overall impairment），[55] 而「嚴重損害之虞」係指「有明顯立即之嚴重損害」，其認定應基於事實，而非僅依據當事人之主張、臆測或輕微的可能性爲之。[56] 而在決定前述嚴重損害或有嚴重損害之虞時，所謂「國內產業」係指「在會員境內經營同類或直接競爭產品之生產者整體（as a whole of the like or directly competitive products），或其同類或直接競爭產品合計產量占該等產品國內總生產的主要部分之生產商」。[57] 再其次，判斷某項貨品是否「進口數量增加」時，SG 協定第 4.2 條 (a) 要求進口方之主管機關應評估「所有與該產業有關之客觀及可計量性的相關因素，特別是涉案產品進口增加之絕對與相對比率及數額、增加進口產品在國內市場之占有率、銷售、生產量、生產力、設備利用率、利潤與損失之改變情況及就業情況」。[58] 最後，衡量「國內產業損害與進口貨品數量增加間具備因果關係」時，進口方之主管機關應依據客觀之證據調查（objective evidence），且迅速公布對受調查案件之詳細分析，及所審查因素之相關性證明。[59] 然而，SG 協定第 4.2 條 (b) 要求會員於認定進口數量增加時，應援引「非可歸責之法則」（non-attribution rule），亦即「倘若進口增加以外之因素，同時對國內產業造成損害，則該項損害不應歸因於進口增加」。[60]

（二）實施條件與限制

當達到啓動防衛措施之要件及標準時，SG 協定對於防衛措施之實施條件與限制亦作出詳細規範，以避免會員藉防衛措施之名，而行貿易保護之實。實

----

[55] *Id.*, Art. 4.1(a).

[56] *Id.*, Art. 4.1(b).

[57] *Id.*, Art. 4.1(c).

[58] *Id.*, Art. 4.2(a).

[59] *Id.*, Art. 4.2(c).

[60] *Id.*, Art. 4.2(b).

施防衛措施之條件與限制種類很多，包括該措施之實施期間、延長實施期間之條件、臨時性措施及其調整、漸進式自由化（progressive liberalization）要求、對同一產品重複實施防衛措施之限制，以及實施方式等。

依 SG 協定第 7.1 條規定，防衛措施僅得在防止或救濟嚴重損害及促進調整之必要期間內實施，除依規定延長外，該期間不得超過四年。[61] 若對於防止或救濟嚴重損害有繼續之必要，且有產業正在進行調整之證據時，前述四年之實施期間得予以延長。[62] 然而，防衛措施之總計實施期間，包括實施任何臨時性措施之期間、初始期間及任何延長之期間在內，最多不得超過八年。[63] 除此之外，若延遲實施防衛措施將造成難以彌補之損害的緊急情況下，依據初步認定有明確證據顯示，增加之進口已造成嚴重損害或有嚴重損害之虞時，會員得採行「臨時性防衛措施」（Provisional Safeguard Measures），而該臨時性措施之實施期間不得超過兩百天，且宜以提高關稅之方式採行，如於其後之調查並未認定增加之進口對國內產業已造成嚴重損害或有嚴重損害之虞，則該增課之關稅應即迅速退還。由於防衛措施係對於保護進口方國內產業之緊急措施，本質上與貿易自由化背道而馳，只能允許 WTO 會員在嚴格限縮之例外情況下實施，即使進口方會員滿足啟動要件及標準繼而實施防衛措施，亦有進行國內產業調整之必要，此又稱為「漸進式自由化」之要求。依 SG 協定第 7.4 條規定，如防衛措施預定實施期間超過一年，採行該項措施之會員應在實施期間內「定期性地逐步予以自由化」，倘若該項措施之實施期間超過三年，採行該項措施之會員應實施期中檢討，以確認繼續實施之必要性，並於適當時機撤銷該防衛

---

[61] *Id.*, Art. 7.1.

[62] *Id.*, Art. 7.2.

[63] *Id.*, Art. 7.3.

措施或加速國內產業之自由化。[64]

　　在實施防衛措施之方式上，SG 協定第 5 條及第 6 條中列舉出「數量限制」、「進口配額」、「提高關稅」等三種方法，並要求 WTO 會員「採行防衛措施時，應僅至足以防止或救濟嚴重損害及促進調整所必要之程度」。[65] 在實施「數量限制」時，不得減少進口產品數量，使其低於最近三個代表性年度之平均進口水準，除非進口方會員提出為防止或救濟嚴重損害所必要之明確正當理由，否則應選擇達到前述目標之最適當措施。[66] 而在實施「進口配額」時，採行限制措施之會員，得與所有對於供應涉案產品具有實質利益之其他會員達成有關配額分配比率之協定，倘若未達成協定時，採行進口配額之會員，在決定供應涉案產品具有實質利益會員之分配配額時，應基於渠等在以往代表性期間之供應占該產品進口總數量或金額之比率，並適當考量任何已影響或正影響該產品貿易之特殊因素。[67] 至於「提高關稅」則僅適用於臨時性防衛措施，如其後之調查，並未認定增加之進口對國內產業已造成嚴重損害或有嚴重損害之虞，該增課之關稅應即迅速退還。[68] 無論是採取上述何種方式實施防衛措施，對進口方會員而言，均可立即且直接構成貿易限制之效果。

二、程序性要件

（一）行政調查與透明化

　　SG 協定中所規範防衛措施之行政調查程序，並非指 WTO 對於會員間之調查，而係指各會員在啟動防衛措施前之「國內調查」（domestic

- - - - - - - - - - - - -

[64] *Id.*, Art. 7.4.

[65] *Id.*, Art. 5.1.

[66] *Id.*, Art. 5.1.

[67] *Id.*, Art. 5.2(a).

[68] *Id.*, Art. 6.

investigation），SG 協定對於各會員實施防衛措施前之國內調查程序訂有詳細
規範標準。[69] 在以往 GATT 時期，各締約成員間對於啓動防衛措施之國內調查
標準並不一致，且極爲不透明，如此不但使防衛措施成爲進口方扭曲自由貿易
之手段，亦使得出口會員之權利受到莫名損害。[70] 有鑑於上述缺失，SG 協定將
進口方會員實施防衛措施時應符合之程序性要件納入規範，並強調國內調查程
序之透明化義務。

第一，公告程序及利害關係人陳述意見：SG 協定第 3.1 條規定，WTO 會
員唯有在其主管機關，依據其事先制定且符合 GATT 第 X 條之公告程序進行
調查，始得採行防衛措施。該項調查應包括對於所有利害關係人之合理通知，
並以舉行公聽會或其他適當方式，使進口商、出口商或其他利害關係人得提出
證據或意見，其中包括對於其他當事人之陳述予以答辯，特別是對於採行防衛
措施是否符合公共利益之意見的機會。主管機關應公布書面報告，詳載其所發
現之事實及所有關於事實與法律爭點所推理之結論。[71] 以上程序係確保涉案產
業之所有進出口利害關係人，在主管機關進行防衛措施案件調查時，均有表達
其意見之公平機會。

第二，保密程序及不得揭露之義務：SG 協定第 3.2 條規定，任何在本質
上屬於機密或以機密形式提供之資料，經請求保密而有正當理由者，主管機關
應以機密處理，該項資料未經當事人之同意不得揭露。主管機關得要求當事人
提供非機密性之摘要，如當事人表示該資料無法作成摘要時，則應提出不能提
供摘要之理由。在主管機關認定保密之請求無正當理由，而當事人不願公開該
項資料或授權以一般或摘要形式揭露時，則除非由適當來源顯示該項資料之正

----

[69] Alan, *supra* note 13, 86-97.

[70] Akira Kotera & Tomofumi Kitamura, *supra* note 8, 5-6.

[71] SG Agreement, Art. 3.1.

確性使主管機關滿意，否則主管機關得不採用該項資料。[72]

（二）通知與諮商

SG 協定對於實施防衛措施之進口方訂有通知與諮商義務之條款。為強化實施防衛措施之法律基礎，對於可能潛在受到防衛措施影響之出口方會員，應確保其在程序上獲得足夠的透明化資訊以及在合理期間內表達意見之權利。因此在 SG 協定第 12 條中詳細規定進口方會員應盡通知與諮商之義務。首先，倘若會員於：1. 開始進行與嚴重損害或有嚴重損害之虞有關之調查程序；2. 作成進口增加導致嚴重損害或有嚴重損害之虞之認定；及 3. 作成採行或延長防衛措施之決定時，應立即通知 WTO 防衛委員會。[73] 除單純通知外，擬議採行或延長防衛措施之會員，應提供 WTO 防衛委員會所有必要之資料，例如：1. 因進口增加造成嚴重損害或有嚴重損害之虞的證據；2. 涉案產品之明確說明與擬議之措施；3. 擬議之實施日期；4. 預定實施期間；5. 逐步自由化之時間表等。而在延長措施之案件，亦應提供相關產業正在進行調整之證據。貨品貿易理事會或防衛委員會得要求擬議採行或延長防衛措施之會員，提供其認為必要之進一步資料。[74]

其次，擬議採行或延長防衛措施之會員，應提供與出口涉案產品而具有實質利益之會員事先諮商之機會，其目的特別是在於檢視進口方政府所提供之資料，並就其預計實施之措施交換意見，或達成協議。會員對於採行臨時防衛措施之前，應先行通知 WTO 防衛委員會，並於採行該項措施後立即展開諮商。[75] 再者，會員應迅速通知 WTO 防衛委員會有關該國防衛措施之法律、規

----

[72] *Id.*, Art. 3.2.
[73] *Id.*, Art. 12.1.
[74] *Id.*, Art. 12.2.
[75] *Id.*, Art. 12.3.

章、行政程序，及其任何修正。但倘若依本協定原應由其他會員通知有關本協定之所有法律、規章、行政程序及任何措施或行動，而未通知者，任何會員得通知 WTO 防衛委員會。最後，本協定有關通知之保密條款規定，「不得要求任何會員揭露，倘若為此揭露後將妨礙法律執行、違反公共利益，或將侵害公民營特定企業的合法商業利益之機密資料」。[76]

（三）爭端解決及補償

防衛措施之實體及程序要件雖然已於 SG 協定中有詳細之規範，但倘若涉案會員間缺少一個公平的第三方且具有強制性（非自願性）之中立性爭端解決機制（neutral dispute settlement）時，協定內容往往演變成由當事方自行解釋法律文義，如此不但影響國際組織之公正性，亦使條約義務無法建立起一致性標準。在以往 GATT 年代中，由於 GATT 協定並未有效建立公平之爭端解決機制，故進口方締約成員對於防衛措施之實施方式與採行時期，通常具有高度之裁量權，造成對出口方締約成員明顯偏頗及不公平。直至 WTO 成立後，不但建立高度具有司法性質之爭端解決機制，[77] 同時，亦規定所有會員關於多邊貿易協定中之適用疑義，強制送交 WTO 爭端解決小組進行裁決。因此，除爭端解決機制程序瞭解書（Understanding on rules and procedures governing the settlement of disputes，簡稱 DSU）之各項程序規定外，SG 第 14 條亦明確指出，「本協定所生之諮商與爭端解決應適用依據 DSU 及 GATT 第 XXII 條及第 XXIII 條之規定」。[78] 自 WTO 建立以來，就會員間關於防衛措施之適用疑

- - - - - - - - - - - - -

[76] Id., Art. 12.11.

[77] 蕭富山，WTO 防衛協定及各協定防衛條款概述——兼論我國因應之道，中原財經法學，第 3 期，1997 年 6 月，頁 135-178；王震宇，「規則導向」取代「權力導向」？國際貿易爭端解決機制之運作分析，中華國際法與超國界法評論，第 7 卷第 1 期，2011 年 6 月，頁 1-30。

[78] SG Agreement, Art. 14.

義，而援引 SG 協定作爲法律依據之爭端解決案件共計有 43 件（約占案件總量 456 件之 9.4%）。[79] 然而，在 WTO 上訴機構所作成之裁決中，要求實施防衛措施之進口方會員必須同時依據 GATT 第 XIX 條以及 SG 協定之相關規定，就涉案事實進行廣泛分析（extensive analysis）以解釋「進口增加」與「國內產業嚴重損害」間具有因果關係，但卻未進一步闡釋該會員如何能達成上述廣泛分析之標準，[80] 由於法律適用未臻明確，使得近年來當進口方會員主張其防衛措施符合 SG 協定時，未有獲得勝訴之案例，此現象導致進口方可利用 WTO 爭端解決程序開始，一直到上訴機構作成裁判並授權勝訴方採取貿易報復（retaliation）爲止的兩年左右期間內，毫無限制地繼續使用爭端解決小組或上訴機構裁判不符合 WTO 規範之防衛措施。[81]

最後，另一項影響進出口方會員權利之程序性要求，即爲進口方會員因實施防衛措施而對於受影響之出口方負擔「補償」（compensation）之義務，以平衡出口方會員在公平貿易機制下之權利。SG 協定第 8.1 條要求擬採行防衛措施之會員，應事先尋求機會與「出口涉案產品具有實質利益之會員」進行諮商，[82] 並致力維持「與受影響之出口會員間，在 GATT 下之減讓及其他義務之實質均等水準」，爲達成上述目標，有利害關係之會員間得以諮商「合意採取任何因防衛措施對渠等貿易造成不利影響所爲貿易補償之適當方法」。[83] 倘若

--- --- --- --- --- --- --- --- --- --- ---

[79] WTO 爭端解決涉及防衛措施協定之案件數量，統計至 2013 年 3 月底止。參考 http://www. wto.org/english/ tratop_e/dispu_e/dispu_agreements_index_e.htm?id=A18#selected_agreement。

[80] *Appellate Body Report, Argentina - Safeguard Measures on Imports of Footwear*, WT/DS121/AB/ R, at paras. 80-89, 115-39 (Dec. 14, 1999).

[81] Jennifer Rivett Schick, *Agreement on Safeguards - Realistic Tools for Protecting Domestic Industry or Protectionist Measures*, 27 Suffolk Transnat'l. L. Rev. 153, 168-169 (Winter, 2003).

[82] SG Agreement, Art. 12.3.

[83] *Id.*, Art. 8.1.

未能於三十天內達成協議時，受影響之出口會員，得最遲於防衛措施實施後九十天內，「對採行該項防衛措施之進口方會員，任意暫時中止適用 GATT 下之實質均等減讓或其他義務，惟該暫時中止須在貨品貿易理事會收受書面通知後屆滿三十日，且該理事會並未不同意時始得採行」。[84] 由上述規定可知，SG 協定中雖設計讓進口方會員得在一定條件下採取防衛措施之權利，但為避免該措施嚴重影響相關之出口會員，故要求進口方應先與具有涉案產品利害關係之出口會員進行諮商，倘若諮商不成時，賦予出口會員在 WTO 貨品貿易理事會未反對之情況下，對進口方會員採行之防衛措施進行反制，以平衡其所受之影響及損害。惟若進口方會員係因「進口量之絕對增加」而採行防衛措施，且該防衛措施合乎本協定之規定時，則在防衛措施有效期間之前三年不得行使前項之暫停權利。[85]

三、防衛措施協定對區域貿易協定之影響

在國際實踐上，國內產業因外國貨品進口所受之嚴重損害，可能係導因於全球性、區域或雙邊之貿易自由化市場開放，如前所述，進口方很難找出單一原因之證據。因此，採取防衛措施之進口方，若欲排除 RTA 貿易自由化所造成之負面影響，可能僅得選擇「暫停在 RTA 下進行優惠關稅減讓」，或「提高貨品關稅不逾越 WTO 最惠國待遇（MFN）承諾範圍」等二種方式。[86] 另一方面，許多 RTA 中亦規定雙邊防衛措施僅得於「過渡期間」（transition period）[87] 實施，而並未限制全球性防衛措施之實施期間，蓋因依據 GATT 第

- - - - - - - - - - - - -

[84] *Id.*, Art. 8.2.

[85] *Id.*, Art. 8.3.

[86] Akira Kotera & Tomofumi Kitamura, *supra* note 8, 8-9.

[87] RTA 下針對防衛措施設有「過渡期間」者為數很多，期間短至 1 年，長達 12 年均有實例，參考本文以下第肆部分第二節第（一）項第 (1) 款之分析比較。

XXIV 條 8(b) 之規定，RTA 成員間理應進一步撤除商業限制性措施，[88] 故僅於
RTA 內保留全球性防衛措施，而承諾互不實施區域或雙邊防衛措施，以促進
RTA 成員間之更緊密經貿往來關係。[89]

　　依據 RTA 促進貿易自由化之目的，從 GATT 第 XXIV 條 8(b) 有關「其他
限制性商業法規」規定之解釋，以及就防衛措施本身具有針對性的特質觀之，
RTA 成員間不應在適用 RTA 防衛措施條款時，提高非 RTA 成員之進口貿易障
礙，亦不得違反 WTO 之「不歧視原則」。[90] 易言之，RTA 成員國間應基於不
違反 GATT 第 XXIV 條第 8 項，並參考 GATT 第 XIX 條、SG 協定相關實體及
程序性內容，訂定「準用多邊架構下之規定」或「自行設計防衛措施條款」。
由國際實踐上觀之，絕大部分之 RTA 均保留或維持防衛措施之適用，以對
於突然大量進口產品進行救濟。[91] 國際間 RTA 有關防衛措施之規定，名稱用
語上略有不同，有稱為「緊急措施」（emergency measures）、「緊急行動」
（emergency action）等，[92] 然就實質內容而言，可概略分為「全球性防衛措

---

[88] James H. Mathis, *Regional Trade Agreements and Domestic Regulation: What Reach for 'Other Restrictive Regulations of Commerce'?* in Lorand Bartels and Federico Ortino eds., Regional Trade Agreements and the WTO Legal System, 89-91 (Oxford University Press, 2006).

[89] 杜巧霞，FTA/RTA 相關議題基礎研究，外交部／經濟部國貿局委託中華經濟研究院（台灣 WTO 中心）——94 年度國際經貿事務研究及培訓中心計畫——子計畫（二）專題研究（2）成果報告，2005 年 12 月，頁 145-169。

[90] Walter Goode, Dictionary of Trade Policy Terms, 253 (2003).

[91] 劉大年，各國進口救濟制度與我國進口救濟制度之比較研究，進口救濟法規制度專題研究叢書，第 7 期，1996 年。

[92] 例如：北美自由貿易協定（NAFTA）、中美洲自由貿易協定、美星自由貿易協定、歐洲自由貿易協定（EFTA）等均以緊急行動（Emergency Actions）名之；而日星 FTA 則以緊急措施（Emergency Measures）為名；韓智、歐墨 EPPCCA 則以防衛條款（safeguard clause）稱之。以上 RTA 間對於防衛措施之名稱雖有不同，但其性質同屬於緊急進口救濟措施，實質上規範內容與適用要件，均以 GATT 第 XIX 條以及 SG 協定為基礎。

施」、「雙邊防衛措施」以及「特別防衛措施」（special safeguard measures）等三種類型，[93] 由於特別防衛措施涉及特殊商品（如農產品或紡織品等），與一般商品防衛措施本質不同，故本文之探討範圍僅限於「全球性防衛措施」及「雙邊防衛措施」二類，不涉及「特別防衛措施」。[94] 防衛措施本應不論產品來源一體適用，然因防衛措施條款之多元化態樣並未明確違反 GATT 第 XXIV 條之規定（GATT 第 XXIV 條第 8 項本身欠缺法律明確性之特徵已於本文前節中論述），使得國際間多數 RTA 條款均維持成員間仍可彼此採用防衛措施之規定，差別僅係針對防衛措施適用要件與標準之寬鬆程度進行微調。[95] 因此，從實證資料初步分析可知，國際間 RTA 防衛措施條款中大致包括「啓動要件及標準」、「實施條件與限制」、「特殊程序性規定」等三類規範內容，本文擬以上述實體與程序性要件爲指標，於第肆部分先就此三類內容作一簡介，並比較國際上重要 RTA 間之規範差異。

--- --- --- --- --- --- ---

[93] Yanning Yu, *Trade Remedies - The Impact on the Proposed Australia-China FTA*, 2010 Mich St J. Int'l. L., 267, 273 (2010).

[94] 特別防衛措施（special safeguard measures，簡稱 SSG）係 WTO 爲保障會員不因農產品市場開放，而損及會員國權益，特別於農業協定第 5 條規定，當某產品之累積進口量超過基準數量，或進口產品之進口價格低於基準價格時，可以啓動 SSG，以課徵額外關稅，來防止對該國產業與市場之衝擊，惟可採用 SSG 之產品需標註於該國關稅減讓表中。而在 RTA 之貿易談判中，經常將一國國內之「敏感產品」（多數爲農產品，但亦有紡織品或其他類別之產品），列入 SSG，載明於 RTA 下之優惠關稅關稅減讓表內。參考 WTO Secretariat, *Chairperson's text on "An unofficial guide to agricultural safeguards: GATT, old agricultural (SSG) and new mechanism (SSM)"*, Aug. 5, 2008, available at http://www.wto.org/english/tratop_e/agric_e/guide_agric_safeg_e.htm (least visited on March 28, 2013)。

[95] Akira Kotera & Tomofumi Kitamura, *supra* note 8, 12-15.

肆、區域貿易協定下防衛措施條款之比較研究

RTA 為 WTO 規範下所允許之經濟整合模式，其成員間理應遵守消除絕大部分貿易之關稅與其他限制貿易之規定，且不應增加對非成員國之貿易障礙。[96]在 RTA 中因經濟整合程度較低，成員間無需採取一致對外之關稅或貿易政策，故 RTA 中可呈現較為多元之規範態樣，包含在一定條件下保留彼此適用 SG 協定以及雙邊防衛措施之可能性。相反地，在經濟整合程度較高之關稅同盟或共同市場，由於成員國間必須採取一致性之關稅及對外貿易政策，故成員國間自須撤除彼此間適用防衛措施之可能性，並採取一致對外之政策，例如歐盟各成員國間規定彼此放棄使用防衛措施之權利，不再採取任何貿易救濟手段。[97]本文以下將針對不同類型 RTA 之防衛條款進行實證研究與比較分析。

一、國際間重要區域貿易協定之比較研究

不同區域或國家在對外簽署 RTA 時，常有類似之基本立場，使得最終寫入協定中之防衛措施條款內容相去不遠，本文擬於選取之 26 項 RTA 之範圍內進行比較研究，整理出具有理論及實務上參考價值之防衛措施條款觀察指標。

（一）成員間於 RTA 中自訂全球性及雙邊防衛措施之適用要件

RTA 下之雙邊或區域防衛措施多數都是基於 SG 協定之基礎規範而作調整，本文於第參部分中對於 SG 協定之法理分析，共可分為「實體性要件」及「程序性要件」二大類，包含「過渡期間之安排」、「啟動要件及標準」、「實施條件與限制」、「行政調查與透明化」、「通知與諮商」、「爭端解決

---

[96] GATT, *supra* note 2, Art. XXIV. 參閱本文第貳部分第二節之論述。

[97] Nozomi Sagara, *Provisions for Trade Remedy Measures (Anti-dumping, Countervailing and Safeguard Measures) in Preferential Trade Agreements*, The Research Institute of Economy, Trade and Industry (RIETI) Discussion Paper Series, 02-E-13, 23-24 (Sept. 2002).

及補償」、「全球性防衛措施之實施」等七項指標，作為觀察 WTO 會員實施防衛措施之標準。[98] 然而，上述各項指標將依不同 RTA 而呈現多元化之態樣，一般而言，RTA 下雙邊防衛措施條款中之「實體性要件」及「程序性要件」均較 SG 協定文本或全球性防衛措施嚴格，例如進口數量增加幅度、國內產業嚴重損害、因果關係之認定、實施期間及延長期限等。[99] 因此，RTA 成員對於啟動區域或雙邊防衛措施之可能性亦隨之降低，如此應有助於進一步實現區域內成員更優惠之自由貿易開放。

1. 實體性要件

(1)過渡期間之安排（雙邊防衛措施僅得於過渡期間內實施）

由於防衛措施在多邊貿易體系之架構下，係被定位為一項公平貿易中之緊急措施，而本文前已述及 RTA 下之雙邊防衛措施條款存在之理由，係在確保 RTA 成員因簽署優惠性貿易協定，為達成進一步關稅調降或市場開放，致使國內產業受到進口增加而嚴重損害或有損害之虞時，賦予進口方得採行之合法貿易救濟手段。由此觀之，進口方國內產業之損害係直接因履行 RTA 下之雙邊或區域市場開放而來，並非導因於 RTA 成員外之國際市場因素，若進口方成員實施防衛措施時，將所有出口會員（包含 RTA 成員及非 RTA 成員）一體適用，則對於非 RTA 成員之利害關係出口方顯不公允。[100] 雖然在 SG 協定中並未詳細區分「國內產業之嚴重損害」與「來自於 RTA 成員進口量增加」

---

[98] Akira Kotera & Tomofumi Kitamura, *supra* note 8, 10-16. 在該文中，二位作者將防衛措施條款分為四類別指標（indicators）進行分析，分別為：(a) Conditions for Invocation; (b) Conditions of Application; (c) Procedural Conditions; (d) Other Possible Indicators。

[99] 陳添枝、劉大年、陳財家、林江峰，WTO 貿易救濟相關談判議題研究，經濟部貿易調查委員會委託中華經濟研究院——92 年度委託計畫成果報告書，2003 年 12 月，頁 161-166。

[100] Till Geiger & Dennis Kennedy eds., Regional Trade Blocs, Multilateralism, and the GATT: Complementary Paths to Free Trade?, 23-35 (Pinter press 1996).

二者間之因果關係，但為符合 GATT 第 XXIV 條 5(b) 之要求，進口方成員不宜因簽署 RTA 而造成區域外之 WTO 會員更高的貿易限制及障礙。[101] 基於上述理由，許多 RTA 在防衛措施條款中特別設下過渡期間（transition period）之規定，於此期間內，國內產業受到損害之一方成員得對 RTA 其他成員實施雙邊或區域防衛措施，而不致影響其他來自於 RTA 成員外之出口產品。在過渡期間期滿後，則回歸全球性防衛措施，成員間不得再彼此互相採用雙邊或區域防衛措施。此類型之 RTA 將依據成員間之貿易依存度、產業結構互補性、RTA 關稅減讓表等不同因素，而自由決定合理之「過渡期間」。[102]

在有設置過渡期之 RTA 中，期間較長者為澳紐緊密經濟關係協定（ANZCERTA）於 1983 年 1 月 1 日生效，過渡期間長達十二年，直至 1994 年 12 月 31 日截止，過渡期已屆滿，不得再在彼此間實施雙邊防衛措施。[103] 除此之外，過去的北美自由貿易協定（NAFTA）規定，在十年之過渡期間內，成員得實施區域防衛措施，本過渡期規定亦於 2004 年屆滿。[104] 美智 FTA 於 2004 年 1 月 1 日生效，協定中保留締約成員在 WTO 下採用全球性防衛措施之權利，未另外規定雙邊防衛措施，而成員得例外地在過渡期之十年內彼此採用雙邊防衛措施。[105] 美澳 FTA 於 2005 年 1 月 1 日生效，同樣訂有十年之過渡期，

- - - - - - - - - - - - -

[101] GATT, *supra* note 2, Art. XXIV5(b).

[102] James M. Lyons, Kay C. Georgi, Matthew J. McConkey & Kristy L. Balsanek, *Safwguards: An Overview of Global, China, Textile, and FTA Measures* in Timothy C. Brightbill, Linda S. Chang & Peggy A. Clarke eds., Trade Remedies for Global Companies: International Practitioner's Deskbook, 147-158 (American Bar Association Pub., Dec. 2006).

[103] 澳大利亞與紐西蘭更緊密經貿關係協定－Australia-N.Z. Closer Economic Relations Trade Agreement (ANZCERTA), Austl.-N.Z., Jan. 1, 1983, Art. 8.

[104] 北美自由貿易協定－North American Free Trade Agreement (hereinafter NAFTA), U.S.-Can.-Mex., Jan. 1, 1994, 32 I.L.M. 289, Art. 801.

[105] 美國與智利自由貿易協定（美智 FTA）－Free Trade Agreement between the United States of

直至 2015 年止，可採用雙邊防衛措施。[106] 東協加南韓自由貿易協定較爲特別，該協定於 2010 年 1 月 1 日生效，保留 WTO 下全球性防衛措施權利，未另外規定雙邊防衛措施，而過渡期爲七年，至 2017 年截止，七年間可採用防衛措施。[107] 除上述協定外，一般 RTA 之過渡期間皆在三至五年間，例如，東協加中國貨品貿易協定（ACFTA）之過渡期爲五年，自 2005 年 1 月 1 日生效後，到 2010 年截止；[108] 中星 FTA（CSFTA）第 43.1 條規定：「一方有權在某一產品的過渡期內針對該產品啓動雙邊保障措施。某一產品的過渡期始於本協定生效之日，終止於該產品關稅取消完成之日後五年。」[109] 而中智自由貿易協定過渡期間爲三年，第 50 條規定：「指自本協定生效之日起三年的期間；但是對於貿易自由化進程爲五年或五年以上的產品，其過渡期應等同於該產品根

America and Chlie (hereinafter US-Chile FTA), U.S.-Chile, Jan. 1, 2004, Art. 8.1.

[106] 美國政府與澳大利亞政府自由貿易協定（美澳 FTA）－ Free Trade Agreement between the Government of the United States of America and the Government of Australia (hereinafter US-AUS FTA), U.S.-Austl., Jan. 1, 2005, Art. 9.1.

[107] 東南亞協會成員國政府與大韓民國政府全面性經濟合作架構協定（東協加南韓 CECA）－ Framework Agreement on Comprehensive Economic Cooperation among the Governments of the Republic of Korea and the Member Countries of the Association of Southeast Asian Nations (hereinafter AKCECA), Aug. 24, 2006, Art. 9.2.

[108] 中華人民共和國政府與東南亞國家聯盟成員國政府全面經濟合作框架協議貨物貿易協議（東協加中國貨品貿易協定）－ Agreement on Trade in Goods of the Framework Agreement on Comprehensive Economic Co-operation between the Association of Southeast Asian Nations and the People's Republic of China (hereinafter ACFTA), ASEAN-P.R.C., Vientiane, Nov. 29, 2004, Art. 9.2: "With regard to ACFTA safeguard measures, a Party shall have the right to initiate such a measure on a product within the transition period for that product. The transition period for a product shall begin from the date of entry into force of this Agreement and end five years from the date of completion of tariff elimination/reduction for that product."

[109] 中華人民共和國政府與新加坡共和國政府自由貿易協定（中星 FTA）－ Free Trade Agreement between the Government of People's Republic of China and the Government of the Republic of Singapore (hereinafter CSFTA), P.R.C.-Sing., Jan. 1, 2009, Art. 43.1.

據本協定附件一關稅減讓表將該產品關稅降至零的期間。」該協定 2006 年 10 月 1 日生效，過渡期已於 2009 年 10 月 1 日屆滿。[110] 中紐自由貿易協定於 2008 年 10 月 1 日生效，過渡期亦為三年（至 2011 年屆滿），該協定第 66 條規定：「過渡期是指自本協定生效之日起三年，但對自由化過程持續五年或更長時間的產品而言，其過渡期應當為該產品根據附件一所列減讓表實現零關稅的時間加二年。」[111] 最後，東協澳紐 FTA（ASEAN-AUS-NZ FTA）於 2009 年 2 月 27 日生效，過渡期為三年，至 2012 年 2 月 27 日截止。[112] 以下整理 RTA 中設置過渡期間之規定，如下表 6-2 所示。

(2) 啟動要件及標準

RTA 下防衛措施條款之本質，係在給予 RTA 成員因履行區域經濟整合之進一步貿易自由化與市場開放承諾時，為保障或調整國內產業而採取之暫行緊急措施，故許多 RTA 中設有過渡期以調適區域性優惠性貿易所帶來的衝擊（如前所述），即使在未設有過渡期之 RTA 中，防衛措施條款之設計常因為成員間產業結構之差異性及互補性、涉案產品之相似度與競爭性，以及區域間之經濟整合密度等考量因素，而呈現多元態樣。[113] 首先，在雙邊防衛措施之啟動要

---

[110] 中華人民共和國政府與智利共和國政府自由貿易協定（中智 FTA）－ Free Trade Agreement between the Government of People's Republic of China and the Government of the Republic of Chile (hereinafter China-Chile FTA), P.R.C.- Chile, Oct. 1, 2006, Art. 50.

[111] 中華人民共和國政府與紐西蘭政府自由貿易協定（中紐 FTA）－ Free Trade Agreement between the Government of People's Republic of China and the Government of New Zealand (hereinafter CNZFTA), P.R.C.-N.Z., Oct. 1, 2008, Art. 66.

[112] 東南亞協會成員國政府與澳大利亞政府暨紐西蘭共和國政府自由貿易協定（東協澳紐 FTA）－ Agreement Establishing the ASEAN-Australia-New Zealand Free Trade Area (hereinafter ASEAN-AUS-NZ FTA), Feb. 27, 2009, Ch. 7, Art. 1 & 2.

[113] Davey, William J., *Implementation of the Results of WTO Trade* in M. Matsushita, D. Ahn & T. Chen eds., The WTO Trade Remedy System: East Asian Perspectives, 32-61 (Cameron May Pub., 2006).

表 6-2　國際間重要 RTA 之防衛措施過渡期間彙整

RTA名稱	過渡期間	屆滿時程
澳紐更緊密經貿關係協定	1983-1995（過渡期 12 年）	過渡期已屆滿
北美自由貿易協定	1994-2004（過渡期 10 年）	過渡期已屆滿
美智自由貿易協定	2004-2014（過渡期 10 年）	過渡期已屆滿
美澳自由貿易協定	2005-2015（過渡期 10 年）	過渡期已屆滿
東協加南韓全面性經濟合作協定	2010-2017（過渡期 7 年）	過渡期已屆滿
東協加中國貨品貿易協定	2005-2010（過渡期 5 年）	過渡期已屆滿
中星自由貿易協定	2008-2013（過渡期 5 年）	過渡期已屆滿
中智自由貿易協定	2006-2009（過渡期 3 年）	過渡期已屆滿
中紐自由貿易協定	2008-2011（過渡期 3 年）	過渡期已屆滿
東協澳紐自由貿易協定	2009-2012（過渡期 3 年）	過渡期已屆滿

資料來源：本文整理製作。

件上，部分 RTA 之規定係與 SG 協定第 2.1 條、第 4.1 條、第 4.2 條規定相同。中星、中智、中紐 FTA 中規定，「若一方因履行本協定下之關稅減讓義務，導致自另一方進口至其境內之某原產產品之絕對數量增加，或相對於國內生產量相對增加，並對其生產同類或直接競爭產品之國內產業造成嚴重損害或嚴重損害之虞時，則該方有權採取雙邊保障措施」，[114] 而在不少FTA中，此項實施雙邊防衛措施之權利，僅適用於過渡期間（如前所述）。其次，部分 RTA 則將啟動要件之限制加入更嚴格之規定。例如，中星 FTA 第 43.4 條中額外加一項更嚴格之限制，「只要原產於一方之產品在進口國之比例不超過涉產品進口總量之3%，即不得對該產品實施防衛措施」。[115] 在東協加日本 CEP（AJCEP）第 20.3 條中同樣規定，「原產於任一方之單一成員國產品在進口方比例不超

---

[114] CSFTA, *supra* note 109, Art. 43; China-Chile FTA, *supra* note 110, Art. 44; CNZFTA, *supra* note 111, Art. 67.

[115] *Id.*, CSFTA, Art. 43.4.

過 3%，或會員全體進口占有率不超過 9% 時，不得對另一方採取雙邊防衛措施」。[116] 另外，在歐智 FTA 第 92.10 條以及歐韓 FTA 第 3.7 條第 3 項 [117] 中明定，防衛措施實施前，應考量締約方是否在「最近三年內，無論以價或以量計算，係為具有『實質利益』（substantial interest）的涉案進口產品前五大供應國」。[118] 日墨 EPA（JMEPA）第 53.1 條中，將啓動雙邊防衛措施之要件限於「防止或救濟嚴重損害必要之最低限度」（minimum extent necessary to prevent or remedy the serious injury），但與 SG 協定第 2.1 條不同者，在因果關係之認定上，日墨 EPA（JMEPA）中採取更嚴格之要件，規定由另一締約方進口之數量增加必須「實質導致嚴重損害」（substantial cause of serious injury）之結果。[119] 北美自由貿易協定（NAFTA）第 801.1 條中，同樣也以「實質導致嚴重損害」作為要件，並將進口數量增加之模式限縮解釋為以「絕對數量增加」為主，排除「相對數量增加」的情況，適用要件上較 SG 協定更為嚴格。[120]

----

[116] 東協加日本全面性經濟夥伴協定（東協加日本 CEP）－ ASEAN-Japan Comprehensive Economic Partnership Agreement (herinafter AJCEP), Art. 20.3.

[117] 歐盟與大韓民國自由貿易協定（歐韓 FTA）－ Free Trade Agreement between the European Union and its Member States, of the one part, and the Republic of Korea, of the other part (hereinafter EUKFTA), Oct. 6, 2010, Art. 3.7(3).

[118] 歐體與智利共和國建立協會協定（歐智 FTA）－ Agreement Establishing an Association between the European Community and its Member States, of the one part, and the Republic of Chile, of the other part (hereinafter EC-Chile FTA), Feb. 1, 2003, Art. 92.10: "For the purposes of this Article, it is considered that a Party has a substantial interest when it is among the five largest suppliers of the imported product during the most recent three-year period of time, measured in terms of either absolute volume or value."

[119] 日本與墨西哥合眾國加強經濟夥伴協定（日墨 EPA）－ Agreement between Japan and the United Mexican States for the Strengthening of the Economic Partnership (hereinafter JMEPA), Japan-Mex., Apr. 1, 2005, Art. 53.1: "...... each Party may apply a bilateral safeguard measure ...... under such conditions that the imports of that originating good constitute a substantial cause of serious injury, or threat thereof ......"

[120] Michael J. Trebilcock & Thomas M. Boddez, *The Case for Liberalizing North American Trade*

相反地，歐盟對外 FTA 卻反其道而行，在啓動防衛措施之要件及標準上較 SG
協定更爲寬鬆，除進口增加類型外，另加上爲應付「收支平衡困難」（balance
of payments difficulties）以及「重要糧食短缺」（critical food shortages）情況
下，得實施雙邊防衛措施。[121] 最後，在多數 FTA 中已依 SG 協定，未將 GATT
第 XIX 條中「未遇見發展」（unforeseen development）之要件刪除，但仍有
些 FTA 繼續保留此一要件，如東協加日本 CEP（JACEP）第 20.3 條中即規定
若締約之一方係因實行本協定而造成「未遇見發展」之結果時，得於必要之最
低限度內實施雙邊防衛措施。[122]

(3) 實施條件與限制

雙邊防衛措施實施在 RTA 下之條件與限制之規定不盡相同，最基本之模
式係參考 SG 協定中之啓動要件與標準。例如，日墨 EPA（JMEPA）第 53.3 條
與 SG 協定相同，關於雙邊防衛措施之實施方式可採用關稅、配額、數量限制
等方式。[123] 而在歐智 FTA 中雖未明確列舉或排除特定之實施方式，但第 92.6
條規定，「於選擇防衛措施之實施方式時，一方應優先使用對於本 FTA 協定
所欲達成之目標造成最小干擾（least disturbance）之措施」。[124] 歐墨 FTA 之
第 15 條，在雙邊防衛措施之適用要件上，第 15.1 條 (a) 與 SG 協定第 2.1 條
相同，而在第 15.1 條 (b) 多加一項規定：「當經濟上某一部門受到嚴重干擾
（serious disturbance），或可能對於進口國之某地區造成嚴重惡化（serious
deterioration），而受影響之 FTA 締約成員得以採取適當之方式實行防衛措

- - - - - - - - - - - - -

Remedy Laws, 4 Minn. J. Global Trade, 1, 35-37 (Winter, 1995).

[121] Rachel Denae Thrasher & Kevin P. Gallagher, *21st Century Trade Agreements: Implications For Development Sovereignty*, 38 Denv. J. Int'l L. & Pol'y, 313, 330-332 (Spring, 2010).

[122] AJCEP, *supra* note 116, Art. 20.3.

[123] JMEPA, *supra* note 119, Art. 53.3.

[124] EC-Chile FTA, *supra* note 118, Art. 92.6.

施，其方式通常為暫緩優惠關稅減讓，或提高涉案產品之關稅稅率。」[125] 即使調整關稅（暫緩優惠關稅減讓）係最普遍之型態，但上述 RTA 中仍保有對其他區域內成員實施更具限制性之配額與數量限制之權利。

其次，部分 RTA 中規定防衛措施之實施方式較 SG 協定嚴格，排除配額及數量限制之貿易手段，僅得以調整關稅為之。例如，中智 FTA 第 44 條第 1 項規定：「締約雙方認為，關稅稅率配額或者數量限制都不屬於防衛措施所允許之形式。」同條第 2 項規定：「如果符合啟動防衛措施之要件，一締約方可以在防止或補救嚴重損害或嚴重損害之虞，以及因應調整所必需之限度內：(1) 中止本協定規定之該產品關稅進一步減讓；或 (2) 將該產品之關稅稅率提高至不超過以下兩者中較低者之水準：(a) 本協定生效之日前一日該產品之最惠國適用稅率；或 (b) 防衛措施實施之日該產品之最惠國適用稅率。」[126] 美智 FTA 第 8.2 條亦規定，防衛措施之實施期間不得超過三年，且排除以配額及數量限制為之。[127]

就防衛措施之實施期間來看，若依 SG 協定第 7 條規定，全球性防衛措施之實施期間原則上不超過四年，但若有特殊原因之延展期間最長至多實施八年，[128] 然而，大部分 RTA 之雙邊防衛措施實施期間限制均較 SG 協定嚴格，總體實施期間較八年短。例如，中智 FTA 第 45.1 條規定：「一締約方可以採取一項最終防衛措施，其實施之最初期限為一年，延長期不得超過一年。不論其

- - - - - - - - - - - - -

[125] 歐體與墨西哥經濟夥伴、政治調和與合作協定（歐墨 EPPCCA）— Economic Partnership, Political Coordination and Cooperation Agreement between the European Community and its Member States, of the one part, and the United Mexican States, of the other part (EPPCCA), Jul. 1, 2000, Art. 15.1(b).

[126] China-Chile FTA, Art. 44.2.

[127] US-Chile FTA, Art. 8.2(1)-(3).

[128] SG Agreement, Art. 7.

期限長短，此種保障措施應該在過渡期期滿時終止。」（至多實施二年）[129]
中紐 FTA 第 68 條：「實施防衛措施之最初期限不應超過二年。但若進口方主
管部門根據第 69 條規定之程序認定，繼續實施該措施對於防止或補救嚴重損
害仍有必要，且產業正在進行調整，則防衛措施之期限可再延長不超過一年之
時間。無論期限如何，在過渡期結束時，應當停止實施保障措施。在此日期之
後，不得再對該產品實施新的保障措施。」（至多實施三年）[130] 墨歐 EPPCCA
第 15.3 條原則上，防衛措施僅得實施一年，但在非常例外之情況（very
exceptional circumstances）下，最多可以實施三年（至多實施三年）。[131] 中星
FTA 第 43 條：「防衛措施最初實施期限不應超過三年，最多可延長一年，該
防衛措施更應於該產品之過渡期間屆滿之日終止。」（至多實施四年且須於過
渡期間內實施）[132] 日墨 EPA（JMEPA）第 53.5 條、[133] 東協加日本 CEP（JACEP）
第 20.4 條 (d)、[134] 日智 FTA 第 22 條 (a)[135] 亦規定，防衛措施實施期間最多三年，
但於特殊情況下可在延展一年，但至多以四年為限。歐韓 FTA 第 3.2 條 (b) 中
規定，原則上防衛措施以實施二年為限，但若主管機關經該協定中之行政調查
程序，且認定繼續採行防衛措施係具有保護或救濟國內產業之必要性，則可將
實施期間延展二年，無論如何，實施防衛措施之總期間不得超過四年。[136] 美星

- - - - - - - - - - - - -

[129] China-Chile FTA, Art. 45.1.
[130] CNZFTA, Art. 68.
[131] EPPCCA, *supra* note 125, Art. 15.3.
[132] CSFTA, *supra* note 109, Art. 43.
[133] JMEPA, *supra* note 119, Art. 53.5.
[134] AJCEP, *supra* note 116, Art. 20.4(d).
[135] 日本與智利共和國戰略經濟夥伴協定（日智 EPA）－ Agreement between Japan and the Republic of Chile for a Strategic Economic Partnership (hereinafter JCEPA), Japan-Chile, Sep. 3, 2007, Art. 22(a).
[136] EUKFTA, *supra* note 117, Art. 3.2(b).

FTA 第 7.2.6 條 (b) 規定，對於防衛措施之實施期間限制中，防衛措施得實施原則上不得超過二年，但若主管機關已盡適當之調查程序，且有證據顯示產業已在調整中，則防衛措施實施期間得繼續延展二年（至多實施四年），惟就程序性要件而言，該主管機關之行政調查程序不得超過一年。[137] 同樣條件下，美韓 FTA 第 10.2.5 條 (b)[138] 亦規定，防衛措施以實施二年為限，除非主管機關依據協定程序進行調查而認為確有必要時，則可再延展二年。以下整理雙邊防衛措施實施期間限制規定如下表 6-3 所示。

　　最後，在臨時措施部分，SG 協定第 6 條所規定臨時措施之實施不得超過二百天，而大部分 RTA 之規定均與 SG 協定相同。例如，中智 FTA 第 47 條、中紐 FTA 第 70 條、日墨 EPA（JMEPA）第 53.5 條、日本東協 FTA（JACEP）第 20.4 條 (d)、日智 FTA 第 25.3 條、歐韓 FTA 第 3.3 條 [139] 等 FTA 之臨時防衛措施條款均有類似文字之規定：「在遲延會造成難以彌補的損害的緊急情況下，一締約方可根據關於存在明確證據表明增加的進口已經造成或正在威脅造成嚴重損害的初步裁定，採取臨時保障措施。臨時措施的期限不得超過二百日。此類措施應採取提高關稅的形式，如隨後進行的調查未能確定增加的進口對一國內產業已經造成或者威脅造成嚴重損害，則提高的關稅應予迅速退還。任何此類臨時措施的期限都應計為最終保障措施的最初實施期和任何延長期的一部分。」

---

[137] 美國與新加坡自由貿易協定（美星 FTA）－ Free Trade Agreement between the United States of America and Singapore (hereinafter US-Singapore FTA), U.S.A.-Sing., Jan. 1, 2004, Art. 7.2.5.

[138] 美國與大韓民國自由貿易協定（美韓 FTA）－ Free Trade Agreement between the United States of America and the Republic of Korea (hereinafter USKFTA), May 15, 2012, Art. 10.2.5(b).

[139] China-Chile FTA, *supra* note 110, Art. 47; CNZFTA, *supra* note 111, Art. 70; JMEPA, *supra* note 119, Art. 53.5; AJCEP, *supra* note 116, Art. 20.4(d); JCEPA *supra* note 135, Art. 25.3; EUKFTA, *supra* note 117, Art. 3.3.

表 6-3　國際間重要 RTA 之防衛措施實施期間限制彙整

協定名稱	防衛措施實施期間之限制
中智 FTA	二年（原則一年，可延展一年，限於過渡期內實施）
中紐 FTA	三年（原則二年，可延展一年，限於過渡期內實施）
墨歐 FTA	三年（原則一年，可延展二年）
中星 FTA	四年（原則三年，可延展一年，限於過渡期內實施）
日墨 FTA	四年（原則三年，可延展一年）
日本東協 FTA	四年（原則三年，可延展一年）
日智 FTA	四年（原則三年，可延展一年）
歐韓 FTA	四年（原則二年，可延展二年）
美星 FTA	四年（原則二年，可延展二年）
美韓 FTA	四年（原則二年，可延展二年）

資料來源：本文整理製作。

2. 程序性要件

　　雙邊防衛措施之程序性要件中大致可分為四部分，包括「行政調查與透明化」、「通知與諮商」、「爭端解決」、「補償」等步驟。經實證結果分析得知，大多數 RTA 中對於啟動與實施防衛措施之國內「行政調查與透明化」程序，均與 SG 協定第 3 條及第 4 條之原則一致。而在「通知與諮商」部分，歸納國際間 RTA 之實踐情況，一締約方應於下列事項發生時，立即以書面形式通知另一締約方：(1) 開始啟動防衛措施之行政調查；(2) 行政機關決定採取一項臨時防衛措施；(3) 行政機關作成進口增加導致嚴重損害或嚴重損害之虞之認定；(4) 決定實施或延長一項防衛措施；以及 (5) 決定對先前採取之防衛措施進行修改。

　　另外，若 RTA 中無特別規定時，全球性防衛措施之實施爭議應適用於

WTO 下爭端解決機制諒解書之規定，至於雙邊防衛措施之實施爭議，則可能產生場域選擇問題，端視該 RTA 中是否定有排除條款，或規定該爭議僅得適用於某項爭端解決機制。[140] 例如，在 NAFTA 中，RTA 成員若以防衛措施爲主要訴由，則可依 NAFTA 程序進行爭端解決，亦可依 WTO 爭端解決程序處理，不過，在美國對墨西哥高粱（Broom Corn Brooms）實施防衛措施一案中，[141] NAFTA 爭端解決小組指出，由於 NAFTA 及 WTO 之規定實質上相同（substantively identical），故依 NAFTA 第 803.3 條附件第 12 點[142] 之規定所作成之法律理由書，實質上與依 WTO 相關規定所作成之裁判並無不同。因此，NAFTA 爭端解決小組於該案審查時，僅依據 NAFTA 第 803.3 條附件第 12 點爲基礎，而未引用 SG 協定第 3.1 條之規定。[143]

最後，在「補償」規定中，因實施防衛措施而導致出口方涉案產業受到影響時，依據出口方（涉案產品遭受防衛措施）提出之請求，則採取防衛措施之進口方應先與其進行雙邊諮商，其目的乃讓雙方透過諮商程序，達成一致性的貿易自由化補償，且補償之範圍應實質上等同於「與此防衛措施所預期導致之貿易影響」，或「因 RTA 之減讓所增加的關稅負擔」爲限。[144] 日墨 EPA（JMEPA）第 53.10 條、日智 FTA 第 24.2 條[145] 亦有類似規定，但如雙方在防

---

[140] 張南薰，世界貿易組織下美國鋼品防衛措施爭端解決案之研究，政大法學評論，第 84 期，2005 年 4 月，頁 333-387。

[141] *In re U.S. Safeguard Action Taken on Broom Corn Brooms from Mexico*, USA-97-2008-01, Report of the Panel (Jan. 30, 1998).

[142] NAFTA, *supra* note 104, Annex 803.3(12).

[143] David A. Gantz, *Dispute Settlement Under The NAFTA and the WTO: Choice of Forum Opportunities and Risks for the NAFTA Parties*, 14 Am. U. Int'l L. Rev. 1025, 1068-1072(1999).

[144] CSFTA, *supra* note 109, Art. 43; CNZFTA, *supra* note 111, Art. 72; China-Chile FTA, *supra* note 110, Art. 49.

[145] JMEPA, *supra* note 119, Art. 53.10; JCEPA, *supra* note 135, Art. 24.2.

衛措施實施後四十五日內未能就補償達成協議，出口方有權對實施防衛措施之進口方之貿易中止實質相等的減讓義務。如果實施防衛措施是基於進口絕對增加，且該措施符合雙邊協定中之規定，本款所指之中止權利不得在實施保障措施之第一年內行使。與 SG 協定第 8 條相比，中國大陸與新加坡、智利、紐西蘭 FTA 之規定都較為寬鬆，例如，四十五天的諮商期較 SG 協定中規定之三十天更長，且涉案產品出口方之中止權利不得在實施保障措施之第一年內行使亦較 SG 協定中所規定之三年為短（限制較少）。由上述內容可知，在 RTA 下關於防衛措施之實施程序要件較 SG 協定為彈性者居多，此趨勢顯示，基於 RTA 目標在促進區域優惠性之本質，倘若締約之一方發動防衛措施之行政調查時，RTA 成員彼此應建立一項比多邊貿易架構更為便利之「通知與諮商」管道，並給予受影響之出口方即時表達意見之權利。

3. 全球性防衛措施

　　全球性防衛措施是否得排除 RTA 區域內成員，始終是一項爭辯不休的問題。[146] 肯定說主張 GATT 第 XIX 條與第 XXIV 條 (8) 間之關係曖昧不明，GATT 第 XXIV 條 (8) 中對於「絕大部分貿易」之要求，並未禁止排除 RTA 成員適用全球性防衛措施，同時，依據 SG 協定第 2.1 條之註釋中明確指出「本協定並未針對 GATT 第 XIX 條及第 XXIV 條 (8) 間之關係預作判斷性之解釋」。因此，既然 SG 協定未明文規範 RTA 成員是否得排除於全球性防衛措施，則應認為會員可自由決定 RTA 中防衛措施條款之涵蓋範圍（排除 RTA 成員之適用）。然而，否定說主張 SG 協定第 2.2 條卻規定，「對進口產品採行防衛措施時，應不論其來源」。此處明顯係指 WTO 會員在實行全球性防衛措施時應不區分產品之原產地來源，強調以「不歧視原則」一視同仁地對待所有涉案

- - - - - - - - - - - - -

[146] 林彩瑜，同註 42，頁 182-183。

產品之進口方，不得將 RTA 成員排除在外，否則將增加第三國（RTA 區域外國家）之出口負擔，間接造成國際貿易之不當扭曲。[147] 上述二派立論一直在 WTO 談判場域中爭辯不休，從 SG 協定之沉默到爭端解決小組未曾作過對本爭議之解釋，可見此問題之最終方案在國際間並無共識。然而，在 RTA 之國際談判場域上，對於「RAT 成員是否應排除於全球性防衛措施之外」的議題，並未如學理及 WTO 多邊談判中的針鋒相對，RTA 成員間在談判優惠性貿易協定時，依舊取決於雙方談判諮商結果，對於與不同的貿易夥伴進行經濟整合時，會有不同的條款設計，例如新加坡、紐西蘭、美國等國家在全球性防衛措施是否適用於 RTA 成員間之立場上，都展現相當大的彈性。大致而言，RTA 下全球防衛措施可分為「RTA 成員排除適用」、「RTA 成員一體適用」、「原則排除，但例外情況下納入」等三類。

第一，「RTA 成員排除適用」：中星 FTA 第 42 條及中紐 FTA 第 64 條中，作相同之規定並排除 RTA 成員適用全球性防衛措施，該項規定略為，「當一方根據 GATT 第 XIX 條及 SG 協定採取防衛措施時，如果原產於另一方之產品進口並未造成損害，則可將其排除在該措施之外」。[148] 美星 FTA 中對於締約成員並未實質構成嚴重損害或嚴重損害之虞時，得排除於全球性防衛措施之適用範圍，依該協定第 7.5 條規定：「締約成員保留其於 GATT 第 XIX 條及 SG 協定下之權利義務，除締約成員並未實質構成嚴重損害或嚴重損害之虞時，實行全球性防衛措施者，得排除原產於其他成員之進口情況外，本協定不得增加

---

[147] Ruth E. Olson, *GATT - Legal Application of Safeguards in the Context of Regional Trade Arrangements and its Implications for the Canada-United States Free Trade Agreement*, 73 Minn. L. Rev. 1488, 1517-1520 (June, 1989).

[148] CSFTA, *supra* note 109, Art. 42; CNZFTA, *supra* note 111, Art. 64.

締約成員關於全球性防衛措施之任何額外權利或義務。」[149] 美智 FTA 第 8.2 條 (4) 亦規定，「任何一方不得對另一方在依 GATT 第 XIX 條或依 SG 協定下實施全球性防衛措施」，[150] 故美智 FTA 中僅允許於過渡期間內實施雙邊防衛措施，並將 RTA 成員排除於全球性防衛措施之外。

第二，「RTA 成員一體適用」：此種規範模式下 RTA 成員並未因簽署優惠性貿易協定而排除在全球性防衛措施之外，雖然較為符合 WTO 多邊架構下的不歧視原則，但對於 RTA 成員間並未給予更優惠之措施。例如，中智 FTA 第 51.1 條：「締約雙方保留 GATT 第 XIX 條和在本協定第 50 條中定義之防衛措施協定項下之權利與義務。」[151] 日星新世紀經濟夥伴協議（JSEPA）第 18.5 條規定，緊急措施（同防衛措施）應不分產品之來源，一律適用。[152] 東協 FTA 中亦規定成員在實施全球性防衛措施時，AFTA 中之其他成員應一體適用。[153]

第三，「原則排除，但例外情況下納入」：例如，北美自由貿易協定（NAFTA）第 802.1 條及第 802.2 條 [154] 之規定，倘若涉案產品自 NAFTA 成員國之進口量占全部總進口量「相當大的比例」，依 NAFTA 第 802.2 條 (a) 規定，「相當大的比例」係指最近三年內為涉案進口產品之前五大供應國，而造成國內產業嚴重損害或嚴重損害之虞時，則可例外地將 NAFTA 成員國納入全

---

[149] US-Singapore FTA, *supra* note 137, Art. 7.5.

[150] US-Chile FTA, *supra* note 105, Art. 8.2(4).

[151] China-Chile FTA, *supra* note 110, Art. 51.1.

[152] 日本與新加坡共和國新世紀經濟夥伴協定（日星 EPA）－ Agreement between Japan and the Republic of Singapore for a New-Age Economic Partnership (herinafter JSEPA), Japan-Sing., Nov. 30, 2002, Art. 18.5.

[153] ASEAN Trade in Goods Agreement (hereinafter ATIGA), Cha-am, Thailand (Feb. 26, 2009), Art. 86.

[154] NAFTA, *supra* note 104, Art. 802.1 & 802.2.

球性防衛措施之實施範圍中。[155]

（二）成員間僅維持全球性防衛措施，未設雙邊防衛措施

此類 RTA 中保留締約成員在 WTO 多邊貿易協定下實施全球性防衛措施之權利，且在實施上述防衛措施時，進口方仍將 RTA 成員納入適用全球性防衛措施之範圍，並未因簽署優惠性貿易協定而受影響。在國際實踐中，東協自由貿易區貨品貿易協定（ASEAN Trade in Goods Agreement，簡稱 ATIGA）第 86 條、[156] 韓智 FTA 第 6.1 條、[157] 澳智 FTA 第 8.1 條均有相同規定，[158] 條文略以「本協定不影響成員間在 GATT 第 XIX 條及 SG 協定及其後之修正或補充條款下，採用防衛措施之權利」（Each Party retains its rights and obligations under Article XIX of GATT and the Safeguards Agreement, and any other relevant provisions in the WTO Agreement, and their successors）。另外，跨太平洋夥伴協定（TPP）第 6.1 條中除有與上述類似之規定外，更增加一項「諮商程序」之要求，「當某一 TPP 成員之政府決定進行防衛措施之初始調查（initiative investigation）時，應提供調查之理由，並詢問其他成員之意見」。[159]

--- --- --- --- --- --- --- --- ---

[155] 杜巧霞，同註 89，頁 139-140。

[156] ATIGA, *supra* note 153, Art. 86: "Each Member State which is a WTO member retains its rights and obligations under Article XIX of GATT, and the Agreement on Safeguards or Article 5 of the Agreement on Agriculture". Also see M. Ulric Killion, *Chinese Regionalism and the 2004 ASEAN-China Accord: The WTO and Legalized Trade Distortion*, 31 N.C.J. INT'L L. & COM. REG. 1 (Fall, 2005).

[157] 大韓民國（南韓）政府與智利共和國政府自由貿易協定（韓智 FTA）－ Free Trade Agreement between the Government of the Republic of Korea and the Government of the Republic of Chile, S. Korea-Chile (hereinafter Korea-Chile FTA), Apr. 1, 2004, Art. 6.1.

[158] 澳大利亞與智利自由貿易協定（澳智 FTA）－ Free Trade Agreement between Australia and Chile (hereinafter AUS-Chile FTA), Austl.-Chile, Mar. 6, 2009., Art. 8.1.

[159] 跨太平洋經濟夥伴協定－ Trans Pacific Strategic Partnership Agreement (hereinafter TPP), May 28, 2006, Art. 6.1.

（三）成員間完全撤除防衛措施之適用

依據自由貿易理論，經濟整合越高的經濟體，成員間之貿易限制措施越少，如歐洲共同體建立共同市場後，彼此成員間自無適用區域或雙邊防衛措施之餘地。然而，在較爲初階之經濟整合情況下（如自由貿易協定），RTA 成員間完全撤除防衛措施適用者並不多見，於此類型中，成員間除了取消雙邊或區域防衛措施條款外，更進一步排除全球性防衛措施適用於 RTA 成員。在國際實踐中，以澳星 FTA 第 9 條及星紐 CEPA 第 8 條爲例，上述二條款均規定，「自協定生效後，FTA 其中一方不得對來自另一方之進口貨品實施防衛措施」，[160] 而澳紐 FTA 亦早在過渡期間結束後，撤除彼此間採行防衛措施之權利。[161] 易言之，在上述澳星 FTA、星紐 FTA、澳紐 FTA 下，締約雙方不但承諾互不實施雙邊防衛措施，倘若未來其中一方依 GATT 第 XIX 條及 SG 協定下實施全球性防衛措施時，更進一步將 FTA 成員排除適用，使彼此自由貿易夥伴關係更加緊密。

另外一個實例，存在於中國大陸與港澳間之貿易優惠協定中。在中國大陸與香港更緊密關係安排（中港 CEPA）、中國大陸與澳門更緊密關係安排（中澳門 CEPA）中，原則上撤除雙邊防衛措施之實施，僅保留臨時啓動雙邊諮商之機制，依中港 CEPA 第 9 條之規定，「如因 CEPA 之實施造成一方對原產於另一方之某項產品的進口激增，並對該方生產同類或直接競爭產品之產業造成嚴重損害或嚴重損害之虞時，該方可在以書面形式通知對方後臨時中止該項產

---

[160] 新加坡與澳大利亞自由貿易協定（星澳 FTA）－ Free Trade Agreement between Singapore and Australia (hereinafter Singapore-AUS FTA), Austl.-Sing., Jul. 28, 2003, Art. 9；新加坡與紐西蘭更緊密經暨夥伴協定（星紐 CEPA）－ Agreement between New Zealand and Singapore on a Closer Economic Partnership (hereinafter SNZCEPA), Sing.-N.Z., Jan. 1, 2001, Art. 8.

[161] ANZCERTA, *supra* note 103.

品之進口優惠，並因應對方之要求，依據 CEPA 第 19 條之規定開始諮商，以達成協議」。[162]

二、我國對外簽署自由貿易協定或經貿協議之立場

我國在加入 WTO 後可謂完成第一波經貿自由化，面對如雨後春筍般出現在 WTO 會員間之 RTA，以對外貿易為主體之台灣，已逐漸喪失亞洲經貿優勢的地位。倘若「更進一步自由化」係我國政府既定的重點政策，則在對外洽簽 RTA 之進度與成果上，仍無法與亞洲四小龍之南韓、新加坡相比，更遑論為因應未來洽簽 RTA 所可能對於國內產業之衝擊預作準備。本文以下針對已與我國簽署生效之 RTA 中，觀察對外簽署 RTA 中防衛措施條款之立場。

（一）中美洲國家間自由貿易協定

我國目前已生效之 FTA 計有與巴拿馬、瓜地馬拉、尼加拉瓜、薩爾瓦多暨宏都拉斯等國家間所簽署之協定，而在上述協定中，防衛措施條款之規定並無太大差異，主要原則係將「實質層面、程序與總體雙邊防衛措施之實施規定於防衛措施條款下，並依 GATT 第 XIX 條、SG 協定及各締約國相關法規予以補充」。[163]

首先，於實體性要件部分，台巴、台尼、台瓜、台薩暨宏等四項 FTA 中，全數都有預設「過渡期間」之安排，FTA 成員於過渡期間內得對彼此實施雙邊防衛措施。上述協定中之過渡期間依貨品分類不同而有不同之規定，台巴 FTA 第 6.01 條規定，「依關稅調降表所列期限再加兩年」（最長之關稅調

---

[162] 內地（中國大陸）與香港關於建立更緊密經貿關係之安排（中港 CEPA）－ Mainland and Hong Kong Closer Economic Partnership Arrangement（China-HK CEPA），P.R.C.-H.K., Jan. 1, 2004, Art. 9.

[163] Dukgeun Ahn, *Foe or Friend of GATT Article XXIV: Diversity in Trade Remedy Rules*, 11 J. Int'l Econ. L. 107, 109-112.

降期限爲十年）；[164] 台瓜 FTA 第 6.01 條以及台薩暨宏 FTA 第 6.01 條均規定，
「本協定生效日起十年期間爲過渡期，惟如採行防衛措施締約國之附件（3.04）
附表（消除關稅）規定該締約國消除該貨品關稅者超過十年以上期間者，過渡
期係指該附表所載該貨品之關稅消除期間」；[165] 台尼 FTA 第 6.02 條 (6) 規定，
「除締約國他方同意外，締約國任一方所採行之防衛措施不得超過過渡期間」
（最長之關稅調降期限爲十五年）。[166] 在雙邊防衛措施啓動要件及標準部分，
四項協議均規定在過渡期間內，「因本協定所訂定之關稅減讓或消除，導致來
自一締約國之原產貨品輸出至另一締約國之數量，有絕對之增加，或相較於國
內生產而有增加，直接或間接影響另一締約國之國內產業，導致生產同類或直
接競爭之貨品之國內產業遭受嚴重損害或有嚴重損害之虞者，締約國得實施防

----

[164] 中華民國與巴拿馬自由貿易協定（台巴 FTA）－ Free Trade Agreement between the Republic
of China (Taiwan) and the Republic of Panama, R.O.C.-Pan., Jan. 1, 2004. 台巴 FTA 之降稅期
程，在協定生效後分立即、5 年、10 年三種方式取消進口關稅，但對於特別敏感產品，則
列入自由化排除項目。以最長 10 年爲計算，若再加上 2 年延長期，則最長可達 12 年之過
渡期。依據巴拿馬審計局最新統計資料顯示，2011 年前半年出口至台灣金額爲 16.2 百萬
美元，自台灣進口金額爲 21.7 百萬美元。根據台巴（巴拿馬）自由貿易協定之規定，兩國
貨品最長 10 年之降稅期程將於 2013 年屆滿，亦即明年 1 月 1 日起我國 95% 的貨品得免關
稅輸銷至巴拿馬，僅 5% 之排除貨品仍將課徵不同稅率之關稅，而 97% 的巴拿馬貨品則能
免關稅出口至台灣。參考駐巴拿馬大使館經濟參事處，「2013 年台灣與巴拿馬自由貿易協
定貨品降稅期程將屆滿」（2012 年 2 月 4 日），http://www.centralamericapro duct.org/ch/
news_conten t.php?sn=2737。

[165] 中華民國與尼加拉瓜自由貿易協定（台尼 FTA）－ Free Trade Agreement between the
Republic of China (Taiwan) and the Republic of Nicaragua, R.O.C.-Nicar, Jan. 1, 2008, Art. 6.01;
中華民國與薩爾瓦多暨宏都拉斯自由貿易協定（台薩暨宏 FTA）－ Free Trade Agreement
between the Republic of China (Taiwan), the Republic of El Salvador and the Republic of
Honduras, R.O.C.-El Sal.-Hond., Mar. 1, 2008, Art. 6.01.

[166] 台尼 FTA 中關於關稅調降時程，於附件 3.03 關稅調降表中規定，分別適用 A 類（立即免
稅）、B 類（第 5 年起免稅）、C 類（第 10 年起免稅）、D 類（第 15 年起免稅）、E 類（免
於任何調降承諾表）。

衛措施。且在救濟或防止嚴重損害或有嚴重損害之虞所需之必要程度內，進口產品之締約國得：1.暫停依本協定規定進一步調降該產品之任何關稅稅率；或2.提高該產品關稅稅率，惟調高後之關稅不得超過下列二種情形之較低者：(1)實施措施時適用之最惠國稅率；與 (2) 本協定生效實施前一日適用之最惠國稅率」。[167] 值得注意者，台瓜 FTA 及台薩暨宏 FTA 中，於協定註釋一中說明，「締約國了解，關稅配額或數量管制均非為允許之防衛措施形式」，可見我國與中美洲國家間 FTA 中關於雙邊防衛措施之實施型態，限於「調整關稅」，繼而排除關稅配額或數量限制之模式。

其次，在「臨時防衛措施」部分，台巴 FTA 第 6.02 條 (4)、台尼 FTA 第 6.03 條 (1) 規定，「在延遲將造成難以彌補之損害之緊急情況下，依初步認定有明顯證據顯示，因實施本協定規定之關稅減讓或關稅消除，造成來自另一締約國產品之進口增加，並已造成嚴重損害或有嚴重損害之虞時，締約國得實施暫時性雙邊防衛措施。暫時性防衛措施之期限不得超過一百二十日」。[168] 上述一百二十日之臨時防衛措施實施期間較 SG 協定為短（比較嚴格），對雙邊貿易自由化調整之限制性較小。不過，台瓜 FTA 第 6.02 條 (5)、台薩暨宏 FTA 第 6.02 條 (6) 之臨時防衛措施實施期間則與 SG 協定相同為二百日。[169]

第三，關於「補償」部分，四項 FTA 中均規定採行雙邊防衛措施之一方，應提供另一方雙方均同意之補償，並提供雙邊諮商之機會。台巴 FTA 第 6.02 條 (6) 規定：「依本條規定採行防衛措施之締約國，應提供予另一締約國雙方

----

167 台巴 FTA，同註 164，第 6.02 條、台尼 FTA，同註 165，第 6.02 條、台薩暨宏 FTA，同註 165，第 6.02 條、中華民國與瓜地馬拉自由貿易協定（台瓜 FTA）─ Free Trade Agreement between the Republic of China (Taiwan) and the Republic of Guatemala, R.O.C.-Guat., Jul. 1, 2006，第 6.02 條。

168 台巴 FTA，同註 164，第 6.02 條 (4)。

169 台瓜 FTA，同註 167，第 6.02 條 (5)。

均同意之補償，並以可獲得實質相同貿易效果或預估與防衛措施所收額外關稅等值的關稅減讓方式為之。倘締約國無法就補償達成協議，產品遭採行防衛措施之締約國，得採行實質等同於依據本條規定採行防衛措施之貿易效果之關稅措施。締約國僅得在可達到實質相同效果所需最短期間內，採行關稅措施。」而在另外三項FTA中，將諮商期間規定的更為詳盡，台尼FTA第6.06條規定：「採行防衛措施之締約國，與被採行防衛措施之締約國進行諮商後，應以減讓之形式提供雙方同意之補償，前述減讓應與該措施具有實質相同貿易效果或相當於該措施預期導致之額外關稅價值。締約國應於採行防衛措施三十天或雙方另行約定之期間內提供前述諮商機會。若諮商未於三十天或雙方另行約定之期間內達成補償協議，被採行防衛措施之締約國得對採行防衛措施之締約國暫停貿易實質均等減讓。」[170]台瓜FTA第6.04條(31)及台薩暨宏FTA第6.04條(31)中將進行諮商之起始日放寬為採行防衛措施後九十天內展開。[171]至於「爭端解決」部分，四項FTA一致規定：「任一締約國於締約國他方採行防衛措施前，不得請求成立仲裁小組。」[172]換言之，依上述條文之意旨，在一締約方對另一FTA成員國實施防衛措施前（如已開始進行國內調查程序），僅得透過通知與雙邊諮商等程序處理，而不得依FTA下之爭端解決條款進行仲裁；然而，一旦諮商不成（未達雙方同意之合理補償）而對FTA成員國實施防衛措施時，則可以進入爭端解決程序，透過場所選擇條款，於WTO爭端解決小組或FTA下爭端解決程序擇一進行。

第四，關於「全球性防衛措施」部分，四項FTA之做法係「原則上排除

---

[170] 台尼FTA，同註165，第6.06條。

[171] 台瓜FTA，同註167，第6.04條(31)、台薩暨宏FTA，同註165，第6.04條(31)。

[172] 台巴FTA，同註164，第6.05條、台尼FTA，同註165，第6.08條、台瓜FTA，同註167，第6.05條、台薩暨宏FTA，同註165，第6.05條。

FTA 成員國，僅在例外的情況下適用全球性防衛措施」，締約雙方均保留其依 GATT 第 XIX 條及 SG 協定，以及其修訂或後繼規範規定之權利及義務，惟不包含與 FTA 不符之補償或報復，以及防衛措施之排除。[173] 在台尼 FTA 第 6.07 條 (2) 中規定，「關於依 GATT 第 XIX 條及 SG 協定規定採行之行動……締約國他方受調查產品之進口量未超過相關產品進口總量 7% 時，採行該行動之締約國得排除締約國他方之受調查產品」，[174] 同時，第 6.07 條 (3) 規定：「於相同產品，締約國任一方皆不得同時採用『雙邊防衛措施』及『GATT 第 XIX 條及 SG 協定規定之措施』。」[175] 而另外三項 FTA 之排除條件則規定較為詳盡，除符合下列二項要件外，實施防衛措施之進口方締約國，應將來自另一締約國之產品進口排除於全球性防衛措施之外，「(1) 評估自另一締約國之進口占總進口實質比重，倘若該締約國非屬涉案產品之前三名主要供應者，該等進口一般應不被視為具實質比重；且 (2) 自另一締約國之進口為所有進口造成之嚴重損害或有嚴重損害之虞之重要因素；主管調查機關應考量自該另一締約國之進口占總進口之比重變化，進口數量及其變化情形等因素。如自該締約國之進口成長率，在進口造成損害之期間，明顯較同一期間自所有地區總進口成長率為低時，一般不應被認定為造成嚴重損害或有嚴重損害之虞之重要原因」。[176]

（二）兩岸經濟合作架構協議

我國過去啟動防衛措施調查之情況僅有一件案件，係於 2005 年經濟部貿易調查委員會應雲林縣毛巾產業科技發展協會之申請，所進行之原始調查，名

---

[173] 台巴 FTA，同註 164，第 6.03 條、台尼 FTA，同註 165，第 6.07 條、台瓜 FTA，同註 167，第 6.03 條、台薩暨宏 FTA，同註 165，第 6.03 條。

[174] 台尼 FTA，同註 165，第 6.07 條 (2)。

[175] 台尼 FTA，同註 165，第 6.07 條 (3)。

[176] 台巴 FTA，同註 164，第 6.03 條 (2) 及 6.03 條 (3)、台瓜 FTA，同註 167，第 6.03 條、台薩暨宏 FTA，同註 165，第 6.03 條。

稱為「雲林縣毛巾產業科技發展協會申請對自中國大陸進口之毛巾採行大陸貨品進口救濟措施暨臨時措施案」（以下簡稱雲林毛巾案）。[177] 在該案中。雲林毛巾業者所提採行進口救濟措施（防衛措施）案之要求，經濟部貿委會已於 2006 年 4 月 14 日完成調查，並已決議採行相關措施，該案已視同成立，成為我國唯一一件進口救濟案件之成案。然而，由於在同一時段財政部及經濟部已分別完成傾銷及損害調查之認定，並已對中國大陸進口毛巾實施反傾銷措施（提高關稅邊境救濟措施），以彌補或防止國內產業因中國大陸進口毛巾所受之市場擾亂，該反傾銷措施足以對我業者所承受之損害提供足夠之救濟，故對於進口救濟部分予以暫時結案。[178] 貿委會行政處分理由書中載明，「本案有關之進口救濟及反傾銷兩者之調查程序，除調查資料涵蓋期間因兩項調查時程之差距而未完全相同外，其他在涉案進口來源、調查產品範圍及國內產業範圍等方面均完全一致，因此兩種程序認定之產業損害並無不同。此產業損害既經調查認定係因中國大陸毛巾傾銷致其進口至我國之數量增加，並對我國同類貨物市價造成影響所致，我方實施之反傾銷措施應足以對我業者之損害提供有效之救濟」。[179] 事實上，倘若自中國大陸進口之毛巾已被認定有傾銷之事實，則應認為該傾銷行為係屬不公平貿易，課徵反傾銷稅足以達到填補國內產業損害之目的，不宜再同時（或改為）實施進口救濟（防衛措施）。否則，當進口方實施進口救濟（防衛措施）時，通常隱含出口方係屬公平貿易，且未違反 WTO 規則（不可歸責於出口方），無異使得進口方僅剩下「保護國內產業」之薄弱理由，且必須不分貨品來源一律實施全球性防衛措施，對國際貿易之限制遠高

---

[177] 關於雲林毛巾案之詳細行政調查資料及新聞稿，參考貿易救濟調查委員會，http://portal.moeaitc.gov.tw/icweb/webform/wFrmSearchDetail.aspx?caseid=58。

[178] 經濟部貿易調查委員會，經調字第 09502620210 號（2006 年 10 月 24 日）。

[179] 同前註。

於課徵反傾銷稅，故貿委會將本案以暫時結案作收，並加註「未來如再度發生進口急遽增加並對國內產業造成損害，而且現行反傾銷措施無法有效遏止此等情況時，政府隨時可以主動重新啓動調查程序」。[180] 本案突顯兩岸間在貨品進出口貿易中存在許多潛在衝突，[181] 尤其以中國大陸之市場規模與低價策略，對我國部分產業將造成相當大的衝擊，運用貿易救濟措施作為兩岸貨品間之防火牆仍屬關鍵且必要。

我國於 2010 年與中國大陸簽署兩岸經濟合作架構協議（以下簡稱 ECFA），[182] 後續有關貨品貿易協議將於生效後六個月內開始協商談判。在兩岸所簽署之 ECFA 中，由於係架構性協議，因此並未就彼此之防衛措施作出具體安排，不過，ECFA 第 3 條第 2 款第 5 目中規定：「貨品貿易協議磋商內容包括……貿易救濟措施，包括 GATT 第 VI 條執行協定、補貼暨平衡措施協定、SG 協定規定的措施及適用於雙方之間貨品貿易的雙邊防衛措施。」[183] ECFA 中對於貨品早收清單設有臨時性之貿易救濟措施，第 7 條第 2 款第 3 目規定：「本協議附件一（貨品貿易協議早收清單及降稅安排）所列產品適用的臨時貿易救濟措施，是指本協議第 3 條第 2 款第 5 目所規定的措施。」[184] 因此，在 ECFA 架構下針對公平貿易行為之救濟手段，包含全球性與雙邊防衛措施二種，未來在後續談判貨品貿易協議時，亦應以此共識為基礎，

---

[180] 同前註。

[181] 王煦棋，兩岸貨品進口救濟制度簡介暨其在 GATT / WTO 規範下之適用，萬國法律，第 117 期，2001 年 6 月。

[182] 兩岸經濟合作架構協議（ECFA）－ The Cross-Straits Economic Cooperation Framework Agreement (hereinafter ECFA), The Association for Relations Across the Taiwan Straits (China); The Straits Exchange Foundation (the Separate Customs Territory of Taiwan, Penghu, Kinmen and Matsu), Jun. 29, 2010.

[183] ECFA 第 3 條第 2 款第 5 目。

[184] ECFA 第 7 條第 2 款第 3 目。

處理兩岸間可能產生因履行優惠性關稅減讓而導致國內產業遭受嚴重損害或嚴重損害之虞的問題。[185] 以目前兩岸剛開始啓動經濟合作協議之談判，雙邊自由貿易優惠程度尚淺，不宜貿然將彼此間實施雙邊防衛措施之權利撤除，否則除國內產業減少救濟管道影響重大外，更容易產生對 ECFA 之負面政治解讀。[186] 更何況從實證資料顯示，兩岸雙方對於 FTA 中防衛措施之態度均較爲保守，除中國大陸對港澳兩地撤銷彼此實施公平貿易行爲之救濟外，其餘 FTA 中都無如此規定；而我國在對各中南美洲國家間所簽署之 FTA 中，亦無撤銷防衛措施之前例，故兩岸於後續貨品貿易協議談判時，似無撤銷防衛措施之實益與急迫性。

ECFA 中雖未明文規定雙方防衛措施之適用要件與標準，但已列出未來在談判兩岸貨品貿易協議時，應將防衛措施納入談判範圍，並依據 GATT 第 XIX 條及 SG 協定相關規範爲基礎進行協商。未來在兩岸貨品貿易協議中較有可能之方向爲參考國際間 RTA 之趨勢，考量彼此產業結構之差異性，訂定全球性及雙邊防衛措施條款。更進一步言，兩岸協商時則可從防衛措施之過渡期間安排、啓動要件及標準、實施條件及限制、行政調查程序與透明化、補償、爭端解決、全球性防衛措施之調整等細節規定考量彼此之產業競爭性與互補性，對防衛措施條款作適度調整。

---

[185] 關於 WTO 架構下兩岸互動關係，參考王泰銓，毛巾戰爭——WTO 與兩岸貿易糾紛，台灣智庫出版，2006 年，頁 157-158。

[186] 由於中國大陸與香港及澳門間均採取撤銷彼此防衛措施之規定，因此，若於兩岸經濟合作初期即撤銷防衛措施，則容易被解讀爲兩岸關係港澳化，造成後續協議談判之困難。關於 ECFA 之法律問題，參考王震宇，兩岸經濟合作架構協議之現狀與未來，月旦法學雜誌，第 189 期，2011 年 2 月，頁 115-142。

三、實證觀察與法律分析

綜合上述分析，從區域經濟整合之角度而言，WTO 允許會員間談判簽署之優惠性貿易協定，原本就隱含 RTA 夥伴彼此間應具有比 WTO 入會承諾更大幅度的市場開放，始符合「WTO plus」的精神，[187] 因此，本節所討論之 RTA 防衛措施條款，並非指「會員因加入 WTO 後因履行多邊架構下關稅減讓承諾所造成的國內市場嚴重損害」而採取之進口救濟措施，相反地，RTA 下防衛措施之態樣，係在探討「RTA 成員因履行優惠性貿易協定之關稅再調降下，而導致來自原產於 RTA 另一締約方成員之大量進口所造成之產業損害」。[188] 倘若 RTA 成員因履行優惠性貿易協定而導致進口量增加，繼而使國內市場嚴重損害，則似不宜概括以 WTO 多邊架構下之 SG 協定發動全球性防衛措施，否則將實質影響非 RTA 成員涉案產品之出口利益，[189] 更進一步言，RTA 下之防衛措施條款亦不宜訂定較 SG 協定更為寬鬆之適用要件，否則 RTA 成員若假借自由貿易談判為名，但實際不斷發動雙邊防衛措施排除優惠關稅減讓或市場開放義務，則將違背區域經濟整合之初衷。因此，由上述脈絡中理解 RTA 下之防衛措施條款設計，並透過比較分析國際間 26 項國際間重要 RTA 之實踐經驗，本文就 RTA 下防衛措施條款之本質，以及區域或雙邊貿易如何平衡「市場開放」與「貿易救濟」之整體經濟利益，提出以下幾點實證觀察與法律分析：

（一）前階段——以階段式降稅搭配早收清單與過渡期之設計，減低市場開放衝擊

無論全球性或雙邊防衛措施之啟動，均導因於某一涉案貨品受到進口數量

---

[187] Lo, *supra* note 33, 65.

[188] Simon Lester & Bryan Mercurio, Bilateral and Regional Trade Agreements: Commentary and Analysis, 84-87 (Cambridge University Press, 2009).

[189] Dilip K. Das, Regionalism in Global Trade, 9-12 (Edward Elgar Publg. Ltd. 2004).

增加之影響，致使國內產業發生嚴重損害或有嚴重損害之虞。倘若 RTA 成員要減少因優惠性貿易承諾市場開放所帶來的衝擊，不應僅在國內產業受到嚴重損害或損害之虞時始消極採取防衛措施，反而更應運用早期 RTA 談判貨品貿易章（trade in goods chapter）時，即積極設法透過降稅模式解決區域內貨品進出口失衡的情況。[190] 階段式漸進降稅係指在優惠性貿易談判中，非採取一步到位之降稅模式，而改採較為彈性之「階段式降稅」，此種方式可依區域或雙邊之部門別關稅差異進行貨品分批調降關稅，以減少市場開放之衝擊。階段式降稅模式，較為著名者為美國於杜哈回合多邊貿易談判中所提出關於化學品部門採取「三籃式」（three-basket approach）方法減讓關稅，[191] 詳言之，RTA 下三籃式降稅方式，係將貨品貿易優惠性關稅削減分為 A、B、C 三籃（basket A, B, and C），其中 A 籃之貨品關稅需於期限內完全削減；B 籃之貨品關稅，在適用降稅公式後，需進一步削減某一比例的關稅，或將其降為某一拘束關稅水準，但其最終稅率可不為零；C 籃是特別為敏感性貨品所設置，屬於 C 籃之貨品可享有維持原關稅不予調降之特別安排。階段性模式與三籃式方法減讓關稅已為許多 RTA 所採用。

除階段式降稅外，「早期收穫清單」（early hearvest list，簡稱早收清單）亦常見於 RTA 初期談判進程中，早收清單係指 RTA 區域內成員於談判前

---

[190] 降稅模式通常係指多邊貿易架構下之關稅減讓方法，在 RTA 下所談判之降稅模式通常較為單純，但因涉及 GATT 第 XXIV 條 (5) 中「絕大部分貿易」之要求，其對於國內產業之影響與衝擊，可能比多邊貿易談判層面更深更廣。關於多邊貿易架構下之降稅模式說明，參考 WTO Negotiating Group on Market Access, *Towards NAMA Modalities*, 3-22 WTO/JOB(06)/200, 22 June 2006。

[191] Negotiating Group on Market Access, *Negotiating Proposal on NTBs in the Chemical Products and Substances Sector* in Fourth Revision of Draft Modalities for Non-Agricultural Market Access, 82-83 TN/MA/W/103/Rev.3, Dec. 6, 2008.

期先列出對彼此或其中一方有利之關稅項目，列入「提早調降關稅」清單，由於納入早收清單之貨品通常屬於「立即調降」項目，較大部分貨品提早適用零關稅或優惠性關稅，故又可稱為「即時降稅清單」，或者「第一波降稅清單」。透過早收清單之安排，可將 RTA 下較無爭議之貨品優先排除關稅障礙，提早獲益，例如，東協加中國FTA（ACFTA）、[192] 兩岸經濟合作架構協議（ECFA）[193] 中，均有早收清單之設計。倘若 RTA 下優惠性貿易市場開放對國內部分產業影響甚鉅，則除階段式降稅與早收清單外，可再搭配「過渡期」之設置。本文於第肆部分第（二）項第 1 款中亦詳細比較國際間 RTA 設有過渡期之規定，一般而言短則三年，長則十年皆有之。[194] 本文整理國際間重要FTA 階段性降稅模式之比較，如表 6-4 所示。

表 6-4　國際間重要 RTA 階段式降稅比較表

	早收清單 （early hearvest list）	第一階段 （basket A）	第二階段 （basket B）	第三階段 （basket C）
歐韓 FTA	立即降稅	三年內	五年內	七年內
美韓 FTA	立即降稅	三年內	五年內	十年內
台巴 FTA	立即降稅	五年內	十年內	
東協加中國 ACTIG	立即降稅	二年內	五年內	七年內
韓智 FTA	立即降稅	三年內	五年內	七年內
日星新世紀夥伴協定 （JSEPA）	立即降稅	四年內	八年內	

資料來源：本文整理製作。

---

[192]　ACFTA, *supra* note 108.

[193]　Kui-I Chang & Kazunobu Hayakawa, *Selection and utilization of the early harvest list: evidence from the Free Trade Agreement between China and Taiwan*, IDE Discussion Papers 365, 3-5 (Institute of Developing Economies, Japan External Trade Organization, JETRO, Aug. 2012).

[194]　參考本章「國際間重要 RTA 之防衛措施過渡期間彙整表」。

綜合上述，若在 RTA 談判初期就貨品貿易章內容先將 RTA 成員彼此較無爭議之貨品列入早收清單，對於其他優惠性關稅貨品項目依「三籃階段式降稅」方法，將一般性貨品放入第一期或第二期調降，而就雙方較為敏感之貨品列入最後階段降稅，或直接排除於「絕大部分貿易」範圍之外，再以「過渡期」作為緩衝，依上述層層機制安排下，作為最後一道貿易防火牆之防衛措施，其適用機率將微乎其微。同時，國內較脆弱之敏感產業，亦可於階段式降稅以及過渡期之安排，進行產業結構調整與轉型，故透過上述三種方式（階段式降稅、早收清單、過渡期）之搭配運用，應可將國內產業因 RTA 簽訂之市場開放義務的損害衝擊降到最低程度。

（二）中階段——強化行政調查程序之透明化，使利害關係人充分陳述意見

防衛措施之實施必須係基於公平、適時、透明且有效之行政調查程序所作成之結果。國際間 RTA 中對於防衛措施之程序性規定規範原則大同小異，除直接準用 SG 協定外，亦有強化區域或雙邊之通知程序，並在行政調查過程中適時開放利害關係人陳述意見，便於貿易調查主管機關針對防衛措施之採行、嚴重損害或有嚴重損害之虞之認定、不公平貿易行為之適用與否（如傾銷及可控訴補貼）等要件進行公平審酌。[195] 上述認定應依 RTA 成員之內國法，給予受防衛措施影響之利害關係人接受司法審查或行政複查的充分機會，對於無嚴重損害或嚴重損害之虞之決定，除基於司法審查或行政複查外，調查主管機關不應任意更改之，並適用「不利益變更禁止原則」（Principle of adverse

---

[195] Roberto V. Fiorentino, Jo-ann Crawford & Christelle Toqueboeuf, *The landscape of regional trade agreements and WTO surveillance* in Richard Baldwin & Patrick Low eds. Multilateralizing Regionalism: Challenges for the Global Trading System, 28-77 (Cambridge University Press, 2009).

alternation prohibition）。[196] 另外，進行調查之一方主管機關，在產品遭調查之另一方的請求下，應允許其查閱展開調查或調查期間使用之公開資料，包括依機密資料所作成之非機密性摘要，以符合程序透明化要求。

其次，貿易救濟調查程序中，一般先針對「產業損害與否」進行調查，亦即就與涉案產品爲「同類或直接競爭」產品之國內產業，調查其是否遭受嚴重損害或有嚴重損害之虞。此調查程序之結論，將作爲採行貿易救濟之重要參考依據。倘若調查主管機關同時亦發現出口方政府對涉案產品進行補貼，或涉案產品之出口方構成傾銷行爲時，則優先採行不公平貿易下之救濟程序，如課徵反傾銷稅或平衡稅等措施。當主管調查機關未發現出口方有不公平貿易行爲時，始得採取公平貿易下之防衛措施（進口救濟）。故在實務上，主管機關通常只要能證明「國內產業卻有遭受損害或有損害之虞」，且出口方構成「不公平貿易」行爲時，即應中止關於防衛措施之調查與實施程序，避免造成重複救濟。值得注意者，此處所探討之重複救濟問題與近年來在國際間所發生中國大陸控告美國之「雙重救濟」（或稱雙反案件）[197] 問題，在本質上完全不同。蓋反傾銷與平衡稅措施均屬於不公平貿易救濟手段，適用前提爲出口方有可歸責或違反 WTO / RTA 相關規定之事由，當進口方同時採取此二種措施時，引發是否足以抵銷或甚至超過國內產業之損害範圍。[198] 然而，由於防衛措施之採行

---

[196] Peter Van Den Bossche, The Law and Policy of The World Trade Organization: Text, Cases and Materials, 649-650 (2005).

[197] Appellate Body Report, *United States - Definitive Anti-Dumping and Countervailing Duties on Certain Products from China (U.S. Anti-dumping and Countervailing Duties Case)*, WT/DS379/R, Mar. 11, 2011.

[198] 在 *U.S. Anti-dumping and Countervailing Duties Case* 中，對於 WTO 上訴機構有利中國大陸之裁決，美國商務部所持之立場認爲，其現行同時採行平衡稅及非市場經濟體（NME）反傾銷措施（雙反措施），並不必然導致雙重救濟。上訴機構僅認定美國現行之雙反措施做法可能導致雙重救濟，但並非認定每一個雙反措施必然存在雙重救濟。經濟部貿易調查委

係基於出口方並未有可歸責或違反 WTO／RTA 相關協定之事由，本質上係承認涉案商品在公平貿易之環境下，仍受到嚴重損害或嚴重損害之虞，而必須由進口方政府發動緊急進口救濟措施，故適用前提已排除任何不公平貿易救濟手段（如傾銷或可控訴或禁止性補貼），所謂雙重救濟不可能發生在「防衛措施」與「反傾銷（或平衡稅）」同時採行之問題。[199]

　　RTA 下防衛措施條款中，如能強化行政調查程序之透明化，並使利害關係人充分陳述意見，可有效化解受防衛措施調查所影響涉案產品出口方之疑慮。而在貿易救濟調查程序中，如能建立公平、適時、透明且有效之機制，清楚通知 RTA 其他成員初步調查結果（如產業損害程度、損害原因是否係不公平貿易行為導致等），並隨時與其他 RTA 成員進行諮商，亦可釐清案情並減少防衛措施之適用機會。

（三）後階段——建立明確合理之補償機制，以區域或雙邊諮商替代爭端解決

　　防衛措施之採行原應對於涉案產品不分來源，一律適用，但 RTA 簽署後因優惠性貿易市場開放而導致國內產業之衝擊，似與非 RTA 成員無關，在此情形下似不宜採取全球性防衛措施，否則即構成對於非 RTA 成員更高的貿易障礙，為解決此一問題，國際間絕大多數 RTA 中均設有區域或雙邊防衛措施，針對優惠性貿易市場開放承諾下，來自於 RTA 成員之進口數量增加，國內產業受到影響時進行暫時性的進口救濟措施。[200]另一方面，倘若進口方非純粹因為優惠性貿易協定之簽署之單一原因造成國內產業受到嚴重損害或嚴重

　　員會，美國商務部公布關於 WTO 裁定反傾銷及平衡稅重複計算問題之立場，貿易救濟動態週報，第 477 期，2012 年 8 月 10 日。

[199] 在 WTO 所有與貿易救濟有關之爭端解決案件中，從未發生原告方同時主張「防衛措施」以及「反傾銷（或平衡措施）」之案件。

[200] 參考本文第肆部分第二節第（一）項第 (3) 款之分析。

損害之虞，在取得採取全球性防衛措施之正當性時，得否排除 RTA 成員之適用，亦成爲國際間討論許久的爭議，既然目前並未有定論，則依據不同 RTA 之規定而呈現多元化現象。當上述二種假設情況發生其一時，國際間之 RTA 均參考 SG 協定，設計針對受有影響成員進行補償之規範。對於自由化之補償，通常須經由諮商且取得 RTA 成員（雙方）間之同意，並以可獲得實質相同貿易效果或預估與防衛措施所收額外關稅等值之關稅減讓方式爲之。倘 RTA 成員（雙方）間無法就補償達成協議，受防衛措施影響之出口方始得採行實質等同於防衛措施造成之貿易效果的措施（例如自由中止對實施防衛措施的進口方適用實質相等之優惠關稅減讓），而上述出口方所採行之反制措施，亦必須於進口方防衛措施終止之日，自動停止實施。[201] 由上可知，防衛措施之實施並非可歸責於出口方，故 SG 協定以及多數 RTA 中均強制要求成員間（雙方）進行諮商，而非直接訴諸 WTO 或 RTA 下之爭端解決機制，同時，在進口方未實際採取防衛措施前，亦不得請求啓動 RTA 下之爭端解決小組。本文認爲基於防衛措施對於區域及雙邊貿易之影響，RTA 下防衛措施條款中更應強化區域（雙邊）諮商之功能，透過合理補償機制之建立，充分發揮減少防衛措施實施之可能性，避免 RTA 成員間因採行防衛措施之糾紛，而動輒訴諸 WTO 或 RTA 下爭端解決機制。

伍、結論

防衛措施爲 WTO 會員履行多邊貿易協定之例外規範，在啓動要件及標準、實施期間及限制，以及程序性要件上均需符合一定規範，依 GATT 第 XIX

---

[201] 于宗先、靖心慈，如何建立自由貿易區下的進口救濟制度——北美經驗，經濟部貿易調查委員會 85 年度委託研究報告，1996 年。

條與 SG 協定規定，會員採行該措施應僅限於防止或補救嚴重損害或促進產業調整之必要程度，並應選擇達成該目標之最適當方法。由於 GATT 第 XXIV 條第 8 項之例外似非「列舉性清單」，因此各會員在與他國洽簽 RTA 時，應可考量彼此間之貿易依存關係，藉由防衛措施條款之設計，調和 RTA 成員間關於 WTO 承諾、雙邊互惠，以及確保國內產業救濟程序等三重關係，多數 RTA 中亦保留成員間彼此適用防衛措施之權利，該條款之規範模式也依各國間產業結構、貿易依存度、國內產業競爭力的差異，形成多元態樣。然而，RTA 成員通常面臨兩難之困境：一方面在 RTA 貿易自由化之精神下，理應撤除彼此間之進出口限制與貿易障礙，其中當然包括所有對區域內成員市場開放之貿易限制措施；然而，另一方面為解決優惠性貿易協定要求更進一步開放市場，對國內產業所作之緊急進口救濟措施被視為重要貿易救濟程序，倘若一國政府因簽署 RTA 而承諾放棄對 RTA 成員夥伴採取防衛措施，則可能使國內產業喪失一道「貿易防火牆」。因此，在國際間重要之 RTA 中，除非締約成員已建立單一共同市場（或關稅同盟）之區域，否則，FTA 中完全撤銷彼此防衛措施條款者相當罕見，大多數 FTA 仍保留各自在 WTO 相關規範下實施防衛之權利，並將防衛措施條款之重點放在如何平衡「『WTO Plus』更優惠待遇之市場開放要求」以及「國內產業調整與救濟」之矛盾。

本章採取法學實證與比較之研究方法，檢視國際間重要之 RTA 下防衛措施條款的規範內容，並依實踐經驗分析各該 RTA 之細部規定，將之與多邊貿易架構中之 SG 協定作一比較。研究上選取美國、中國大陸、歐盟、日本、東協、新加坡、澳洲、紐西蘭、智利、墨西哥等，針對前述 10 個國家或地區對外簽署之 RTA 下防衛措施條款之立場作進一步整理，挑選上述經濟體相互間已生效之 26 個重要之 RTA 列入本文之比較研究範圍，得出國際間重要 RTA 之防衛措施條款類型大致分為三類：1. 成員間於 RTA 中自訂全球性及雙邊防

衛措施之適用要件；2. 成員間僅維持全球性防衛措施，未設雙邊防衛措施；3. 成員間完全撤除防衛措施之適用。從區域經濟整合之角度而言，WTO 允許會員間談判簽署之優惠性貿易協定，原本就隱含 RTA 夥伴彼此間應具有比 WTO 入會承諾更大幅度的市場開放，始符合「WTO plus」的精神，故 RTA 下防衛措施係在探討「RTA 成員因履行優惠性貿易協定之關稅再調降下，而導致來自原產於 RTA 另一締約方成員之大量進口所造成之產業損害」。倘若 RTA 成員因履行優惠性貿易協定而導致進口量增加，繼而使國內市場嚴重損害，則似不宜概括以 WTO 多邊架構下之 SG 協定發動全球性防衛措施，否則將實質影響非 RTA 成員涉案產品之出口利益，更進一步言，RTA 下之防衛措施條款亦不宜訂定較 SG 協定更為寬鬆之適用要件，否則 RTA 成員若假借自由貿易談判為名，但實際不斷發動雙邊防衛措施排除優惠關稅減讓或市場開放義務，則將違背區域經濟整合之初衷。

由上述脈絡中理解 RTA 下之防衛措施條款設計，並透過比較分析國際間 26 項國際間重要 RTA 之實踐經驗，本文就 RTA 下防衛措施條款之本質，以及區域或雙邊貿易如何平衡「市場開放」與「貿易救濟」之整體經濟利益，提出三點實證觀察與法律分析：1. 以階段式降稅搭配早收清單與過渡期之設計，減低市場開放衝擊：本文認為透過階段式降稅、早收清單、過渡期等三種方式搭配運用，應可將國內產業因 RTA 簽訂之市場開放義務的損害衝擊降到最低程度；2. 強化行政調查程序之透明化，使利害關係人充分陳述意見：本文認為於 RTA 下防衛措施條款中，如能強化行政調查程序之透明化，並使利害關係人充分陳述意見，可有效化解受防衛措施調查所影響涉案產品出口方之疑慮。而在貿易救濟調查程序中，如能建立公平、適時、透明且有效之機制，清楚通知 RTA 其他成員初步調查結果，並隨時與其他 RTA 成員進行諮商，亦可釐清案情並減少防衛措施之適用機會；3. 建立明確合理之補償機制，以區域或雙邊

諮商替代爭端解決：本文認為基於防衛措施對於區域及雙邊貿易之影響，RTA下防衛措施條款中更應強化區域（雙邊）諮商之功能，透過合理補償機制之建立，充分發揮減少防衛措施實施之可能性，避免 RTA 成員間因採行防衛措施之糾紛，而動輒訴諸 WTO 或 RTA 下爭端解決機制。

綜上所述，藉經由上述實證資料分析方法進行研究後，建議我國未來與其他重要貿易夥伴簽署 RTA 時，如欲在 GTT 第 XIX 條及 SG 協定基礎上，調整 RTA 下防衛措施條款內容，並審慎評估我國與對方之雙邊貿易依存度與國內產業結構之關係，藉由產業轉型與調整來增加我國之出口利益，以及減低可能受到之進口衝擊，並應將 RTA 下防衛措施條款視為國內產業最後一道貿易救濟防火牆，而非將其作為延緩或拒絕貿易開放之貿易終極武器。

參考文獻

于宗先、靖心慈,如何建立自由貿易區下的進口救濟制度——北美經驗,經濟部
　　貿易調查委員會 85 年度委託研究報告,1996 年。
中華經濟研究院,美國國會對於「貿易促進授權法案」(TPA)及 TPP 各國國會
　　參與談判之意見評析,國際經貿規範動態分析月報,2014 年 4 月。
王泰銓,毛巾戰爭——WTO 與兩岸貿易糾紛,台灣智庫出版,2006 年。
王煦棋,兩岸貨品進口救濟制度簡介暨其在 GATT/WTO 規範下之適用,萬國法
　　律,第 117 期,2001 年 6 月。
王震宇,「規則導向」取代「權力導向」?國際貿易爭端解決機制之運作分析,
　　中華國際法與超國界法評論,第 7 卷第 1 期,2011 年 6 月,頁 1-30。
王震宇,WTO 與區域貿易協定之締結與適用——從最高行政法院 96 年度判字第
　　1986 號判決談起,月旦法學雜誌,第 195 期,2011 年 8 月,頁 269-287。
王震宇,以 WTO 法律觀點解析兩岸服務貿易協議,月旦法學雜誌,第 231 期,
　　2014 年 8 月,頁 98-130。
王震宇,全球化與區域經濟整合下之兩岸經貿關係,中華國際法與超國界法評
　　論,第 4 卷第 1 期,2008 年 6 月,頁 160-187。
王震宇,自由貿易協定法律規範之研究——以中國大陸與香港之 CEPA 為中心,
　　中華國際法與超國界法評論,第 5 卷第 2 期,2009 年 12 月,頁 396-397。
王震宇,兩岸經濟合作架構協議之現狀與未來,月旦法學雜誌,第 189 期,2011
　　年 2 月,頁 115-118。
王震宇,區域貿易協定下反傾銷及平衡措施條款之實證研究,臺北大學法學論
　　叢,第 81 期,2012 年 3 月,頁 139-230。
丘宏達、陳純一,現代國際法,三民書局,2006 年,修訂 2 版,頁 3-7。
立法院公報,第 104 卷第 54 期,2015 年 6 月 25 日,頁 292。
匡導球,赤道之虎新加坡——從南洋碼頭到十強之國的進行式,2015 年。
李　凡,政治大轉型中的新加坡,http://big5.qstheory.cn/gj/gjsdfx/201109/
　　t20110906_108398.htm,2011 年。
李光耀著,周殊欽、林琬緋、陳彩霞、顧耀明譯,李光耀觀天下,遠見天下文
　　化,2014 年 7 月,頁 272-293。

李憲榮，新加坡國會選舉制度，台灣國際研究季刊，第 8 卷第 4 期，2012 年冬季號。

杜巧霞，FTA/RTA 相關議題基礎研究，外交部／經濟部國貿局委託中華經濟研究院（台灣 WTO 中心）──94 年度國際經貿事務研究及培訓中心計畫──子計畫（二）專題研究（2）成果報告，2005 年 12 月，頁 145-169。

杜巧霞，美星美澳及美韓洽簽 FTA 之研析，中華經濟研究院，研究計畫成果編號 0932B6。

杜巧霞等著，美韓洽簽 FTA 之研析，外交部／經濟部國貿局委託中華經濟研究院（台灣 WTO 研究中心）研究報告，2007 年 12 月。

林灼榮、施雅琴合著，國際貿易：理論、政策、實證，新陸書局，2004 年，頁 315-404。

林彩瑜，WTO 制度與實務：世界貿易組織法律研究（三），元照出版有限公司，2011 年。

林彩瑜，論 WTO 架構下區域貿易協定防衛措施適用之有關問題，WTO 貿易救濟與爭端解決之法律問題：世界貿易組織法律研究（一），元照出版有限公司，2005 年，頁 177-179。

林聖忠、杜巧霞，美星美澳及美韓洽簽 FTA 之研析，中華經濟研究院，經濟部國際貿易局委託計畫，2007 年。

河凡植，ECFA 與韓國的因應措施，問題與研究，第 51 卷第 2 期，2012 年 6 月，頁 147。

姚鴻成，韓國推動簽署 FTA 之優先考量順序暨選定對象基準之研析，WTO 電子報，第 153 期，中華經濟研究院，2009 年 3 月 6 日。

姚鴻成，韓國締結對外貿易條約與協定之法源研析，中華經濟研究院 WTO 及 RTA 中心專欄，2015 年 1 月 22 日。

施奕任，新加坡選舉制度與政治效應：1988-2011 國會選舉分析，政治學報，第 52 期，2011 年，頁 65-99。

洪德欽，WTO 法律與政策專題研究，新學林出版股份有限公司，2005 年，頁 10-15、281-283。

洪德欽，美國對外簽署自由貿易協定之研究，WTO 新議題與新挑戰，楊光華主

編，2003 年 8 月，頁 221-258。

徐遵慈主編，WTO 常用名詞釋義，經濟部國貿局出版，華泰發行，2009 年，頁 281-282。

張南薰，世界貿易組織下美國鋼品防衛措施爭端解決案之研究，政大法學評論，第 84 期，2005 年 4 月，頁 333-387。

張清溪、許嘉棟、劉鶯釧、吳聰敏合著，經濟學，翰蘆圖書，1998 年，頁 199-201。

許蔚農，WTO 防衛防條款析論及我國應有之立場，進口救濟論叢，第 21 期，2002 年 12 月，頁 85-115。

陳添枝，WTO 貿易救濟相關談判議題之研究，經濟部貿易調查委員會委辦計畫（編號：922104），2003 年。

陳添枝、劉大年、陳財家、林江峰，WTO 貿易救濟相關談判議題研究，經濟部貿易調查委員會委託中華經濟研究院——92 年度委託計畫成果報告書，2003 年 12 月，頁 161-166。

陳添枝、劉大年主編，不能沒有 ECFA——東亞區域經濟整合對臺灣的挑戰，遠景基金會出版，2010 年

陳鴻鈞，美國貿易授權法時期 FTA 的簽訂策略，問題與研究，第 47 卷第 4 期，2008 年 12 月。

陳櫻琴，經濟法之理論與新趨勢，翰蘆圖書，2000 年，增訂版。

陳櫻琴、邱政宗，WTO 與貿易法，五南圖書出版有限公司，2005 年，頁 311-316。

黃立、李貴英、林彩瑜，WTO 國際貿易法論，元照出版有限公司，2009 年，頁 33-36。

黃偉峰，從歐美經驗論立法院在兩岸經貿協商之監督角色，台灣民主季刊，第 6 卷第 1 期，2009 年 3 月，頁 185-98。

黃智輝，經濟決策過程中之矛盾與進口救濟制度，貿易調查專刊，第 4 期，1999 年 7 月，頁 13-23。

楊光華，從歸零法則之發展看 WTO 司法與立法之互動，政大法學評論，第 103 期，2008 年 6 月。

經濟日報，台星洽簽 FTA 有譜——ECFA 簽訂後經貿外交首傳捷報將成我參與東協經濟整合敲門磚，2010 年 8 月 5 日，A1 版。

經濟部，全球台商網，http://twbusiness.nat.gov.tw/countryPage.do?id=10&country=AU。

經濟部，我國推動加入「跨太平洋夥伴協定（TPP）」現況，立法院第八屆第 3 會期外交及國防委員會第 8 次全體委員會議，2013 年 3 月 25 日。

經濟部，新加坡投資貿易簡介，貿協全球資訊網，頁 10-11，http://www.taitraesource.com /total01.asp。

經濟部經貿談判代表辦公室，新加坡經貿體制報告——貿易政策簡介。

葉錦鴻、陳昭仁，GATT 第 24 條實體規範之研究，成大法學，第 17 期，2009 年 6 月，頁 200-201。

董思齊，「韓國 FTA 政策轉變的政治分析」，台灣國際研究季刊，第 11 卷第 2 期，2015 年夏季號，頁 125。

熊秉元、胡春田、巫和懋、霍德明合著，經濟學 2000：跨世紀新趨勢（下冊），雙葉書廊，2005 年，頁 318-321。

趙文衡，總統、國會與美國 FTA 政策：以 NAFTA 與 CAFTA-DR 為例，問題與研究，第 48 卷第 4 期，2009 年 12 月，頁 1-33。

劉大年，WTO 進口防衛制度與我國進口防衛制度之研究，貿易調查專刊，第 1 期，1996 年 5 月，頁 99-112。

劉大年，台星 FTA 區域整合敲門磚，聯合報，2010 年 8 月 7 日。

劉大年，各國進口救濟制度與我國進口救濟制度之比較研究，進口救濟法規制度專題研究叢書，第 7 冊，1996 年。

劉大年，新加坡區域經濟整合概況，經濟前瞻，第 131 期，2010 年 9 月。

劉碧珍、陳添枝、翁永和，國際貿易理論與政策，雙葉書廊，2005 年，二版，頁 383。

蔡宏明，烏拉圭回合防衛協定與我國進口救濟制度，經社法制論叢，第 14 期，1994 年 7 月，頁 361。

蕭功秦，新加坡民主啟示錄：民主一黨制，2009 年，http://news.ifeng.com/history/zhuanjialunshi/xiaogongqin/200907/0713_7327_1247030.shtml。

蕭富山，WTO 防衛協定及各協定防衛條款概述——兼論我國因應之道，中原財

經法學，第 3 期，1997 年 6 月，頁 135-178。

總理：繼續加強勞資政夥伴關係，聯合早報，2007 年 1 月 25 日。

謝翠娟，電子化政府與新科技，科學發展，第 480 期，2012 年 12 月，頁 26-34。

顏慧欣，對外經貿談判程序法制化之簡評，WTO 及 RTA 電子報，第 409 期，2014 年 5 月 16 日，頁 3-8。

羅昌發，國際貿易法，元照出版有限公司，1999 年，頁 819-876。

羅昌發，國際貿易法，元照出版有限公司，2010 年，頁 35-37。

羅昌發，論美國法對「可被課徵平衡稅之補貼」概念之界定，美國貿易救濟制度：國際經貿法研究（一），月旦出版，1994 年。

蘇怡文，韓國 FTA 政策宣導和民間溝通的做法，中華經濟研究院 WTO 及 RTA 中心專欄，2015 年 2 月 26 日。

顧瑩華，加強台灣與歐盟雙邊經貿合作機會之研析，行政院經濟建設委員會委託中華經濟研究院研究計畫，2008 年。

A. Imtiaz Hussain, "Running on Empty in Central America? Canadian, Mexican, and U.S. Integrative Efforts" (Univ. Press of America, 2006), at 45-55.

Adam M. Samaha & Lior Jacob Strahilevitz, "Don't Ask, Must Tell - And Other Combinations: A More Robust Public Conversation", 103 California Law Review, 919, 925-927 (August, 2015).

Agreement on Implementation of Article VI of the General Agreement on Tariffs and Trade 1994 (AD Agreement), Art. 17.6.

Agreement on Implementation of GATT Article VI (Anti-dumping Agreement, or AD Agreement), BISD 26S/171.

Agreement on Reciprocal Trade, Dec. 23, 1942, U.S.-Mexico, Art. XI, 57 Stat. 833, 845-866.

Agreement on Safeguards (hereinafter SG Agreement), 1869 U.NT.S. 154 (1994).

Agreement on South Asian Free Trade Area (SAFTA), Art. 22 (Jan. 6, 2004).

Agreement on Subsidies and Countervailing Measures (SCM), 1867 UNTS 14.

Ahn, Dukgeun, Foe or Friend of GATT Article XXIV: Diversity in Trade Remedy Rules, 11 J. Int'l Econ. L., 107, 109-112. (March, 2008).

Ala'i, Padideh, The Multilateral Trading System and Transparency in Trends in World Trade Policy: Essays in Honor of Sylvia Ostry, 105-132 (Alan S. Alexandro. ed., Carolina Academic Press, 2007).

Amelia Porges & Joel P. Trachtman, Robert Hudec and Domestic Regulation: The Resurrection of Aim and Effects, 37 J. World Trade, 783, 783-800 (2003).

Andrew Moravcsik, Liberalism and International Relations Theory, 32 (1992).

Ann Capling & John Ravenhill, Australia's trade negotiating strategy fundamentally flawed, 2014 Workshop "Ten Years since the Australia-US Free Trade Agreement: Where to for Australia's Trade Policy?", sponsored by the Academy of the Social Sciences in Australia and Faculty of Arts and Social Sciences, UNSW Australia.

Ann Capling, Australia and the Global Trade System: From Havana to Seattle, Cambridge University Press (2001).

Anne-Marie Slaughter, International law and International Relations Theory: A Dual Agenda, 87 Am. J. Int'l L., 205, 205 (1993).

Anthony Aust, Modern Treaty Law and Practice, Cambridge University Press, Cambridge, 2013, p. 175.

Appellate Body Report, Argentina - Safeguard Measures on Imports of Footwear, WT/DS121/AB/R, at paras. 79-84, 80-89, 115-39 (Dec. 14, 1999).

Appellate Body Report, United States - Definitive Anti-Dumping and Countervailing Duties on Certain Products from China (U.S. Anti-dumping and Countervailing Duties Case), WT/DS379/R (Mar. 11, 2011).

ASEAN Protocol, Art. 21 (preserving the DSM for all disputes arising before November 29, 2004); Prime Minister Lt-Gen Soe Win Attends 10th ASEAN Summits of Heads of State/Government of ASEAN and Japan, ROK, India and Australia-New Zealand, New Light of Myanmar (Myan.) (Dec. 4, 2004), available at http://www.ibiblio.org/obl/docs/NLM2004-12-04.pdf.

Asian Development Bank (ADB), How to Design, Negotiate and Implement a FTA in Asia (April 2008).

Associate Professor Weatherall, Answer to Question on Notice (27 May 2015), p. 4.

Attorney-General v Elite Wood Products (Australia) Pty Ltd and another, 1992, 1 SLR(R) 929, at 937.

Bhala, Raj & Kevin Kennedy, World Trade Law: The GATT-WTO System, Regional Agreements, and U.S. Law (Lexis Law Publishing, 1998).

Bhala, Raj, International Trade Law: Theory and Practice, 625, Lexis Publisher (2nd ed. 2001).

Boonekamp Clemens, "Regional Trade Integration under Transformation" (Programme and Presentations for the Seminar on Regionalism and the WTO, Apr. 26, 2002).

Bossche, Peter Van Den, The Law and Policy of the World Trade Organization: Text, Cases and Materials, 650-667 (2005).

Brett A. Albren, "The Continued Need for A Narrowly-Tailored, Rule-Based Dispute Resolution Mechanism in Future Free Trade Agreements," 20 Suffolk Transnat'l L. Rev. 85, 105-07 (1996).

Bronckers, MC. E. J., Selective Safeguard Measures in Multilateral Trade Relations, 20-25 (Deventer, Netherlands: Kluwer Law and Taxation Publishers, 1995).

Cabinet Decision, Basic Policy on Comprehensive Economic Partnerships, November 9th (2010).

Cable, Vincent & David Henderson eds., Trade Blocs? The Future of Regional Integration, 12, Royal Inst. of Int'l. Affairs (1994).

Capling, Ann, Australia's WTO Approaches: Implications for Australia-Taiwan Relations, Australian Studies, Vol. 3 (2002).

Carmody, Chi, Metrics and the Measurement of International Trade: Some Thoughts on the Early Operation of the WTO RTA Transparency Mechanism, 28 St. Louis U. Pub. L. Rev. 273, 273-274 (2008).

Chaisse, Julien & Debashis Chakraborty, Implementing WTO Rules Through Negotiations and Sanctions: The Role of the Trade Policy Review Mechanism and Dispute Settlement System, 28 U. Pa. J. Int'l Econ. L., 153 (2007).

Chang, Kui-I & Kazunobu Hayakawa, Selection and utilization of the early harvest list : evidence from the Free Trade Agreement between China and Taiwan, IDE

Discussion Papers, 365, 3-5 (Institute of Developing Economies, Japan External Trade Organization, JETRO, Aug. 2012).

Chang-Fa Lo, WTO-Plus in Free Trade Agreements 21, Angle Publishing Co., Ltd. (2010).

Charles M. Gastle & Jean G. Castel, "Should the North American Free Trade Agreement Dispute Settlement Mechanism in Anti-dumping and Countervailing Duty Cases be Reformed in the Light of Softwood Lumber III?", 26 Law & Pol'y Int'l Bus. 823, 829 (1995).

Chase, Kerry, Multilateralism Compromised: The Mysterious Origins of GATT Article XXIV, 5(1) World Trade Review, 1, 17 (2006).

Cho, Sungjoon, Beyond Doha Promises- Administrative Barriers as an Obstruction to Development, 25 Berkeley J. Int'l L., 395, 423-424 (2007).

Choice, TPP secretly trading away your rights, 2nd March 2015; Sebastian, Trans-Pacific Partnership Agreement (TPP) confidentiality, Adelaide-SouthAustralia. com (2nd June 2015).

Cipollina, M., and Salvatici, L., 2010, 'Reciprocal trade agreements in gravity models: a meta-analysis', Review of International Economics, Vol. 18, No. 1, pp. 63-80.

Clemens, Boonekamp, Regional Trade Integration under Transformation, Apr. 26, 2002, Programme and Presentations for the Seminar on Regionalism and the WTO.

Colin Kirkpatrick & Clive George, Trade and Development Assessing the Impact of Trade Liberalisation on Sustainable Development, Instiute for Development Policy and Management, Impact Assessment Research Center Working Paper Series, Paper No. 5 (June 2004).

Crawford, Jo-Ann & Fiorentino, Roberto V., The Changing Landscape of Regional Trade Agreements, discussing papers, WTO Publications 3 (2005), available at http://www.wto.org/english/res_e/ booksp_e/discussi on_papers8_e.pdf.

Crawford, Jo-Ann, A New Transparency Mechanism for Regional Trade Agreements, 11 Singapore Year Book of International Law (S. Y. B. I. L.) 133, 140 (2007).

Croome, John, Reshaping the World Trading System: A History of the Uruguay Round, 53-57, 168-171, 260-261 (2nd and revised ed., The Hague: Kluwer Law International, 1999).

Dam, Kenneth W., Regional Economic Arrangements and the GATT: the Legacy of a Misconception, 30 U. Chi. L. Rev., 615, 633 (1963).

Daniel D. Bradlow, A Test Case for World Bank, 11 Am. U. J. Int'l L. & Pol., 247, 247 (1996).

Daniel D. Bradlow, Private Complainants and International Organizations: A Comparative Study of the Independent Inspection Mechanisms in International Financial Institutions, 36 Geo. J. Int'l L., 403, 463 (2005).

Das, Dilip K., Regionalism in Global Trade, 9-12 (Edward Elgar Publg. Ltd. 2004).

Davey, William J., Implementation of the Results of WTO Trade in M. Matsushita, D. Ahn & T. Chen eds., The WTO Trade Remedy System: East Asian Perspectives, 32-61 (Cameron May Pub., 2006).

Davey, William J., Implementation of the Results of WTO Trade, in The WTO Trade Remedy System: East Asian Perspectives 32-61 (M. Matsushita, D. Ahn & T. Chen eds., 2006).

David A. Gantz, Regional Trade Agreements – Law, Policy and Practices (Carolina Academic Press, 2009). (Especially Part II: U.S. Regional Trade Agreements; Part III: Other Significant Regional Trade Agreements).

David S. Levine, Bring in the Nerds: Secrecy, National Security, and the Creation of International Intellectual Property Law, 30 Cardozo Arts & Ent. L. J. 105, 2012.

Deborah Z. Cass, The Constitutionalization of the World Trade Organization: Legitimacy, Democracy, and Community in the International Trading System, 3-57 (2005).

Delener, Nejdet, Strategic Planning and Multinational Trading Blocs, 22 (Quorum Bk. 1999).

Department of Justice, "Guide to the Freedom of Information Act: President Obama's FOIA Memorandum and Attorney General Holder's FOIA Guidelines".

Derek E. Bambauer, Chutzpah, 6 J. Nat'l Security L. & Pol'y 549 (2013).

Devuyst, Youri & Asja Serdarevic, The World Trade Organization and Regional Trade Agreements: Bridging the Constitutional Credibility Gap, 18 Duke J. Com. Int'l L., 1, 50-52 (2007).

Dinan, Desmond, Ever Closer Union: An Introduction to European Integration, 37 (1999).

Doha Ministerial Declaration, WTO Doc. WT/MIN(01)/DEC/1, adopted on 14 November 2001.

Do-hun Kim, An Assessment of the Manufacturing Industry's Interests Reflected and the Negotiation Process in Promoting Korea's FTAs, Seminar on FTA Promotion and Negotiation Processes, KITA Institute for International Trade (October 2008).

Dong-Yun Oh et al., Specific Policy Tasks to Enhance SMEs Utilization of FTAs, Korea Small Business Institute (KOSBI) (December 2011).

Dunkey, Graham, Free Trade Adventure: The WTO, the Uruguay Round and Globalism– A Critique, 130, Melbourne U. Press (1997).

Eduardo Levy Yeyati, Enrnesto Stein & Christian Daude (2002), "The FTAA and the Location of FDI", IDB-Harvard Conference on the FTAA n Punta del Este, Uruguay.

Edward D. Mansfield & Helen V. Milner, "The Political Economy of Regionalism: An Overview in The Political Economy of Regionalism: New Direction", in World Politics 1, 2-3 (John G. Ruggie ed., 1997).

Edward J. Chambers & Peter H. Smith eds., NAFTA in the New Millennium, The University of Alberta Press (2002).

Edward L. Hudgins eds., Freedom to Trade: Refuting the New Protectionism, (Washington, DC: Center for Trade Policy Studies, CATO Institute, 1997).

Enabling Clause, Differential and more favourable treatment reciprocity and fuller participation of developing countries, Decision of 28 November 1979 (L/4903), para. 4(a).

Eric Dannenmaier, Lawmaking on the Road to International Summits, 59 DePaul L. Rev., 1 (2009).

Eric Stein, International Integration and Democracy: No Love at First Sight, 95 Am. J. Int'l L., 489 (2001).

Ernst-Ulrich Petersmann, "International and European Foreign Trade Law: GATT Dispute Settlement Proceedings Against The EEC," 22 Common Mkt. L. Rev. 441, 473 (1985).

Errol Mendes & Ozay Mehmet, Global Governance, Economy and Law: Waiting for Justice, 12-15 (2003).

Estevadeordal, Antoni, Traditional Market Access Issues in RTAs: An Unfinished Agenda in The Americas' Background Paper for the Seminar: Regionalism and the WTO (Apr. 26, 2002), Programme and Presentations for the Seminar on Regionalism and the WTO.

Eugenia Karanikolas & L Ferris, Customs Amendment (Malaysia–Australia Free Trade Agreement Implementation and Other Measures) Bill 2012, Bills digest, 56, 2012-13, Parliamentary Library, Canberra (2012).

Eugenia Karanikolas, Current negotiations on Free Trade Agreements under Australia, Parliamentary Library, Canberra (2012).

European Commission Trade, Commission proposes to open negotiations for a Free Trade deal with Japan, http://trade.ec. europa.eu/doclib/press/index. cfm?id=823 (18 July 2012).

European Communities - Anti-dumping Duties on Certain Flat Rolled Iron or Non-Alloy Steel Products from India, WT/DS313/2 (dated 27 October 2004).

Ex. Bd. Decision No. 6056-(79/38), March 2, 1979, paras. 4 & 9, Selected Decisions, 25th Issue 228, repealed by Guidelines on Conditionally, Decision No. 12864-(02/102), September 25, 2002, Selected Decisions, 30th Issue 243.

Fiorentino, Roberto V., Jo-Ann Crawford & Christelle Toqueboeuf, The Landscape of Regional Trade Agreements and WTO Surveillance in Multilateralizing Regionalism, 28-76 (Richard Baldwin & Patrick Low eds., Cambridge U. Press, 2009).

Fiorentino, Roberto V., Jo-ann Crawford & Christelle Toqueboeuf, The landscape of regional trade agreements and WTO surveillance in Richard Baldwin & Patrick

Low eds. Multilateralizing Regionalism: Challenges for the Global Trading System, 28-77 (Cambridge University Press, 2009).

Fiorentino, Roberto V., Luis Verdeja & Christelle Toqueboeuf, The Changing Landscape of Regional Trade Agreements: 2006 update, WTO Discussion Paper No. 12. (Geneva, WTO 2007), available at http://www.wto.org/english/res_e/ reser_e/discussion_papers_e.htm.

Flory, Thiebaut, The Agreement on Safeguards in Jacques H. J. Bourgeois, Frederique Berrod & Eric G. Fournier Eds., The Uruguay Round Results, 265-273 (Brussels: European Interuniversity Press, 1995).

Foreign Affairs, Defense and Trade References Committee, Blind Agreement: Reforming Australia's Treaty-Making Process (June 2015), Commonwealth of Australia.

Foreign Affairs, Defense, Trade Committee Blind Agreement: Reforming Australia's Treaty-Making Process (June, 2015).

Frank Loy, Public Participation in the World Trade Organization in The Role of the WTO in Global Governance (Gary P. Sampson Ed.), United Nations University Press, pp. 114-136 (August 2001).

Frederick M. Abbott, "Integration Without Institutions: The NAFTA Mutation of the EC Model and the Future of the GATT Regime", 40 Am. J. Comp. L. 917, 947 (1992).

Gabrielle Marceau & Mikella Hurley, Transparency and Public Participation in the WTO: A Report Card on WTO Transparency Mechanisms, 4(1) Trade, Law and Development 19 (2012).

Gantz, David A., Dispute Settlement Under The NAFTA and the WTO: Choice of Forum Opportunities and Risks for the NAFTA Parties, 14 Am. U. Int'l L. Rev., 1025, 1068-1072 (1999).

Gantz, David A., Regional Trade Agreements: Law, Policy and Practice, 20-22, Carolina Academic Press (2009).

Gary Banks and Bill Carmichael, Domestic Transparency in Australia's Economic and Trade Reforms: The Role of 'The Commission', presented to the Lowy

Institute and Tasman Transparency Group Conference, Enhancing Transparency in the Multilateral Trading System, 4 July 2007, Sydney.

Gary Clyde Hufbauer & Jeffery J. Schott, Western Hemisphere Economic Integration 159, 174 (1994).

GATT, Council – 14 July 1992, Minutes of Meeting, held in the Centre William Rappard, C/M/258.

GATT, Oct. 30, 1947, 55 U.N.T.S. 194. Preamble, Art. XXIV., Art. XXIV: 4, Art. XXIV: 5, Art. XXIV: 5(a), Art. XXIV: 5(b), Art. XXIV: 5(c), Art. XXIV: 7(a), Art. XXIV: 7(b), Art. XXIV: 5(a), Art. XXIV: 7(c), Art. XXIV: 8(a), Art. IV: 8(a)(i), Art. XXIV: 8(b), Art. IV: 8(a)(ii).

Geiger, Till & Dennis Kennedy eds., Regional Trade Blocs, Multilateralism, and the GATT: Complementary Paths to Free Trade?, 23-35 (Pinter press 1996).

General Agreement on Tariffs and Trade (GATT 1947), 55 UNTS 194; 61 Stat. pt. 5; TIAS 1700.

General Agreement on Trade in Services (GATS), 1869 UNTS 183; 33 ILM 1167 (1994), Art. V.

Glen T. Schleyer, "Power to the People: Allowing Private Parties to Raise Claims Before the WTO Dispute Resolution System", 65 Fordham L. Rev. 2275, 2296 (1997).

Goode, Walter, Dictionary of Trade Policy Terms 253 (2003).

Goode, Walter, Dictionary of Trade Policy Terms, 237, Cambridge U. Press (4th ed. 2003).

Gordon Brown, "How to Embrace Change," Newsweek, Vol. 147, No. 24, 64 (June, 12 2006).

Gray Sampson, "Regional Trading Arrangements and the Multilateral Trading System," in Regional Trade Blocs, Multilateralism, and the Gatt: Complementary Paths to Free Trade? 13, 13-14 (Till Geiger & Dennis Kennedy eds., Pinter Press, 1996).

Guidelines on Conditionally, Decision No. 12864-(02/102), September 25, 2002, Selected Decisions, 30th Issue 243, para. 3.

Hafez, Zakir, Weak Discipline: GATT Article XXIV and the Emerging WTO Jurisprudence on RTAs, 79 N.D. L. Rev. 879, 903-905 (2003).

Han-Seong Kim et al., Characteristics of Korea's Rules of Origin under FTAs and a Recommended Business Strategy, Research Report 08-09, KIEP (August 2012).

Han-Seong Kim, Utilization of FTA preferential tariffs in Korea and its Implications, World Economy Today, Vol. 9 No. 4, KIEP (February 2009).

Helble, Matthias, Ben Shepherd & John S. Wilson, Transparency and Regional Integration in the Asia Pacific, 32 World Economy, 479, 479-508 (Vol. 3, 2009).

Hertel, Thomas, W, Walmsley, Terrie and Itakura, Ken, "Dynamic Effects of "New Age" Free Trade Agreement between Japan and Singapore", Center for Global Trade Analysis, Purdue University, mimeo (August 2001).

Hoekman, Bernard M. & Michel M. Kostecki, The Political Economy of the World Trading System: The WTO and Beyond, 75, Oxford U. Press (2nd ed. 2001).

Hye-yeon Lee et al., FTA Trends in Major Economies and Prospects for 2014, Trade Focus, Vol. 13 No. 13, KITA Institute for International Trade (March 2014).

Ian F. Fergusson & Richard S. Beth, Trade Promotion Authority (TPA): Frequently Asked Questions, Congressional Research Service (July 2, 2015).

In re U.S. Safeguard Action Taken on Broom Corn Brooms from Mexico, USA-97-2008-01, Report of the Panel (Jan. 30, 1998).

Jackson, John H., Davey, William, J & Alan O. Sykes Jr., Legal Problems of International Economic Relations: Case, Materials and Text on the National and International Regulation of Transnational Economic Relations, 78-85, 193-199, 676-677 (4th ed., 2002).

Jackson, John H., Equality and Discrimination in International Economic Law: The General Agreement on Tariffs and Trade in The British Yearbook of World Affairs, London Inst. of World Affairs (1983).

Jackson, John H., The GATT Consistency of Export Restraint Arrangements, 11World Economy 187, 187-202 (1988).

Jackson, John H., The Jurisprudence of GATT & the WTO: Insights on Treaty Law and Economic Relations, 99-101, Cambridge U. Press (2000).

Jackson, John H., The World Trading System, 209-213 (2nd ed., Cambridge: MIT Press, 1997).

Jackson, John H., The World Trading System: Law and Policy of International Relations, 101, MIT Press (2nd ed. 1997).

Jackson, John H., William J. Davey & Alan O. Sykes, Jr., Legal Problems of International Economic Relations: Cases, Materials, and Text, 416, West Group (4th ed. 2002).

Japan – Taxes on Alcoholic Beverages, WTO Appellate Body Report adopted by the DSB on 11 November 1996 (WT/DS8, 10 & 11/AB/R).

Jeffery J. Schott, ed., "Free Trade Agreements: U.S. Strategies and Priorities", Inst. for Int'l Economics, at 23-28 (2004).

Jenny D. Balboa, Negotiated Trade Liberalization in East Asia: Examining Japan's Economic Partnership Agreement (EPA), Japan Center for Economic Research (JCER) (July 2008).

John H. Barton, "Two Ideas of International Organization", 82 Mich. L. Rev. 1520, 1520 (1984).

John H. Jackson, "Managing the Trading System: The World Trade Organization and the Post-Uruguay Round GATT Agenda", in Managing The World Economy: Fifty Years after Bretton Woods, 131, 141 (Peter B. Kenen ed., 1994).

John H. Jackson, "The Crumbling Institutions of the Liberal Trade System", 12 J. World Trade Law, 93, 98 (1978).

John H. Jackson, Global Economics and International Economic Law, 1 J. Int'l Econ. L., 1, 1-2 (1998).

John H. Jackson, The World Trading System, 85 (1989).

John H. Jackson, The World Trading System: Law and Policy of International Economic Relations, 31-35 (1997).

John M. Curtis & Aaron Sydor eds., NAFTA @ 10, Minister of Public Works and Government Service Canada (2006).

John M. Mercury, "Chapter 19 of the United States-Canada Free Trade Agreement 1989-95: A Check on Administered Protection?", 15 Nw. J. Int'l L. & Bus. 525,

525 (1995).

John W. Miller, "Protectionist Measures Expected to Rise," Wall Street Journal (September 15, 2009), at A5.

Joost Pauwelyn, "Going Global, Regional, or Both? Dispute Settlement in the Southern African Development Community (SADC) and Overlaps with the WTO and Other Jurisdictions," 13 Minn. J. Global Trade, 231, 285-286 (Summer, 2004).

Junji Nakagawa, A Comparison of the FTA Strategies of Japan and China and Their Implications for Multilateralism, Research Center for Chinese Politics and Business (RCCPB), Working Paper No. 11 (October 2011).

Justin Byrne, "NAFTA Dispute Resolution: Implementing True Rule-Based Diplomacy through Direct Access", 35 Tex. Int'l L. J., 415, 417 (2000).

Karl Meessen, Economic Law in Globalizing Markets, 20 (2004).

Kerr, William A., Trade Agreements: The Important Role of Transparency, 9 J. Intl. L. & Trade Pol. 1-11, (Vol. 1, 2008).

Kevin Zeese & Margaret Flowers, World at a Crossroads: Stop the Fast Track to a Future of Global Cooperate Rule (March 11, 2015).

Ki-Kwan Yoon, FTA Business Strategies, Gung Media Press (CNU, Korea) (September 2014).

Killion, M. Ulric, Chinese Regionalism and the 2004 ASEAN-China Accord: The WTO and Legalized Trade Distortion, 31 N.C. J. Int'l L. & Com. Reg., 1 (Fall, 2005).

Kirkpatrick & Lee 2002a: 26f; Kirkpatrick & Mosedale 2002: 9; George 2002: 7; CAT&E 2003: 8.

Korea-Definitive Safeguard Measures on Imports of Certain Dairy Products: Report of the Appellate Body, WT/DS98/AB/R.

Kotera, Akira & Tomofumi Kitamura, On the Comparison of Safeguard Mechanisms of Free Trade Agreements, The Research Institute of Economy, Trade and Industry (RIETI) Discussion Paper Series 07-E-017, at 2-3 (March, 2007).

Larry Crump, Managing Negotiation Linkage Dynamics: A Temporal Model Applied to Bilateral Trade Negotiations between Australia, Singapore and the United States, Presented at Groupe d'Economie Mondiale Sciences-Po, Paris (21 November 2005).

Laurence A. Green and James K. Sebenius, Tommy Koh and the U.S.-Singapore Free Trade Agreement: A Multi-Front "Negotiation Campaign", Harvard Business School, 2014, v2.2, Working Paper 15-053 (December 16, 2014).

Lawrence, Robert Z., Regionalism, Multilateralism, and Deeper Integration, 10-21, The Brookings Institution (1996).

Lee Hsien Loong v Review Publishing [2007] 2 SLR(R) 453.

Lenore Taylor, Australian MPs allowed to see top-secret trade deal text but can't reveal contents for four years, International trade, The Guardian Australia , June 2, 2015. http://www.theguardian.com/business/2015/jun/02/australian-mps-allowed-to-see-top-secret-trade-deal-text-on-condition-of-confidentiality.

Lesher, M. and Miroudot, S. 2006, 'Analysis of the economic impact of investment provisions in regional trade agreements', OECD Trade Policy Working Papers, No. 36.

Lester, Simon & Bryan Mercurio, Bilateral and Regional Trade Agreements: Commentary and Analysis, 84-87 (Cambridge University Press, 2009).

Lewis, Meredith Kolsky, The Free Trade Agreement Paradox, 21 New Zealand Universities Law Review (NZ. U. L. Rev.) 554, 571-574 (2005).

Lim Chin Leng & Mahdev Mohan, Introduction to Singapore's Engagement with International Law-Making, available at http://www.singaporelaw.sg/sglaw/laws-of-singapore/overview/chapter- 5.

Linda Low, Singapore's Bilateral Free Trade Agreements: Institutional and Architectural Issues, Paper for PECC Trade Forum, Joint Meeting with PECC and Inter-American Development Bank, Washington DC (23 April 2002).

Linda Low, The Singapore Developmental State in the New Economy and Polity, The Pacific Review, Vol. 14, No. 3, pp. 409-439 (2001).

Lo, Chang-fa, WTO-plus in Free Trade Agreements, 45-67 (Angle Publishing Co., Ltd., 2010).

Long, O. 1987, Public scrutiny of protection: a report on policy transparency and trade liberalization, Trade Policy Research Centre, London.

Long, O. et al., Public Scrutiny of Protection: Domestic Policy Transparency and Trade Liberalization, published by Gower for the Trade Policy Research Centre, London (1989).

Lyons, James M., Kay C. Georgi, Matthew J. McConkey & Kristy L. Balsanek, Safwguards: An Overview of Global, China, Textile, and FTA Measures in Timothy C. Brightbill, Linda S. Chang & Peggy A. Clarke eds., Trade Remedies for Global Companies: International Practitioner's Deskbook 147-158 (American Bar Association Pub., Dec., 2006).

Maira Sutton, More Closed-Door Meetings, a New Chief Transparency Officer, and Growing International Opposition to the Deal: What's Going on with the TPP (September 11, 2015).

Manger, Mark, Competition and Bilateralism in Trade Policy: The Case of Japan's Free Trade Agreements, Review of International Political Economy, Vol. 12, No. 5: 804-828 (2005).

Mansfield, Edward D. & Helen V. Milner, The Political Economy of Regionalism: An Overview in The Political Economy of Regionalism: New Direction in World Politics, 1-3 (John G. Ruggie ed., Colum. U. Press 1997).

Mark Halle & Robert Wolfe Eds., Process Matters: Sustainable Development and Domestic Trade Transparency, International Institute for Sustainable Development (IISD) (2007).

Martti Koskeniemmi, Letter to the Editors of the Symposium, 93 Am. J. Int'l L., 351 (1999).

Masahiko Tsusumi, The Economic Impacts of Japan-China-Korea FTA: An Application of CGE model, mimeo, Japan Center for Economic Research (in Japanese) (2003).

Mathis, James H., Regional Trade Agreements and Domestic Regulation: What Reach for 'Other Restrictive Regulations of Commerce'? in Lorand Bartels and Federico Ortino eds., Regional Trade Agreements and the WTO Legal System,

89-91 (Oxford University Press, 2006).

Mathis, James H., Regional Trade Agreements in the GATT/WTO: Article XXIV and the International Trade Requirement 203, T.M.C. Asser Press (2002).

Mathis, James H., Regional Trade Agreements in the GATT/WTO: Article XXIV and the Internal Trade Requirement, 127-144 (2002).

Mavroidis, Petros C., George A. Bermann & Mark Wu, The Law of the World Trade Organization (WTO): Documents, Cases & Analysis, 154-157, West Group (2010).

Mavroidis, Petros C., Survellance Schemes: The GATT's New Trade Policy Review Mechanism, 13 Mich. J. Int'l. L., 374, 374-414 (1992).

Melo, Jaime de & Panagariya, Arvind eds., New Dimensions in Regional Integration, 50-52 (1993).

Miklós Szabó-Pelsóczi, Fifty Years After Bretton Woods, 7-11 (1996).

Min Je, Current Status of Compensatory Measures for Farmers Affected by the Korea-US FTA and Main Issues, Project Assessment and Issue Analysis, No. 28, National Assembly Budget Office (October 2010).

Ministry of Foreign Affairs and Trade of New Zealand, Australia-New Zealand Closer Economic Relationship, 28 (2005).

Ministry of Foreign Affairs of Japanese Government, Basic Policy on Comprehensive Economic Partnerships, Ministerial Committee on Comprehensive Economic Partnerships, available at http://www.mofa.go.jp/policy/economy/fta/policy20101106.html.

Min-ji Choi, Current Status of FTA Compensatory Measures for Agriculture in Korea, FTA together, Vol. 22 (March 2014).

Miquel Montana Mora, "A GATT with Teeth: Law Wins over Politics in the Resolution of International Trade Disputes" 31 Colum. J. Transnat'l L., 103, 141-59 (1993).

Mireya Solis, Japan's Preferential Trade Agreements: Implications for Domestic Liberalization and Regional Integration in East Asia, Advanced Social Science Research on Japan, NEH Division of Research Program (2011).

MOSF, Achievements of the 100 Days of the Korea-US FTA and the One Year of the Korea– EU FTA (press release) (June 2012).

MOSF, Domestic Compensatory Measures in Preparation for the Ratification of the Korea– US FTA (press release) (January 2012).

MOTIE, KTC Determines FTA-related Financial Losses of Pork Processors (press release) (August 2012).

Muhamed Moi Brajanovic, Bilateral Trade Development During Economic Downturn: The EU Negotiation with Singapore, University of Gothenburg Master Thesis (2010).

Murray N. Rothbard, Protectionism and the Destruction of Prosperity, Monograph first published by the Mises Institute (1986), available at http://mises.org/ rothbard/protection-ism.pdf.

Nak-Gyun Choi et al., Analysis of Challenge of FTAs and Its Implications for Trade and Structural Adjustment, Research Report 09-03, KIEP (November 2009).

Negotiating Group on Market Access, Negotiating Proposal on NTBs in the Chemical Products and Substances Sector in Fourth Revision of Draft Modalities for Non-Agricultural Market Access, 82-83 TN/MA/W/103/Rev.3 (Dec. 6, 2008).

Nick O'Neill, Simon Rice & Roger Douglas, Retreat from Injustice: Human Rights Law in Australia, 2004, at 174-178.

Nobuo Kiriyama, "Institutional Evolution in Economic Integration: A Contribution to Comparative Institutional Analysis for International Economic Organization", 19 U. Pa. J. Int'l Econ. L., 53, 67-68 (1998).

Nsour, Mohammad F., Regional Trade Agreements in the Era of Globalization: A Legal Analysis, 33 N.C.J. Int'l L. & Com. Reg., 359, 381-384 (Spring, 2008).

Office of the United States Trade Representative, "Advisory Committees". https:/ ustr.gov/about-us/advisory-com mittees.

Olson, Ruth E., GATT - Legal Application of Safeguards in the Context of Regional Trade Arrangements and its Implications for the Canada-United States Free Trade Agreement, 73 Minn. L. Rev., 1488, 1517-1520 (June, 1989).

Patricia Kalla, "The GATT Dispute Settlement Procedure in the 1980s: Where Do We

Go from Here?" 5 Dick. J. Int'l L., 82, 92 (1986).

Pauwelyn, Joost, The Puzzle of WTO Safeguards and Regional Trade Agreements, 7 J. Int'l Econ. L., 109, 125-128 (March, 2004).

Per Mason CJ, Deane and Toohey JJ in Minister for Immigration and Ethnic Affairs v Teoh (1995) 128 ALR 353 at p. 354.

Peter Robson, The Economics Of International Integration, 274 (4th ed. 1998).

Petersman, E-U., Gray Area Measures and the Rule of Law, 22 Journal of World Trade 23, 23-44 (1988); Terence P. Stewart, The GATT Uruguay Round: A Negotiating History, 1986-1992, at 1729 (Boston: Kluwer Law and Taxation, 1993).

Picker, Colin B., Regional Trade Agreements v. The WTO: A Proposal for Reform of Article XXIV to Counter this Institutional Threat, 26 U. Pa. J. Int'l Econ. L., 267, 271-272 (2005).

Pierre Gröning, FTA Position Paper on EU-JAPAN Trade Negotiations, EU-Japan Trade Negotiations (May 2013).

Pierre Pescatore, "Drafting and Analyzing Decisions on Dispute Settlement", in Handbook of WTO/GATT Dispute Settlement 3, 24, at 38 (Pierre Pescatore et al. eds., 1997).

Prasser, S., Royal Commissions and Public Inquiries in Australia, LexisNexis Butterworths, Australia (2006).

Preamble of General Agreement on Tariffs and Trade, Oct. 30, 1947, 61 Stat. A-11, 55 U.N.T.S. 194.

Preamble of Marrakesh Agreement Establishing the World Trade Organization, Apr. 15, 1994, 1867 U.N.T.S. 154, 33 I.L.M. 1144 (1994).

Productivity Commission (PC), Bilateral and Regional Trade Agreements, Research report, PC, Canberra (2010).

Protocol on Dispute Settlement Mechanism pmbl. (Nov. 20, 1996).

Public Prosecutor v Tan Cheng Yew and another appeal [2013] 1 SLR 1095.

R v Burgess; Ex Parte Henry (1936) 55 CLR 608 per Latham CJ at 644.

Ramkishen Rajan, Sen S, Rahul and Siregar, Reza, Singapore and Free Trade

Agreements: Economic Relations with Japan and the United States, Singapore: Institute of Southeast Asian Studies (2001).

Ramkishen Rajan, Sen S, Rahul, The Japan-Singapore 'New Age' Economic Partnership Agreement: Background, Motivation and Implications, Institute of Policy Studies Working Paper No. 13 (April, 2002).

Reif Tapped As USTR Transparency Officer; Remains General Counsel, Inside U.S. Trade (September 11, 2015).

Robert Devlin & Antoni Estevadeordal, "What's New in the New Regionalism in the Americas?", Inter-American Development Bank.

Robert Gilpin & Jean M. Gilpin, The Political Economy of International Relations, 343 (1987).

Robert J. Beck, Anthony Clark Arend & Robert D. Vander Lugt eds., International Rules: Approaches from International Law and International Relations, 56-59 (1996).

Robert Z. Lawrence, Regionalism, Multilateralism, and Deeper Integration, 33 (1996).

Robson, Peter, The Economics of International Integration, 274, Routledge (4th ed. 1998).

Rodolfo C. Severino, ASEAN, The ASEAN Way and the Rule of Law, Address at the International Law Conference on ASEAN Legal Systems and Regional Integration (Sept. 3, 2001).

Russell D. Roberts, The Choice: A Fable of Free Trade and Protectionism (3rd ed., Upper Saddle River, NJ: Prentice Hall, 2006).

S. 995: Bipartisan Congressional Trade Priorities and Accountability Act of 2015 https://www. govtrack.us/congress/bills/114/s995.

Sagara, Nozomi, Provisions for Trade Remedy Measures (Anti-dumping, Countervailing and Safeguard Measures) in Preferential Trade Agreements, The Research Institute of Economy, Trade and Industry (RIETI) Discussion Paper Series 02-E-13, 23-24 (Sept. 2002).

Sampson, Gray, Regional Trading Arrangements and the Multilateral Trading System in Regional Trade Blocs, Multilateralism, and the GATT: Complementary Paths to Free Trade? 13-14 (Till Geiger & Dennis Kennedy eds., Pinter Press 1996).

Sanchita Basu Das, RCEP and TPP: Comparisons and Concerns, Institute of Southeast Asian Studies (ISEAS) at Singapore, ISEAS Perspective, No. 2 (2013).

Schaefer, Matthew, Ensuring That Regional Trade Agreements Complement the WTO System: US Unilateralism a Supplement to WTO Initiatives? 10 J. Int'l Econ. L., 585, 585-587 (Sept. 2007).

Schick, Jennifer Rivett, Agreement on Safeguards - Realistic Tools for Protecting Domestic Industry or Protectionist Measures, 27 Suffolk Transnat'l. L. Rev., 153, 168-169 (Winter, 2003).

Se-Gyun Choi, An Analysis of the Impact of the Korea–US FTA and Korea's Compensatory Measures, Policy Research Report, Korea Rural Economic Institute (May 2007).

Senate Legal and Constitutional References Committee, Trick or Treaty? Commonwealth power to make and implement treaties (November 1995), p. 168.

Seong-dae Jo, An Assessment of an Opinion-gathering from the Administration, the National Assembly, and Industries in the 44 IIT Working Paper.

Shujiro Urata, Free Trade Agreements: A Catalyst for Japan's Economic Revitalization (2010).

Sidney Weintraub, Lessons from the Chile and Singapore Free Trade Agreements, Institute of International Economics (IIE) (2010).

Smith, Herbert, A Legal Guide to EU Anti-Dumping (2009).

Sofia Plagakis, Transparency and Trade Agreements: If the Public Wouldn't Like It, Don't Sign It, Center for Effective Government (July 2, 2013).

Stefan A. Riesenfeld and Frederick M. Abbott, Parliamentary Participation in the Making and Operation of Treaties: A Comparative Study, Martinus Nijhoff Publishers, Dordrecht (1994), p. 302.

Stella Bastidas, The Role of Public Participation in the Impact Assessment of Trade Process, Canadian Institute for Environmental Law and Policy (2004).

Susanta S. Das, "Evolution and Political Economy of Trade Protectionism: Antidumping and Safeguard Measures," IIMB Management Review, Vol. 17, No. 4, 51, 51-65 (December 2005).

Sykes, Alan O., International Trade: Trade Remedies in Research Handbook in International Economic Law, Andrew T. Guzman & Alan O. Sykes eds, 62-113 (Edward Elgar Publishing Inc., 2007).

Sykes, Alan, The WTO Agreement on Safeguards: A Commentary, 59-64 (Oxford University Press, 2006).

Taylor, C. O'Neal, Of Free Trade Agreements and Models, 19 Ind. Int'l & Comp. L. Rev. 569, 570 (2009).

The North American Free Trade Agreement (NAFTA), Dec. 17, 1992, 32 I.L.M. 605 (1993).

The Reciprocal Trade Agreement Act of 1934, H.R. 8687, ch. 474, 48 Stat. 943, 19 U.S.C. § 1351, enacted June 12, 1934.

The Sahand and other applications [2011] 2 SLR 1093 at 1107.

Thrasher, Rachel Denae & Kevin P. Gallagher, 21st Century Trade Agreements: Implications For Development Sovereignty, 38 Denv. J. Int'l L. & Pol'y 313, 330-332 (Spring, 2010).

TM para. 1(a), para. 1(b), para. 2(c), para. 3, para. 6, para. 10, para. 14, para. 19, para. 22(b)

Trachtman, Joel P., International Trade: regionalism in Research Handbook in International Economic Law, 151-177 (Andrew T. Guzman & Alan O. Sykes eds., Edward Elgar, 2007).

Trebilcock, Michael J. & Robert Howse, The Regulation of International Trade, 193-198 (3rd ed., New York: Routledge, 2004).

Trebilcock, Michael J. & Thomas M. Boddez, The Case for Liberalizing North American Trade Remedy Laws, 4 Minn. J. Global Trade 1, 35-37 (Winter, 1995).

Turkey-Restrictions on Imports of Textile and Clothing Products (Turkey Textile Case), WT/REG/W/37, 21 (dated 2 March 2000) and WTO Appellate Body

Report, WT/DS34/AB/R, adopted 19 Nov. 1999, para. 49.

Understanding on Rules and Procedures Governing the Settlement of Disputes, http://www.wto.org/english/docs_e/legal_e/28-dsu.pdf.

Understanding on Rules and Procedures Governing the Settlement of Disputes (DSU) (1994).

Understanding on the Interpretation of Article XXIV of the General Agreement on Tariffs and Trade 1994, paras. 2, 3, 12.

United States of America — Anti-Dumping Measures on Imports of Stainless Steel Sheet and Strip in Coils from Italy (Complainant: European Union).

United States-Final Countervailing Duty Determination with Respect to Certain Softwood Lumber from Canada, WT/DS257/RW (dated Aug. 2005), WT/DS257/AB/RW (dated Dec. 2005).

United States-Final Dumping Determination on Softwood Lumber from Canada, WT/DS264/R, WT/DS264/AB/R, adopted 31 August 2004, WT/DS264/RW, WT/DS264/AB/RW, adopted 1 September 2006.

United States-Laws, Regulations and Methodology for Calculating Dumping Margins ('Zeroing'), WT/DS294/R, WT/DS294/AB/R, adopted 9 May 2006.

United States-Measures Relating to Zeroing and Sunset Reviews, WT/DS322/R and WT/DS322/AB/R, adopted 23 January 2007.

USTR Reveals Few Details In Response To FOIA Request For TPP Information, Inside U.S. Trade, Vol. 31, No. 48 (December 6, 2013).

USTR, FACT SHEET: Transparency and the Trans-Pacific Partnership.

USTR, https://ustr.gov/trade-agreements/trade-investment-framework-agreements.

USTR, Transparency and the Obama Trade Agenda, https://ustr.gov/about-us/policy-offices/press- office/fact-sheets/2015/january/fact-sheet-transparency-and-obama.

Vermulst, Edwin, The WTO Anti-dumping Agreement: A Commentary 173 (2005).

Walders, Lawrence R. & Neil C. Pratt, Trade Remedy Litigation: Choice of Forum and Choice of Law, 18 St. John's J. L. Comm. 51 (2003).

Walter Goode, Dictionary of Trade Policy Terms, 237 (4th ed., Cambridge U. Press,

2003).

William J. Katt, Jr., The New Paper Chase: Public Access to Trade Agreement Negotiating Documents, 106 Colum. L. Rev. 679 (2006).

William L. Brooks, Politics and Trade Policy in Japan: Trans-Pacific Partnership Negotiations, Asia-Pacific Policy Papers Series No. 18, The Edwin O. Reischauer Center for East Asian Studies, at the Paul H. Nitze School of Advanced International Studies (SAIS), Johns Hopkins University (2015).

William L. Reynolds, Judicial Process in a Nutshell, 71-106 (1991).

Won-Mog Choi, Regional Economic Integration in East Asia: Prospect and Jurisprudence, 6 J. Int'l Econ. L., 49, 67-9 (2004).

Won-Mok Choi, An Assessment of Korea's Trade Policy and Future Direction, written as part of the preparations, on behalf of National Assembly Vice-Chairman Park Byeong-Seok, for a public debate, National Assembly Research Service (August 2012).

World Bank Global Economic Prospects 2005: Trade, Regionalism and Development, 42 (2005), available at http://siteresources.worldbank.org/INTGEP2005/Resources/gep2005. pdf.

WTO Agreement, Marrakesh Agreement Establishing the World Trade Organization, Apr. 15, 1994, 1867 U.N.T.S. 154, 33 I.L.M. 1144. Preamble.

WTO Appellate Body Report: Turkey-Restrictions on Imports of Textile and Clothing Products, AB-1999-5, WT/DS34/AB/R, Oct. 22, 1999, adopted Nov. 19, 1999.

WTO Appellate Body Secretariat, WTO Appellate Body Repertory of Reports and Awards, 1995-2004 367-368 (2005).

WTO General Council, Transparency Mechanism for Regional Trade Agreements, WT/L/671 (Dec. 18 2006), available at http://www.wto.org/.

WTO Negotiating Group on Market Access, Towards NAMA Modalities, 3-22 WTO/JOB(06)/200 (22 June 2006).

WTO Secretariat, Chairperson's text on "An unofficial guide to agricultural safeguards: GATT, old agricultural (SSG) and new mechanism (SSM)", Aug. 5, 2008, available at http://www.wto.org/english/tratop_e/agric_e/guide_agric _

safeg_e.htm (least visited 2013/03/28).

WTO Secretariat, Committee on Regional Trade Agreements (CRTA), Mapping of Regional Trade Agreements, WT/REG/W/41 (Oct. 11, 2000).

WTO Secretariat, Doha Ministerial Brief Notes: Regional Trade Agreements, Regionalism and the Multilateral Trading System, at http://www.wto.org/eng lish/thewto_e/minist_e/min01_e/brief_e/ brief20_e.htm.

WTO Secretariat, Ministerial Declaration of 14 November 2001, WT/MIN(01)/ DEC/1, 41 I.L.M. 746 (2002).

WTO Secretariat, Negotiating Group on Rules, TN/RL/W/8/Rev.1 (WTO, Aug. 1, 2002), available at http://docs online.wto.org/DDFDocuments/t/tn/rl/W8R1.doc.

WTO Secretariat, Trade Policy Review Division: Regional Trade Agreements Section, Scope of RTAs, available at http://www.wto.org/english/tratop_e/regio n_e/scope_rta_e.htm.

WTO Secretariat, Understanding the WTO: Cross-Cutting and New Issues - Regionalism: Friends or Rivals?, see http://www.wto.org/english/thewto_e/ whatis_e/tif_e/bey1_e.htm.

WTO, "Regional Trade Agreements-Early announcements made to WTO under the RTA Transparency Mechanism" 10 Jul. 2007, available at http://www.wto.org/ english/tratop_e/region_e/early_ann ounc_e.htm.

WTO, Committee on Regional Trade Agreements (CRTA), available at http://www. wto.org/english/tratop_e/ region_e/region_e.htm.

WTO, Committee on Regional Trade Agreements (CRTA), Draft Report (2007) of the Committee on Regional Trade Agreements to the General Council, P 16, WT/REG/W/51, November. 14, 2007.

WTO, Committee on Regional Trade Agreements (CRTA), Note on the Meeting of May 2007, WT/REG/M/46, June 12, 2007.

WTO, Committee on Regional Trade Agreements (CRTA), Note on the Meeting of 29 November 2007, WT/REG/M/48, January. 9, 2008.

WTO, Committee on Regional Trade Agreements (CRTA), Report (2007) of the Committee on Regional Trade Agreements to the General Council, WT/REG/18,

December. 3, 2007.

WTO, Committee on Regional Trade Agreements (CRTA), Standard Format for Information on Regional Trade Agreements-Note by the Chairman, WTO Doc. WT/REG/W/6, 15 August 1996, and WTO, Committee on Regional Trade Agreements, Standard Format for Information on Economic Integration Agreements on Services-Note by the Chairman, WTO Doc. WT/REG/W/14, 6 May 1997.

WTO, Committee on Regional Trade Agreements (CRTA), Synopsis of "Systemic" Issues Related to Regional Trade Agreements-Note by the Secretariat, WTO Doc. WT/REG/W/37, 2 March, 2000.

WTO, General Council, Committee on Regional Trade Agreements-Decision of 6 February 1996, WTO Doc. WT/L/127, 7 February 1996, for the terms of reference of the Committee.

WTO, Negotiating Group on Rules, Compendium of Issues Related to Regional Trade Agreements-Background Note by the Secretariat-Revision, WTO Doc. TN/RL/W/8/Rev.1, 1 August, 2002.

WTO, Negotiating Group on Rules, Submission on Regional Trade Agreements-Chile, WTO Doc, TN/RL/W/16, 10 July, 2002.

Yoshimatsu, Hidetaka, The Political Economy of Regionalism in East Asia, New York: Palgrave Macmillan (2008).

Yu, Yanning, Trade Remedies - The Impact on the Proposed Australia-China FTA, 2010 Mich St J. Int'l. L., 267, 273 (2010).

Yves Bonzon, Comparative Analysis of Transparency and Public Participation Mechanisms in Regional Trade Agreements and Other International Regimes, EGDE Workshop (March 14 2008).

一劃

一致投票 45

一般例外 247, 295

一般法律原則 62

一國兩制 259, 277

二劃

二次世界大戰 2, 26, 35, 72

入會 22, 115, 116, 117, 204, 229, 231, 345, 353

三劃

三籃式降稅 346

上訴報告 48

上訴機構 6, 19, 20, 21, 22, 45, 48, 49, 65, 107, 252, 266, 307, 308, 315, 349

小組報告 22, 47, 48, 53

四劃

不公平貿易行為 38, 39, 239, 242, 253, 258, 280, 282, 286, 287, 289, 290, 291, 292, 348, 349, 350

不可預見之發展 299, 307, 308

不利益變更禁止 348

不歧視原則 38, 198, 239, 247, 249, 250, 251, 252, 253, 257, 300, 302, 304, 305, 317, 332, 334

中美洲共同市場 31, 250

中美洲自由貿易協定 121, 317

中華民國 114, 115, 202, 208, 210, 214, 233, 255, 278, 281, 286, 287, 289, 338, 339

互惠原則 60

公平貿易行為 38, 39, 239, 242, 253, 258, 280, 282, 286, 287, 289, 290, 291, 292, 343, 344, 348, 349, 350

公共利益原則 258, 267, 292

公共選擇理論 6, 7

公眾參與 36, 37, 120, 121, 123

反傾銷 12, 38, 39, 52, 53, 61, 63, 67, 123, 137, 158, 173, 237, 238, 240, 241, 242, 243, 245, 246, 247, 248, 249, 250, 251, 252, 253, 254, 255, 256, 257, 258, 259, 260, 261, 262, 263, 264, 265, 266, 267, 268, 269, 270, 271, 272, 273, 274, 275, 276, 277, 278, 279, 280, 281, 282, 284, 285, 286, 287, 288, 289, 290, 291, 292, 295, 306, 342, 343, 349, 350

反傾銷法 243, 249, 262

反傾銷協定 52, 240, 243, 249, 250, 251,

253, 257, 274, 279, 280, 281

文化影響評估　165, 193, 195

牙買加會議　15

世界貿易組織　3, 9, 20, 36, 39, 42, 70, 206, 224, 229, 238, 249, 279, 294, 305, 331

世界銀行　2, 3, 17, 18, 19, 20, 157

世界關務組織　203, 207

五劃

加勒比海地區經濟復甦法案　262

加勒比海國家論壇　268

加勒比海經濟體暨共同市場　31

北美自由貿易協定　31, 35, 43, 59, 71, 124, 136, 263, 276, 278, 296, 317, 321, 324, 325, 334

可行性研究　162, 171, 193

可控訴補貼　348

台、澎、金、馬個別關稅領域　114, 115, 116, 117, 143, 212

台星經濟夥伴協定　37, 38, 214

台紐經濟合作協定　37, 38

台灣與巴拿馬自由貿易協定　338

司法審查機制　20, 50, 61

外人直接投資　64, 102

外交史　4

外匯準備　2

巨型自由貿易協定　37, 120

市場進入　12, 34

市場開放　22, 23, 25, 76, 77, 78, 123,

136, 137, 156, 173, 174, 175, 180, 187, 191, 192, 199, 209, 241, 273, 282, 289, 302, 303, 304, 305, 316, 318, 320, 323, 345, 346, 347, 348, 350, 352, 353

市場擾亂　240, 249, 342

布列頓森林會議　2, 3, 11, 17, 74

布列頓森林體系　2, 3, 9, 35, 73

平衡稅　12, 61, 63, 67, 123, 137, 158, 240, 242, 243, 244, 251, 252, 255, 256, 261, 272, 279, 281, 349, 350

必要性　16, 121, 182, 250, 310, 328

正常價格　243, 270

永續發展　17, 27, 74, 180, 181

甘迺迪回合談判　250

六劃

仲裁　49, 50, 61, 63, 120, 137, 155, 340

仲裁庭　61, 63

全面性經濟夥伴基本政策　263

全球性防衛措施　299, 304, 305, 307, 308, 316, 317, 318, 320, 321, 322, 327, 330, 332, 333, 334, 335, 336, 340, 341, 342, 344, 345, 350, 351, 353

共同市場　31, 33, 108, 238, 245, 250, 254, 294, 303, 319, 336, 352

共同研究　179, 193, 195

共同對外關稅　85, 86, 238

合致性　5

合理期間　46, 49, 50, 51, 57, 86, 92, 93, 313

因果關係　299, 308, 309, 315, 320, 321, 325

多邊主義　26, 73

多邊貿易談判　24, 26, 27, 28, 32, 33, 36, 54, 55, 56, 70, 72, 73, 74, 75, 76, 77, 79, 80, 82, 96, 129, 170, 241, 242, 263, 294, 301, 346

安全閥　299

安地斯協定　31

收支平衡　25, 102, 247, 294, 326

收支平衡困難　326

早期收穫清單　346

早期通報　99, 100, 107, 116, 117

有秩序銷售協定　301

灰色領域措施　300, 301

自由主義　12, 25

自由貿易協定　7, 13, 31, 34, 35, 36, 37, 38, 43, 54, 55, 58, 59, 67, 71, 75, 88, 94, 107, 120, 121, 122, 124, 125, 128, 136, 142, 158, 187, 196, 209, 231, 238, 253, 260, 262, 263, 264, 266, 267, 268, 269, 271, 273, 274, 276, 278, 279, 283, 284, 296, 297, 317, 321, 322, 323, 324, 325, 329, 334, 335, 336, 337, 338, 339

自由貿易區　31, 32, 33, 43, 55, 57, 59, 60, 64, 71, 72, 75, 79, 81, 84, 85, 86, 87, 90, 91, 92, 93, 105, 107, 123, 136, 137, 144, 158, 238, 239, 241, 245, 246, 247, 249, 253, 257, 264, 269, 270, 271, 273, 277, 282, 289, 292, 294, 296, 303, 304,

335, 351

自治權　277

自動出口限制　300

自動履行條約　128

行政協定　127, 212, 213

行政調查　302, 311, 319, 328, 329, 330, 332, 342, 344, 348, 350, 353

七劃

低度開發國家　22, 23, 102

判決拘束原則　5

利害關係人　120, 134, 137, 138, 139, 153, 166, 167, 168, 170, 176, 179, 180, 182, 183, 184, 185, 186, 187, 189, 191, 193, 195, 196, 197, 198, 312, 348, 350, 353

完全豁免　248

快速授權　124, 125, 127, 128, 129

批判性法學　6

技術性貿易障礙　24, 123, 236, 264, 287

杜哈回合談判　3, 36, 51, 55, 58, 71, 72, 95, 97, 111, 118, 142

里斯本條約　32

防衛協定　39, 279, 297, 298, 301, 306, 307, 314

防衛委員會　302, 313, 314

防衛措施　39, 40, 137, 158, 239, 240, 279, 284, 293, 295, 296, 297, 298, 299, 300, 301, 302, 303, 304, 305, 306, 307, 308, 309, 310, 311, 312, 313, 314, 315,

316, 317, 318, 319, 320, 321, 322, 323, 324, 325, 326, 327, 328, 329, 330, 331, 332, 333, 334, 335, 336, 337, 338, 339, 340, 341, 342, 343, 344, 345, 346, 347, 348, 349, 350, 351, 352, 353, 354

八劃

亞太經濟合作會議　32

亞洲四小龍　25, 290, 337

兩岸經濟合作架構協議　71, 233, 258, 279, 341, 343, 344, 347

初始調查　274, 335

固定匯率制　3

拉丁美洲自由貿易區　31

拉丁美洲整合協會　31

服務貿易協定　105, 106, 144, 145, 146, 197

服務貿易理事會　83, 84, 93, 98

服務貿易總協定　70, 294

東亞自由貿易協定　264

東京回合談判　158, 244, 250

東協──中日韓自由貿易區　264

東協自由貿易區　64, 144, 282, 296, 335

東協經濟共同體　32

東協憲章　32

東南亞國家協會　32

法西斯主義　2

法治主義　45, 46, 50, 66

法律實證　5, 6, 7, 39, 40, 254

法律審　20, 21, 47, 48, 66, 91

法釋義學　4, 5

波斯灣合作會議　257

爭端解決機構　21, 46

表面證據　250

金融風暴　29, 142

金融海嘯　30

非可歸責之法則　309

非歧視原則　27, 33, 73, 75, 77, 80, 247, 250, 295

非政府組織　13

非累積適用　262, 263, 277, 281, 284

非關稅貿易障礙　24, 60, 85, 86, 120, 131, 155, 158, 239, 244, 249, 298

美元──黃金本位制　2

美洲自由貿易區　31, 32, 123

美國貿易委員會　134

美國貿易談判代表署　122

美墨加自由貿易協定　35

九劃

南亞區域合作協會　64

南錐共同市場　31

客觀評估　52, 53

建立世界貿易組織協定　3

建立多邊投資保障局公約　18

建構主義　13

政府間組織　13

洛梅協定　31

負面共識決　47, 48, 49

重要糧食短缺　326

十劃

浮動匯率制　3

烏拉圭回合談判　3, 21, 27, 32, 36, 42, 45, 46, 47, 70, 71, 74, 79, 95, 130, 193, 203, 229, 244, 298, 301, 307

特別防衛措施　40, 318

特殊及差別待遇　22, 112

配額　12, 24, 59, 102, 136, 173, 289, 301, 311, 326, 327, 339

馬斯垂克條約　31

十一劃

區域主義　54, 72, 74, 75, 82, 265

區域貿易協定　13, 34, 35, 36, 37, 38, 39, 42, 54, 55, 56, 58, 64, 67, 70, 71, 79, 80, 83, 84, 87, 93, 96, 111, 158, 171, 178, 192, 193, 197, 198, 204, 230, 241, 253, 268, 270, 278, 279, 294, 298, 299, 305, 306, 316, 319

區域貿易協定委員會　36, 71

區域貿易集團　31, 58, 74, 75, 78, 242

區域貿易集團　31, 58, 74, 75, 78, 242

區域經濟整合　24, 30, 31, 32, 33, 34, 35, 36, 37, 38, 42, 43, 54, 55, 56, 70, 71, 72, 73, 75, 76, 77, 78, 79, 80, 81, 82, 83, 84, 85, 88, 89, 90, 91, 92, 95, 96, 118, 142, 178, 189, 193, 238, 241, 242, 243, 246, 270, 274, 303, 323, 345, 353

國內產業　25, 28, 29, 35, 39, 67, 138, 239, 244, 245, 249, 250, 253, 289, 295, 298, 299, 300, 301, 302, 303, 304, 305, 307, 308, 309, 310, 311, 315, 316, 320, 321, 323, 324, 328, 329, 334, 337, 338, 342, 343, 344, 346, 348, 349, 350, 352, 353, 354

國民生產毛額　15, 22

國民待遇　33, 136, 137, 241

國家安全機密　120

國家利益　12, 23, 75, 164, 165, 167, 168, 170, 175, 177, 179, 180, 182, 183, 186, 192, 193, 222, 226, 234

國家整體貿易策略　178, 179, 190, 193

國際行政法　19, 20

國際孤立主義　2

國際法學　3, 11, 12, 13, 34

國際金融公司　17, 18

國際政治理論　4, 11, 12, 13

國際政治經濟學　12, 81

國際商品統一分類制度　98

國際習慣　20, 53, 208

國際貨幣基金　2, 13

國際復興開發銀行協定　17

國際貿易組織　2, 3, 74

國際開發協會　18

國際間共識　17

國際經濟法　2, 3, 4, 10, 13, 24, 27, 34, 35, 38, 42, 46, 66, 73, 81, 238

國際經濟法學　3, 13, 34

國際經濟組織　4, 9, 10, 15, 21, 28, 45,

74, 75

國際經濟學　4, 11, 12, 13

國際關係理論　11, 12, 33

專屬管轄　47, 51

強制專屬管轄權　51

授權條款　34, 70, 71, 83, 84, 95, 99, 100, 102, 106, 107, 108, 109, 111, 112, 113, 114, 158, 160, 231, 241, 242, 253, 258

條約及協定處裡準則　37

條約必須履行之原則　206

條約締結法　37, 38, 121, 204, 208, 209, 212, 213, 214, 216, 217, 218, 219, 220, 221, 222, 223, 224, 225, 226, 227, 234, 235, 236

條約締結權　148, 162, 190

現實主義　12

符合性評估程序　288

累積適用　262, 263, 278, 282, 285, 287, 307

習慣法　5, 52, 53, 185, 208

規範選擇　47

貨品貿易理事會　83, 84, 92, 98, 108, 302, 313, 316

軟法　82

透明化原則　33, 185

通知義務　36, 71, 84, 92, 94, 97, 100, 101, 106, 107, 108, 112, 115

部長級會議　21, 93, 98, 145, 168

開發中國家　17, 18, 22, 24, 28, 31, 70, 86, 99, 101, 102, 103, 107, 108, 110,

113, 126, 158, 160, 239, 241, 242, 244, 261, 274, 287, 294

十二劃

單一市場　8, 31, 59, 137, 158, 241, 249, 250, 253, 254, 270, 286

場所選擇　47, 63, 67, 340

普遍性關稅優惠措施　71, 294

替代性爭端解決方式　65

最小干擾　326

最惠國待遇原則　77, 79, 80, 238, 242

發展中國家　16, 17, 21, 23, 25, 28, 38, 43, 54, 55, 76, 122, 238, 261

硬實力　12

絕大部分貿易　85, 87, 88, 89, 90, 95, 108, 111, 238, 242, 247, 248, 253, 294, 306, 319, 332, 346, 348

絕對數量增加　324, 325

貿易永續影響評估　180

貿易自由化　24, 25, 26, 27, 29, 30, 35, 37, 54, 55, 74, 78, 87, 95, 97, 103, 104, 120, 123, 132, 157, 178, 179, 190, 193, 197, 230, 243, 245, 247, 248, 249, 252, 253, 257, 259, 265, 273, 274, 294, 298, 300, 302, 303, 304, 305, 306, 310, 316, 317, 322, 323, 331, 339, 352

貿易扭曲效果　247

貿易防火牆　303, 348, 352

貿易制裁　46, 50, 51

貿易協定透明化機制　35, 36, 69, 79, 96,

111

貿易保護主義　7, 24, 25, 26, 28, 29, 30, 54

貿易政策審查機制　23, 58, 104, 110

貿易救濟　34, 38, 39, 42, 67, 120, 136, 137, 158, 236, 238, 239, 240, 242, 243, 244, 247, 249, 254, 280, 281, 285, 286, 287, 294, 295, 303, 305, 307, 319, 320, 342, 343, 345, 349, 350, 352, 353, 354

貿易創造效果　54

貿易報復　58, 299, 315

貿易暨投資框架協定　121

貿易暨發展委員會　83, 93, 99, 108

貿易調查委員　37, 38, 42, 243, 255, 320, 341, 342, 349, 351

貿易轉向效果　54

貿易優勢產業　248

超國界法　9, 34, 35, 73, 88, 241, 314

進口配額　12, 24, 173, 289, 311

進口救濟　39, 294, 295, 298, 303, 305, 307, 317, 342, 343, 345, 349, 350, 351, 352

進口許可證制　24

進口微量　258

進出口貿易總額　240, 256

進出口補貼　12

開放性區域主義　81

階段式降稅　345, 346, 347, 348, 353

集體訴訟　17

十三劃

傾銷　12, 38, 39, 52, 53, 61, 63, 67, 123, 137, 158, 173, 237, 238, 239, 240, 241, 242, 243, 245, 246, 247, 248, 249, 250, 251, 252, 253, 254, 255, 256, 257, 258, 259, 260, 261, 262, 263, 264, 265, 266, 268, 269, 270, 271, 272, 273, 274, 275, 276, 277, 278, 279, 280, 281, 282, 283, 285, 286, 287, 288, 289, 290, 291, 292, 295, 306, 342, 343, 348, 349, 350

傾銷差額　251, 266, 275

傾銷微量　258, 274

微量　258, 266, 273, 274, 275, 278, 279, 280, 282, 287, 291, 292

微量計算　278, 282, 291, 292

新區域主義　54

新現實主義　12

準官方協定　214, 217

禁止歸零法則　258, 265, 266, 274, 275, 287

經濟大恐慌　2

經濟分析　3

經濟共同體　31, 32, 33, 43, 59, 241

經濟影響評估　76, 180, 195, 284, 285

義大利麵碗效應　34, 58, 270

落日條款　258, 274, 275, 278, 280, 282

補貼　12, 15, 17, 24, 25, 29, 123, 173, 239, 240, 244, 249, 250, 251, 252, 253, 273, 280, 285, 292, 343, 348, 349, 350

補貼暨平衡措施協定　240, 244, 249, 251, 253, 280, 292, 343

補償　23, 46, 50, 57, 65, 302, 314, 315, 320, 330, 331, 332, 339, 340, 341, 344, 350, 351, 353, 354

補償或減讓暫停　57

解決國家與他國國民間投資爭端公約　18

解決國際投資爭端中心　18

資訊自由法案　137

跨大西洋貿易暨投資夥伴協定　124

跨太平洋全面進步協定　32

跨太平洋夥伴協定　32, 121, 124, 134, 145, 146, 161, 335

較低稅率原則　258, 265, 266, 268, 274, 275, 278, 282, 287, 291, 292

過度性協議　71, 79, 85, 86

過渡期間　91, 92, 316, 319, 320, 321, 322, 323, 324, 328, 334, 336, 337, 338, 344, 347

零關稅　33, 125, 249, 250, 305, 323, 347

十四劃

實質利益　241, 311, 313, 315, 325

實證結果主義　6, 7

漸進式自由化　310

管轄權　13, 15, 17, 51, 65

綜合性審查　36, 72, 80, 83, 84, 91, 94, 99, 103, 110

維也納條約法公約　205, 207, 216, 224, 233, 234

緊急行動　239, 240, 295, 317

緊急措施　299, 301, 310, 317, 320, 323, 334

十五劃

臺灣地區與大陸地區人民關係條例　232

蒙特婁規則　47

價格歧視　243

審查基準　51, 52, 53, 61, 62, 66, 67

數量限制　12, 88, 89, 160, 173, 238, 247, 294, 299, 301, 311, 326, 327, 339

歐洲自由貿易聯盟　265

歐洲單一市場法案　31

歐洲經濟共同體　31, 241

歐洲整合　11

歐盟　8, 23, 32, 34, 39, 43, 58, 67, 75, 88, 89, 104, 112, 113, 114, 124, 127, 137, 142, 143, 146, 162, 180, 183, 184, 186, 197, 198, 199, 240, 250, 254, 255, 256, 257, 264, 265, 266, 267, 268, 270, 274, 276, 277, 278, 279, 283, 286, 287, 290, 291, 292, 296, 319, 325, 326, 352

歐盟憲法　32

複邊貿易協定　75, 131

調解　63, 65

談判　3, 5, 11, 12, 16, 19, 21, 22, 24, 26, 27, 28, 31, 32, 33, 34, 35, 36, 37, 38, 39, 42, 43, 44, 45, 46, 47, 50, 51, 54, 55, 56, 58, 60, 64, 67, 70, 71, 72, 73, 74, 75, 76,

77, 78, 79, 80, 81, 82, 87, 88, 90, 91, 92, 93, 94, 95, 96, 97, 98, 99, 100, 101, 109, 111, 112, 116, 117, 118, 119, 120, 121, 122, 123, 124, 125, 126, 127, 128, 129, 130, 131, 132, 133, 134, 135, 136, 137, 138, 139, 140, 141, 142, 143, 144, 145, 146, 147, 148, 149, 151, 153, 155, 156, 157, 158, 159, 160, 161, 162, 163, 164, 165, 166, 167, 168, 169, 170, 171, 173, 174, 175, 176, 177, 178, 179, 180, 181, 182, 183, 184, 185, 186, 187, 189, 190, 191, 192, 193, 194, 195, 196, 197, 198, 199, 203, 205, 206, 218, 219, 220, 221, 222, 223, 224, 226, 229, 233, 236, 238, 239, 240, 241, 242, 243, 244, 249, 250, 253, 254, 258, 259, 260, 261, 263, 265, 268, 270, 271, 274, 276, 278, 279, 280, 281, 282, 283, 284, 286, 287, 288, 289, 291, 292, 294, 295, 298, 301, 307, 308, 318, 320, 333, 343, 344, 345, 346, 347, 348, 353

談判資訊揭露　34, 37, 120, 121, 138, 139, 141, 157, 182, 183, 184, 187, 193, 199

學科整合　3, 11

澳紐緊密經濟關係貿易協定　158

十六劃

諮商　19, 34, 42, 46, 50, 52, 57, 63, 65, 84, 91, 93, 97, 100, 111, 112, 114, 115, 117, 123, 124, 128, 132, 134, 135, 148, 165, 166, 167, 169, 177, 187, 191, 195, 265, 280, 284, 286, 291, 302, 313, 314, 315, 316, 319, 330, 331, 332, 333, 335, 336, 337, 339, 340, 350, 351, 353, 354

十七劃

總體經濟變數　15, 16

十八劃

臨時性防衛措施　310, 311

避免雙重課稅協定　120, 197, 282, 289

雙邊投資保障協定　282, 286, 288

雙邊防衛措施　305, 316, 317, 318, 319, 320, 321, 322, 323, 324, 325, 326, 327, 329, 330, 331, 334, 335, 336, 337, 338, 339, 341, 343, 344, 345, 350, 352, 353

雙邊相互承認協議　180

十九劃

關稅　6, 8, 10, 12, 24, 25, 26, 27, 30, 31, 33, 34, 42, 43, 54, 55, 57, 59, 60, 70, 71, 73, 74, 75, 77, 79, 84, 85, 86, 87, 89, 90, 91, 92, 93, 99, 102, 103, 104, 105, 107, 108, 110, 114, 115, 116, 117, 118, 120, 122, 125, 131, 136, 137, 141, 143, 144, 146, 155, 158, 159, 160, 173, 174, 175, 179, 182, 183, 202, 203, 204, 207, 212, 214, 228, 229, 230, 231, 236, 238, 239, 240, 241, 242, 244, 245, 246, 247, 249,

250, 253, 254, 258, 261, 262, 268, 270, 271, 273, 274, 278, 279, 280, 283, 286, 287, 290, 294, 295, 298, 299, 302, 303, 304, 305, 310, 311, 316, 318, 319, 320, 321, 322, 323, 324, 326, 327, 329, 331, 337, 338, 339, 340, 342, 344, 345, 346, 347, 348, 351, 352, 353

關稅同盟　12, 33, 34, 43, 57, 59, 71, 75, 79, 84, 85, 86, 87, 89, 90, 91, 92, 93, 107, 108, 122, 137, 158, 238, 239, 245, 246, 253, 261, 268, 270, 271, 273, 278, 294, 303, 304, 319, 352

關稅自主權　33, 86

關稅估價技術委員會　203, 207

關稅減讓表　110, 174, 175, 318, 321, 323

關稅暨貿易總協定　42, 70, 202, 229, 238, 280, 294

二十劃

嚴重干擾　326

嚴重損害　39, 295, 298, 299, 301, 304, 307, 308, 309, 310, 311, 313, 315, 316, 320, 324, 325, 327, 328, 329, 330, 333, 334, 336, 338, 339, 341, 344, 345, 346, 348, 349, 350, 352, 353

競爭性貶值　15

國家圖書館出版品預行編目資料

區域貿易協定：理論、發展與實踐／王震宇
著. -- 初版. -- 臺北市：五南, 2020.05
　　面；　公分
　　ISBN 978-957-763-993-6（平裝）

1.貿易協定　2.區域共同市場

558.6　　　　　　　　　　109005312

1UE4

區域貿易協定：理論、發展與實踐

作　　者 ― 王震宇（7.6）

發 行 人 ― 楊榮川

總 經 理 ― 楊士清

總 編 輯 ― 楊秀麗

副總編輯 ― 劉靜芬

責任編輯 ― 林佳瑩、呂伊真、吳肇恩

封面設計 ― 王麗娟

出 版 者 ― 五南圖書出版股份有限公司

地　　址：106台北市大安區和平東路二段339號4樓

電　　話：(02)2705-5066　　傳　　真：(02)2706-6100

網　　址：http://www.wunan.com.tw

電子郵件：wunan@wunan.com.tw

劃撥帳號：01068953

戶　　名：五南圖書出版股份有限公司

法律顧問　林勝安律師事務所　林勝安律師

出版日期　2020年5月初版一刷

定　　價　新臺幣480元

版權所有・欲利用本書內容，必須徵求本公司同意※

五南
WU-NAN

全新官方臉書

五南讀書趣

WUNAN
Books since1966

Facebook 按讚

1 秒變文青

★ 專業實用有趣
★ 搶先書籍開箱
★ 獨家優惠好康

五南讀書趣 Wunan Books

不定期舉辦抽獎
贈書活動喔！！！

經典永恆・名著常在

五十週年的獻禮——經典名著文庫

五南，五十年了，半個世紀，人生旅程的一大半，走過來了。

思索著，邁向百年的未來歷程，能為知識界、文化學術界作些什麼？

在速食文化的生態下，有什麼值得讓人雋永品味的？

歷代經典・當今名著，經過時間的洗禮，千錘百鍊，流傳至今，光芒耀人；

不僅使我們能領悟前人的智慧，同時也增深加廣我們思考的深度與視野。

我們決心投入巨資，有計畫的系統梳選，成立「經典名著文庫」，

希望收入古今中外思想性的、充滿睿智與獨見的經典、名著。

這是一項理想性的、永續性的巨大出版工程。

不在意讀者的眾寡，只考慮它的學術價值，力求完整展現先哲思想的軌跡；

為知識界開啟一片智慧之窗，營造一座百花綻放的世界文明公園，

任君遨遊、取菁吸蜜、嘉惠學子！